Archivführer zur Geschichte Pommerns bis 1945

Schriften des Bundesinstituts für Kultur und Geschichte
der Deutschen im östlichen Europa

Band 33

R. OLDENBOURG VERLAG MÜNCHEN 2008

ARCHIVFÜHRER ZUR GESCHICHTE POMMERNS BIS 1945

Bearbeitet von Heiko Wartenberg

R. OLDENBOURG VERLAG MÜNCHEN 2008

Redaktion: Heinke M. Kalinke, Oldenburg

Bibliographische Information der Deutschen Bibliothek

Die Deutsche Bibliothek verzeichnet diese Publikation in der Deutschen Nationalbibliographie; detaillierte bibliographische Daten sind im Internet unter http://dnb.ddb.de abrufbar.

© 2008 Bundesinstitut für Kultur und Geschichte der Deutschen im östlichen Europa, Oldenburg

Das Werk einschließlich aller Abbildungen ist urheberrechtlich geschützt. Jede Verwertung außerhalb der Grenzen des Urheberrechtsgesetzes ohne Zustimmung des Verlags ist unzulässig und strafbar. Das gilt insbesondere für Vervielfältigungen, Mikroverfilmungen und die Einspeicherung und Bearbeitung in elektronischen Systemen.

Satz und Layout: TypoGrafika | Anke Buschkamp, Oldenburg
Druck und Bindung: TZ-Verlag & Print GmbH, Roßdorf
ISBN 978-3-486-58540-7

Inhalt

Vorwort des Direktors des Bundesinstituts für Kultur und Geschichte der Deutschen im östlichen Europa	23
Vorwort des Direktors des Landesarchivs Greifswald	24
Einleitung	27
Abkürzungen	39
Siglen	40

Staatliche Archive ... 41
I Landesarchiv Greifswald ... 41

Urkunden ... 42
- 001 Geistliche Urkunden ... 42
- 002 Herzogsurkunden ... 43
- 003 Städtische Urkunden ... 44
- 004 Herrschaft Putbus ... 44
- 005 Rügensche Urkunden ... 44
- 006 Privaturkunden ... 45
- 007 Städtische Urkunden ... 45
- 008 Urkundendeposita von Kirchen und Gesellschaften ... 45

Landesherrliche und öffentliche Verwaltung ... 46
- 009 Herzoglich Stettiner Archiv ... 46
- 010 Herzoglich Wolgaster Archiv ... 47
- 011 Schwedisches Archiv ... 48
- 012 Schwedische Landesmatrikel von Vorpommern ... 49
- 013 Staatskanzlei ... 49
- 014 Blankenseesche Hufenklassifikation ... 50
- 015 Schwedische Regierung Stralsund ... 50
- 016 Schwedischer Generalgouverneur ... 51
- 017 Kriegs- und Domänenkammer Stettin, Kriegsarchiv Stettin ... 52
- 018 Domänenarchiv Stettin ... 53
- 019 Kriegsarchiv Köslin ... 53
- 020 Domänenarchiv Köslin ... 54
- 021 Provinzialakzise- und Zolldirektion Stettin ... 54
- 022 Interimistische Kriegs- und Domänenkammer ... 54
- 023 Oberpräsident von Pommern ... 55

024 Provinzialschulkollegium 55
025 Lehreinrichtungen 56
026 General- u. Spezialkommissionen, Kulturämter,
     Land- u. Ansiedlungsgesellschaften 56
027 Medizinalkollegium 57
028 Kreisphysikate 57
029 Provinzialsteuerdirektion 57
030 Hauptzollämter 58
031 Wasserbaudirektion
     Hafen- und Seemannsamt Saßnitz 58
032 Schiffahrtsdirektor 59
033 Regierung Stettin 59
034 Regierung Köslin 59
035 Regierung Stralsund 60
036 Landratsämter 60
037 Polizeipräsidium Stettin 61
038 Hochbauämter, Kreisbauämter 61
039 Kreiskassen 61
040 Katasterämter 61
041 Domänenrentämter, Domänenämter, Ämter 62
042 Oberförstereien, Forstämter 62

Kommunalständische Vertretungen,
Selbstverwaltungsorgane der Provinz und der Kreise 63
043 Kommunallandtag und Landstube von Altvor- und Hinterpommern 63
044 Kommunallandtag und Landkasten von Neuvorpommern und Rügen 63
045 Provinzialrat 63
046 Landeshauptmann und Verwaltung des Provinzialverbandes v. Pommern . 63
047 Provinzialkonservator und Landesdenkmalamt 64
048 Heilanstalten des Provinzialverbandes 64
049 Bauämter 64
050 Kreisausschüsse 64

Mittlere und untere Reichsbehörden 65
051 Landesfinanzamt Stettin
     Oberfinanzpräsident v. Pommern - Devisenstelle - 65
052 Finanzämter 65
053 Reichsbauämter 66
054 Reichsmonopolverwaltung für Branntwein,
     Verwertungsstelle Stettin 66
055 Reichsbahndirektion Stettin 66

Justiz 67
056 Rügensches Landvogteigericht Bergen 67

057	Schwedisches Kriegsgericht Stralsund	67
058	Schwedisches Tribunal Wismar	68
059	Schwedisches Lehnsarchiv Stralsund	68
060	Stettiner Lehnsarchiv	69
061	Hofgericht Stargard	69
062	Hofgericht Köslin	69
063	Hofgericht Greifswald	69
064	Oberlandesgerichte (1808-1849)	70
065	Appellationsgerichte	70
066	Oberlandesgericht Stettin (1879-1945)	70
067	Landgerichte	70
068	Amtsgerichte (mit Vorbehörden)	71
069	Grundbuchämter	71
070	Kirchenbuchduplikate und Kirchenbücher	72
071	Strafanstalt Naugard	86
072	Notare	86

Kirchenverwaltung, Kirchengemeinden, Jüdische Gemeinden 86

073	Konsistorium Greifswald	86
074	Konsistorium Stettin	87
075	Konsistorium Köslin	87
076	Generalsuperintendent Greifswald	87
077	Konsistorium der Provinz Pommern	87
078	Kirchenbehörden und Gemeinden	88

Kommunale Körperschaften 88

079	Stadtverwaltungen	88
080	Ortspolizei Wangerin	89
081	Gemeinden	89
082	Ämter, Zünfte, Innungen	89
083	Stadtbücher	90

**Wirtschaft, Personen, Familien, Parteien, Verbände, Vereine,
kulturelle und wissenschaftliche Einrichtungen** 91

084	Pommersche Generallandschaftsdirektion	91
085	Landschaftsbezirksdirektion Anklam	91
086	Banken, Genossenschaften, Versicherungen	91
087	Industrie- u. Handelskammer / Gauwirtschaftskammer	92
088	Wasser- u. Bodenverbände	92
089	Saßnitzer Dampfschiffahrtsgesellschaft Neue Dampferkompagnie Stettin	92
090	Heinrich Stein, Unternehmen f. Eisenbeton u. Tiefbau	92
091	Benno Klomp, Baumeister in Stralsund	92
092	Guts- und Familienarchive	92

093	Nachlässe	93
094	Parteien und Verbände	94
095	Gesellschaft f. Heimatforschung im Netzekreis	94
096	Verwaltungsakademie der Prov. Pommern Greifswald	94
097	Pädagogische Akademie Stettin	95

Sammlungen ... 95

098	Gesellschaft f. Pom. Geschichte, Altertumskunde u. Kunst	95
099	Adelung	95
100	Kleine Akzessionen	95
101	Handschriften	95
102	Sammlung von der Osten-Plathe	95
103	Swinemünder Archiv	95
104	Hoogklimmer-Traditionsgemeinschaft pom. Wehrmachtspioniere	96
105	Kartensammlung	96
106	Siegel- u. Stempelsammlung	96
107	Wappensammlung	96
108	Autographensammlung	96

II Staatsarchiv Stettin / Archiwum Państwowe w Szczecinie 97

Urkunden ... 98

109	Dokumentensammlung [Zbiór dokumentów]	98

Landesherrliche und öffentliche Verwaltung ... 98

110	Herzoglich Stettiner Archiv [Archiwum Książąt Szczecińskich]	98
111	Herzoglich Wolgaster Archiv [Archiwum Książąt Wołogoskich]	99
112	Kriegs- und Domänenkammer Stettin [Kamera Wojenno-Skarbowa w Szczecinie]	100
113	Domänenarchiv Köslin [Archiwum Domen w Koszalinie]	100
114	Schwedische Regierung Stralsund [Rejencja Szwedzka w Stralsundzie]	101
115	Schwedische Landesmatrikel von Vorpommern [Szwedzka Matrykuła Krajowa Pomorza Przedniego]	101
116	Französische Okkupation in Stettin [Francuskie Władze Okupacyjne w Szczecinie]	101
117	Oberpräsidium von Pommern in Stettin [Naczelne Prezydium Prowincji Pomorskiej w Szczecinie]	101
118	Provinzialschulkollegium f. d. Provinz Pommern in Stettin [Kolegium Szkolne dla Prowincji Pomorskiej w Szczecinie]	102
119	Lehreinrichtungen	103
120	Generalkommissionen, Landeskulturamt, Spezialkommissionen	103
121	Wasserbaudirektion Stettin [Dyrekcja Budownictwa Wodnego w Szczecinie] Hafenbauamt Swinemünde [Urząd Budownictwa Portowego w Świnoujściu]	103

122 Oberzolldirektion, Hauptsteuer- u. Hauptzollämter, Zollämter
    [Naczelna Dyrekcja Ceł, Główny urzędy podatkowy, Urzędy celne] 103
123 Regierung Stettin [Rejencja Szczecińska] 104
124 Regierungen Schneidemühl u. Stralsund [Rejencje w Pile i Stralsundzie] 106
125 Polizeipräsidium Stettin [Prezydium Policji w Szczecinie] 106
126 Oberversicherungsamt Stettin
    [Wyższy Urząd Ubezpieczeniowy w Szczecinie] 106
127 Oberförstereien, Forstmeister, Forstkasse Misdroy
    [Nadleśnictwa, Królewska Kasa Leśna w Międzyzdrojach] 106
128 Landratsämter [Starostwa powiatowe] 107
129 Landkreistag in Pommern [Pomorski Sejmik Krajowy] 107
130 Kreis- (bzw. Orts-) Schulinspektionen [Powiatowe inspekcje szkolne] ... 107
131 Kreisbau- u. Vermessungsämter [Powiatowy Urząd Budowlany,
    Miejski Urząd Pomiarowy] 107
132 Katasterämter [Urzędy katastralne] 108
133 Arbeitsämter [Urzędy pracy] 108
134 Domänenrentämter [Urzędy domenalno-rentowy] 108
135 Standesämter [Urzędy stanu cywilnego] 109

Kommunalständische Vertretungen,
Selbstverwaltungsorgane der Provinz und der Kreise 111
136 Kommunal-Landtag und Landstube von Altpommern und
    Kommunalstände von Neuvorpommern [Archiwum Sejmików Krajowych
    Pomorza] 111
137 Neuvorpommerscher Landkasten in Stralsund
    [Krajowa Kasa w Stralsundzie] 111
138 Verwaltung des Provinzialverbandes [Związek Samorządu
    Prowincji Pomorskiej] 111
139 Direktion des Landarmenwesens Pommerns in Stettin [Dyrekcja
    Zakładów Opiekuńczych na Pomorzu Zachodnim] 112
140 Kuratorium der Provinzial-Blindenanstalten Stettin
    [Prowincjonalne Kuratorium Zakładów dla Ociemniałych w Szczecinie]
    Waisenhaus Stargard [Dom Sierot w Stargardzie Szczecińskim] 112
141 Chausseebaukommission in Pommern [Komisja Budowy Szos na Pomorzu]
    Straßenbauverwaltung [Zarzad Budowlane Szos] 112
142 Bezirksausschüsse [Wydziały obwodowe] 113
143 Kreisausschüsse [Wydziały powiatowe] 113

Mittlere und untere Reichsbehörden 113
144 Landesfinanzamt Stettin [Krajowy Urząd Skarbowy w Szczecinie]
    Finanzämter [Urzędy finansowe] 113
145 Reichspostdirektion Stettin [Dyrekcja Poczty Rzeszy w Szczecinie] 114

146 Wehrkreisverwaltung II Stettin [Okręg Wojskowy II w Szczecinie]
Militärbauamt Stettin [Wojskowy Urząd Budowlany w Szczecinie]
Versorgungsamt Stralsund [Urząd Opieki Społecznej w Stralsundzie] ... 114

Justiz 115
147 Reichskammergericht Wetzlar [Sąd Kameralny Rzeszy w Wetzlar] 115
148 Schwedisches Lehnsarchiv in Stralsund
[Swedzkie Archiwum Lenne w Stralsundie] 115
149 Stargarder Hofgericht
[Sąd Nadworny Księstwa Szczecińskiego w Stargardzie Szczecińskim] ... 115
150 Kösliner Hofgericht [Sąd Nadworny w Koszalinie] 116
151 Greifswalder Hofgericht [Sąd Nadworny w Greifswaldzie] 116
152 Oberlandesgerichte [Wyższe sądy krajowy] 116
153 Landgerichte [Sądy krajowe] 116
154 Amtsgerichte (und Vorbehörden)
[Sądy obwodowe i ich poprzednicy] 116
155 Land- u. Stadtgerichte, Patrimonialgerichte, Landvogteigericht 117
156 Kriegsgericht Stettin [Sąd Wojenny w Szczecinie] 117
157 SS- und Polizeigericht Stettin [Sąd SS i Policji w Szczecinie] 118
158 Versicherungsgericht Stettin [Sąd Ubezpieczeniowy w Szczecinie] 118
159 Oberstaatsanwaltschaft Stettin
[Prokuratura przy Wyższym Sądzie Krajowym w Szczecinie]
Staatsanwaltschaften 118
160 Notariate [Kancelarie notariuszy] 118
161 Rechtsanwälte [Akta adwokatów pomorskich] 118

Kirchenverwaltung, Kirchengemeinden, Jüdische Gemeinden 119
162 Domkapitel Kammin
[Kapituła Katedralna w Kamieniu Pomorskim] 119
163 Stettiner Evangelisches Konsistorium [Konsystorz Szczecińskich] 119
164 Superintendenturen [Superintendentury] 120
165 Einzelne Kirchen, Klöster, Stifte und Gemeinden 120
166 Jüdische Gemeinden in Pommern
[Gminy żydowskie Pomorza Zachodniego] 121
167 Kirchenbücher [Księgi metrykalne] 121

Kommunale Körperschaften 123
168 Magistrate, Amts- und Gemeindeverwaltungen
[Akta miast i gmin] 123
169 Ortspolizeibezirk Züllchow
[Komisariat Policji Szczecin-Żelechowa] 124
170 Innungen [Cechy] 124
171 Pommersche Städtetage [Pomorskie Sejmiki Miejskie] 127

Wirtschaft, Personen, Familien, Parteien, Verbände, Vereine, kulturelle und wissenschaftliche Einrichtungen 127
172 Generaldirektion der Seehandlungs-Sozietät Stettin
     [Generalna Dyrekcja Związku Handlu Morskiego w Szczecinie] 127
173 Landschafts-Bezirksdirektion Stolp
     [Okręgowa Dyrekcja Ziemstwa w Słupsku] 128
174 Preußische Landesrentbank Berlin
     [Pruski Krajowy Bank Rentowy w Berlinie] 128
175 Kreis- u. Stadtsparkassen [Powiatowe i miejskie kasy oszczędności] 128
176 Akten von Industrie- u. Handelsunternehmen in Stettin
     [Akta przedsiębiorstw przemysłowych i handlowych w Szczecinie] 128
177 Eisenhüttenwerke Torgelow [Huta w Torgelow] 129
178 Wasserverbände in Pommern [Towarzystwo Wodne na Pomorzu] 129
179 Gutsarchive [Akta dóbr] 129
180 Familienarchive [Archiwa rodowe] 129
181 Familienstiftungen [Fundacje rodzinne] 129
182 Persönliche Sammlungen, Nachlässe, Stammbücher
     [Zbióry, Spuścizny, Zbióry pamiętników] 130
183 Parteien, Verbände, Vereine, Organisationen 130
184 Kulturelle Einrichtungen, Vereine, Gesellschaften, Ämter 131
185 Universität Greifswald [Uniwersytet w Greifswaldzie]
     Greifswalder Juristenfakultät
     [Wydział Prawny Uniwersytetu w Greifswaldzie] 131
186 Staatsarchiv Stettin [Archiwum Państwowe w Szczecinie] 132

Sammlungen 132
187 Archivalische Sammlungen 132

III Staatsarchiv Köslin / Archiwum Państwowe w Koszalinie . 133

Landesherrliche und öffentliche Verwaltung 134
188 Kulturamt Köslin [Urząd Kultury Rolnej w Koszalinie] 134
189 Regierung Köslin [Rejencja Koszalińska] 134
190 Oberversicherungsamt Köslin
     [Naczelny Urząd Ubezpieczeń w Koszalinie] 134
191 Landratsämter [Starostwa powiatowe] 134
192 Kreisbauamt Flatow [Powiatowy Urząd Budowlany w Złotowie] 134
193 Kreisärzte [Lekarze powiatowi] 135
194 Kreisschulinspektionen [Powiatowe inspekcje szkolne] 135
195 Kreiskasse Schlochau [Kasa Powiatowa w Człuchwie] 135
196 Katasterämter [Urzędy katastralne] 135
197 Oberförsterei Schloppe [Nadleśnictwo w Człopie] 135
198 Domänenrentämter [Urzędy domenalno-rentowe] 136

199 Fürstlich Hohenzollernsches Rentamt Köslin
   [Urząd Rentowy Książąt Hohenzollernów w Koszalinie] 136
200 Amtsbezirke [Urzędy gminne] 136
201 Standesämter [Urzędy stanu cywilnego] 136

**Kommunalständische Vertretungen,
Selbstverwaltungsorgane der Provinz und der Kreise** 137
202 Kreisausschüsse [Wydziały powiatowe] 137

Mittlere und untere Reichsbehörden 138
203 Finanzämter [Urzędy finansowe] 138
204 Oberpostdirektion Köslin [Naczelna Dyrekcja Poczty w Koszalinie] 138
205 Heeresbauamt Köslin [Wojskowy Urząd Budowlany w Koszalinie] 138

Justiz 138
206 Amtsgerichte (und Vorbehörden)
   [Sądy obwodowe i ich poprzednicy] 138
207 Notare [Kancelarie notariuszy] 138

Kirchenverwaltung, Kirchengemeinden, Jüdische Gemeinden 139
208 Superintendenturen [Superintendentury] 139
209 Kirchen und Kirchengemeinden (evang. u. kathol.)
   [Kościoły i urzędy parafialne] 139
210 Synagogengemeinden [Gminy żydowskie] 139

Kommunale Körperschaften 140
211 Stadtverwaltungen [Akta miast] 140

**Wirtschaft, Personen, Familien, Parteien, Verbände, Vereine,
kulturelle und wissenschaftliche Einrichtungen** 140
212 Wassergenossenschaft Große Brotzener Mösse, Brotzen
   [Spółka Wodna Broczyńskie Bagno Broczyno] 140
213 Bund für Vogelschutz, Ortsgruppe Köslin
   [Związek Ochrony Ptaków w Koszalinie] 140

Sammlungen 140
214 Karten- u. Plänesammlung [Zbior kartograficzny] 140

IV Staatsarchiv Köslin, Abteilung Neustettin / Archiwum Państwowe w Koszalinie, Oddział w Szczecinku ... 141

Landesherrliche und öffentliche Verwaltung 141
215 Katasterämter [Urzędy katastralne] 141
216 Standesamt Deutsch Krone [Urząd Stanu Cywilnego w Wałczu] 141

Justiz 142
217   Amtsgerichte (u. Vorbehörden) [Sądy obwodowe i ich poprzednicy] 142

Kommunale Körperschaften 142
218   Magistrat Neustettin [Akta miasta Szczecinek] 142

Kirchenverwaltung, Kirchengemeinden, Jüdische Gemeinden 142
219   Superintendentur Ratzebuhr [Superintendentura w Okonku] 142

V Staatsarchiv Köslin, Abteilung Stolp / Archiwum Państwowe w Koszalinie, Oddział w Słupsku ... 143

Landesherrliche und öffentliche Verwaltung 143
220   Hafenbauämter [Urzędy budownictwa portowego] 143
221   Katasterämter [Urzędy katastralne] 143
222   Standesämter [Urzędy stanu cywilnego] 143

Justiz 145
223   Amtsgericht Stolp [Sąd Obwodowy w Słupsku] 145

Kommunale Körperschaften 145
224   Stadtverwaltungen [Akta miast] 145
225   Innungen der Stadt Stolp [Cechy miasta Słupska] 145

Kirchenverwaltung, Kirchengemeinden, Jüdische Gemeinden 145
226   Kirchen u. Hospitäler 145

Wirtschaft, Personen, Familien, Parteien, Verbände, Vereine, kulturelle und wissenschaftliche Einrichtungen 146
227   Landschaftsbezirksdirektion Stolp
       [Okręgowa Dyrekcja Ziemstwa w Słupsku] 146
228   Industrie- u. Handelskammer f. d. Reg.-bez. Köslin zu Stolp
       [Izba Przemysłowo-Handlowa Rejencji Koszalinskiej w Słupsku] 146
229   Familienarchiv von Hochendorff
       [Archiwum rodziny von Hochendorff] 146

Sammlungen 146
230   Kartensammlung [Zbiór kartograficzny] 146

VI Staatsarchiv Posen / Archiwum Państwowe w Poznaniu ... 147

Landesherrliche und öffentliche Verwaltung 147
231   Oberpräsidium Schneidemühl [Naczelne Prezydium w Pile] 147
232   Regierung Grenzmark Posen-Westpreußen in Schneidemühl
       [Rejencja Pograniczna Poznań-Prusy Zachodnie w Pile] 148

233 Landratsamt Filehne [Starostwo Powiatowe w Wielenie] 149
234 Oberversicherungsamt und Versorgungsgericht Schneidemühl
    [Naczelny Urząd i Sąd Ubezpieczeń w Pile] 149
235 Kulturamt Schneidemühl [Urząd do Spraw Rolnych w Pile] 149
236 Provinzialschulkollegium Schneidemühl [Kolegium Szkolne w Pile] 149

Kommunalständische Vertretungen,
Selbstverwaltungsorgane der Provinz und der Kreise 150
237 Provinzialverwaltung Grenzmark Posen-Westpreußen [Zarząd
    Prowincjalny Marchii Granicznej Poznań-Prusy Zachodnie w Pile] 150
238 Bezirksverwaltungsgericht Schneidemühl
    [Okręgowy Sąd Administracyjny w Pile] (Bezirksausschuss) 150
239 Kreisausschuss Filehne [Wydział powiatowy w Wielenie] 150

Kommunale Körperschaften 150
240 Städte, Innungen [Miasta, Cechy] 150

Wirtschaft, Personen, Familien, Parteien, Verbände, Vereine,
kulturelle und wissenschaftliche Einrichtungen 150
241 Deutsche Organisationen und Vereine
    [Niemieckie organizacje i stowarzyszenia] 150

Sammlungen 151
242 Archivische Sammlungen 151

VII Staatsarchiv Posen, Abteilung Schneidemühl / Archiwum Państwowe w Poznaniu, Oddział w Pile 152

Landesherrliche und öffentliche Verwaltung 152
243 Behörden der staatlichen Verwaltung 152

Kommunalständische Vertretungen,
Selbstverwaltungsorgane der Provinz und der Kreise 152
244 Kreisausschuß Schönlanke [Wydział Powiatowy w Trzciance] 152

Kommunale Körperschaften 153
245 Stadt- und Gemeindeverwaltungen 153

Justiz 153
246 Landgericht Schneidemühl, Amtsgerichte,
    Staatsanwaltschaft Schneidemühl,
    Notariate [Sąd Krajowy w Pile, Sąd Obwodowe,
    Prokuratura w Pile, Kancelarie notariusze] 153

VIII Staatsarchiv Landsberg a. d. Warthe / Archiwum Państwowe w Gorzowie Wielkopolskim 154

Landesherrliche und öffentliche Verwaltung 154
247 Landratsamt Friedeberg [Starostwo Powiatowe w Strzelcach Kraj.] 154
248 Standesämter [Urzędy Stanu Cywilnego] 155
249 Domänenrentamt Driesen [Urząd Domenalno-Rentowy w Drezdenku] 155
250 Wasserstraßenamt Driesen [Urząd Dróg Wodnych w Drezdenku] 155
251 Kreisschulinspektion Friedeberg
    [Powiatowa Inspekcja Szkolna w Strzelcach Kraj.] 155

Kommunale Körperschaften 155
252 Stadtverwaltungen, Innungen [Akta miast, Cechy miast] 155

Justiz 156
253 Amts- und Kreisgerichte, Notare
    [Sądy Obwodowe i Powiatowe, Akta Notariuszy] 156

Kirchenverwaltungen und Kirchengemeinden 156
254 Superintendentur, Evang. Kirchengemeinden
    [Superinentendentura, Akta Parafii Ewangelickich] 156

Kommunale Archive 157

IX Stadtarchiv Barth 157

255 Urkunden 157
256 Statuten, Regulative, Visitationen 158
257 Amtsbücher, Protokollbücher usw. 158
258 Städtische Akten 158
259 Sammlungen 158

X Stadtarchiv Greifswald 159

260 Archivhilfsmittel 160
261 Urkunden 160
262 Amtsbücher 160
263 Städtische Akten vor der Auflösung der Zentralregistratur um 1920 160
264 Städtische Akten nach der Auflösung der Zentralregistratur 160
265 Kaiserin-Auguste-Viktoria-Schule und Lehrerinnen-Seminar 161
266 Städtische Bürger- und Mittelschulen 161
267 Geographische Gesellschaft 161
268 Akten der freiwilligen Gerichtsbarkeit,
    Notariats- und Testamentsakten 161

269 Gemeinde Wieck 161
270 Gemeinde Eldena 161
271 Gewerbegericht 161
272 Innungen der Stadt und des Landkreises Greifswald 161
273 Kommunalbeamten-Verein (Beamten-Verein),
    Ortsverband Greifswald 162
274 Kuratorium Odebrecht-Stift 162
275 Schiffergesellschaft 162
276 Verschiedene Vereine, Komitees u. a. 162
277 Nachlässe 162
278 Hafensägewerk 163
279 Boots- und Reparaturwerft Greifswald 163
280 Sammlungen 163
281 Archivbibliothek und Zeitungssammlung 163

XI Stadtarchiv Stralsund 164

282 Städtische Urkunden 165
283 Urkunden der Stralsunder Kirchen, Klöster u. Stiftungen 165
284 Handschriften 165
285 Schiffer-Compagnie 166
286 Das Gerichtswesen der Stadt Stralsund 166
287 Stralsunder Gewandschneiderkompanie 166
288 Stralsunder Kaufmannsdeputation 167
289 Die Stralsunder Klöster; Der Kaland zu Stralsund 167
290 Stralsunder Stiftungen 167
291 Stralsund in den Landständen 168
292 Gesundheits- und Sozialwesen der Stadt 168
293 Hafen und Seeverkehr der Stadt Stralsund 168
294 Stralsunder Handwerk 169
295 Städtische Werke (Gas- u. Wasserwerk) 169
296 Das Polizeiwesen von Stralsund 169
297 Amt der Zeesener; Städtische Fischerei; Fischmeisterei 169
298 Das Stralsunder Gymnasium; Stralsunder Schulen 169
299 Städtischer Grundbesitz u. Bauwesen der Stadt Stralsund 170
300 Betrieb Otto Wilhelm 170
301 Stralsunder Zuckerfabrik 170
302 Stralsunder Kirchen 170
303 Der Oberbürgermeister / Hauptverwaltung 170
304 Stralsunder Kramerkompanie 171
305 Stralsunder Amt der Haken 171
306 Versicherungsamt 171
307 Quartierkammer und Steuerverwaltung 171

308 Stralsunder Bürgervertretungen 171
309 Stralsunder Pfundkammer 172
310 Handel, Gewerbe und Verkehr in Stralsund 172
311 Die Stralsunder Kommissariate f. Pommern u. Rügen 172
312 Finanzverwaltung der Stadt bis 1945 172
313 Testamente 173
314 Sammlungen 173

XII Kreisarchiv Rügen 174

315 Stadtarchiv Bergen 174

Archive anderer Trägerschaft 175

XIII Landeskirchliches Archiv Greifswald 175

316 Kirchenbücher, Militärkirchenbücher 176
317 Superintendenturen, Mittelbehörden 177
318 Pfarrämter, Kirchengemeinden 177
319 Nachlässe 178
320 Sammlungen 178

XIV Universitätsarchiv Greifswald 179

321 Urkunden 179
322 Handschriften 180
323 Altes Rektorat 180
324 Universitätsgericht 180
325 Universitätsbibliothek 180
326 Kurator 180
327 Universitätsforstamt 181
328 Personal- und Rechnungsakten 181
329 Philosophische Fakultät 181
330 Medizinische Fakultät 181
331 Theologische Fakultät 181
332 Juristische Fakultät 182
333 Landwirtschaftliche Akademie Eldena 182
334 Vereine u. Studentische Verbindungen 182
335 Nachlässe 182
336 Karten 183

XV Universitätsbibliothek Greifswald 184

337 Nachlässe 185
338 Kartensammlung 185

XVI Geographisches Institut Greifswald 186

339 Kartensammlung 186

XVII Stiftung Pommersches Landesmuseum 187

340 Sammlung Rabl-Virchow 187
341 Sammlung Doering I 188
342 Sammlung Urkunden und Akten 188
343 Sammlung Heinrich von Stephan 188
344 Nachlässe und Sammlungen 188

XVIII Pommersche Staatsbibliothek Stettin / Książnica Pomorska w Szczecinie 189

345 Verein Pommersches Museum [Muzeum Pomorskie] 190
346 Gesellschaft f. Pommersche Geschichte u. Altertumskunde
 [Pomorskie Towarzystwo Historyczno-Archeologiczne w Szczecinie] 190
347 Pommersches Biographisches Archiv
 [Pomorskie Archiwum Biograficzne] 190
348 Marienstiftsgymnasium Stettin
 [Gimnazjum Fundacji Najświętszej Marii Panny w Szczecinie] 190
349 Marienkirche in Stargard
 [Kościół Najświętszej Marii Panny w Stargardzie] 191
350 Archivalien versch. Institutionen u. Vereine 191
351 Nachlässe [Spuścizny] 191
352 Andere Handschriftensammlung [Pozostałe rękopisy] 192

Quellen in Einrichtungen außerhalb Pommerns 193

XIX Geheimes Staatsarchiv Preußischer Kulturbesitz 193

353 Alte und neue Reposituren 194
354 Nachlässe 198
355 Generaldirektorium 198
356 Ministerium der auswärtigen Angelegenheiten 200
357 Preußische Armee 200
358 Staatsverträge 200
359 Urkunden 201

360	Siegel-, Wappen- u. familiengeschichtliche Sammlung	201
361	Provinz Brandenburg	201
362	Karten	201
363	Westpreußen	202
364	Pommern	202

XX Bundesarchiv ... 204

365	**Bundesarchiv, Abteilungen Koblenz**	205
366	**Bundesarchiv, Abteilungen Berlin**	205
367	**Bundesarchiv, Militärarchiv Freiburg**	206
368	**Bundesarchiv, Zentralnachweisstelle Aachen**	206
369	**Bundesarchiv, Lastenausgleichsarchiv Bayreuth**	207
370	**Deutsche Dienststelle (WASt)**	207

XXI Reichsarchiv Stockholm ... 209

371	Urkunden	210
372	Königliche Kanzlei	210
373	Königliche Archive	211
374	Das Kammerarchiv	211
375	Privatarchive, Nachlässe	213
376	Kartensammlung	214

XXII Kriegsarchiv Stockholm ... 215

377	Militärgerichtsbarkeit	215
378	Kriegshandlungen und Kriegsrüstungen	216
379	Kriegskommissariate	216
380	Rollen, Listen, Meriten	216
381	Rechnungen	217
382	Karten	217

XXIII Reichsarchiv Kopenhagen ... 218

383	Mittelaltersammlung bis 1450. Neue chronologische Reihe	218
384	Archiv des Königshauses und des Reiches	218
385	Deutsche Kanzlei	219
386	Das Verhältnis zum Ausland	220
387	Die Rentenkammer. Deutsche Abteilung	221

388	Rechnungen	221
389	Zeitweilig besetzte Länder	222
390	Archivalien fremder Provenienz	222
391	Geistliche Archive	223

XXIV Brandenburgisches Landeshauptarchiv Potsdam 225

392	Templerorden	226
393	Johanniterorden Ballei Brandenburg	226
394	Herrschaft Schwedt-Vierraden	226
395	Kurmärkische Lehnskanzlei	227
396	Landvogtei der Neumark/Neumärkische Regierung [darin:] Vogtei Schivelbein	227
397	Kurmärkische Kriegs- und Domänenkammer	227
398	Neumärkische Kriegs- und Domänenkammer	228
399	Regierung Frankfurt/Od.	228
400	Generalkommission/Landeskulturamt Frankfurt/Od.	229
401	Neumärkische Stände	229
402	Provinzialverband der Provinz Brandenburg	230
403	Kommunalverbände, Kommunale Körperschaften	230
404	Kirchliche Institutionen	230
405	Amt Brüssow-Löcknitz	230
406	Kartensammlung	231

XXV Landeshauptarchiv Schwerin 232

407	Verträge mit dem Reich, deutschen Territorien, Städten und (Ritter-)Orden	233
408	Außermecklenburgische Staatsverträge	233
409	Acta Externa	233
410	Landesgrenzen (Acta terminorum et finium)	233
411	Mecklenburgische Bistümer bzw. Fürstentümer	233
412	Klöster und Ritterorden (Monasteria et ordines equestes)	234
413	Lehnswesen (Acta feudorum, Generalia et Specialia)	234
414	Erbschaftszehnt (Acta decimatorum)	234
415	Strandung und Strandrecht (Acta naufragiorum)	234
416	Militärwesen (Acta militaria)	234
417	Amtliche Drucksachen	234
418	Mecklenbg.-Strelitz. Staatsministerium und Landesregierung (1701-1908)	235
419	Mecklenbg.-Strelitz. Ministerium, Abt. d. Innern (1908-1933)	235
420	Mecklenbg.-Schwerinsches Ministerium d. Innern (1849-1945)	235

XXVI Staatsbibliothek Berlin – Handschriftenabteilung 236

421 Urkunden 237
422 Nachlässe 237
423 Ms Borussica 238
424 Ms Diez C 243
425 Ms Genealogica 244
426 Ms Germanica 245

XXVII Staatsbibliothek Berlin – Kartenabteilung 246

Haus 1 246
Haus 2 247
427 Kartensammlungen 248

XXVIII Universitätsbibliothek Thorn / Biblioteka Główna Uniwersytetu Mikołaja Kopernika w Toruniu 249

428 Sammlung v. Putkamer-Pansin [Zbiór rodziny von Putkamer-Pęzino] ... 249

XXIX Evangelisches Zentralarchiv Berlin 250

429 Pommersche Kirchenbücher 250

XXX Standesamt I Berlin 252

430 Pommersche Personenstandsunterlagen 252

XXXI Deutsche Zentralstelle für Genealogie Leipzig 259

431 Pommersche Kirchenbücher 259

Anhang 261

Quellen und Literatur 261
Personenregister 272
Ortsregister mit Konkordanz der polnischen Ortsnamen 278

Vorwort

Die Erschließung von archivalischen Quellen zur Kultur und Geschichte der Deutschen im östlichen Europa gehört zu den Aufgaben des Bundesinstituts. Der hier vorliegende Archivführer zur Geschichte Pommerns ist der achte Band in der Schriftenreihe des Instituts, der dieser Thematik gewidmet ist.

Das Buch versucht erstmals, durch Erfassung der wichtigsten Archivfonds zur Geschichte Pommerns, die auf zahlreiche Archive aufgeteilte historische Überlieferung zu dieser Region zusammenzufassen. Es verzeichnet insbesondere auch die einschlägigen Bestände des Landesarchivs Greifswald und stellt sich damit dem im Jahr 2002 als Übersetzung aus dem Polnischen als Band 24 der Schriftenreihe des Bundesinstituts erschienen Wegweiser durch die Bestände des Staatsarchivs Stettin/ Archiwum Państwowe w Szczecinie an die Seite. Vervollständigt wird die Übersicht über die Bestände in diesen beiden, für die Geschichte und Kultur Pommerns wichtigsten Archiven durch die Erfassung einschlägiger Bestände in weiteren Archiven in Deutschland, Polen und Skandinavien.

Ich danke allen, die zur Entstehung dieses Buches beigetragen haben, ganz besonders dem Autor, Heiko Wartenberg, ebenso wie dem Direktor des Landesarchivs Greifswald, Dr. Martin Schoebel, für die Zusammenarbeit und Unterstützung. Diesem Buch wünsche ich, dass es einen Beitrag zur Erschließung der Vergangenheit Pommerns leisten und die Beschäftigung mit der Geschichte und Kultur dieser historischen Region unterstützen möge.

Oldenburg, im November 2007

Prof. Dr. Matthias Weber
Direktor des Bundesinstituts für Kultur und Geschichte
der Deutschen im östlichen Europa

Vorwort

Kaum eine Archivlandschaft ist so tiefgreifend durch die Ereignisse des Zweiten Weltkrieges und seine Folgen verändert und umgestaltet worden wie die der einstigen preußischen Provinz Pommern. Erhebliche Kriegsverluste so bedeutender Archive wie das der Stadt Stettin, das 1942 bei der Auslagerung in einen Stettiner Vorort verschollen ist, sind ebenso zu beklagen wie die Zerrissenheit großer Archivfonds und ganzer Bestände wie der des einstigen Stettiner Staatsarchivs. Insbesondere die Folgen der 1942 begonnenen Auslagerungen im Provinzialarchiv waren und sind bis heute gravierend, so dass nur eine genaue Kenntnis der jüngeren Archivgeschichte es der Forschung ermöglicht, einigermaßen umfassend einschlägiges Archivgut zu erfassen und auszuwerten. Doch gerade an diesen Kenntnissen mangelte es viele Jahre, wie ein Blick in ältere Bestandsverzeichnisse lehrt. Heute noch vorhandene Bestände oder Bestandsteile galten lange als verschollen, Kriegsverluste waren nur schwer abzuschätzen und zu bestimmen, und archivische Ordnungsarbeiten litten unter den unzureichenden Kenntnissen über den Verbleib durch die Kriegsfolgen zerrissener Bestände.

Dies galt insbesondere für die beiden Nachfolgeeinrichtungen des bedeutendsten pommerschen Archivs, des Provinzial- und Staatsarchivs zu Stettin. Das heute polnische Staatsarchiv Stettin / Archiwum Państwowe w Szczecinie und das Landesarchiv Greifswald im Landesamt für Kultur und Denkmalpflege Mecklenburg-Vorpommerns, die nach 1945 die Bestände des einstigen Provinzialarchivs übernommen haben, unterhielten zwar viele Jahre Verbindungen, zu einer intensiveren fachlichen Zusammenarbeit kam es jedoch erst nach der Wende 1989/1990. Wie wichtig der gegenseitige Informationsaustausch ist, verdeutlicht die erst vor wenigen Jahren vorgelegte Beständeübersicht des Staatsarchivs Stettin. Sie listet nicht nur die Bestände des Stettiner Archivs auf, sondern verweist zugleich auf die Überlieferung an anderen Orten, darunter besonders häufig auf das Landesarchiv Greifswald. Denn die Bestände beider Häuser ergänzen sich, zumeist liegen Teile eines Bestandes in Stettin und in Greifswald. Da für das Landesarchiv Greifswald noch keine vergleichbare Beständeübersicht vorliegt, ist der Wert dieser Angaben nicht zu überschätzen, auch wenn sie kaum mehr als einen allgemeinen Verweis auf das Schwesterarchiv enthalten. So wünscht sich der Archivnutzer weitergehende Informationen zu den einzelnen Beständen, ihrer Struktur und ihrer gegenseitigen Verzahnung.

Ein Blick auf die wechselvolle Geschichte des einstigen Herzogtums Pommern, seine Spaltung in schwedische und brandenburgische Teilstaaten und schließlich seine Vereinigung in einer preußischen Provinz, die bis zum Ende des Zweiten Weltkrieges Bestand haben sollte, vermag verdeutlichen, welche vielfältigen äußeren Einflüsse zudem die Entwicklung und das geschichtliche Geschehen dieser Region beeinflusst haben und welche Fülle historischer Überlieferung an den unterschiedlichsten Verwahrorten zu erwarten ist. War es bisher den geschichtlich interessierten Laien wie den fachlich versierten Historikern nur unter Schwierigkeiten möglich, einen einigermaßen vollständigen Überblick über die komplexe Archivsituation zu gewinnen, so schließt nun der vorliegende Archivführer Heiko Wartenbergs diese Lücke. Dieses dankenswerte Unterfangen erhebt zwar keineswegs den Anspruch, auch nur annähernd alle Archivfonds sämtlicher einschlägiger Archive zu nennen und zu beschreiben, doch alle bedeutenderen finden sich hier in Kurzbeschreibungen benannt. Im Zentrum stehen die beiden Nachfolgeinstitutionen des Provinzialarchivs Stettin, das Staatsarchiv Stettin und das Landesarchiv Greifswald. Dass sie den größten Raum des Archivführers ausfüllen, liegt zwangsläufig in der Archivgeschichte Pommerns begründet. Pommern ist im Vergleich zu anderen Territorien des Alten Reiches vergleichsweise arm an größeren Städten gewesen, so dass umfangreichere Stadtarchive die Ausnahme bildeten. Hinzu kamen zahlreiche militärische Verwüstungen und Zerstörungen durch Katastrophen wie Überschwemmung oder Brand, die einen Teil der historischen Hinterlassenschaft vernichteten. So fiel beispielsweise das Archiv der alten pommerschen Residenzstadt Wolgast 1713 russischen Truppen zum Opfer, die hier Wiedergutmachung für die Einäscherung Altonas suchten. Es verwundert daher kaum, dass viele Kommunen ihre Archivbestände im Provinzialarchiv deponierten. Heute besitzen nur noch die großen und geschichtsbewussten Hansestädte in Vorpommern wie Stralsund und Greifswald sowie das kleinere Barth eigene Archive mit historischen Beständen aus der Zeit vor 1945. In Polen werden Stadtarchive traditionell in den Staatsarchiven verwahrt, lediglich die Stadt Stolp/Słupsk verfügt heute über ein eigenes Archiv, wenn auch als Außenstelle des Kösliner Staatsarchivs / Archiwum Państwowe w Koszalinie. Vergleichsweise umfangreich ist die für Pommern einschlägige Überlieferung in den staatlichen Zentralarchiven der Nationen, deren Geschichte lange Zeit mit Pommern eng verbunden war. Schwedische oder dänische Archive und Bibliotheken sind ebenso bedeutend wie die preußische Zentralüberlieferung in Berlin.

Dem Bundesinstitut für Kultur und Geschichte der Deutschen im östlichen Europa ist für seine Bereitschaft und Initiative zu danken, diesen Archivführer zu Pommern als weiteren Band einer Reihe gleich gearteter Archivführer zu publizieren. Das Grundprinzip dieser Reihe von Archivführern ist die Beschreibung und Auflistung der Archivbestände, die für die Erforschung der Geschichte eines bestimmten Raumes einschlägig sind, unabhängig von dem jeweiligen Aufbewahrungsort in einem Archiv, einer Bibliothek oder einer sonstigen wissenschaftlichen Einrichtung oder Institut. Sie sind damit sachthematische Übersichten und ordnen bewusst das im Archivwesen einschlägige Provenienzprinzip einem von der regionalen Pertinenz bestimmten Ordnungsschema unter. Die Tiefe und Genauigkeit der einzelnen Bestandsbeschreibungen ist dabei in den vorgelegten Archivführern durchaus unterschiedlich. Für das regional enger gefasste Ostbrandenburg bot sich beispielsweise eine umfangreichere Beschreibung einzelner Bestände an als dies für Pommern aufgrund der Vielzahl einschlägiger und sehr umfangreicher Fonds zu leisten wäre. Die Initiative zur Erarbeitung solcher Archivführer ging vor fast zehn Jahren vom Bundesinnenministerium und dem Bundesarchiv aus. Pommern war damals als Pilotprojekt vorgesehen, und mit Heiko Wartenberg stand ein versierter Kenner der pommerschen Archivlandschaft zur Verfügung. In einem Zeitraum von etwa einem Jahr hat Heiko Wartenberg die einzelnen Archive bereist und mit Unterstützung deutscher, polnischer und schwedischer Fachkollegen die einzelnen Bestände beschrieben. Bereits Anfang 2000 war das Manuskript des vorliegenden Archivführers fertig gestellt, doch die Drucklegung verzögerte sich und schließlich stand zu befürchten, dass eine Veröffentlichung nicht mehr möglich sei. Durch die Übernahme in die Reihe des Bundesinstituts für Kultur und Geschichte der Deutschen im östlichen Europa ist diese Befürchtung nun gegenstandslos geworden. Eine Überarbeitung des sieben Jahre alten Manuskriptes war jedoch dringend erforderlich. Nicht nur Anschriften einzelner Archive haben sich zwischenzeitlich geändert, auch Arbeiten an den Beständen machten eine Aktualisierung der Angaben erforderlich, die, soweit möglich, berücksichtigt wurden. Der Archivführer zur Geschichte Pommerns bis 1945 wird die Kenntnisse dieser Archivlandschaft auf eine neue Basis stellen und in nicht wenigen Fällen erstmals umfassendere Informationen zu den Beständen wichtiger Archive veröffentlichen.

Wartenberg hat eine imposante Übersicht der pommerschen Archive und der historischen Überlieferung dieses bedeutenden Territoriums zusammengestellt, die der Landesgeschichte westlich wie östlich der Oder, südlich und nördlich der Ostsee ein Arbeitsmittel an die Hand gibt, das in dieser Form nur für wenige Landschaften und Räume existiert. Es bleibt zu hoffen, dass dieser Archivführer die Landesgeschichtsforschung stärker auf die Bedeutung der Archive und ihre reichhaltige Überlieferung hinweist, den Zugang zu den Archiven erleichtert und damit letztlich die Landesgeschichtsforschung anregt und befördert. Doch nicht nur die Landesgeschichtsschreibung wird dankbar auf diesen Archivführer zurückgreifen. Auch andere Forschungsanliegen werden in ihrer Arbeit künftig einen leichteren Zugang zu ihren Grundlagen finden, und Ortschronisten werden ihn ebenso schätzen wie Familienforscher. Schließlich stellt der Archivführer Wartenbergs eine Herausforderung an die in ihm genannten Archive selbst dar, ihre Anstrengungen bei der Bearbeitung ihrer Bestände zu intensivieren und damit die Zugänglichkeit zu verbessern. Eine breite und vielfältige Benutzung des Buches ist daher der größte Dank an den Autor und die Herausgeber.

Greifswald, im September 2007

Dr. Martin Schoebel
Direktor des Landesarchivs Greifswald
im Landesamt für Kultur und Denkmalpflege

Einleitung

Der Archivführer hat es sich zum Ziel gesetzt, die in vielen Archiven verstreuten Quellen zur Geschichte Pommerns bis zum Jahr 1945 erstmals aufzunehmen und dem Leser einen Überblick über die einschlägigen Bestände in den bedeutenderen Einrichtungen zu ermöglichen. Das Hauptaugenmerk lag dabei auf den staatlichen, kommunalen, kirchlichen und sonstiger Überlieferung. Der Begriff ‚Pommern' umfasst das Gebiet des pommerschen Herzogtums und seiner Teilherzogtümer, der brandenburgisch-preußischen und schwedischen Provinzen sowie der preußischen Provinz Pommern bis 1945. Weiter wird versucht, die wichtigsten archivalischen Quellen der zentralen Überlieferung Brandenburg-Preußens, Schwedens und Preußens in ihren Bezügen zu Pommern im Überblick aufzulisten. Eine Vollständigkeit der Erfassung konnte nicht erreicht werden und war auch nicht beabsichtigt, da dies den Rahmen dieser Arbeit gesprengt hätte. So musste das Schriftgut der mittleren und unteren kirchlichen Verwaltungsebene ebenso ausgeklammert werden wie die Bestände vieler außerhalb Pommerns gelegener wissenschaftlicher Einrichtungen, die teilweise über wichtige Sammlungsbestände zur Geschichte Pommerns verfügen.

Der Archivführer bietet einen allgemeinen Überblick über die archivalische Quellenlage und bedient keine Spezialgebiete, mit Ausnahme einer Erfassung der Kirchenbücher und Standesamtsregister der sechs Hauptverwahrorte als Hilfe für die genealogische Forschung.

Der Archivführer nennt zunächst die Bestände der staatlichen Archive mit pommerscher Überlieferung, danach die der kommunalen Archive, der Archive in anderer Trägerschaft und schließlich die Hauptarchive außerhalb Pommerns. Die den Bestandsinformationen beigefügten Querverweise sollen dabei inhaltliche Zusammenhänge verdeutlichen und helfen, verwandte oder ehemals zusammengehörende Bestände aufzufinden.

Die Angaben sind schematisiert. Zuerst werden die Adress- und Kontaktdaten der jeweiligen Einrichtung genannt, dann folgen die Angaben zu den Beständen.

Die Archivbestände sind auf Grundlage der aktuellen Findhilfsmittel je nach Bedeutung und Umfang entweder einzeln oder in Gruppen erfasst. Die wichtigeren Bestandsbildner erhielten Kurzinformationen zur Behördengeschichte oder zum Entstehungszusammenhang. Die Rubrik „Bestandsinhalt" gibt bei der Einzelerfassung Angaben zu Strukturteilen, Akteninhalten, Findhilfsmitteln des Bestandes und Verweise zu Teilbeständen in anderen Einrichtungen. Die entsprechenden Angaben enthalten: Nummer des Strukturteils (Titel), Bezeichnung des Strukturteils, Laufzeit der Überlieferung, Anzahl der Archivalieneinheiten, z. B.: „9. Kirchen- u. Schulwesen 1727-1940 (724)". Die Anzahl der Archivalieneinheiten steht in Klammern. Soweit keine anderen Einheiten (lfm; vol.; Urk.; St.) angegeben wurden, sind immer Archivalieneinheiten (AE) gemeint, wobei eine AE sowohl eine Akte, eine Karte, eine Urkunde oder auch nur ein Einzelblatt sein kann.

Bei der Gruppenerfassung werden Bestände gleichen Inhalts wie Amtsgerichte, Standesämter, Innungen nur jeweils einzeln mit Laufzeit und Umfang der Überlieferung genannt, z. B.: „Nr. 118 Swinemünde 1730-1937 (352)".

Die Literaturangaben geben Hinweise auf Bestandsübersichten oder/und Standardtitel zur Verwaltungs- und Behördengeschichte oder auf Einzeldarstellungen zum jeweiligen Bestandsbildner und Archivbestand. Auch hier wurde Vollständigkeit nicht angestrebt. Eine Modernisierung der Rechtschreibung innerhalb der Bestandsübersichten wurde nicht vergenommen.

Die Erfassung erfolgte in zwei Intensitätsstufen. Bei den Einrichtungen mit originären pommerschen Quellen wurden die Daten, wenn möglich, bis auf die Ebene der Strukturteile (Titel) der einzelnen Bestände erfasst. Bei den anderen Einrichtungen konnten auf Grund des Umfangs der Gesamtüberlieferung die für den Archivführer relevanten Bestände nur im Überblick genannt werden, wenn möglich mit kurzen Inhaltsangaben. Es wird vorausgesetzt, dass sich die Nutzer des Archivführers der pommerschen Sachbezüge vor allem in der preußischen Zentralüberlieferung bewusst sind (z. B. Preuß. Ministerium f. Finanzen), auch wenn diese, auf Grund der Größe der Bestände, im Archivführer nicht explizit aufgeführt werden. Auf die Ebene der Einzelerfassung wurde nur bei der Handschriftenabteilung der Staatsbibliothek Berlin zurückgegangen, da hier sonst pommersche Betreffe nicht zu ermitteln gewesen wären.

Der Bearbeitungszustand der archivalischen Überlieferung Pommerns in den einzelnen Einrichtungen ist unterschiedlich. Grundsätzlich gilt, dass viele Bestände in nahezu allen relevanten Einrichtungen weiterhin einer mehr oder minder intensiven Bearbeitung unterliegen, so dass der jetzige Zustand der Bestandsbildung und -verzeichnung nicht endgültig ist.

Die Altbestände (bis 1945) der selbständigen Stadtarchive (Stralsund, Greifswald, Barth) weisen einen guten Verzeichnungszustand auf, das Stadtarchiv Stralsund ist dabei noch hervorzuheben. Vor dem Hintergrund der Versuche, in der DDR jegliche pommersche Tradition und Geschichtsforschung zu unterbinden, ist der Bearbeitungszustand der Altbestände des Landesarchivs Greifswald differenziert zu sehen. Während Urkunden, vorpommersche Stadtbestände und Bestände zentraler staatlicher Behörden einen guten Verzeichnungszustand aufweisen, sind Archivalien der Selbstvertretungskörperschaften und die größeren Guts- und Familienarchive erst jüngst intensiv erschlossen worden. Umfangreiche Justizbestände, hinterpommersche Stadtbestände und andere Bestandsgruppen bedürfen dieser Erschließungsstufe noch.

Die alten oder „deutschsprachigen" Bestände der polnischen Staatsarchive sind nahezu vollständig erschlossen, wobei die Intensität der Verzeichnung unterschiedlich ist. Den besten Bearbeitungszustand weisen die Bestände des Staatsarchivs Stettin / Archiwum Państwowe w Szczecinie auf. Für die Staatsarchive Stettin, Posen / Archiwum Państowe w Poznaniu und Landsberg a. d. Warthe / Archiwum Państwowie w

Gorzowie Wielkopolskim liegen deutschsprachige Bestandsübersichten vor. Gravierend sind die Folgen der deutschen Teilung bei den Beständen der Staatsbibliothek Berlin und des Geheimen Staatsarchivs Berlin-Dahlem. Beide Häuser arbeiten intensiv an der Zusammenführung der Bestände und der Findhilfsmittel. Die Benutzung gestaltet sich deshalb im GStA PK etwas schwierig. Es empfiehlt sich, bei der Vorbereitung des Archivbesuchs die alte Bestandsübersicht aus den 1930er Jahren mit aktuellen Veröffentlichungen des Archivs (z. B. Kloosterhuis 1996) abzugleichen. Glücklicherweise liegen die Kriegsverluste bei den Beständen des GStA PK bei nur ca.10 %.

Den besten Bearbeitungszustand weisen die Bestände mit pommerschen Betreffen des Reichsarchivs und des Kriegsarchivs Stockholm auf. Für diese Archive sind neueste und ausführliche Bestandsübersichten veröffentlicht worden. Die Benutzungsfrequenz der „pommerschen" Archivalien ist jedoch verhältnismäßig gering.

Außer bei den schwedischen Archiven wurde die Erfassung vor Ort an Hand der offiziellen und z. T. auch internen Findhilfsmittel vorgenommen. Für die Verifizierung der Angaben zu den schwedischen Archiven danke ich Herrn Dr. Helmut Backhaus, Reichsarchiv Stockholm, ganz herzlich. Die Erfassung der Angaben zu den polnischen Einrichtungen (ohne Staatsarchive Stettin und Landsberg) nahm Herr Mag. Jerzy Grzelak, Stettin, vor.

Die Erfassung der Angaben war im Jahr 2000 abgeschlossen. Die Aktualisierung der Daten im Jahr 2007 konnte nur bei den Stadtarchiven Stralsund und Greifswald direkt, ansonsten an Hand der inzwischen veröffentlichten Bestandsübersichten sowie der im Internet zugänglichen Informationen vorgenommen werden. Bei manchen Beständen können sich durch inzwischen vorgenommene Bearbeitung Veränderungen ergeben haben.

An dieser Stelle möchte ich allen Mitarbeitern der beteiligten Einrichtungen meinen Dank aussprechen, die mir mit Rat und Tat bei der Erfassung der Angaben zur Seite standen und die mich bei konzeptionellen Überlegungen voranbrachten. Besonderer Dank gilt den Herren Dr. Wilhelm Lenz, Bundesarchiv, Dr. Jürgen Martens, Bundesinnenministerium, und dem Direktor des Landesarchivs Greifswald, Dr. Martin Schoebel, für die wissenschaftliche Begleitung und für die ausgezeichneten Arbeitsbedingungen.

Abriss der Archiventwicklung[1]

Die ältesten schriftlichen Zeugnisse Pommerns entstanden Mitte des 12. Jahrhunderts und stehen in einem engen Zusammenhang mit der Christianisierung des Landes. Eine ausgeprägte Schriftlichkeit und ein Bewusstsein für den Wert schriftlich fixierter Rech-

---

1 Die wichtigste Literatur für diesen Abschnitt: AF Stettin 2004, Behm 1913, Branig 1938, Buske 1990, Diestelkamp 1938, Elstner 1996, Gesterding 1827, ders. 1829, Grotefend 1910, GStA PK 1934-1939, Heyden 1957, ders. 1965, Kiel 2000, Kloosterhuis 2000, Langhof 1970, Medem 1838, Petsch 1907, RA 1983, Randt 1938, StAG 1966, Schoebel 1997, Simon 1956/57, Spahn 1896.

te entwickelten sich langsam. Keimzellen dieser Entwicklung waren zuerst die Klöster, dann die Höfe der Landesherren und die zunehmend an Bedeutung gewinnenden Städte. Es entstanden Kanzleien mit angegliederten kleinen Archiven, um zunächst die empfangenen Dokumente zu sichern und präsent zu halten. Sie wurden in Privilegienschränken und -truhen, zumeist in abgesonderten Räumen aufbewahrt, wie Beispiele aus Stralsund im Jahr 1328 und Greifswald im Jahr 1456 belegen, wo sich Stadt und Universität einigten, ihre Privilegien gemeinsam in einem Schrank in der Bürgermeisterkapelle des Doms St. Nikolai aufzubewahren. Die frühen Archive der Klöster und Städte sind Urkundenarchive mit überwiegender Empfängerausfertigung. Wesentlich später übernahm der Adel diese Entwicklung und Anfang des 14. Jahrhunderts hatte die Schriftlichkeit in Pommern weite Verbreitung gefunden.

Landesherrliche Archive entstanden nach der Landesteilung vom Jahre 1295 an den herzoglichen Höfen in Wolgast und Stettin. Sie reisten zunächst mit den Kanzleien der Herzöge, die zugleich die einzigen staatlichen Verwaltungsbehörden darstellten, doch die rasch steigende Zahl der Dokumente erforderte im Laufe der Zeit auch hier feste, gesonderte Aufbewahrungsorte.

Die zahlreichen Rechtsgeschäfte der Bürger der Städte (Grundstückssachen, Schuldverschreibungen, Erbangelegenheiten) und die Ausübung der Rechts- und der Steuerhoheit der Städte (Steuerlisten, Sprüche der Gerichte) führten zur Anlage der heute als Stadtbücher bezeichneten Dokumentation. Sie stellen nach den Urkunden die zweite wichtige Quellengruppe zur Stadtgeschichte der pommerschen Städte dar.

Das Anwachsen der Verwaltungsaufgaben im 15. Jahrhundert ließ neue Quellengruppen entstehen. Auf allen Stufen der kirchlichen Organisation entstanden frühzeitig Verwaltungsakten in Form von Zehnt- und anderen Registern, Inventaren usw., deren Führung und Aufbewahrung jedoch den jeweiligen Verwaltungsgliedern überlassen blieb.

Erste gesicherte Nachrichten über den Ort und die Struktur landesherrlicher Archive stammen aus dem Jahre 1532, als die Herzöge Barnim IX. und Philipp I. einen Erbvergleich geschlossen hatten. Es wurde vereinbart, alle Privilegien und Briefe, die das gesamte Herzogtum betrafen, in Wolgast aufzubewahren und Abschriften davon im Stettiner Schloss zu hinterlegen. Diese Praxis wurde 1541 auf Gegenseitigkeit ausgedehnt. Somit entstanden in Pommern zwei landesherrliche Archive. Nach der Reformation nahmen sie zudem Urkunden und Matrikeln der säkularisierten Klöster auf. Ihr rasches Wachstum verdanken sie jedoch vor allem der zunehmenden Verschriftlichung der landesherrlichen Domänenverwaltung. Auch bei Erledigung eines Lehens kamen die betreffenden „Siegel und Briefe" ins herzogliche Archiv, wie es Beispiele von 1535 und 1575 belegen. Dabei standen lehnsrechtliche Fragen jedoch im Vordergrund. Der umfangreiche Aktenbestand, die große Zahl der Pergamenturkunden und die nicht unerhebliche Korrespondenz der Landesherren erforderten eine systematische Ordnung und Inventarisierung. Zu diesem Zweck bestellten die Herzöge Beamte um die Urkunden zu verzeichnen, die Archive „treu zu verwahren" und sie gegenseitig zu ergänzen.

Ein Urkundenverzeichnis von 1544 belegt die Trennung von Kanzlei und Archiv, denn in diesem Jahr wurden Urkunden und Matrikeln aus der Kanzlei in eine eigene Privilegienkammer umgelagert. Verschlusssicherheit und Zugang zu den Archiven unterlagen strengen Bestimmungen wie ein Briefwechsel der Herzöge Johann Friedrich und Bogislaw XIII. aus den Jahren 1593 und 1594 zeigt. Im Auftrag des Stettiner Herzogs Johann Friedrich sollte Hofrat Mildenitz das im Wolgaster Turm verwahrte Archiv einsehen. Die Wolgaster Räte verweigerten ihm jedoch den Zugang. Es sei nämlich nicht verabredet gewesen, den Turm zu öffnen und daraus etwas mitzuteilen, auch befänden sich die Schlüssel nicht in ihrer Verwahrung.

Seit dem beginnenden 16. Jahrhundert wuchsen die staatliche und städtische Verwaltungstätigkeit und damit das Aktenmaterial in Form von Sachakten. Die Schreibstuben der Städte wandelten sich zu Registraturen, deren Schriftgutanfall bisherige Aufbewahrungsmöglichkeiten sprengte. Die Betreuung der Registraturen wurde zumeist einem Syndikus, Ratssekretär oder rangniederen Kanzlisten übertragen. Auf dem Gebiet der geistlichen Aktenführung begann eine Vereinheitlichung und allmähliche Besserung nach der Reformation. Die im Zuge der Kirchenvisitationen aufgestellten Kirchenmatrikeln klärten nämlich nicht nur die kirchlichen Besitz- und Einnahmeverhältnisse, sondern erforderten auch die Vorlage und Ordnung aller Briefe, Siegel und Register. Die Bugenhagensche Kirchenordnung von 1535 schrieb den Visitatoren vor: „Sie sollen sich von den Pfarrherren auch ihre Inventarien aushändigen lassen, und falls diese in Ordnung sind, in die Landesregistratur aufnehmen."[2] Jacob Runge, Generalsuperintendent des Wolgaster Landesteils, forderte um 1563 die Synode Barth auf, Register und Matrikeln im Synodalarchiv zu verwahren. Erste Kirchenbücher wurden angelegt. Die weitere Entwicklung des kirchlichen Archivwesens geht dann einher mit der Herausbildung der kirchlichen Verwaltungs- und Rechtstätigkeit auf den Stufen der Pfarren, der Superintendenturen, Generalsuperintendenturen und Konsistorien. Entsprechend der Kirchenordnung von 1563 wurden Konsistorien als geistliche Gerichte in Greifswald (Hzt. Wolgast), Stettin (Hzt. Stettin) und Kolberg (Stiftsgebiet) eingerichtet. Das Konsistorium Kolberg wurde unter der brandenburgischen Herrschaft 1688 nach Stargard verlegt und seine Zuständigkeit auf ganz Hinterpommern ausgedehnt. Nach der Eroberung Altvorpommerns und Stettins vereinigte man das Stargarder und Stettiner Konsistorium im Jahre 1738 in Stettin. Da die jeweiligen Generalsuperintendenten, welche die kirchliche Verwaltung leiteten, dem Konsistorium angehörten, bestanden die Registraturen sowohl aus Rechtsprechungs- als auch Verwaltungsakten, die z.T. sachlich zusammenhingen.

Diese ersten sichernden und ordnenden Tätigkeiten in den Archiven brachen durch die Ereignisse des 30-jährigen Krieges jedoch jäh ab. Stadt und Schloss Wolgast erlitten 1628 schwere Brand- und Plünderungsschäden. Das herzogliche Archiv wurde

---

2 Büske 1985, S. 183.

aufgebrochen, Akten und Urkunden zerstreut und beschädigt. Man stellte die Ordnung zwar notdürftig wieder her, doch angesichts weiterer Kriegshandlungen beschloss Herzog Bogislaw XIV. die Evakuierung des Archivs nach Stettin. Zwischen den Jahren 1639 und 1642 wurden die beiden herzoglichen Archive im Stettiner Schloss zusammengeführt.

Nach dem Ende des Krieges regelten Schweden und Brandenburg im Grenzrezess vom Mai 1653 die verwaltungstechnische Seite der Teilung Pommerns. Beide Seiten einigten sich darüber, dass Brandenburg die Akten und Urkunden erhalten sollte, die das zugesprochene Gebiet betrafen. Schweden hatte zwar den kleineren Teil des Herzogtums bekommen, aber beide Residenzstädte und damit auch das ganze Archiv. Trotz der Sorgfalt, welche die Schweden für dessen Sicherheit und Ordnung aufwandten, kam es zu weiteren Archivgutverlusten. Sowohl den herzoglichen Archiven als auch den Registraturen der schwedischen Regierung Pommerns entnahm man für verschiedene Verwaltungsangelegenheiten ständig Akten, von denen die wenigsten zurückgegeben wurden. Größere Verluste brachten die nächsten beiden Kriege mit sich, an denen Schweden teilnahm. Zweimal wollte die schwedische Regierung die pommerschen Archive nach Stockholm evakuieren, was jedoch wegen Schiffbruchs (1678) und Kaperung (1715) nicht gelang. Die dabei in dänischen Besitz gelangten Archivalien erhielt Schweden größtenteils zurück, ein ansehnlicher Rest blieb aber in Kopenhagen. Er bildet dort heute zusammen mit anderen Unterlagen pommerscher Provenienz den Bestand „Schwedisch-Pommern 1653-1802". Doch es waren nicht nur seeseitige Verluste an Archivgut zu verzeichnen. Bei der Besetzung Stettins im Jahre 1713 durch russische und von 1807 bis 1810 durch französische Truppen wurden die in der Stadt verbliebenen Akten in Unordnung gebracht, beschädigt und zum Teil durch Brand zerstört.

Im Stockholmer Frieden von 1720 erhielt Preußen das pommersche Gebiet zwischen Oder und Peene. Die preußischen Behörden übernahmen die herzoglichen Archive sowie die Überlieferung der schwedischen Verwaltung aus den Jahren 1637 bis 1713, die man später als „Schwedisches Archiv" bezeichnete. Hatten schon 1677 und brandenburgische Truppen Urkunden aus Stettin entnommen, so wurden 1716 alle Urkunden von den Akten abgesondert und nach Berlin geschickt.

Erst auf Initiative Friedrich von Dregers, Hofgerichtsverwalter in Köslin und Historiker, bemühte sich die pommersche Regierung um deren Rückgabe, die in den Jahren 1743 und 1747 größtenteils erfolgte. Dreger fertigte Verzeichnisse und Regesten der vorhandenen Dokumente in zwölf stattlichen Bänden an, deren erster wenig später gedruckt wurde. Damit schuf er die erste Quellenedition, die sich auf die Bestände des Stettiner Archivs stützte. Nach Dreger veröffentlichte auch Johann Carl Dähnert zwischen 1765 und 1803 eine mehrbändige Dokumentensammlung zur Geschichte Pommerns und Rügens.

Zusammenfassend ist festzustellen, dass sich das 17. und 18. Jahrhundert mit den vielen Kriegen und daraus entstandenen Zerstörungen und Stadtbränden äußerst nachteilig auf die Archivbildung aller Träger auswirkte. Nahezu jede Stadt hatte eine oder mehrere Verwüstungen durch Brände erlitten, in denen auch die älteren Archive ganz oder teilweise zerstört wurden. Hinzu trat die mangelnde Wertschätzung des älteren Schriftguts. Die Urkunden und Stadtbücher hatten weitgehend ihre Rechtskraft verloren, die nicht kurrenten Akten früherer Jahrhunderte galten als Ballast, was oftmals zu umfangreichen Kassationen führte. Die geringe Wertschätzung alter Akten belegt auch ein Vorgang im Greifswalder Konsistorium um 1740. Dort hatte der Assessor und spätere Direktor der Behörde, Augustin von Balthasar, ohne Zustimmung des Konsistoriums größere Teile des Archivs von seinem Aufbewahrungsort entfernt und auf die Erde geworfen, längere Zeit im Unrat liegen lassen und später an einen anderen Ort verbracht. Das erst im Jahre 1772 erstellte Aktenverzeichnis weist daher entsprechende Lücken auf.

Auch die stiefmütterliche Behandlung des Archivs der Regierung besserte sich nicht. Aus Mangel an geeignetem Personal gerieten die Bestände in Unordnung und waren kaum noch zugänglich. Dieser nachteilige Zustand eskalierte als die Regierung vor der französischen Besetzung 1809 nach Stargard auswich. Verhängnisvoll wirkte sich in Folge der preußischen Verwaltungsreform die Aufteilung der einheitlichen Registratur sowie der alten Archive aus. Der mit dieser Aufgabe betraute Schulrat Sell teilte von 1810 bis 1814 das gesamte Aktenmaterial in sechs Abteilungen, die dann den Registraturen der Regierung und des Oberlandesgerichtes zugewiesen wurden. Die von den Behörden nicht benötigten Akten verblieben ohne Betreuung im Archiv. Erst eine Kabinettsorder von 1819 erklärte die staatlichen Archive Preußens zu eigenständigen Institutionen. Ihre Aufgabe war es, Aktenbestände zu sammeln und zu erhalten, die für den Geschäftsbetrieb der Behörden keine praktische Bedeutung mehr hatten. Dabei waren nicht nur die staatlichen Behörden, sondern auch die Archivalien der Magistrate und anderen Behörden zu beachten. Der im Jahre 1824 gegründeten Gesellschaft für pommersche Geschichte und Altertumskunde ist es zu verdanken, dass das Verständnis zur Errichtung eines Provinzialarchivs gefördert wurde, welches zwischen 1827 und 1834 eingerichtet wurde. Der erste fest angestellte Archivar, Friedrich von Medem, begann seine Tätigkeit mit der Übernahme der Akten der früheren Regierungen und der alten Archive sowie von Gerichten, Stiftungen und Klöstern. Eine neue Arbeitsgrundlage des Archivs bildete die Spezialinstruktion vom 20. April 1838. Sie unterstellte das Archiv direkt unter das Büro des Oberpräsidenten und regelte Bestandssicherung und Benutzung, Bestandsergänzung und -aufbau.

Folgende Anforderungen wurden gestellt:

- Aufteilung des Gesamtbestands in ein Urkunden- und ein Aktenarchiv,
- Sorge für die Archivalien der aufgelösten Domkapitel Kammin und Kolberg,
- Aufsicht über die Archive der Regierungen Stettin, Stralsund und Köslin,
- Übernahme der Akten des Oberlandesgerichts,
- fachliche Aufsicht über die Archive der Städte, Kirchen und Stiftungen.

Des weiteren begann Baron von Medem die Ordnung und Verzeichnung der Bestände. Die ca. 5000 Urkunden teilte er in geistliche und weltliche Abteilungen ein. Das Aktenmaterial wurde gesichtet und die Bündel den vorhandenen Verzeichnissen angepasst. Weitere Übernahmen, wie z. B. vom Kösliner Hofgericht, ließen den Raumbedarf des Archivs trotz eines Umzugs in größere Räume im Jahre 1844 ansteigen.

Seit 1852 begann die preußische Generaldirektion damit, die staatlichen Archive als wissenschaftliche Institutionen zu stärken. Mit der Berufung des Greifswalder Privatdozenten Robert Klempin zum Leiter erhielt das Provinzialarchiv Pommerns ab 1856 eine neue Ausrichtung. Klempin und seine Mitarbeiter nahmen das große Werk einer Neuverzeichnung der Bestände in Angriff. Ihre Arbeit bildete die Grundlage für die zahlreichen Quellenpublikationen der folgenden Jahre, wie z. B. den ersten Band des pommerschen Urkundenbuches (1868).

Wachsendes historisches Verständnis hatte auch in den Städten das Bewusstsein um die eigene Geschichte und damit verbunden die Aufmerksamkeit für die Archive erhöht. In den größeren Städten wurden bereits im ersten Drittel des 19. Jahrhunderts die Archive geordnet (Greifswald, Stettin). Bei den mittleren und kleineren Städten setzte dieser Prozess erst in der zweiten Hälfte des Jahrhunderts ein (Barth 1854-74). Klempin und Kratz hatten für ihr Werk über die Städte Pommerns (1865) zwar die Urkunden bis 1300 in den städtischen Archiven verwertet. Aber noch im Jahre 1876 berichtete der Staatsarchivdirektor v. Bülow, dass eine Durchsicht der städtischen Archive noch nicht erfolgt sei und dass gerade die Archive der größeren Städte in schlechter Ordnung seien, weil die sie betreuenden Persönlichkeiten „[...] eine oft erschreckende Unkenntnis zeigen und, um diese zu verdecken, unliebsamen Nachfragen gegenüber sich unfreundlich abweisend verhalten [...]".[3] Daraufhin stellte das Staatsarchiv im September 1876 an den Pommerschen Städtetag den Antrag, die Städte aufzufordern, ihre Urkunden und Akten im Staatsarchiv zu deponieren. Dieser Beschluss wurde gefasst und bis 1897 waren schon 40 städtische Deposita mit vornehmlich älteren Akten des 14. bis 18. Jahrhunderts ins Archiv gelangt. Bis 1938 gelangten weitere umfangreiche Aktenbestände vieler Städte ins Staatsarchiv, darunter die von Stettin (1923-25), Stargard (1922-1938), Kolberg (1923), des weiteren Damgarten, Stolp, Tribsees.

Das kirchliche Archivwesen nahm eine ähnliche Entwicklung wie das des Staates und der Kommunen. Das zwischen 1815 und 1817 eingerichtete Konsistorium der Provinz Pommern in Stettin wurde als Verwaltungsbehörde der Kirchen- (und bis 1845 auch der Schul-) angelegenheiten errichtet. Der Prozeß der Archivbildung von der Registratur über die Altregistratur zum Archiv ist aber weder in dieser Behörde noch in den darunter liegenden Verwaltungsebenen konsequent beschritten worden. Deshalb stellte v. Bülow auf der Provinzialsynode von 1881 den Antrag, „die Deponierung nicht currenter Dokumente der Pfarr- und Superintendentur-Archive beim kgl. Staatsarchiv

---

3   Branig 1938, S. 84.

[...] zu befürworten".⁴ Obwohl der Antrag einstimmig angenommen wurde, hatten bis zum Jahr 1938 nur 21 Superintendenturen und Kirchengemeinden ihre Archivalien im Staatsarchiv hinterlegt.

Schon im Januar 1856 hatte die Gesellschaft für pommersche Geschichte und Altertumskunde ihre Handschriften und Akten im Provinzialarchiv deponiert. Weitere Übernahmen von Archivgut staatlicher und nichtstaatlicher Provenienzen kamen hinzu, darunter das Ritterschaftliche Archiv Neuvorpommerns, Akten der Kommunalverbände und Landratsämter aus der ersten Hälfte des 19. Jahrhunderts sowie der Generallandschaftsdirektion. Von überragender Bedeutung war der Erwerb der Bohlenschen Sammlung mit ihren ca. 1000 Urkunden und 20.000 Behördenakten aus herzoglicher und schwedischer Zeit sowie die 3500 Bände zählende Bibliothek Bohlens mit ihren zahlreichen Inkunabeln. Von gleicher Wichtigkeit war die Übernahme der Karten und Beschreibungswerke der Schwedischen Landesmatrikel, eines kulturhistorisch einzigartigen Bestands frühneuzeitlicher Landesaufnahme.

Auch die Übernahme der ca. 2200 pommerschen Prozessakten des Reichskammergerichts Wetzlar brachte umfangreiche und wichtige Quellen ins Haus. Diese Akten enthielten oft spätmittelalterliches Urkundenmaterial, das zu Beweiszwecken beigegeben wurde, wie z. B. ein Kopiar des Klosters Neuenkamp aus dem 14. Jahrhundert.

Die permanenten und umfangreichen Übernahmen machten eine Behebung der akuten Raumnot zwingend erforderlich. Schließlich wurde ein Neubau genehmigt, der im Jahr 1900 als einer der ersten modernen Archivzweckbauten bezogen werden konnte und heute noch Heimstatt des Stettiner Staatsarchivs ist.

Der Umbruch im Staatsaufbau nach dem Ersten Weltkrieg stellte die Archivare vor bisher noch nicht da gewesene Aufgaben. Nach 1919 setzte die Ablieferung der Registraturen der aufgelösten oder umstrukturierten Behörden ein. Weitere umfangreiche und wichtige Bestandsgruppen gelangten in der Folgezeit ins Archiv, wobei die Bestände des Oberpräsidiums, des Provinzialschul- und des Medizinalkollegiums, der Wasserbaudirektion sowie nach 1932 die Akten der Regierung Stralsund zu nennen sind. Es folgten Justizakten und nichtstaatliches Archivgut. Bei den Bemühungen um die Erfassung des nichtstaatlichen Archivguts wurde nun auch das Augenmerk auf die bisher weitestgehend unberücksichtigten Archivalien der zumeist adligen Grund besitzenden Familien gerichtet. Bei vielen dieser Familien hatten sich zumindest an den Stammsitzen mitunter reichhaltige Urkunden- und Aktenarchive gebildet, die weit in das Mittelalter zurückreichten und umfangreiches Material zur Besitz-, Familien- und Personengeschichte sowie der Gutswirtschaft enthielt. Es war die 1910 gegründete und weitgehend vom Staatsarchiv getragene Historische Kommission für Pommern, die sich die Erfassung des gesamten nichtstaatlichen Archivguts, darunter auch der Familien-

---

4 Verhandlungen der dritten ordentlichen Pommerschen Provinzial-Synode im Jahre 1881, Greifswald 1882, S. 232. Zitiert n. Branig 1938, S. 85.

und Gutsarchive, zum Ziel setzte. Zwischen 1910 und 1941 wurden von Archivaren bei eigens dazu angesetzten Inspektionsreisen Kreisinventare der kleineren, nichtstaatlichen Archive erarbeitet und auch in der Regel veröffentlicht. Auf diese Weise wurden die kirchlichen, kommunalen und, bei Genehmigung und Mitarbeit, auch die Familien- und Gutsarchive der Kreise Anklam, Demmin, Greifenberg, Kammin, Köslin, Naugard, Pyritz, Saatzig und Stolp erfasst und bekannt gemacht. Die Angaben für die Kreise Bublitz, Bütow und Lauenburg gelangten nicht mehr zur Drucklegung.

Neue Wege zur Pflege des gesamten Archivguts der Provinz beschritt man seit 1931 mit der Einrichtung einer Archivberatungsstelle aus Mitteln der Provinzialverwaltung. Das erfolgreiche Modell der Archivpflege wurde 1937 von den anderen preußischen Provinzen übernommen. Die rund 40 Archivpfleger Pommerns trugen dazu bei, dass bis 1938 die Archive von 61 Städten, acht Institutionen und Gesellschaften, 40 Familien, 132 Innungen und 21 Kirchen als Deposita im Staatsarchiv hinterlegt und archivisch betreut werden konnten.

Eine neue Zäsur in der Archivarbeit stellte die Machtergreifung der Nationalsozialisten dar. Neben weiteren, dadurch ausgelösten Archivgutübernahmen gewannen die im Zusammenhang mit der Erstellung von Arier-Nachweisen erforderlichen Arbeiten zur Sippen- und Familienforschung so an Übergewicht, dass nötige Ordnungs- und Verzeichnungsarbeiten zumindest behindert wurden. Außerdem mussten neue Archivgutzugänge durch Angehörige des Reichsarbeitsdienstes bearbeitet werden. Viele Bestände besaßen deswegen im Jahr 1945 nur Übergabe- bzw. Übernahmevermerke.

Im Jahre 1938 erhielt das Staatsarchiv Stettin die Zuständigkeit für den neu gebildeten Regierungsbezirk Schneidemühl. Die dortige Archivzweigstelle wurde ihm unterstellt.

In den Kriegsjahren galt die Sorge des Archivs anfangs dem Schutz des in der Provinz lagernden nichtstaatlichen Archivguts. Das Angebot an die pommerschen Städte, ihre Archive kostenfrei im Staatsarchiv zu deponieren, konnte nach Beginn der Auslagerung der eigenen Bestände nicht aufrechterhalten werden. Die Archivberatungsstelle gab 1942 Regeln zum Schutz des Archivguts heraus. So wurde die Auslagerung außerhalb der Städte empfohlen. Die alliierten Bombardierungen deutscher Städte bewirkten, dass bis September 1944 rund 80 % der Bestände des Staatsarchivs Stettin ausgelagert wurden. Auslagerungsorte waren Schlösser und Gutshäuser in Hinterpommern (Pansin, Groß Tychow, Soltikow, Kusserow, Bonin, Mehrentin, Schönrade, Nippoglense, Tütz, Broitz und Techlipp) und in Vorpommern (Ralswiek, Endingen, Schlemmin, Plennin und Spantekow). Beim Nahen der Ostfront verlagerte man Teile der Herzoglichen Archive und andere wertvolle Archivalien in Salzbergwerke bei Helmstedt (Grasleben). Es war eine Ironie des Schicksals, dass die Archivgebäude in Stettin wenig oder gar nicht beschädigt wurden. Auch die großen Archive von Stralsund und Stettin waren aus den Städten ausgelagert worden. Das Stadtarchiv Stralsund hatte lediglich geringe Verluste an Urkunden, am Ratskirchenarchiv, an der Bildsammlung und an der Archivbibliothek zu verzeichnen und so den Krieg glimpflich überstanden. Das

Stettiner Archiv ist vom Magistrat im Jahr 1942 aus dem Staatsarchiv wieder herausgenommen worden. Das Archivgut sollte in einem eigenen Auslagerungsdepot, wahrscheinlich im Vorort Hohenkrug, vor Luftangriffen geschützt werden. Seitdem gilt dieses umfangreiche und kulturgeschichtlich überaus wertvolle Archiv als verschollen.

Von den kirchlichen Archiven waren die alten Konsistorien von Greifswald, Stettin und Kolberg bereits Mitte des 19. Jahrhunderts in das Staatsarchiv gelangt. Das Archiv des Konsistoriums der Provinz Pommern, das bereits in der Tektonik des Staatsarchivs eingeplant war, wurde angesichts der Gefährdung Stettins durch Bombenangriffe im November 1943 nach Schneidemühl verlegt. Die Spuren dieses Archivs verloren sich mit den Kampfhandlungen im Jahr 1945. Auch über den Umfang des Archivs ist nichts mehr bekannt. Somit ist der größte Teil der Überlieferung vornehmlich des 19. Jahrhunderts der oberen und mittleren Kirchenbehörden Pommerns mit seinen 785 Pfarren und 53 Synoden (Stand 1939) verloren.

Die Grenzziehung durch die Siegermächte zerschnitt 1945 die Provinz Pommern und teilte sie in einen polnischer Verwaltung unterstellten östlichen Teil und eine sowjetische Besatzungszone. Am 1. September 1945 wurde das Staatsarchiv Stettin von der polnischen Verwaltung übernommen. Die wichtigste Aufgabe der polnischen Archivare bestand 1945 und 1946 in der Zusammenführung der ausgelagerten Bestände, wobei es in einigen Auslagerungsorten (Tütz, Bonin) auf Grund von Kampfhandlungen oder Vandalismus zu Verlusten in einer Größenordnung von 23 Waggonladungen gekommen war. Die nach Grasleben ausgelagerten Bestände wurden von der englischen Besatzungsmacht zunächst in Goslar deponiert und 1947 nach Stettin verbracht. Von den ehemals vorhandenen 7000 lfm Akten konnten insgesamt 4000 lfm zurückgeführt werden. Der übrige Teil befand sich entweder in Vorpommern oder war vernichtet worden. Nach dem Rücktransport der evakuierten Bestände begannen die Arbeiten zur Wiederherstellung der Archivordnung. Manche Teile wurden neu verzeichnet und die Zusammenstellung polnischsprachiger Findhilfsmittel in Angriff genommen. Registraturen der ehemaligen deutschen Behörden, vor allem Akten der Regierungen Stettin und Köslin, der Landratsämter und Amtsgerichte sowie der Stadtverwaltungen wurden gesichert. Akten des Herzoglich Stettiner Archivs, des Domkapitels Kammin, des Hofgerichts Köslin und einige städtische Deposita gelangten im Zuge eines Archivalienaustausches mit der DDR in den Jahren 1961 und 1962 nach Stettin.

Auch in Vorpommern bestand die dringlichste Aufgabe darin, das zerstreut lagernde und überall gefährdete Archivgut zusammenzuführen und der Auswertung zugänglich zu machen. Dem standen aber in besonderem Maße Schwierigkeiten entgegen, die sich vor allem aus dem Fehlen einer pommerschen Regionalverwaltung, die die notwendigen Maßnahmen hätte unterstützen können, ergaben. Da sich abzeichnete, dass der deutsch verbliebene Teil Pommerns an Mecklenburg angeschlossen werden sollte, reiste der bisherige Stettiner Archivleiter, Dr. Hermann Gollub, im Juni 1945 nach Schwerin, um von dort Hilfe zu erbitten. Bei Inspektionsfahrten hatte er vier Auslagerungsorte überprüft und festgestellt, dass an drei Orten bereits erhebliche Archivgutverluste eingetreten waren. Glücklicherweise konnte das Schweriner Geheime und Hauptarchiv eine Anstellung Gollubs erreichen, somit war in personeller Hinsicht ein Anknüpfen an die Tradition des Stettiner Staatsarchivs und der Neuanfang für ein vorpommersches Landesarchiv mit Sitz in Greifswald möglich geworden.

Den ersten Aktentransport aus Endingen brachte Gollub, dem der ehemalige Stettiner Magazinmeister zur Seite stand, am 20. August 1946 in Räumen der alten Kaserne unter. Die Rückführung der Bestände aus den Auslagerungsstätten nahm zwei Jahre in Anspruch. Insgesamt wurden 1500 lfm Akten, umfangreiche Urkundenbestände, wertvolle Handschriften, ein kleiner Teil der Archivbibliothek sowie die unersetzlichen Karten und Beschreibungen der Schwedischen Landesaufnahme gerettet. Bei den Urkunden sind teilweise erhebliche Schäden und Verluste am Auslagerungsort eingetreten, viele Urkunden haben ihre Siegel eingebüßt, die die Not leidende Bevölkerung z. T. zu Wachslichtern umgoss.

Dass die Verluste bei der schwedischen Landesaufnahme gering blieben, ist dem Anklamer Lehrer und Archivpfleger Hermann Scheel zu verdanken, der dieses Material persönlich barg und sicherte. Auch das Landesarchiv Greifswald unternahm in der Folgezeit große Anstrengungen zur Sicherung von nichtstaatlichem Archiv- und Registraturgut und das der staatlichen Behörden vor 1945, bot doch die Einlagerung in den Archivräumen nahezu die einzige sichere Gewähr für dessen Erhalt. Welche Ausmaße die Vernichtung und Entfremdung von unersetzlichem Urkunden- und Aktenmaterial erreichen konnte, zeigt das Beispiel des Gutsarchivs Semlow. Russischen Besatzungstruppen warfen das gesamte Schriftgut aus den Fenstern des Schlosses, türmten einen derart hohen Papierberg auf, dass das Obergeschoß ohne Treppenbenutzung zu erreichen gewesen sein soll und verbrannten schließlich den ganzen Haufen. Ähnliche Schicksale erlitten Gutsarchive in ganz Vorpommern. Aktenmaterial wurde auch zur Befeuerung und zur Dämmung von Neubauernhäuser verwendet. Blieb auch die Übernahme von Kreisarchiven vor 1945 insgesamt unbefriedigend, so konnte archivwürdiges Material von kleinen Städten, Katasterämtern, Oberförstereien, Amtsgerichten, Grundbuchämtern sowie Kultur- und Landesbauämtern in erfreulichem Umfang gesichert werden. Durch diese Maßnahmen wuchs die Überlieferung im Landesarchiv Greifswald auf ca. 3200 lfm, so dass dieses Archiv auf einen beachtlichen Bestand pommerscher Provenienz verweisen kann. Er dokumentiert die Zeit der Herzogtümer, der brandenburgisch-preußischen und schwedischen Herrschaftsgebiete sowie der preußischen Provinz Pommern.

Die Teilung der schriftlichen historischen Überlieferung Pommerns bringt für die Forschung Nachteile mit sich. Durch die Intensivierung ihrer Zusammenarbeit bemühen sich die polnischen Staatsarchive auf dem Gebiet Pommerns und das Landesarchiv Greifswald, diese Hindernisse heute im Interesse gemeinsamer Forschungsanliegen zu beheben und allen Interessierten den Zugang zu den reichen Schätzen der pommerschen Geschichte zu ermöglichen.

Abkürzungen

Abt.	Abteilung	LAH	Landeshauptarchiv
adl.	adlig	LG	Landgericht
AE	Archivalieneinheit(en)	Mschr.	Maschinenschrift
AF	Archivführer	n. bes.	nicht besetzt
AG	Amtsgericht	NS	Nationalsozialistisch(e)
allgem.	allgemein	NSDAP	Nationalsozialistische Deutsche Arbeiterpartei
alphabet.	alphabetisch		
Anf.	Anfang	NV	Namensverzeichnis
AP	Archiwum Państwowe [Staatsarchiv]	OLG	Oberlandesgericht
		o. Best.-Nr.	ohne Bestandsnummer
Bl	Blatt	o. A.	ohne Angabe
Bll	Blätter	o. Z.	ohne Zeitangabe
chronolog.	chronologisch	Pom.	Pommern (in Verbindung)
DZG	Deutsche Zentralstelle für Genealogie	pom.	pommersch
		Preuß./preuß.	Preußisch/preußisch
EKD	Evangelische Kirche Deutschlands	RA	Rechtsanwalt, Rechtsanwälte
		Reg.-bez.	Regierungsbezirk
EKG	Evangelische Kirchengemeinde	Rep.	Repositur (Archivbestand)
		S	Sterbeeintrag
Evang./evang.	Evangelisch / evangelisch	Schwed./schwed.	Schwedisch/schwedisch
FB	Findbuch		
FHM	Findhilfsmittel	Slg.	Sammlung
FK	Findkartei	SA	Sturmabteilung
Folioreg.	Folioregister	SS	Sturmstaffel
franz.	französisch	St.	Stück(e)
geistl.	geistlich	StA	Staatsarchiv
Gesch.	Geschichte	Stkr.	Stadtkreis
HA	Hauptabteilung	T	Taufe
handschrftl.	handschriftlich	Tr	Trauung
herzogl.	herzoglich	UEK	Union der Evangelischen Kirchen
hist.	historisch(e)		
Hs./Hss.	Handschrift/Handschriften	Urk.	Urkunde(n)
Hzt.	Herzogtum	uvz.	unverzeichnet
Jh.	Jahrhundert	versch.	verschieden(e)
kath.	katholisch	vol.	Volumen
Kgl./kgl.	Königlich/königlich	WASt	Wehrmachtsauskunftstelle
Kr.	Kreis	WK	Weltkrieg
Krst.	Kreisstadt	wissensch.	wissenschaftlich
lfd. Nr.	laufende Nummer	Zettelreg.	Zettelregister
lfm	laufende Meter		

Siglen

APGo	Archiwum Państwowe w Gorzowie Wielkopolskim [Staatsarchiv Landsberg]
APKo	Archiwum Państwowe w Koszalinie [Staatsarchiv Köslin]
APKo OSłupsk	Archiwum Panstwowe w Koszalinie, Oddział w Słupsku [Staatsarchiv Köslin, Abteilung Stolp]
APKo OSz	Archiwum Państwowe w Koszalinie, Oddział w Szczecinku [Staatsarchiv Köslin, Abteilung Neustettin]
APLb	Archiwum Państwowe w Lublinie [Staatsarchiv Lublin]
APPo	Archiwum Państwowe w Poznaniu [Staatsarchiv Posen]
APPo OPiła	Archiwum Państwowe w Poznaniu, Oddział w Pile [Staatsarchiv Posen, Abteilung Schneidemühl]
APSz	Archiwum Państwowe w Szczecinie [Staatsarchiv Stettin]
BLHA	Brandenburgisches Landeshauptarchiv
BUT	Biblioteka Uniwersytetu w Toruniu [Universitätsbibliothek Thorn]
EZAB	Evangelisches Zentralarchiv Berlin
GStA PK	Geheimes Staatsarchiv Preußischer Kulturbesitz
KARg	Kreisarchiv Rügen
KPS	Książnica Pomorska w Szczecinie [Pommersche Bibliothek Stettin]
KrA	Krigsarkivet - [Das Kriegsarchiv Stockholm]
LAGw	Landesarchiv Greifswald
LKAGw	Landeskirchliches Archiv der Pommerschen Evangelischen Kirche
PLMGw	Pommersches Landesmuseum Greifswald
RAK	Rigsarkivet [Das Reichsarchiv Kopenhagen]
RAS	Riksarkivet [Das Reichsarchiv Stockholm]
StA Bergen	Stadtarchiv Bergen
StAB	Stadtarchiv Barth
StAG	Stadtarchiv Greifswald
StAS	Stadtarchiv Stralsund
StAIB	Standesamt I Berlin
SBB-Hss	Staatsbibliothek Berlin - Handschriftenabteilung
SBB-KA	Staatsbibliothek Berlin - Kartenabteilung
SPK	Stiftung Pommern Kiel
UAGw	Universitätsarchiv Greifswald
UBGw	Universitätsbibliothek Greifswald
UBTo	Biblioteka Główna Uniwersytetu Mikołaja Kopernika w Torunie Universitätsbibliothek Thorn
UGwGI	Universität Greifswald, Geographisches Institut
ZGL	Zentralstelle für Genealogie Leipzig

Staatliche Archive

I Landesarchiv Greifswald

Landesamt für Kultur und Denkmalpflege
Archiv Greifswald
Martin-Andersen-Nexö-Platz 1
17489 Greifswald

Postadresse: PF 3323
17463 Greifswald

Tel.: (0-38 34) 59 53-0
Fax: (0-38 34) 59 53-63
e-mail: poststelle@landesarchiv-greifswald.de
Internet: www.landesarchiv-greifswald.de
Mo–Do: 08.00–17.00 Uhr

Lesesaal: (0-38 34) 59 53-14

Die Gründung des Landesarchivs Greifswald erfolgte im Jahre 1946, als Archivgut, das im Zweiten Weltkrieg aus dem Provinzialstaatsarchiv Stettin nach Vorpommern ausgelagert worden war, in Greifswald zusammengeführt wurde. Auf Grund der Auslagerung in vor- und hinterpommersche Depots und der politischen Grenzziehung 1945 entstand eine ungeplante und ungeordnete Mischlage der Bestände in den beiden Nachfolgeeinrichtungen des Provinzialstaatsarchivs Stettin. Die Bestände des Landesarchivs Greifswald umfassen einen wichtigen Teil der historischen Überlieferung Pommerns vom Hochmittelalter bis 1945. Sie setzt mit den mittelalterlichen Urkunden ein, deren ältestes Original aus dem Jahre 1159 stammt. Wichtige Aktenbestände sind die herzogliche Landesverwaltung von Pommern-Wolgast bis zum 30-jährigen Krieg, das zwischen 1648 bis 1815 entstandene Archivgut der schwedischen und der brandenburgisch-preußischen Provinzialbehörden und die verschiedenen, aus allen Verwaltungsebenen der preußischen Provinz Pommern erwachsenen Bestände aus der Zeit von 1815 bis 1945. Neben dem Archivgut der staatlichen Behörden sind auch umfangreiche Deposita, Nachlässe und Sammlungen im Landesarchiv vorhanden. Dazu zählen Magistratsakten zahlreicher pommerscher Städte, kleinere Bestände kirchlicher Herkunft, eine Anzahl von Guts- und Familienarchiven sowie Archive der Wirtschaft. Zu erwähnen sind auch die Handschriftensammlungen mit Kopiaren und Klostermatrikeln sowie genealogische Unterlagen zum pommerschen Adel. Die Zuständigkeit des Archivs erstreckt sich darüber hinaus auf die Sicherung und Nutzbarmachung des Schriftguts aus Behörden (Rat des Bezirkes, Polizei), Betrieben, Parteien (Bezirksleitung der SED) und Organisationen des ehemaligen Bezirkes Rostock von 1952 bis 1990. Die Bestände der DDR-Wirtschaft decken vor allem die Bereiche See- und Hafenwirtschaft, Schiffbau, Fischfang und -verarbeitung und Kreideindustrie ab. Seit 1990 ist das Landesarchiv Greifswald für die archivische Betreuung aller oberen und nachgeordneten Behörden mit Sitz in den fünf östlichen Landkreisen Mecklenburg-Vorpommerns und den kreisfreien Städten Stralsund und Greifswald zuständig.

Der Gesamtbestand umfasst derzeit 9000 lfm Akten, 10.200 Urkunden und 40.000 Karten in ca. 800 Einzelbeständen. Maßnahmen zur Modernisierung der Landesverwaltung können behördliche Zuständigkeiten ändern, werden aber vermutlich keine Auswirkungen auf die Situation der Bestände bis zum Jahr 1945 haben. Um Voranmeldung mit Angabe des Arbeitsthemas wird gebeten.

Das Archiv beteiligt sich am Internet-Archivverbund Mecklenburg-Vorpommerns ARIADNE. Das Projekt ARIADNE ermöglicht archiv- und bestandsübergreifende Recherche in den Findhilfsmitteln der beteiligten Archive. Es stellt keine Dokumente zur Verfügung. Die Aufnahme der Bestandsinformationen wird ständig fortgeführt.

Urkunden

Ausgangspunkt und Grundstock der Archiventwicklung bildeten die Urkundensammlungen in den herzoglichen Kanzleien, deren Bestände größtenteils bis 1642 in Stettin zusammengeführt wurden. Umfangreiche Zuwächse an Urkunden resultierten aus der Säkularisation der Klöster nach der Reformation, durch den Heimfall erledigter Lehen und aus der Übernahme des Archivs des Domkapitels Kammin 1818. In der Folgezeit gelangten weitere Urkundenbestände durch Übernahme und Aussonderung der alten Akten des Oberlandesgerichts (1832), Übergaben der Städte (ab 1821), Depositalverträge mit Städten (ab 1879) und die Übernahme der archivalischen Sammlungen (Bohlensche Sammlung 1882) in das Archiv.

001   **Geistliche Urkunden**   Rep. 1
4.198 Urk.

Die Gruppe der geistlichen Urkundenbestände wurde in dieser Form zwischen 1913 und 1923 im Provinzialstaatsarchiv von Hoogeweg geordnet und verzeichnet, zuvor waren sie im Bestand „Allgemeine geistliche Urkunden" zusammengefasst.
Augustinereremitenkloster Anklam 1393-1476 (2) – Bistum Kammin 1140-1790 (1133) – Bistum Kammin Nachtrag 1311-1575 (82) – Marienkirche Barth 1335-1552 (33) – Prämonstratenserkloster Belbuck 1208-1539 (39) – Zisterziensernonnenkloster Bergen/Rg. 1296-1588 (42) – Zisterzienserkloster Buckow 1268-1530 (25) – Zisterzienserkloster Dargun 1288-1519 (61) – Deutscher Orden 1335-1517 (10) – Zisterzienserkloster Doberan 1408-1475 (3) – Zisterzienserkloster Eldena 1207-1537 (212) – Dominikanerkloster Greifswald 1472-1536 (4) – Franziskanerkloster Greifswald 1470-1485 (3) – St. Georgskirche Greifswald 1350-1536 (7) – Heilig-Geistkirche Greifswald 1304-

1510 (14) – St. Jakobikirche Greifswald 1323-1532 (32) – St. Marienkirche Greifswald 1387-1526 (45) – St. Nikolaikirche u. -stift Greifswald 1373-1542 (110) – Marienkirche Grimmen 1326-1533 (21) – Zisterzienserkloster Hiddensee 1296-1539 (331) – Kloster Ivenack 1265-1517 (7) – Augustinerchorherrenstift Jasenitz 1321-1530 (17) – Johanniter- u. Tempelherrenorden 1345-1552 (12) – Dominikanerkloster Kammin um 1240-1524 (67) – Zisterziensernonnenkloster Köslin 1277-1588 (279) – Zisterzienserkloster Kolbatz 1251-1536 (72) – Domkapitel Kolberg 1249-1714 (173) – Benediktinernonnenkloster in der Altstadt von Kolberg 1479-1542 (4) – Zisterziensernonnenkloster Krummin 1230-1543 (59) – Zisterzienserkloster Neuenkamp 1231-1549 (245) – Augustinereremitenkloster Marienkron bei Neustettin 1471 (1) – Pasewalker Kirchen und Klöster 1464-1546 (6) – Prämonstratenserkloster Pudagla 1159-1519 (267) – Augustinereremitinnenkloster vor Pyritz 1312-1522 (5) – Kloster Reinfelde bei Altentreptow, Grangie Monekehusen 1249-1551 (12) – Franziskanernonnenkloster Ribnitz 1336-1440 (3) – Kartause Marienkron bei Rügenwalde 1407-nach 1534 (62) – Kartause Gottesfriede vor Schivelbein nach 1532 (1) – Augustinereremitenkloster Stargard 1375,1434 (2) – St. Jakobikirche Stettin vor 1156-1616 (21) – Zisterziensernonnenkloster vor Stettin 1243-1587 (49) – Marien- und Ottostift Stettin 1260-1718 (87) – Kartäuserkloster Gottesgnade vor Stettin 1340-1532 (6) – Dominikanerkloster Stolp 1464 (1) – Benediktiner/ ab 1304 Zisterzienserkloster Stolpe/Peene 1176-1533 (179) – St. Annen-u. Brigittenkloster Marienkrone bei Stralsund 1433-1521 (22) – Oberster Kirchherr Stralsund 1385-1521 (13) – Dominikanerkloster Stralsund 1261-1541 (6) – Franziskanerkloster Stralsund 1500 (1) – St. Georg vor der Stadt Stralsund 1310-1493 (7) – Heilig Geist Stralsund 1345-1563 (15) – St. Jakobikirche Stralsund 1386-1555 (36) – Der Kaland Stralsund 1349-1649 (65) – St. Marienkirche Stralsund 1310-1593 (66) – St. Nikolaikirche Stralsund 1304-1536 (45) – Archidiakonat Tribsees 1409-1531 (9) – Benediktinernonnenkloster Verchen 1269-1535 (860) – Zisterziensernonnenkloster Wollin 1302-1521 (7).
Regesten, Orts- u. Personenregister oder chronolog. Verzeichnis.
Siehe auch: APSz Nr. 1, Urkunden StAB, StAG, StAS.

Fabricius 1891, Hoogeweg 1924/25, Gülzow 1940, Schlegel 1980, Fruendt 1982, Heyden 1936, Heyden 1961, Heyden 1965, Hoppe 1921, Schoebel 1998, PUB

002 Herzogsurkunden Rep. 2 Herzogsurkunden
1501 Urk. 1264-1748
Der Bestand vereint die Urkunden der herzoglichen Archive in Wolgast und Stettin mit einzelnen Ausstellerausfertigungen der pommerschen Herzöge, die keiner Empfängerprovenienz mehr zugeordnet werden konnten.
Regesten u. chronolog. Verzeichnis.
Siehe auch: APS Nr. 1, Urkunden StAB, StAG, StAS, GStA PK HA XI.

Langhof 1970, Schoebel 1998, PUB

003   Städtische Urkunden   Rep. 2 (Ort)
650 Urk.
Hierbei handelt es sich um Pertinenzbestände aus den herzoglichen Archiven, zu denen man wahrscheinlich aus Gründen der vereinfachten Bestandsbildung gleichartige Urkunden aus anderen Beständen und Zugängen (Abgaben der Städte ab 1821) zuordnete. Der Bestand enthält neben Magistratsurkunden auch solche der geistlichen milden Stiftungen und von Bürgern. Bereits in den zwanziger Jahren wurden Urkunden geistlicher Institutionen ausgesondert und den Geistlichen Urkunden eingegliedert. Es liegt eine Mischlage mit dem Bestand Rep. 38 bU vor.
Altdamm 1293-1621 (4) – Altentreptow 1325-1601 (48) – Anklam 1278-1508 (95) – Bahn 1417, 1447, 1771 (3) – Barth (Siehe auch: Rep. 1 Marienkirche Barth) – Belgard 1510-1575 (3) – Demmin 1386-1616 (44) – Dramburg 1688 (1) – Gartz/Od. 1621-1746 (4) – Gollnow 1318-1618 (3) – Greifenberg 1515 (1) – Greifenhagen 1254, 1588-1784 (6) – Greifswald 1321-1603 (86) – Grimmen 1422-1730 (3) – Kammin 1331-1708 (21) – Köslin 1310-1790 (239) – Kolberg 1344-1623 (26) – Labes 1564 (1) – Leba um 1500 (1) – Naugard 1536, 1588 (2) – Neustettin 1578-1670 (2) – Rügenwalde 1501-1636 (5) – Stargard 1333-1727 (31) – Stettin 1332-1783 (82) – Stolp 1461-1605 (5) – Stralsund 1314-1653 (110) – Treptow/Rega 1374-1655 (24) – Tribsees 1478,1674 (2) – Ueckermünde 1441-1719 (5) – Wolgast 1408-1611 (9) – Wollin (durch Hoogeweg aufgelöst u. in geistl. Urk.-beständen eingegliedert)
Regestenlisten oder chronolog. Verzeichnisse.
Siehe auch: APSz Nr. 1, Urkunden StAB, StAG, StAS

Schoebel 1998, PUB

004   **Herrschaft Putbus**   Rep. 2 Herrschaft Putbus
156 Urk.   1369-1862
Diese Urkunden entstammen dem Archiv der Fürsten von Putbus und wurden zusammen mit einem Bruchteil des einstigen Aktenarchivs vor der Vernichtung in der Nachkriegszeit gerettet. Neben den erhaltenen Urkunden existieren noch zwei Kopialbücher. Regestenband und Regestenkartei sind im Findbuch Rep. 38d Putbus eingearbeitet.

Kausche 1940, PUB

005   **Rügensche Urkunden**   Rep. 2 Rügen
132 Urk.   1301-1756
Dieser Bestand enthält rügensche Pertinenzen aus den herzoglichen Urkundenarchiven. Regestenliste.

PUB, Behm 1913

006 **Privaturkunden**   Rep. 2 Privaturkunden
964 Urk.   1274-1834
In die Privata-Sammlung wurden Urkunden für alle Empfänger aufgenommen, die nicht geistlichen, herzoglichen, städtischen und rügenschen Urkunden zuzuordnen waren. Eine große Zahl entstammt adligen Familienarchiven. Nach Aussage der Findhilfsmittel wurde der Bestand Rep. 2 Hofgericht Köslin mit 274 Urkunden in den Bestand eingearbeitet.
Regesten u. chronolog. Kartei.
Siehe auch: APSz Nr. 1.

PUB

007 **Städtische Urkunden**   Rep. 38 bU (Ort)
1793 Urk.
Diese Urkunden stammen aus den Depositalabgaben der pommerschen Städte zwischen 1879 und 1939.
Vgl. lfd. Nr. 003 Städtische Urkunden.
Bahn 1345-1663 (4) – Damgarten 1532-1772 (10) – Demmin 1264-1676 (160) – Deutsch Krone 1577-1795 (24) – Fiddichow 1427-1681 (11) – Freienwalde 1338,1455 (2) – Gartz/Od. 1249-1748 (19) – Garz/Rg. 1377,1626 (2) – Gollnow 1268-1782 (37) – Grimmen 1349-1778 (19) – Gützkow 1352-1663 (11) – Kallies 1580-1644 (4) – Kammin 1331-1671 (74) – Kolberg 1266-1754 (502) – Körlin 1549-1768 (16) – Köslin 1266-1714 (259) – Lassan 1291-1774 (7) – Lauenburg 1507-1665 (13) – Leba 1618-1693 (5) – Loitz 1267-1772 (21) – Massow 1310-1714 (13) – Neuwarp 1556-1663 (4) – Nörenberg 1567-1588 (5) – Rügenwalde 1312-1734 (73) – Schivelbein 1378-1689 (22) – Schlawe 1317-1733 (103) – Schlochau 1348-1832 (4) – Stargard 1366-1847 (365) – Stolp 1277-1720 (77) – Treptow/Rega 1285-1650 (145) – Usedom 1342-1663 (11) – Wangerin 1622,1626 (2) – Wollin 1301-1670 (35) – Zanow 1348-1714 (11). Chronolog. Verzeichnisse.
Siehe auch: LAGw Rep. 2 Städte. Siehe auch: APSz Nr. 1.

Schoebel 1998, PUB

008 **Urkundendeposita von Kirchen und Gesellschaften** Rep. 38 c-f
319 Urk.   1263-1799
Präpositur Gingst 1433-1738 (24) – Marienstift Stettin 1263-1799 (220) – St. Jakobikirche Stettin 1496-1653 (5) – St. Petrikirche Stettin 1263, 1553-1565 (5) – St. Marienkirche Greifenberg 1439-1618 (23) – Gesellschaft f. Pom. Geschichte u. Altertumskunde 1300-1602 (42).

PUB

Landesherrliche und öffentliche Verwaltung

009   Herzoglich Stettiner Archiv   Rep. 4
ca. 2600 AE   37,9 lfm   1564-1812

Nach der Teilung Pommerns 1532 entstanden für beide Landesteile eigene Archive. Das Stettiner Archiv nahm zunächst nur Schriftgut der Stettiner Kanzlei nach 1532 auf, später auch große Teile des einstigen Gesamtarchivs. In dieses Archiv gelangten nach 1653 auch die Akten der brandenburgischen Regierung Hinterpommerns, deren Geschäftsbereich im 18. Jahrhundert auf die Funktion eines oberen Gerichts für diesen Landesteil eingeschränkt wurde.

Die Bestandsbezeichnung für die im LAGw vorhandenen Akten der Rep. 4 ist nicht zutreffend. Die älteren Bestandsteile vor 1700 wurden 1962 an das APSz übergeben. Somit finden sich im LAGw keine Archivalien der herzoglichen Kanzlei, sondern nur der brandenburgischen Folgebehörden. Provenienzgerecht gehören sie zur Rep. 7 Staatskanzlei, mit der eine Mischlage vorliegt. Ca. 30,9 lfm FK nach alter Registraturordnung strukturiert, ca. 7 lfm sind unverzeichnet.

Pars I - Titel: 30. u. 58. Grenzsachen 1561-1584, 1729-1790 (13) - 75. Landesherrliche Familie 1702-1810 (63) - 77. Lehnssachen, Huldigungen 1701-1802 (263) - 78. Münzwesen 1705-1739 (9) - 79. Bestallungen 1691-1802 (430) - 80. Reskripte, Verordnungen 1700-1811 (401) - 81. Klöster u. Stifte 1733-1810 (16) - 85. Kolberger Angelegenheiten 1701-1812 (54) - 88. Heiratskonsense, offene Forderungen, Gerechtigkeiten 1703-1807 (267) - 89. Kirchen- u. Schulsachen 1710-1771 (40) - 94. Landtage, Landstände, Landräte 1654-1666, 1701-1796 (85) - 96. u. 97. Landesverteidigung, Truppenversorgung 1693-1814 (9) - 99. Polizei 1656-1811 (294) - 101. Justiz 1752-1812 (31) - 103. u. 110. Patronate u. Prediger 1650, 1743-1755 (3) - 104. Stargarder Kirchen u. Schulen 1698-1783 (94) - 111.-116. Kirchen- u. Schulsachen in Kammin, Kolbatz, Treptow/R., Neustettin, Belgard, Schlawe 1596-1786 (61) - Pars II - Titel: 5. Stadt Belgard 1701-1712 (13) - 7. Stadt Neustettin 1702-1756 (36) - 8. Stadt Schlawe 1701-1746 (19) - 9. Amt Ravenstein 1714-1801 (4) - 9.a Stadt Bahn 1742-1788 (12) - 10. Stadt Kammin 1718-1810 (13) - 11.a Amt u. Stadt Wollin 1570-1586 (1) - 13. Stadt Kolberg 1571-1653 (1) - 14. Amt Treptow/R. 1701-1784 (6) - 15. Stadt Treptow/R. 1702-1810 (28) - 16. Stadt Gollnow 1705-1751 (3) - 16.a Ämter Massow, Naugard, Gülzow 1750-1779 (19) - 17. Amt Friedrichswalde 1744-1751 (4) - 18. Amt Colbatz 1750-1776 (19) - 20. Stadt Stargard 1709-1809 (90) - 21. Amt Pyritz 1704-1783 (12) - 22. Stadt Pyritz 1704-1787 (39) - 24. Stadt Damm 1607 (1) - 27.b Stadt Stolp 1700-1787 (45) - 33. Lauenburg u. Bütow 1722-1803 (6) - 35. Amt Rügenwalde 1702-1715 (12) - 36. Stadt Rügenwalde 1700-1714 (7) - 41. Trank- u. Scheffelsteuer 1631, 1634 (2) - 45. Lauenburg u. Bütow 1747-1756 (4) - 50. Stolper Einquartierung 1632 (1) – Pars III - Titel 2. Kirchensachen 1706-1740 (6) - 14. (Körlin ?) 1744-1750 (2) - 17. Amt Bublitz 1747-1757 (6). Anhang 30 AE ungeordnet, vor 1700.

Siehe auch: LAGw Rep. 7 und Rep. 12/13, GStA PK HA XI.

Medem 1838, Podralski 1991, Dölemeyer 1995, Kozłowski/Schoebel 1998, AF Stettin 2004

010   Herzoglich Wolgaster Archiv   Rep. 5
674 AE   14,7 lfm   1258-1706

Nach der Landesteilung 1532 wurde die herzogliche Kanzlei neu eingerichtet und entwickelte sich zur Regierung des Wolgaster Landesteils. Als kollegiales Gremium der Hofräte unter dem Vorsitz des Kanzlers beriet und entschied die Kanzlei über die Innen- u. Außenpolitik, Steuern, Finanzen und Justiz. Der Tod des letzten Wolgaster Herzogs (1625) führte zwei Jahre später zu einer einheitlichen Regierung unter Herzog Bogislaw XIV. in Stettin.
1. Konfession und Landeskirche 1417-1627 (24) - 3. Reichssachen 1521 (1) - 4. Deputations- u. Moderationstage 1586 (1) - 5. Kreistage u. Münzprobationstage 1571-1626 (20) - 6./7. Landesherrliche Familie 1546-1635 (44) - 8. Reisen u. Korrespondenzen 1551-1624 (40) - 9. Zölle 1408-1633 (9) - 10. Polen 1557-1635 (8) - 11. Dänisch-Schwedischer Krieg 1564-1572 (4) - 11. Dänemark 1570 (1) - 13. Gesandschaften 1539-1635 (3) - 14. Kriegskosten 1567 (1) - 22. Klöster 1541 (1) - 32. Staatsschulden 1605 (1) - 33. Militaria 1625-1633 (5) - 34. Defension 1523-1635 (13) - 35. Steuern 1544-1634 (23) - 36. Polizei 1530-1614 (5) - 37. Landsteuern zum Greifswalder Landkasten 1574-1635 (7) - 38. Finanzen des Hofes 1601-1630 (6) - 39. Landstände, Landtage 1308, 1533-1637 (39) - 40. Münzsachen 1511-1629 (8) - 43.- 46., 50., 51., 67. Angelegenheiten der Städte Wolgast, Anklam, Pasewalk, Demmin, Greifenhagen, Tribsees, Loitz, Stralsund, Greifswald 1510-1777 (76) - 60., 60a Grundherrschaftliche Besitz-, Rechts-, Finanz- u. Familiensachen 1461-1674 (54) - 63. Kirchen- u. Schulwesen 1417-1706 (61) - 65. Lehnswesen 1551-1653 (5) - 66. Herzogl. Verschreibungen 1559-1633 (6) - 69. Konsistorium Greifswald 1575-1634 (7) - 70. Streit Greifswald-Kloster Eldena 1514-1636 (7) - 72. Insel Rügen 1503-1689 (31) - 73. Komturei Wildenbruch 1487-1644 (26) - 74. Grenze zu Mecklenburg 1258-1633 (10) - 77.- 82., 85., 86. Angelegenheiten der Ämter Franzburg u. Barth, Verchen, Loitz u. Lindenberg, Eldena, Pudagla u. Usedom, Klempenow, Grimmen u. Tribsees, Ueckermünde u. Torgelow, Jasenitz, Ämter insgesamt 1282-1644 (84) - 87. Verhältnisse u. Veräußerungen von Amtsbesitzungen, Gewässer-, Brücken-, Fischerei-, Forst-, Jagd-, Handelssachen 1304-1637 (38) - 89. Medizinalsachen 16. Jh. (1) - 90. Besitzänderungen, Verpfändungen, Verpachtungen, Hypotheken 1604-1636 (25) - (o. Titelnr.) Angelegenheiten des Amtes Wolgast 1571-1631 (2). Siehe auch: APSz Nr. 3. FB.

Kozłowski/Schoebel 1998, AF Stettin 2004

011   Schwedisches Archiv   Rep. 6
ca. 5340 AE   54,3 lfm   1556-1745

Durch den Friedensvertrag von Osnabrück fiel Vorpommern in Form eines Reichslehens Schweden zu. Auf Basis des Grundgesetzes von 1663, das wiederum auf die herzogliche Regimentsverfassung von 1634 gründete, wurden die Regierungsgremien gebildet. An der Spitze der Regierung stand der Generalgouverneur, er war zugleich militärischer Oberbefehlshaber. Zur Regierung gehörten der Hofgerichtspräsident (1678-1722 unbesetzt), der Kanzler, zwei Regierungsräte und zunächst der Schlosshauptmann (Verwaltung der Kammer- und Domänensachen), dessen Amt 1684 aufgehoben wurde. Die Domänen- und Schlösserverwaltung übernahm dann ein Regierungsrat, die Finanzverwaltung die neugeschaffene Kammer. Mit dem Erwerb Altvorpommerns durch Preußen nahm die schwedische Regierung ihren Sitz in Stralsund. (Siehe auch: LAGw Rep. 10).

1. Religion 1687-1710 (6) – 2. Reichs- u. Kreissachen 1651-1710 (8) – 3. Kgl. Familie 1681-1709 (13) – 4. Kgl. Reskripte, Gouvernements- u. Staatssachen 1650-1721 (67) – 5. Dänemark 1685 (1) – 6. Sachsen 1651-1690 (4) – 7. Brandenburg 1650-1715 (169) – 8. Braunschweig-Lüneburg 1692 (1) – 9. Mecklenburg 1642-1706 (28) – 10. Holstein 1649 (1) – 10.b Tribunal 1665-1715 (8) – 11. Appellationen 1672-1715 (100) – 12. Hofgericht 1672-1714 (18) – 13. Konsistorium 1587-1715 (8) – 14. Universität Greifswald 1584-1714 (14) – 16. Kirchenmatrikeln u. Visitationen 1564-1718 (26) – 17. Vokationen 1582-1715 (41) – 18. Ecclesiastica 1584-1745 (98) – 19. Domkapitel Kammin 1674-1711 (4) – 21. Carolinum Stettin 1684-1715 (15) – 22. Marienstiftskirche Stettin 1672-1715 (30) – 24. Kirche u. Kloster Bergen/Rg. 1606-1714 (55) – 25. Testamente u. Vormundschaften 1601-1705 (11) – 27. Landtage und Landstände 1650-1714 (34) – 28. Rügen 1602-1714 (27) – 29. Wolliner Ritterschaft 1681-1699 (33) – 30. Hauptkommission 1680-1710 (8) – 31. Kgl. Resolutionen für die Landstände 1650 (2) – 32. Landräte 1669 (1) – 33. Bestallungen 1677-1715 (54) – 34. Polizei 1665-1714 (18) – 36. Kontributionen 1651-1714 (32) – 38. Landkasten 1626-1714 (24) – 39.- 46. Kontributions- u. Distriktssachen 1680-1706 (8) – 48. Lustrationen u. Hufenmatrikel 1672-1710 (20) – 50.-56. Militaria 1600-1715/1811 (147) – 57. Schiffahrt, Kommerz, Manufaktur 1606-1715 (27) – 58. Holzungen u. Jagden 1679-1715 (41) – 59. Kammersachen 1661-1717 (92) – 60. Donationen, Konsense 1631-1709 (35) – 61. Reduktionskommission 1648-1714 (104) – 62.-64.b Lizente, Zölle, Akzise, Konsumtion 1556-1717 (378) – 65. Münzwesen 1673-1712 (14) – 67. Fischerei 1656-1710 (4) – 68. Fiskalia 1693-1707 (8) – 73. Präzedenzsachen 1670-1712 (4) – 75. Subsidiate, Interzessionen 1682 (1) – 76. Pest, Kontagion, Gesundbrunnen 1706-1711 (9) – 77. Tatarische Gesandtschaft 1681-1682 (1) – 79.-81. Tafelgüter, Ämtersachen u. kgl. Schlösser 1560-1714 (49) – 82.-98. Ämter Stettin, Jasenitz, Ueckermünde, Wolgast, Stolpe, Wollin, Bergen, Loitz, Tribsees u. Grimmen, Pudagla, Franzburg, Verchen u. Lindenberg, Barth, Treptow/Toll., Pöhl, Torgelow, Klempenow 1635-1738 (987) – 99. Wrangelsburger Güter 1681-

1683 (5) - 100.-126. Angelegenheiten d. Städte Wismar, Stralsund, Stettin, Greifswald, Anklam, Demmin, Pasewalk, Wolgast, Wollin, Damm, Gartz/Od., Bergen/Rg., Treptow/Toll., Grimmen, Loitz, Usedom, Ueckermünde, Gollnow, Barth, Tribsees, Damgarten, Neuwarp, Lassan, Gützkow, Richtenberg, Penkun 1606-1726 (2425) - 128.-176. Angelegenheiten der Zünfte u. Innungen nach Berufsgruppen 1525-1715 (148) - 181. Jahrmärkte 1707 (2) - 187. Prozesse Buchstabe F 1658 (1). Ca. 35,6 lfm FB u. erweiterte FK, ca. 16,7 lfm unbenutzbar.
Siehe auch: GStA PK HA XI.

Gadebusch 1786/1788, Berger 1936, AF Stettin 2004

012 Schwedische Landesmatrikel von Vorpommern   Rep. 6a
ca. 1620 AE   1692-1769
Auf königlichen Befehl (04.10.1690) nahm eine schwedische Landmesserkommission 1692-1708 eine Triangulationsvermessung sowie eine statistische und qualitativ bewertende Beschreibung aller Landgemarkungen und Städte Schwedisch-Pommerns vor. Auf deren Basis berechnete Lagerströms Matrikelkommission 1702-09 und erneut 1728 eine neue Hufenmatrikel für die Besteuerung des Besitzes. Karten und Beschreibungsbände wurden erst 1905 wieder aufgefunden und im Archiv zusammengeführt. Auf Grund von Kriegsverlusten ist der Bestand nicht mehr komplett, auch die Übersichtskarten sind verschollen. Teile des Bestandes befinden sich im Reichsarchiv Stockholm, in der Königlichen Bibliothek Kopenhagen und im Geografischen Institut der Universität Greifswald.
Der Bestand im LAGw umfasst 1445 Karten und 74 Textbände (6 lfm). Inhalt: 488 A-Karten (Reinzeichnungen) Gemarkungen ganz Vorpommerns - 457 B-Karten (Urkarten) Gemarkungen nördlich der Peene - 390 C-Karten (Urkarten) Gemarkungen südlich der Peene - 110 D-Karten (Kopien d. Urkarten) für Rügen - 74 Beschreibungs- u. Ausrechnungsbände.
FB. Die Originalkarten und Beschreibungsbände sind benutzungseingeschränkt. Alle Einheiten sind jedoch digitalisiert und per Internet zugänglich. Siehe auch: RA Slg. Pommeranica, UGwGI, Kgl. Bibliothek Kopenhagen, APSz.

Asmus 1996, Curschmann 1948, Landesmatrikel, Wartenberg/Porada 1998, AF Stettin 2004

013 Staatskanzlei   Rep. 7
5897 AE   75,8 lfm   ca. 1498-1815
Mit der Regimentsverfassung vom 11.07.1654 wurden im brandenburgischen Hinterpommern vier Landeskollegien in Kolberg (ab 1669 Stargard, ab 1723 Stettin) eingerichtet: Regierung, Amtskammer, Hofgericht und Konsistorium. Die Regierung setzte sich zusammen aus Präsident, Kanzler, Hofgerichtsverwalter, Ökonomiedirektor und zwei Regierungsräten. In ihre Zuständigkeit fielen Lehns-, Konfirmations-, Landes- u. Polizeisachen, landesherrliche Rechte u. Hoheiten, Reichs-, Kreis- u. Grenzange-

legenheiten. Damit war sie oberste Verwaltungs- u. Justizbehörde. Nach der Bildung der Kriegs- u. Domänenkammer 1723 blieben der Regierung nur Lehns-, Hoheits- u. Gnadensachen sowie die Funktion des Oberlandesgerichtes. Hofgericht und Regierung wurden 1746 zur „Neuen Pommerschen Regierung zu Stettin" als oberstes Landesgericht vereinigt und per Gesetz vom 26.12.1808 in Oberlandesgericht umbenannt.
Unter dem Namen „Registratura cancellariae status" 1649 angelegt, wurde davon die Bestandsbezeichnung „Staatskanzlei" abgeleitet. Medem nannte den Archivbestand „Landesarchiv". Er wurde bereits im Regierungsarchiv als „alte Registratur" abgelegt, ins Provinzialarchiv übernommen und erst ab 1842 durch Aktenabgaben aus der Behörde komplettiert.
1. Hoheits- u. Staatsangelegenheiten 1622-1811 (61) - 2. Adelige Geschlechter, Standeserhebungen 1649-1806 (147) - 3. Schiffahrts- u. Strandsachen 1498-1815 (237) - 4. Jagdwesen 1584-1786 (573) - 5. Forstsachen 1506-1811 (171) - 6. Militaria 1620-1811 (934) - 7. Postwesen 1653-1798 (40) - 8. Justiz- u. Prozeßsachen 1648-1810 (1149) - 9. Notariatssachen 1674-1797 (28) - 10. Kirchen-, Pfarr- u. Schulsachen 1546-1805 (476) - 11. Städtesachen 1645-1778 (64) - 12. Innungen (alphabet. nach 57 Berufen) 1575-1800 (670) - 13. Lizente u. Zölle 1632-1754 (56) - 14. Landkasten 1654-1720 (16) - 15. Ämter, Domänen, Güter 1543-1814 (461) - 16. Herrschaft Naugard u. Massow 1666-1729 (20) - 17. Ämter Lauenburg u. Bütow 1655-1733 (19) - 18. Amt Draheim u. Stadt Tempelburg 1441, 1549, 1610-1809 (119). Ca. 30 lfm FK, ca. 16,9 lfm unbenutzbar. Siehe auch: GStA PK.

Petsch 1917, Dölemeyer 1995

014 Blankenseesche Hufenklassifikation   Rep. 7a
11 AE   1,25 lfm   1717-1719
Die von Friedrich Wilhelm I. im Januar 1717 berufene Klassifikationskommission unter Peter v. Blankensee und Joachim v. Laurens unternahm eine steuerliche Neueinschätzung Preuß. Pommerns nach dem durchschnittlichen Hufenreinertrag. Eingeschätzt wurden nur die Bauern- u. Kossätenhufen der ritterschaftlichen Kreise. Auf die gleiche Weise wurden 1718 die neumärkischen Kreise, 1719 die Kreise des Fürstentums Kammin und die Domänenämter sowie die 1679 eroberten Gebiete rechts der Oder eingeschätzt.
Die vorhandenen Bände sind Abschriften für die hinterpom. Stände. FB, Ortsregister. Siehe auch: GStA PK, Generalkriegskommissariat, Pommern, Hufenklassifikation von 1717 und 1719 (17 Bde.).

Lips 1933

015 Schwedische Regierung Stralsund   Rep. 10
4954 AE   82 lfm   ca. 1597-1818
Nach dem Stockholmer Frieden 1720 behielt Schweden nur noch den Teil Vorpommerns nördlich der Peene mit Rügen. Regierungssitz wurde Stralsund, die Regierungs-

form von 1663 änderte sich nicht (Siehe auch: LAGw Rep. 6). Der „Staatsstreich" Gustavs IV. Adolf 1806 sollte die vollständige Eingliederung der Provinz in den schwedischen Staatsverband erreichen (Auflösung von Regierung, Landständen, Landräten). Die franz. Besetzung 1807-10 erschwerte aber die Einführung der neuen Staatsform, 1811 wurde sie zurückgenommen. Bis 1815 stand ein Generalgouverneur mit größeren Kompetenzen der neuen Regierung vor.
1. Reichs- u. Kreissachen 1721-1815 (37) - 2. Kgl. Briefe u. Resolutionen 1724-1809 (8) - 3. Generalgouvernement 1764-1817 (7) - 4. Ministerium 1721-1723 (2) - 5. Landessachen 1721-1817 (177) - 6. Regierung 1721-1816 (170) - 7. Bestallungen 1790-1813 (4) - 8. Beziehungen zu Braunschweig u. Lüneburg, Dänemark, Mecklenburg, Preußen, Kollekten 1704-1817 (122) - 9. Interzessionales 1780-1818 (13) - 10. Atteste 1817 (1) - 11. Archiv 1714-1815 (8) - 12. Münzwesen 1715-1817 (37) - 13. Post 1721-1817 (11) - 14. Magazin 1771-1817 (3) - 15. Polizei 1621-1818 (268) - 16. Steuern 1663-1817 (65) - 17. Landkasten 1672-1809 (9) - 18. Kammersachen 1668-1817 (273) - 19. Kirchensachen 1597-1817 (688) - 20. Städtesachen von Anklam, Barth, Bergen, Damgarten, Demmin, Franzburg, Garz/Rg., Gingst, Greifswald, Grimmen, Gützkow, Lassan, Loitz, Ribnitz, Richtenberg, Stralsund, Tribsees, Wolgast 1208, 1606-1817 (1114) - 21. Ämtersachen von Barth, Bergen, Eldena, Franzburg, Grimmen, Loitz, Tribsees, Wolgast, Amtsnotare, Mühlen, Fischerei, Holzungen, Jagd, Reluition 1688-1817 (1084) - 22. Feudalia 1718-1817 (5) - 23. Ritterschaft 1729-1802 (10) - 24. Rang u. Präzedenz 1706-1819 (5) - 25. Tutoria u. Curatoria 1721-1813 (30) - 26. Tribunal Wismar 1749-1813 (4) - 27. Hofgericht 1720-1816 (50) - 28. Konsistorium 1721-1816 (25) - 29. Advokaten 1775-1810 (3) - 30. Landvogtei Rügen 1721-1805 (3) - 31. Subsidiales 1762-1818 (13) - 32. Fiskalia 1722-1818 (10) -33. Fideikommiß 1783-1884 (1) - 34. Kloster Barth 1722-1815 (29) - 35. Kloster Bergen 1721-1818 (96) - 36. Toleranz (Juden) 1761-1817 (27) - 37. Religionssachen 1724-1788 (13) - 38. Universität Greifswald 1721-1814 (37) - 39. Apotheker 1701-1817 (12) - 40. Militaria 1710-1817 (95) - 41. Schützenkompanien 1686-1817 (10) - 42. Brunnenanstalten 1720-1817 (8) - 43. Jahrmärkte 1722-1817 (41) - 44. Lotterien 1769-1817 (4) - 45. Scharfrichter 1714-1817 (20) - 46. Handel u. Schiffahrt 1719-1817 (97) - 48. Zölle 1701-1753 (21) - 49. Pest u. Kontagion 1781-1804 (4) - 50. Schiffer 1750-1790 (8) - 51. Lotsenwesen 1707-1817 (15) - 52. Handel u. Manufaktur 1739-1816 (26) - 53. Salzsiederei 1725-1791 (9) - 54. Fischerei 1717-1818 (71). FB. Siehe auch: APSz Nr. 1154.
Berger 1936, Dölemeyer 1995, AF Stettin 2004

016   Schwedischer Generalgouverneur   Rep. 10a
308 AE   4,2 lfm   1679-1815
Stellung und Geschäftsbereich des Generalgouverneurs (auch Statthalter genannt) wurden in der Regierungsform von 1663 festgelegt. Er stand zugleich der zivilen Verwaltung vor und war militärischer Oberbefehlshaber. Als Vertreter des Königs leitete er

die Regierungsgeschäfte, seit 1660 als Kanzler auch die Universität Greifswald. Nach Auflösung der Regierung 1806 ging die alleinige Regierungsgewalt auf ihn über und nach der französischen Besetzung führte er ab 1811 die wieder eingerichtete Regierung, allerdings mit entscheidender Stimme.
1. Etat- u. Finanzsachen 1679-1816 (56) – 2. Militärbefehlshaber u. Militärhauptquartier 1685-1814 (38) – 3. Regiments- u. Garnisonssachen 1679-1815 (80) – 4. Musterrollen 1791-1813 (43) – 5. Militärgerichtsbarkeit 1697-1815 (30) – 6. Grenzpostierungen 1702-1814 (18) – 7. Fortifikation 1681-1807 (20) – 8. Artillerie 1703-1811 (3) – 9. Domanialsachen 1686-1812 (21). FB. Siehe auch: LAGw Rep. 10 u. Rep. 31; RA Pommeranica Sammlung.

Berger 1936, Dölemeyer 1995

017 **Kriegs- und Domänenkammer Stettin**
Kriegsarchiv Stettin   Rep. 12a
996 AE   12,6 lfm   1619-1847

Im brandenburgischen Pommern wurde ab 1660 ein Oberkommissar eingesetzt, an den die zum Truppenunterhalt bestimmten Steuern abzuliefern waren. Daraus entwickelte sich die Aufsicht über die Provinzialkasse und die regionale Steuerverwaltung. Bis 1703 entstand mit der Kriegskammer eine kollegiale Behörde zur Organisation, Einnahme und Förderung des Steueraufkommens. Ihre Zuständigkeit erstreckte sich auf alle Akzise- u. Kontributionssachen, Handels- u. Gewerbesachen, Polizei- u. Militärsachen. Kriegskammer und Amtskammer wurden 1723 zur Kriegs- u. Domänenkammer Stettin vereinigt und bildeten bis 1808 das höchste Verwaltungsorgan der Provinz. Ressorteinteilung, Registraturordnung und Archivbildung wurden offenbar bei der jeweiligen Abteilung beibehalten. Nicht in ihre Zuständigkeit fielen Fragen der staatlichen und lehnsrechtlichen Überordnung, kirchliche und schulische Angelegenheiten und die allgemeine Jurisdiktion. Für Zölle, Akzise und Tabaksmonopol wurden 1765-1766 eigene Ämter gebildet. Für Steuer- und Wirtschaftsfragen hatte die Kammer gesonderte Gerichtsbarkeit, welche der 1782 eingerichteten Kammer-Justiz-Deputation zufiel. Die Kammer war die Oberbehörde für die Landräte der Landkreise und die Steuerräte der Städte. Ihr unterstanden auch das 1709 etablierte Provinzial-Sanitäts-Collegium und das 1724 eingerichtete Kollegium Medicum. Oberbehörde der Kammer war das General-Ober-Finanz-Kriegs- und Domänen-Direktorium Berlin.
1. Generalia (Kgl. Haus, Geschäftsgang, Instruktionen, Reskripte, Edikte, Patente, Salz, Bergbau, Hütten) 1686-1809 (367) – 2. Kontributionen (Hufensteuer) 1717-1745 (14) – 3. Akzise (Allgemein, Stettin, Greifenhagen) 1720-1795 (7) – 4. Vorpommersche Lizente 1748-1768 (15) – 5. Militaria 1732-1821 (40) – 7. Städtesachen (Bernstein, Damm, Gartz/Od., Gollnow, Greifenberg, Greifenhagen, Massow, Naugard, Pasewalk, Stargard, Stepenitz, Stettin, Ueckermünde, Usedom, Wollin) 1663-1809 (221) – 9. Bestallungen, Standeserhebungen, Personal 1705-1809 (44) – 10. Gewerbe, Hand-

werk, Konzessionen 1619-1819 (111) – 11. Polizei (Vermischtes, Melioration, Neubesetzung wüster Höfe, Brauen, Kontagion) 1680-1847 (177). FB. Siehe auch: APSz Nr. 4, ab Akte Nr. 391; GStA PK HA XI.

Bornhak 1903, Dölemeyer 1995, AF Stettin 2004

018   **Domänenarchiv Stettin**   Rep. 12b
1913 AE   43,8 lfm   1529-1855
Zum Ressort der 1654 errichteten und 1723 mit der Kriegskammer vereinigten Amtskammer gehörten die Verwaltung der Domänen, Forsten und landesherrlichen Einkünfte.
1. Generalia (Reichs- u. Herzogssachen, Beamte) 1681-1815 (24) – 2. Beschreibungen u. Inventarien der Ämter (Generalia, Ämter Pudagla, Ueckermünde, Torgelow, Königsholland) 1693-1827 (61) – 3. Reluitionen, Permutationen, Separationen (alphabet. nach Orten) 1641-1836 (367) – 4. Ecclesiastica (Generalia, Spezialia alphabet. nach Ämtern) 1661-1825 (171) – 5. Kommissionen u. Visitationen (Generalverpachtung d. Ämter, Untersuchungs- u. Einrichtungsakten) 1569-1826 (282) – 6. Verpachtungs-, Mühlen-, Brau-, Fischereisachen, Generalverpachtung nach Ämtern 1664-1810 (163) – 7. Aufsicht über die Wirtschaft der Untertanen 1660-1818 (89) – 8. Justiz 1719-1832 (15) – 9. Klagen u. Prozesse um strittige Gerechtigkeiten 1715-1811 (25) – 10. Grenzsachen 1664-1804 (20) – 11. Forstsachen (Grundstücksverkehr, Holzdeputat, Holzverkauf, Mastverpachtung, Jagdrechte, Grenzen, Holzdefraudationen, Prozesse) 1698-1875 (34) – 12. Bausachen (Generalia, Spezialia der Ämter - Bublitz, Friedrichswalde, Kolbatz, Loitz, Marienfließ, Massow, Naugard, Pudagla, Spantekow, Stepenitz, Stolpe, Treptow, Verchen) 1691-1828 (66) – 13. Salzsachen 1728-1777 (10) – 14. Steuererträge (4) – 15. Kassen- u. Rechnungswesen (Generalia, Spezialia - Friedrichswalde, Massow, Stolpe, Klempenow, Verchen, Ueckermünde) 1721-1855 (21) – 16. Rechnungen (Pommersche Landrentei-, Amts-, Generalpacht-, Korn-, Vieh-, Brau-, Holz-, Mast- u. Forstrechnungen nach Ämtern) 1699-1809 (513) – 17. Vermessungen 1671, 1719-1823 (15) – 18. Kautionen 1723-1830 (19) – 19. Neumark 1787-1817 (2) – 20 Varia (Vermischtes) 1673-1824 (12). FB. Siehe auch: LAGw Rep. 12a., APSz Nr. 4.

Bornhak 1903, Petsch 1907, Dölemeyer 1995, AF Stettin 2004

019   **Kriegsarchiv Köslin**   Rep. 13a
415 AE   6,4 lfm   1634-1835
Um den Geschäftsgang der Verwaltung für die acht hinterpommerschen Kreise Belgard, Fürstentum, Rummelsburg, Schlawe, Stolp, Neustettin und Lauenburg-Bütow zu erleichtern und zu beschleunigen, wurde 1763 ein Deputationskollegium der Stettiner Kriegs- u. Domänenkammer mit neun Räten und einem Förster in Köslin eingerichtet. Es wurde zwar 1787 bereits wieder aufgehoben und die Geschäfte wie vorher in Stettin geführt, doch blieb sowohl die räumliche Unterscheidung der Kösliner Kreise als auch

die Registraturordnung und Archivbildung zwischen Kriegs- u. Domänenarchiv bei vorhergehenden und nachfolgenden Akten erhalten.
1. Generalia 1763-1789 (6) - 2. Kontributionen (Generalia, Spezialia Kreise - Belgard, Fürstentum, Köslin, Kolberg, Lauenburg-Bütow, Neustettin, Rummelsburg, Schlawe, Stolp, Städte u. Ämter) 1769-1817 (155) - 3. Akzise 1723-1797 (5) - 4. Militaria 1715-1795 (3) - 5. Justiz 1692-1784 (5) - 6. Städtesachen (Bärwalde, Belgard, Bublitz, Dramburg, Falkenburg, Körlin, Köslin, Kolberg, Polzin, Neustettin, Leba, Lauenburg, Pyritz, Ratzebuhr, Rügenwalde, Rummelsburg, Schivelbein, Schlawe, Stolp, Tempelburg, Treptow/R., Zanow) 1687-1808 (149) - 7. Standeserhebungen, Bestallungen 1738-1809 (2) - 8. Konzessionen u. Handwerk 1654, 1722-1806 (45) - 9. Polizei 1770-1808 (44) - Varia 1760-1783 (1). FB. Siehe auch: LAGw Rep. 12a Stettin; APSz Nr. 5.

Bornhak 1903, Petsch 1907, Dölemeyer 1995, AF Stettin 2004

020   Domänenarchiv Köslin   Rep. 13b
4 AE   0,1 lfm   1750-51
Siehe auch: LAGw Rep. 12b Stettin; APSz Nr. 5.

021   Provinzialakzise- und Zolldirektion Stettin   Rep. 14
6 AE   0,25 lfm   1750-1751, 1787-1793
Zur Hebung der staatlichen Einkünfte wurde 1766 durch Friedrich II. die Akzise- u. Zollverwaltung umorganisiert. In den Provinzen wurden nach franz. Vorbild bürokratische Akzise- u. Zolldirektionen gebildet. Deren Funktion fiel nach ihrer Auflösung 1808 an die Regierungen. FK. Siehe auch: APSz Nr. 85.

Bornhak 1903, Petsch 1907

022   Interimistische Kriegs- und Domänenkammer   Rep. 20
216 AE   4,2 lfm   1740-1831
Sie war eine auf Befehl des Königs am 26.01.1807 in Kolberg errichtete Behörde zur Verwaltung der nicht besetzten Teile Hinterpommerns. Sie wurde nach Abzug der französischen Truppen im Sept. 1808 aufgelöst.
1. Einrichtung u. Geschäftsbetrieb 1807-1809 (9) - 2. Polizei 1794-1808 (5) - 3. Militärwesen 1799-1831 (111) - 4. Justiz 1807 (2) - 5. Finanzen, Steuern, Abgaben 1749, 1801-1809 (40) - 6. 1803-1810 (5) - 7. Bauwesen 1748, 1803-1815 (11) - 8. Beschwerden 1807-1809 (4) - 9. Kirchensachen 1807-1809 (3) - 10. Handel u. Schiffahrt 1807-1809 (11) - 11. Handwerk 1807-1809 (1) - 12. Landwirtschaft 1806-1809 (8) - 13. Forste 1807-1809 (2) - 14. Armenwesen 1808 (2) - 15. Gesundheitswesen 1806-1809 (3) - 16. Feuerschäden 1807-1809 (2) - 17. Kultur 1808 (1). Siehe auch: APSz Nr. 72.

Bornhak 1903, Petsch 1907

023   Oberpräsident von Pommern   Rep. 60
ca. 3130 AE   76 lfm   1815-1934
Mit Verordnung vom 30.04.1815 und Instruktion vom 31.12.1825 wurden Stellung und Aufgaben des Oberpräsidenten als höchstem staatlichen Beamten der preußischen Provinz Pommern geregelt. In seinen Geschäftsbereich fielen: 1. Verwaltung aller Angelegenheiten, die die Provinz als Ganzes betrafen und die über den Bereich eines Reg.-bez. hinausgingen; 2. Oberaufsicht über die Verwaltungstätigkeit der Regierungen und weiterer Fachbehörden der Provinz; 3. Stellvertretung der obersten Staatsbehörden im besonderen Auftrag und bei außerordentlichen Anlässen. Unter der Leitung oder der unmittelbaren Aufsicht des Oberpräsidenten standen das Konsistorium (1815-45), das Provinzialschulkollegium und Medizinalkollegium, die Provinzialsteuerdirektion, die Rentenbank, die Pommersche Landschaftsdirektion, die Generalkommission Frankfurt/Oder mit ihren Pommern betreffenden Geschäften und die Regierungspräsidenten. Für den Reg.-bez. seines Amtssitzes war er gleichzeitig Regierungspräsident (1808-1883, außer 1817-25). Ab 1875 wurde er auch staatlicher Aufsichtsbeamter der neugeschaffenen Provinzialverbände. Die nationalsozialistische Gesetzgebung wies dem Oberpräsidenten die Leitung der provinzialen Selbstverwaltung zu, bei Abschaffung von Provinziallandtag und -ausschuss und erhob ihn zum ständigen Vertreter der Reichsregierung in der Provinz. Mit der Auflösung des Staates Preußen durch die Alliierten wurde auch das Amt des Oberpräsidenten abgeschafft.
1. Hoheits- u. Landessachen 1797-1934 (224) – 2. Recht, Gerichtswesen, Kredit- u. Hypothekensachen 1818-1934 (26) – 3. Staatliche Provinzialverwaltung 1816-1933 (53) – 4. Wirtschaft u. Finanzwesen 1793-1934 (217) – 5. Ständische Angelegenheiten 1809-1933 (172) – 6. Kreise, Städte u. Landgemeinden, Körperschaften, Anstalten, Stiftungen 1780-1934 (850) – 7. Armenwesen 1820-1934 (36) – 8. Polizeiliche Zuständigkeiten 1752-1933 (629) – 9. Bauverwaltung 1820-1934 (32) – 10. Schiffahrt, Handel, Konsulate 1796-1934 (176) – 11. Gesundheitswesen 1822-1934 (80) – 12. Landwirtschaft 1816-1934 (235) – 13. Fischerei 1816-1936 (26) – 14. Kirchen- u. Schulwesen 1817-1934 (131) – 15. Militärwesen u. Krieg 1804-1934 (176) – 16. Überseeverkehr 1836-1926 (2) – 17. Schieds- u. Vormundschaftssachen 1836-1931 (4) – 18. Statistik, Wissenschaft 1818-1938 (52) – 19. Verschiedenes 1918-1933 (2) – 20. Standesamtwesen 1874-1934 (6).
FB. Siehe auch: APSz Nr. 73.; GStA PK HA XI.

Bornhak 1903, Hue de Grais 1907, Fenske 1993, AF Stettin 2004

024   **Provinzialschulkollegium**   Rep. 62
2180 AE   33,4 lfm   1809-1930
Das höhere Schulwesen wurde durch Kabinettsorder vom 31.12.1825 u. 27.06.1845 aus dem Ressort des Konsistoriums herausgelöst und dem neugegründeten Provinzialschulkollegium übergeben, das dem Oberpräsidenten unterstellt war. Zunächst für die

Aufsicht der höheren Schulen zuständig, wurde der Geschäftsbereich ausgedehnt (1831 Wissenschaftliche Prüfungskommission, Rektoren d. Gymnasien, Direktoren d. Schullehrerseminare; 1872/73 Realschulen I. u. II. Ordnung, Präparandenanstalten; 1880er Taubstummen- u. Blindenanstalten; 1890er Lehranstalten für die weibliche Jugend; 1921/22 Landwirtschaftsschulen; 1926 Pädagogisches Prüfungsamt). Die Behörde wurde am 03.09.1932 aufgehoben und ihre Aufgaben der „Abteilung f. höheres Schulwesen" beim Oberpräsidenten übertragen.
1. Allgem. Schulangelegenheiten 1809-1929 (82) - 2. Allgem. Angelegenheiten höherer Lehranstalten 1809-1930 (142) - 3. Höhere Lehranstalten im Einzelnen 1708-1934 (567) - 4. Taubstummen- u. Blindenanstalten 1837-1913 (23) - 5. Allgem. Angelegenheiten d. Lehrerschaft 1817-1929 (44) - 6. Schulamtskandidaten 1809-1929 (28) - 7. Lehrerprüfungen 1824-1929 (55) - 8. Lehrerpersonalakten 1806-1932 (843) - 9. Lehrerbildungsanstalten allgemein 1823-1928 (125) - 10. Lehrerbildungsanstalten im Einzelnen 1801-1934 (331).FB. Siehe auch: APSz Nr.74; GStA PK HA XI.

025 Lehreinrichtungen Rep. 62 a-d (Ort)
Bestände von Lehreinrichtungen, die dem Provinzialschulkollegium nachgeordnet waren. Rep. 62 a Gymnasium Deutsch Krone 1559-1707 (0,25 lfm) - Rep. 62 b Lehrerseminar Franzburg 1879, 1923-1961 (2,5 lfm) - Rep. 62 c Staatliche Ingenieurschule Stettin 1900-1946 (3,5 lfm) - Rep. 62 d Institut für Lehrerbildung Boock 1953 (0,11 lfm).
Siehe auch: GStA PK I. HA Rep. 76.

026 General- u. Spezialkommissionen, Kulturämter, Rep. 81 a - c; e-g; i
  Land- u. Ansiedlungsgesellschaften (Ort)
Das Regulierungsedikt von 1811 sah für jede Provinz Preußens die Bildung einer Generalkommission zur Regulierung der gutsherrlichen und bäuerlichen Verhältnisse vor, die für Pommern in Stargard eingerichtet wurde. Nach 1817 übten die Spezialkommissionen als regional ausführende Organe Teile der Funktion aus. Ab 1873 war die Stargarder Generalkommission auf die Provinz Posen ausgedehnt worden und 1883 übernahm die Generalkommission Frankfurt /O. das gesamte Geschäftsgebiet. Durch das Gesetz vom 03.06.1919 wurden die Spezialkommissionen in Kulturämter (12 in Pommern) und die Generalkommission Frankfurt/O. in Landeskulturamt umbenannt. Regulierungen, Lastenablösungen und Gemeinheitsteilungen waren bis 1883 größtenteils beendet, danach fielen Rentengutsbildungen und weitere Maßnahmen (Flurbereinigungen, Wassergenossenschaften) zur Ansiedlung von Klein- u. Mittelbauern in ihr Arbeitsgebiet. Die eigentliche Ansiedlung betrieben jedoch öffentlich-rechtliche (Pommersche Landgesellschaft) und privatrechtliche (Pommersche Ansiedlungsgesellschaft) Korporationen.

Rep. 81 e Generalkommission Frankfurt/Od. 1911-1927 (0,04 lfm) - Rep. 81 e Generalkommission Stargard 1852-1880 (0,05 lfm) - Rep. 81 f Spezialkommission Greifswald II 1905-1919 (0,01 lfm) - Rep. 81 f Spezialkommission Stralsund 1866-69 (0,02 lfm) - Rep. 81 a Kulturamt Demmin 1816, 1910-54 (2266 AE, 198 Karten, FB) - Rep. 81 a Kulturamt Greifswald 1838-1945 (1230 AE, FB) - Rep. 81 a Kulturamt Stettin 1. Hälfte 20. Jh (1 lfm) - Rep. 81 a Kulturamt Stralsund 1899-1951 (2091 AE, FB) - Rep. 81 b Pommersche Landgesellschaft 1871-1947 (9,5 lfm) - Rep. 81 c Pommersche Ansiedlungsgesellschaft (3 AE) - Rep. 81 g Gemeinnützige Siedlungsgesellschaft f. d. Kreis Demmin 1930-1932 (1 AE) - Rep. 81 i Vorpommersche Bauernhofgesellschaft Stralsund 1936-37 (1 AE). 3 Bestände FB, die andern FK.
Siehe auch: APSz Nr. 80- 84, APKo Nr. 233/I.

Bornhak 1903, Petsch 1907, AF Stettin 2004

027 Medizinalkollegium   Rep. 61
144 AE   4,1 lfm   1816-1921
Medizinalkollegien wurden durch königliche Order vom 27.09.1725 bei den Kriegs- u. Domänenkammern bestellt (Collegium medicum). Ihre Zuständigkeit erstreckte sich auf die Gesundheitspolizei, die Prüfung der Medizinalpersonen, die Rechtsprechung in Fachangelegenheiten und die Überwachung der Medizinalgesetze und Taxen. Das Medizinalkollegium wurde 1820 mit dem Collegium sanitatis (Seuchenabwehr) vereint und mit unverändertem Ressort dem Oberpräsidenten als Vorsitzendem unterstellt. Am 30.04.1921 wurden die Medizinalkollegien in Gerichtsärztliche Ausschüsse umgebildet. Ihre Aufgabe bestand nun in gutachterlicher Tätigkeit für Gerichte und Behörden.
1. Allgemeine Medizinal- u. Sanitätssachen 1816-1923 (131) - 2. Prüfung von Medizinalpersonen 1816-1900 (11). FB.

028 Kreisphysikate   Rep. 61 a (Ort)
15 AE   0,45 lfm   1816-1921
Als kreisärztliche Behörden waren die Kreisphysikate dem Medizinalkollegium nachgeordnet.
Demmin 1854-1893 (3 AE) - Greifswald 1822-1898 (4 AE) - Stralsund, Franzburg-Barth 1866-1903 (8 AE). FB.

029 Provinzialsteuerdirektion   Rep. 64
3,5 lfm   19. Jh.
Nach Aufhebung des Regiesystems (1766-87) wurden in Pommern Zoll- sowie Akziseämter als örtliche Untergliederungen der Akzise- und Zolldeputation bei der Kriegs- und Domänenkammer zur Erhebung und Verwaltung der indirekten Steuern eingerichtet. Durch Kabinettsorder vom 19.10.1825 übernahm die neugebildete

Provinzialsteuerdirektion diese Aufgabe. Ihr nachgeordnet waren die Hauptzoll- und Hauptsteuerämter, diesen wiederum örtliche Zoll- und Steuerämter. Mit der Reichsabgabenordnung vom 13.12.1919 gingen die Aufgaben der Provinzialsteuerdirektion an das Landesfinanzamt Stettin über. FK. Siehe auch: LAGw Rep. 14; APSz Nr. 85.

030   **Hauptzollämter**   Rep. 64 a
                         3,1 lfm   1762-1939
Hauptzollämter waren nachgeordnete Einrichtungen der Provinzialsteuerdirektion. Kolbergermünde o. Z. (1 AE) - Stralsund 1821-1932 (2,5 lfm) - Wolgast 1762-1929 (0,55 lfm). Siehe auch: APSz Nr. 1332.

031   **Wasserbaudirektion**   Rep. 80
      Hafen- und Seemannsamt Saßnitz   Rep. 87 b
2207 AE   62,2 lfm   1770-195
Ab 01.10.1922 wurde die Wasserbaudirektion Stettin als nachgeordnete Behörde des Oberpräsidenten neu errichtet. Die Zuständigkeit umfasste Aufgaben an der Seeküste und den Seehäfen, die Strombau-, Schiffahrts- u. Hafenpolizei, die Seezeichen und das Lotsenwesen sowie die Verbesserung der Vorflut. Die entsprechenden Bereiche wurden aus der Tätigkeit der Regierungen herausgelöst. Der neuen Behörde unterstanden Hafen- u. Wasserbauämter in Swinemünde, Kolberg, Stolp, Stettin und Stralsund, das Maschinenbauamt Stettin, die Seeämter Stettin und Stralsund, 13 Seemannsämter und Musterungsbehörden, 8 Strandämter, die Lotsenprüfungskommission Stettin und die Lotsenkommandeure in Swinemünde und Stralsund.
Entsprechend der Regierungsbezirke unterteilt sich der Bestand in die Gruppen Stralsund, Stettin und Köslin. Die sachliche Gliederung der Gruppen ist einheitlich.
Stralsund: 1. Organisation d. Behörde, der nachgeordneten Dienststellen u. Verwaltung d. Dienstgebäude 1818-1923 (13) - 2. Schiffahrt 1818-1927 (129) - 3. Strandungen u. Seeunfälle 1818-1913 (27) - 4. Häfen und Hafenbau, Landungsbrücken, Kanäle u. Seewasserstraßen 1818-1943 (119) - 5. Lotsenwesen u. Strandbehörden 1818-1923 (104) - 6. Seefahrtsschulen 1818-1933 (70) - 7. Leuchttürme, Leuchtfeuer, Feuerschiffe, Warnsignalstationen, Befeuerung u. Betonnung d. Fahrwasser, Vermessung u. Peilung 1818-1923 (188) - 8. Baggerungen, Gewässerunterhaltung, Küstenschutz 1818-1938 (190) - 9. Brücken u. Fähren 1818-1928 (80) - 10. Nachgeordnete Dienststellen 1878-1950 (102) - 11. Militärische Anlagen o.A.
Stettin: 1. 1800-1914 (30) - 2. 1818-1922 (22) - 3. 1846-1913 (15) - 4. 1801-1919 (158) - 5. 1817-1906 (6) - 7. 1809-1910 (81) - 8. 1812-1923 (169) - 9. 1770-1909 (68).
Köslin: 1. 1817-1923 (25) - 2. 1819-1924 (65) - 3. 1843-1923 (15) - 4. 1827-1924 (187) - 5. 1841-1923 823) - 6. 1878-1920 85) - 7. 1848-1923 (62) - 8. 1801-1922 (68) - 9. 1845-1917 (2) - 11. 1888-1920 (6). FB. Siehe auch: APSz Nr. 75.
Rep. 87 b Hafen- u. Seemannsamt Saßnitz (0,25 lfm/1900-50).

032 **Schiffahrtsdirektor**   Rep. 81
1071 AE   17 lfm   1790-1930
Der 1800 gegründeten Schiffahrts-Kommission Swinemünde waren neben dem
Lotsenwesen sämtliche Hafenbauangelegenheiten und die Schiffahrts- und Hafenpolizeigeschäfte sowie Justizfunktionen übertragen worden. Eine Unterteilung der Ressorts in Schiffahrtsdirektor, Hafenbauinspektor und Lotsenkommandeur fand 1835 statt. Die Kommission wurde 1885 aufgelöst, die Hafenbausachen wurden dem Hafenbauinspektor übertragen, alles andere fiel in das Ressort des Schiffahrtsdirektors. Mit Wirkung vom 01.04.1924 wurde die Dienststelle des Schiffahrtsdirektors aufgelöst, dessen Aufgaben übernahm das Hafenamt Swinemünde.
1. Beilbriefe 1810-1868 (504) – 2. Bausachen 1800-1884 (7) – 3. Beaufsichtigung d. Schiffe 1790-1894 (12) – 4. Fähren 1867-1879 (1) – 5. Plantagen- u. Grundstückssachen 1800-1871 (14) – 6. Lotsenwesen 1799-1925 (36) – 7. Auswanderungen 1869-1900 (11) – 8. Polizeiaufsicht 1801-1912 (26) – 9. Hafenkasse, Finanzen 1799-1882 (32) – 10. Hafen- u. Molenbau 1816-1897 (18) – 11. Schiffahrtsschule 1833 (1) – 12. Wasserstands- u. Wetterberichte 1805-1927 (100) – 13. Schiffsbesatzungen 1802-1930 (50) – 14. Fischerei 1833-1884 (2) – 15. Nachweis d. ein- u. auslaufenden Schiffe 1836-1925 (135) – 16. Dampfschiffahrt 1817-1914 (15) – 17. Havarien, Strandungen, Wracks, Unfälle 1811-1902 (20) – 18. Seenotrettung 1801-1910 (17) – 19. Quarantäne 1805-1911 (30) – 20. Personal 1803-1913 (31) – 21. Organisation 1800-1896 (9). FK.

033 **Regierung Stettin**   Rep. 65 a
1754 AE   20,3 lfm   1897-1947
Zu Aufgaben und Geschäftsbereich der Regierung siehe unter lfd. Nr. 123.
1. Innere Angelegenheiten (105) – 2. Polizei (23) – 3. Kommunalbezirke (124) – 4. Melioration, Wasserwirtschaft (27) – 5. Häfen, Schiffahrt (4) – 6. Medizinal- u. Veterinärsachen (10) – 7. Militaria (117) – 8. Kirchen- u. Schulangelegenheiten (Aufsicht 27, Lehrerpersonalakten 488) – 9. Justiz (5) – 10. Kataster (8) – 11. Steuern u. Abgaben (6) – 12. Zölle (6) – 13. Wohlfahrt, Vormundschaft, Nachlässe (6) – 14. Domänen (79) – 15. Forsten (675 AE, davon Forstpersonalakten 539 AE) – 16. Handel, Gewerbe, Bau (14) – Regierungshauptkasse (30). FB. Hauptteil des Bestandes siehe auch: APSz Nr. 92.
Hubatsch 1975, Fenske 1993, AF Stettin 2004

034 **Regierung Köslin**   Rep. 65 b
34 AE   0,7 lfm   1820-1945
Die Regierung Köslin wurde für die östlichen Kreise der Provinz Pommern im August 1815 eingerichtet. Besonders nach dem 1. Weltkrieg änderten sich territorialer Bestand und administrative Gliederung des Regierungsbezirkes mehrfach. Zu Aufgaben und Geschäftsbereich der Regierung siehe unter lfd. Nr. 123. FK.
Siehe auch: APKo Nr. 19/I; APSz Nr. 1153; GStA PK HA XI.

Hubatsch 1975, Fenske 1993

035   **Regierung Stralsund**   Rep. 65 c
7804 AE   160 lfm   1707-1944
Bei der Übernahme Schwedisch-Pommerns 1815 verpflichtete sich Preußen zur Wahrung der alten Privilegien und Gewohnheiten ständischer und rechtlicher Art im neuen Landesteil. Dem wurde mit der Bildung eines eigenen Regierungsbezirkes am 03.01.1818 Rechnung getragen. Die Zuständigkeiten des Oberpräsidenten der Provinz, des Konsistoriums (nach 1825 auch des Provinzialschulkollegiums) und Medizinalkollegiums wurden auf den neuen Bezirk ausgedehnt. Mit Wirkung vom 01.10.1932 wurde der Regierungsbezirk aufgelöst und die vier neuvorpommerschen Kreise in den Regierungsbezirk Stettin eingegliedert.
1. Innere Landeshoheit 1817-1941 (650) – 2. Polizei u. politische Angelegenheiten 1785-1944 (856) – 3. Städte u. Gemeinden 1707-1933 (671) – 4. Gesellschaften, Verbindungen, Stifte 1818-1932 (78) – 5. Statistik, Vermessung, Landeskunde 1816-1931 (34) – 6. Gesundheits-, Medizinal-, Veterinärwesen 1818-1940 (185) – 7. Landwirtschaft, Fischerei, Landeskultur 1817-1930 (331) – 8. Kriegs- u. Militärwesen 1818-1932 (101) – 9. Kirchen- u. Schulwesen 1727-1940 (1637) – 10. Fiskus 1831-1909 (11) – 11. Justiz u. Verwaltungsgerichtsbarkeit 1819-1931 (52) – 12. Katasterverwaltung, Steuern, Abgaben, Kredit- u. Schuldenwesen 1815-1932 (45) – 13. Wohlfahrt, Jugendpflege, Vormundschaftssachen 1901-1932 (29) – 14. Domänen 1729-1944 (2133) – 15. Forsten 1818-1930 (160) – 16. Regalien 1821-1919 (3) – 17. Handel, Gewerbe, Bau 1817-1938 (723) – 18. Regierungshauptkasse, Etats-, Abschluß-, Finanz- u. Kassensachen 1816-1932 (37). FB.
Siehe auch: APSz Nr. 1153; GStA PK HA XI.

Hubatsch 1975, Fenske 1993, Dölemeyer 1995, AF Stettin 2004

036   **Landratsämter**   Rep. 66 (Ort)
Die Verordnung vom 30.04.1815 definierte die Kreise als untere Stufe der staatlichen Verwaltung neu. Als staatlicher Beamter und Repräsentant der Stände des Kreises stand der Landrat an der Spitze der Verwaltung. Die Landratsinstruktion vom 31.12.1816 und die Pommersche Kreisordnung vom 17.08.1825 regelten Stellung und Aufgaben des Landrats und des Kreistages. Das Landratsamt (1816) unterstand der Aufsicht der Regierungen. Mit Ausnahme des Gerichtswesens zählte die gesamte Verwaltung des Kreises zu dessen Geschäftsbereich (Verwaltungspolizei, Militärsachen, Gewerbeaufsicht u. -förderung, Regalien, Steuern u. Abgaben). Die Kreisordnung vom 13.12.1872 konstituierte die Kreise als Körperschaften der Selbstverwaltung und als staatliches Verwaltungsgebiet. Der Landrat führte weiterhin die staatliche Verwaltung und beaufsichtigte die Polizeiverwaltung und Kommunen. Er war Vorsitzender des Kreistages und des Kreisausschusses. Die nationalsozialistische Gesetzgebung hob die Selbstverwaltung der Kreise auf und setzte auch auf dieser Ebene das Führerprinzip durch.
Siehe auch: LAGw Rep. 66 a.

Franzburg-Barth (3 lfm) - Demmin (0,1 lfm) - Deutsch Krone (0,2 lfm) - Dramburg (0,1 lfm) - Greifenberg 1826-1932 (0,03 lfm) - Greifenhagen (0,1 lfm) - Greifswald 1811-1953 (11 lfm) - Grimmen 1849-1902 (0,4 lfm) - Naugard (0,6 lfm) - Randow (0,4 lfm) - Rügen (0,4 lfm) - Ueckermünde 1810-1945 (11 lfm) - Usedom-Wollin 1738-1960 (11,7 lfm, hierbei auch Kreisausschuß). FK.
Siehe auch: APSz Nr. 95, 97, 100, 101-103, 105,109, 107, 111, 112, 114, 116, 117, 118, 1155, 1334.

Glepke 1902, Unruh 1966, Hubatsch 1975, Fenske 1993, Dölemeyer 1995, AF Stettin 2004

037 **Polizeipräsidium Stettin**   Rep. 79
641 AE   12,4 lfm   1804-1933
Die Polizeidirektion Stettin wurde im April 1810 für die Stadt Stettin und ihr Umland gebildet. Von 1821 bis 1850 in der Hoheit des Magistrats, entwickelte sich die Polizeidirektion ab 1851 zum großstädtischen Polizeipräsidium für (Groß-) Stettin und unterstand direkt dem Regierungspräsidenten von Stettin. FK (ungeordnet).
Siehe auch: APSz Nr. 93.

Scherer 1981, Fenske 1993

038 **Hochbauämter**   Rep. 67 h (Ort)
     Kreisbauämter   Rep. 67 l (Ort)
Die in jedem Kreis in der Zuständigkeit der Regierung bestehenden Kreisbauinspektionen zur baupolizeilichen Aufsicht wurden 1910 in Hochbauämter umbenannt, womit der behördlichen Spezialisierung der Bauverwaltung (Ausgliederung der Wasser- u. Wegebausachen) Rechnung getragen wurde. Neben der Bauverwaltung für staatliche Bautätigkeit und Bauten hatten sie auch die baupolizeiliche Aufsicht über Privatbauten.
Rep. 67 h : Anklam 1901-32 (0,1 lfm) - Greifswald I 1906-46 (0,65 lfm) - Greifswald II 1860-1950 (3,1 lfm) - Stralsund I 1881-1918 (0,3 lfm) - Stralsund II 1903-44 (0,8 lfm) - Swinemünde 1943 (0,01 lfm) - Rep. 67 l Kreisbauamt Demmin 1829-1935 (Karten u. Zeichnungen). FK.

039 **Kreiskassen**   Rep. 69 (Ort)
Deutsch-Krone 1897, 1928-45 (1 lfm) - Greifenhagen 1825-1945 (1,7 lfm) - Stralsund (0,07 lfm) - Stadtsparkasse Woldenburg 1942-45 (3 AE). FK. Siehe auch: APSz Nr. 313.

040 **Katasterämter**   Rep. 68 (Ort)
Mit Verordnung vom 21.05.1861 wurde in den östlichen Provinzen des Königreiches Preußen eine einheitliche Grund- und Gebäudesteuer eingeführt. Kreiskommissionen legten bis Dezember 1864 die Katasterbereiche fest, vermaßen die Parzellen, registrierten

die Eigentümer und nahmen an Hand der Ernteerträge der letzten Jahre eine Schätzung der Einkünfte pro Morgen vor. Auf dieser Grundlage wurd ab 1865 die Grundsteuer erhoben. 1869 wurde die für jeden Kreis eingerichtete Behörde zur Fortschreibung der Grund- u. Gebäudesteuerdokumentation als Katasteramt bezeichnet. Aufgaben der Katasterämter waren die Durchführung von Land- und Gebäudevermessungen, die Immobilienschätzung, die Erarbeitung von Karten, die Ausführung der sich aus der Steuerschätzung ergebenden Arbeiten, die Anfertigung beglaubigter Auszüge und Abschriften aus den Katasterdokumenten sowie die Auskunftserteilung an Behörden, Gerichte und Privatpersonen.
Inhalt: Grundsteuerveranlagungen, Gebäudesteuerrevision, Einheitswertbescheide, Hauszinssteuerakten und Rezesse über Ablösung von Lasten.
Altentreptow 1864-1955 (7,1 lfm) – Anklam 1864-1954 (2,4 lfm) – Demmin 1869-1950 (0,1 lfm) – Greifswald 1841-1965 (6,3 lfm) – Grimmen 1866-1953 (0,6 lfm) – Köslin 1885-1896 (2 AE) – Pasewalk 1875-1954 (5,4 lfm) – Stralsund 1865-1955 (2 lfm) – Ueckermünde 1934 (1 AE) – Wolgast 1865-1952 (4,9 lfm) – Kleinstbestände: Angermünde, Bergen, Greifenhagen, Köslin, Neustettin, Stettin, Stolp - jeweils 0,2 lfm FK.
Siehe auch: APSz Nr. 134, 1009 u. 1331 und APKo Nr. 27/I; GStA PK HA XI.

041 **Domänenrentämter, Domänenämter, Ämter**   Rep. 71 (Ort)
Die Bestände stammen aus der Verwaltung und Bewirtschaftung des verpachteten staatlichen Grundbesitzes.
Belgard 1836-42 (1 AE) – Greifswald 1870-1947 (55 AE) – Kammin 1798-1926 (0,1 lfm) – Klempenow 1707-1933 (5,3 lfm) – Lauenburg 1743-1859 (1 AE) – Pudagla 1694-1933 (106 AE) – Putzar 18.-19 Jh. (20 AE) – Saatzig 1789-1801 (1 AE) – Sallentin (Kr. Pyritz) 1896-97 (1 AE) – Rieth (Kr. Ueckermünde) 1928-51 (6 AE) – Ueckermünde 1863-73 (1 AE) – Verchen 1696-1934 (4 lfm) – Wolgast 1788-1803 (1 AE) – Wollin 1801-1922 (11 AE).
Siehe auch: APSz Nr. 47; 60, 66, 70, 71.

042 **Oberförstereien, Forstämter**   Rep. 70 (Ort)
Abtshagen 1824, 1850-1951 (4,75 lfm) – Danzig-Oliva 1943-44 (1 AE) – Darß 1923-30 (0,1 lfm) – Eggesin 1847-1954 (0,6 lfm) – Friedrichsthal 1866-1937 (0,05 lfm) – Golchen 1834-1945 (1 lfm) – Grammenthin 1752-1933 (4,1 lfm) – Gramzow 1928-51 (0,05 lfm) – Jädkemühl 1746-1950 (11,7 lfm) – Jägerhof 1866-90 (0,01 lfm) – Jannewitz 1876 (3 AE) – Mützelburg 1933-43 (0,07 lfm) – Neuenkrug 1745-1953 (0,8 lfm) – Neuhaus 1854-55 (0,03 lfm) – Poggendorf 1775-1950 (5,75 lfm) – Pudagla 1765-1952 (14,6 lfm) – Rothemühl 1847-1952 (0,8 lfm) – Schuenhagen 1854-1949 (0,8 lfm) – Swinemünde 1894-1946 (0,9 lfm) – Torgelow 1860-69 (0,1 lfm) – Werder/Rg. 1857-1941 (0,55 lfm) – Ziegenort 1940 (0,02 lfm). FK oder FB.
Siehe auch: LAGw Rep. 270 ; APSz Nr. 786; SBB-KA ; GStA PK HA XI.

Dölemeyer 1995

Kommunalständische Vertretungen, Selbstverwaltungsorgane der Provinz und der Kreise

043   Kommunallandtag und Landstube   Rep. 50
      von Altvor- und Hinterpommern
507 AE   7,3 lfm   1820-1877

Diese kommunalständische Vertretung wurde durch königliche Verordnung vom 17.08.1825 geschaffen und knüpfte an frühere ständische Vertretungen an. Sie hatte eine beratende Funktion hinsichtlich der staatlichen Verwaltung der Provinz und Selbstverwaltungsfunktionen hinsichtlich der provinzialen Wohlfahrtspflege (Landesarmenwesen), des Landeskreditinstitutes, der Feuerversicherung, des Straßenbaus und der Änderung von Verwaltungsgrenzen. Sie wurde 1875 aufgelöst. FK.
Siehe auch: APSz Nr. 184

Fenske 1993, Lutter 1994

044   Kommunallandtag und Landkasten   Rep. 51
      von Neuvorpommern und Rügen
35 AE   1 lfm   1829-1887

Im April 1826 trat ein eigener Kommunallandtag für Neuvorpommern zusammen, der parallel zu der Einrichtung für Hinterpommern geschaffen worden war. Er hatte bis 1881 Bestand. Zu den Aufgaben siehe bei lfd. Nr. 43. Siehe auch: LAGw Rep. 48, 1126; FK.

Fenske 1993, Lutter 1994

045   Provinzialrat   Rep. 60 A
                  2,3 lfm   1876-1933

Der Provinzialrat wirkte mit dem Oberpräsidenten in höherer Instanz bei der Beaufsichtigung der Kreise und Gemeinden mit, insbesondere an der Feststellung der Amts-, Gemeinde- und Gutsbezirke sowie bei der Verabschiedung von Polizeiordnungen. Er hielt Beratungen ab und fasste Beschlüsse, u.a. über Beschwerden gegen Beschlüsse des Bezirksausschusses. FK.

046   Landeshauptmann und Verwaltung des   Rep. 54
      Provinzialverbandes von Pommern
1438 AE   9,3 lfm   1826, 1873-1946

Der Landeshauptmann führte unter Aufsicht des Provinzialausschusses die laufenden Geschäfte der kommunalen Provinzialverwaltung. Er bereitete die Beschlüsse des Provinzialausschusses vor und sorgte für deren Ausführung. Er war Dienstvorgesetzter aller Provinzialbeamten und verhandelte namens des Provinzialverbandes mit Behörden und Privatpersonen. Durch Gesetz vom 15.12.1933 wurde die Verwaltung dem Oberpräsidenten eingegliedert.

1. Provinzialverwaltung (v. a. Personalakten) 1888-1944 (501) – 2. Finanzen 1917-1946 (111) – 3. Bauwesen 1926-1945 (8) – 4. Histor. Kommission/Landesgesch. Forschungsstelle 1910-1946 (52) – 5. Kulturpflege 1918-1945 (220) – 6. Denkmalpflege u. Provinzialkonservator (v. a. Erhaltung v. Mühlen, kreisweise) 1914-1946 (546). FB.

Fenske 1993, Lutter 1994

047 **Provinzialkonservator und Landesdenkmalamt**   Rep. 55
870 AE   Ende 19. Jh.-1945
Der Provinzialkonservator wurde um 1931 (bis 1945) als eigenständige Behörde zur Erhaltung und Erforschung der Denkmäler der Provinz eingerichtet; zuvor wurden solche Aufgaben nur von ehrenamtlichen Denkmalpflegern wahrgenommen.
Inhalt: Vor allem Bestandsaufnahme d. Kunst- u. Kulturdenkmale, Denkmalpflege nach Kreisen (Instandsetzung, Restaurierung, Besichtigungen), Erfassung kirchlicher Metallkunstwerke, Luftschutzmaßnahmen. Bildarchiv m. ca. 8000 Fotografien. FB.

048 **Heilanstalten des Provinzialverbandes**   Rep. 56
        0,5 lfm   ca. 1890-1930
Provinzialheilanstalten Lauenburg, Treptow/R. und Ueckermünde (v. a. Personalakten von Beschäftigten).

049 **Bauämter**   Rep. 57 (Ort)
315 AE   7,3 lfm   1841-1945
Auf Grundlage des Gesetzes zur Neuregelung des Straßenwesens und der Straßenverwaltung richtete der Provinzialverband 1935 Landesbauämter ein. Ihre Aufgaben waren Bau, Instandhaltung und Verwaltung von Reichsstraßen und Landstraßen I. Ordnung. Damit übernahmen sie die Funktionen der Kreisbauämter. 1938 gab es 10 Landesbauämter in Pommern.
Stralsund 1841-1941 (273 AE) – Stettin (u. Swinemünde) 1925-1945 (42 AE). FK.
Siehe auch: APSz Nr. 1336.

Provinzialverband 1926

050 **Kreisausschüsse**   Rep. 66 a (Ort)
Die Kreisordnung vom 13.12.1872 erweiterte die Kompetenzen der Kreistage und richtete die Kreisausschüsse ein. Der Kreistag erließ die Kreisstatuten und Satzungen von Kreiseinrichtungen, stellte den Haushalt fest, beschloß über Abgaben und Anleihen und verfügte über das Kreisvermögen. Er wählte den Kreisausschuss als leitendes Verwaltungsorgan, bestehend aus Landrat und sechs Mitgliedern. Der Kreisausschuss bearbeitete u.a. die in den Dotationsgesetzen überwiesenen Aufgaben: Armen- u. Wegesachen, Feuer-, Feld- u. Baupolizei, öffentliche Gesundheitspflege, ländliches Schulwesen, Parzellierungen. Während und nach dem Ersten Weltkrieg wuchs der Aufgabenbereich

der Kreisverwaltung weiter an, die Landratsämter wurden personalstarke Behörden zumeist kommunaler Angestellter. Die nationalsozialistische Gesetzgebung übertrug die Kompetenzen des Kreistages auf die Kreisausschüsse, die aber ihre Entscheidungskompetenz wiederum an die Landräte abgaben. Damit wurde die Selbstverwaltung der kommunalen Körperschaft zugunsten des Führerprinzips beendet.
Anklam 1895-1950 (2,4 lfm) - Demmin 1881-1939 (0,06 lfm) - Deutsch-Krone 1920-1944 (0,3 lfm) - Franzburg-Barth 1874, 1903-1945 (3,8 lfm) - Greifenhagen 1911-1943 (0,05 lfm) - Greifswald 1814-1931 (10 lfm) - Grimmen 1924-1939 (0,1 lfm) - Kammin 1890-1891 (0,02 lfm) - Ueckermünde 1874-1939 (9 lfm). FK.
Siehe auch: APSz Nr. 104 u. 1338; APKo Nr. 58/I.

Bitter 1928, Fenske 1993, Dölemeyer 1995

Mittlere und untere Reichsbehörden

051   **Landesfinanzamt Stettin**   Rep. 126
      Oberfinanzpräsident v. Pommern - Devisenstelle - Rep. 90
      104 lfm   1935-1945

Die Finanz- und Steuerangelegenheiten gingen 1919 von den deutschen Ländern an die Zentralgewalt. Das Landesfinanzamt Stettin wurde am 01.10.1919 gebildet. Sein Geschäftsgebiet war Pommern und der Nordteil von Grenzmark Posen-Westpreußen. Es hatte die Präsidialabteilung, die Abteilung für direkte Steuern und die Abteilung für indirekte Steuern und Zölle. Das Landesfinanzamt überwachte die Arbeit der 33 Finanzämter, der 15 Hauptzollämter und der vier Reichsbauämter. Strittige Fragen klärte ein Finanzgericht des Amtes. Die als Mittelbehörden (Provinzebene) 1919 gebildeten Landesfinanzämter führten seit dem 01.04.1937 die Bezeichnung „Oberfinanzpräsident" ohne dass sich ihre Kompetenzen änderten. Die Devisenstelle war die Hauptabteilung zur Verwaltung und Verwertung der dem Reich zugefallenen Vermögenswerte. Siehe auch: APSz Nr. 90.
Rep. 126 Landesfinanzamt Stettin 1935-1936 (2 AE) - Rep. 90 Oberfinanzpräsident v. Pommern – Devisenstelle - 1935-1945 (104 lfm), darin: 1. Personalakten (ca. 100 lfm; ungeordnete Namenslisten) - 2. Devisenstelle (4 lfm; FK). Siehe auch: APSz Nr. 90.

Bitter 1928, Fenske 1993

052   **Finanzämter**   Rep. 90 a (Ort)
Nach der Reichsabgabenordnung vom 13.12.1919 bildeten die Finanzämter die untere Stufe der Finanzverwaltung. Sie unterstanden dem Landesfinanzamt. Unter dem Vorsteher gliederten sie sich in Veranlagungsstelle und Finanzkasse.

Bergen 1935-83 (2270 AE) – Demmin 1918-34 (0,05 lfm) – Dramburg 1925-39 (0,09 lfm) – Gartz/Od. (0,2 lfm) – Greifenhagen 1935-41 (1 AE) – Greifswald 1929-59 (1,3 lfm) – Pasewalk 1922-49 (0,6 lfm) – Stargard o.Z. (1,1 lfm) – Stettin 1890-1921 (0,9 lfm) – Stolp 1943-44 (0,1 lfm) – Stralsund o.Z. (1 AE) – Swinemünde(165 AE). FK.
Siehe auch: APSz Nr. 91, Nr. 1371.

Bitter 1928, Fenske 1993

053   **Reichsbauämter**   Rep. 67 (Ort)
      4,5 lfm   1910-1947
In Pommern wurden 1919 vier Reichsbauämter als nachgeordnete Behörden des Landesfinanzamtes Stettin gebildet. Sie waren mit Bau, Verwaltung und Instandhaltung staatseigener Gebäude für alle Ressorts, die keine eigene Bauverwaltung hatten, befasst.
Greifswald 1854-57, 1910-47 (3 lfm) – Stettin 1927-44 (1,5 lfm). FK.

Bitter 1928, Fenske 1993

054   **Reichsmonopolverwaltung für Branntwein,**   Rep. 91 Stettin
      Verwertungsstelle Stettin
      2,2 lfm   1903-45
Das Monopolamt für Branntwein wurde durch ein Gesetz v. 26.07.1918 begründet. Aufgabe war die Übernahme, Reinigung und Verwertung des Branntweins. Dazu wurden Verwertungsstellen eingerichtet, die als kaufmännische Betriebe arbeiteten. Zuerst dem Reichskanzler nachgeordnet, unterstand die Behörde 1919 dem Reichsfinanzminister.
Abgabeliste.

Bitter 1928

055   **Reichsbahndirektion Stettin**   Rep. 109
861 AE   40,8 lfm   1850-1957
Durch die Reorganisation der Preußischen Staatseisenbahnen wurde ab 01.04.1895 ein Direktionsbezirk Stettin eingerichtet. Mit Übernahme der Staatseisenbahnen durch das Reich 1920 änderte sich die Bezeichnung zu Reichsbahndirektion Stettin (1922). Die Direktion verwaltete 1929 ein Streckennetz von ca. 3000 km.
1. Allgem. Verwaltung 1862-1945 (12) – 2. Kleinbahnen (Landesaufsicht) 1895-1951 (11) – 3. Privatbahnen (Reichsaufsicht) 1879-1944 (8) – 4. Reichs- u. Landessachen 1938-1942 (3) – 5. Übernahme v. Kleinbahnen auf das Reich 1941-1944 (1) – 6. Betriebsleitung 1932-1948 (8) – 7. Fahrplan 1905-1945 (13) – 8. Lokomotivdienst 1900-1945 (14) – 9. Unfälle u. Rettungswesen 1924-1944 (1) – 10. Zugförderung u. Be-

gleitdienst 1930-1944 (3) - 11. Elektrische Zugförderung 1910 (1) - 12. Fahrzeuge 1897-1959 (43) - 13. Unterhaltung v. Fahrzeugen 1919-1943 (14) - 14. Gemeinschaftsverhältnisse, Zusammenarbeit m. Behörden u. and. Bahnen 1905-1943 (9) - 15. Dienstgebäude 1902-1948 (25) - 16. Heizungsanlagen 1913-1945 (3) - 17. Bohranlagen 1894-1952 (62) - 18. Fluß-, Kanal- u. Uferbau 1921-1942 (2) - 19. Brücken 1876-1957 (117) - 20. Eigentumsverhältnisse 1863-1956 (215) - 21. Oberbau 1939-1944 (4) - 22. Wegesachen 1882-1951 (11) - 23. Kassen- u. Rechnungswesen 1925-1944 (25) - 24. Gewerbebetrieb 1877-1952 (21) - 25. Miet- u. Pachtsachen 1912-1957 (8) - 26. Privatanschlußgleise 1857-1961 (48) - 27. Widerrufliche Einrichtungen 1900-1961 (26) - 28. Maschinen u. Anlagen 1889-1945 (14) - 29. Neubau 1850-1945 (10) - 30. Organisation 1900-1945 (7) - 31. Personal 1927-1945 (8) - 32. Energiequellen 1929-1940 (1) - 33. Rechtswesen 1912-1961 (12) - 34. Sicherungs- u. Fernmeldewesen 1908-1936 (2) - 35. Schiffahrt 1924-1945 (14) - 36. Stoffe 1925-1943 (4) - 37. Baudarlehen 1926-1945 (9) - 38. Baugenossenschaften 1908-1948 (61) - 39. Eigenheime 1925-1944 (11) - 40. Kinderheime 1938-1944 (2) - 41. Mieten u.- Mietenschädigungen 1939-1947 (2) - 42. Unfallfürsorge 1892-1925 (1) - 43. Verkehr 1937-1948 (1) - 44. Werkstätten 1863-1913 (1). FK. Hinweis: Weitere Akten wurden seit 1998 ins LAGw übernommen.

Justiz

056 Rügensches Landvogteigericht Bergen   Rep. 30
3000 AE   11,5 lfm   1590-1740
Das Landvogteigericht, dessen Anfänge im 14. Jahrhundert lagen, war Erstinstanz für den eingesessenen Rügener Adel mit Ausnahme der Eximierten. Des Weiteren war es Zweitinstanz für die ursprünglich neun, später vier Gardgerichte und zwei Stadtgerichte. Das Landvogteigericht wurde 1806 aufgehoben und an dessen Stelle ein Amtsgericht gebildet.
FK (unstrukturiert), Orts- u. Personenreg.

Biereye 1938, Dölemeyer 1995

057 Schwedisches Kriegsgericht Stralsund   Rep. 31
461 AE   12,7 lfm   1600-1816
Grundlage der Militärgerichtsbarkeit bei den schwedischen Truppen in Deutschland bildeten die Kriegsartikel Gustav II. Adolfs (1621), die in einer bearbeiteten deutschen Fassung 1632 veröffentlicht wurden (erneuert 1682). Die militärische Rechtsprechung lief in zwei Instanzen ab, in den Untergerichten (Regimentskriegsgerichte, Reitergerichte) und einem Obergericht (Generalkriegsgericht). Das Obergericht wurde bereits 1639 in Stettin eingerichtet und existierte unter wechselnden Namen und Befugnissen bis

1811. Bis 1815 gab es nur noch ein Eininstanzengericht. Die Militärgerichte waren der einzige Bereich im Justizwesen in Schwed.-Pommern, in dem nach schwedischem Recht verhandelt wurde. Im Bestand befinden sich weitere Provenienzen (Generalgouverneur, Oberkommandant, Pommersche Kammer), die auf Ämterdopplungen oder vermischte Registraturverhältnisse zurückgehen.
I. Kriegsgerichte: 1. Generalkriegsgericht 1692-1807 (112) - 2. Kgl. Pommersches Kriegsgericht 1811-1816 (6) - 3. Regimentskriegsgerichte 1685-1807 (164) - II. Oberkommandant: 1. Befehle des Königs, Reichskriegskollegiums, Generalgouverneurs 1721-1786 (11) - 2. Gesuche an König, Reichskriegskollegium, Generalgouverneur 1701-1764 (16) - 3. Mannschaftsrollen 1712-1760 (20) - 4. Quartierfragen 1672, 1713-1746 (10) - 5. Ausrüstung 1685, 1723-1752 (6) - 6. Übrige Dienstverrichtung 1688-1807 (74) - 7. Oberauditeur, Kriegsfiscal 1686-1805 (11) - 8. Kommandant von Malmö 1704-1748 (13) - III. Generalgouverneur 1634-1789 (25) - IV. Pommersche Kammer 1680-1715 (87). FB (schwed.), FK. Siehe auch: LAGw Rep. 10 a; KrA.

Wartenberg 1993, Dölemeyer 1995

058   Schwedisches Tribunal Wismar   Rep. 29
1147 AE   36,2 lfm   1653-1845
Das Kgl. Schwedische Tribunal wurde 1653 in Wismar als höchstes Gericht und Oberappellationsgericht für die deutschen Besitzungen Schwedens eingerichtet. Es trat damit in diesen Landesteilen an die Stelle des Reichskammergerichts, dessen Ordnung von 1655 Vorbild für die Tribunalsordnung von 1657 wurde. Die Rechtsprechung erfolgte nach Reichsgesetzgebung und Reichsprozeßordnung. Das Tribunal war Berufungs- und Erstinstanz für alle Streitfälle, die vorher vor das Reichskammergericht gehört hatten. Es wurde 1802 nach Stralsund, 1803 nach Greifswald verlegt und dort unter dem Namen „Ober-Appellationsgericht und Höchstes Gericht" auch beim Übergang an Preußen bis 1845 beibehalten.
Inhalt: Zivil- u. Strafsachen; Urteilsbücher, Sprüche, Gutachten zu Prozessen, Vormundschaftssachen. FK (nicht strukturiert). Siehe auch: GStA PK XV. HA.

Dölemeyer 1995

059   Schwedisches Lehnsarchiv Stralsund   Rep. 32b
                           9,7 lfm   16. Jh.-Anf. 19. Jh.
Die Lehnskanzlei war der eigentliche Lehnhof, der bereits in den Herzogtümern existierte. Herzog Bogislaw X. nutzte das Lehnsrecht für die Stärkung der Zentralgewalt gegen den adligen Partikularismus. Bei diesen Lehnsprozessen entstanden bei den herzoglichen Kanzleien in Wolgast und Stettin Gruppen von Lehnsakten, für die 1575 eigene Lehnskanzleien eingerichtet wurden. Die Lehnskanzlei ist in Schwed.-Pommern durch die Einrichtungskommission um 1657 wieder errichtet und um 1720 nach Stralsund verlegt worden. Mitglieder waren der jeweilige Regierungskanzler und der Lehns-

sekretär. In ihr Ressort fielen alle Lehnssachen (Vergabe, Bestätigung, Dienste, Verpfändung, Streitigkeiten).
FB (der Behörde). Siehe auch: APSz Nr. 1190.

Gadebusch 1786/1788, Brüggemann

060   **Stettiner Lehnsarchiv**   Rep. 28
13 AE   0,35 lfm   1713-1855
Entsprechend der Regimentsverfassung von 1654 ressortierten auch die Lehnssachen bei der Regierung, in der ein Direktor und zwei Regierungsräte die Geschäfte der vormaligen Lehnskanzlei bearbeiteten. Das Archiv verwahrte Lehns- u. and. Besitzdokumente, die bis ins 13. Jahrhundert zurückreichten. FK. Siehe auch: GStA PK XV. HA.

061   **Hofgericht Stargard**   Rep. 24
2 AE   0,35 lfm   1654-1772
Unbenutzbarer Bestandsrest. Siehe auch: APSz Nr. 7.

062   **Hofgericht Köslin**   Rep. 25
                        3 lfm
Siehe auch: APSz Nr. 8.
Bestand ist unbenutzbar. Siehe auch: APSz Nr. 8.

063   **Hofgericht Greifswald**   Rep. 73
                        28,2 lfm   1683-1846
Das um 1560 errichtete Hofgericht für das Herzogtum Pom.-Wolgast hatte ab 1642 (mit Unterbrechungen) seinen Sitz in Greifswald. Es war Erstinstanz in Zivil- u. Strafsachen des Adels (mit Ausnahme des Rügenschen Adels, dessen Erstinstanz das Landvogteigericht Bergen war, siehe lfd. Nr. 56) und der anderen Untergerichtseximierten sowie Zweitinstanz für die Entscheidungen der Untergerichte (Stadt-, Patrimonial- und Domänengerichte). Die Appellation ging an das Reichskammergericht, nach dem Übergang Vorpommerns an Schweden an das Kgl. Tribunal (Siehe auch: LAGw Rep. 29). Auch nach der Vereinigung mit Preußen wurde es bis 1849 als Mittelinstanz weitergeführt.
Ca. Hälfte des Bestandes Allodifikationen, Streit um Besitzrechte (FK, handschr., ungeordnet – zweite Hälfte Vormundschafts- und Erbschaftssachen (FK, handschr., alphabet. geordnet).
Siehe auch: APSz Nr. 1161.

Dölemeyer 1995

064   Oberlandesgerichte (1808-1849)   Rep. 72 (Ort)
Mit dem Publikandum vom 16.12.1808 wurden die als Regierung bezeichneten Landesjustizkollegien in Oberlandesgerichte umbenannt und neuorganisiert. Sie waren ausschließlich Justizbehörden und firmierten als zweite Instanz für die Untergerichte (Patrimonial- u. Stadtgerichte) und als erste Instanz für die Untergerichtseximierten. In Pommern wurden die Oberlandesgerichte Stettin und Köslin eingerichtet.
Köslin 1777-1877 (5,7 lfm), v. a. Nachlass- u. Erbregelungen, Gemeinheitsteilungen, Prozesse bäuerlicher Gemeinschaften gegen Grundherren (FK, ungeordnet) – Stettin 1810-1849 (5,1 lfm), v. a. Lehns- u. a. Gerechtigkeiten (FK, ungeordnet).
Siehe auch: APSz Nr. 141 u. 142.

Bornhak 1903, Hue de Grais 1907, Dölemeyer 1995

065   **Appellationsgerichte**   Rep. 74 (Ort)
Entsprechend den Verordnungen vom 2. und 3. Januar 1849 wurden die Oberlandesgerichte Stettin und Köslin sowie das Hofgericht Greifswald in Appellationsgerichte umbenannt und zugleich ihre Funktion als Erstinstanz für die Untergerichtseximierten aufgehoben.
Greifswald 1838-79 (0,35 lfm) – Köslin 1865-66 (1 AE) – Stettin 1822-79 (0,4 lfm). FK. Siehe auch: APSz Nr. 141 u. 142.

Bornhak 1903, Hue de Grais 1907, Dölemeyer 1995

066   **Oberlandesgericht Stettin (1879-1945)**   Rep. 75
                18 lfm   1883-1945
Die am 01.10.1879 in Kraft tretenden Reichsjustizgesetze begründeten das Oberlandesgericht Stettin als oberstes Gericht der Provinz. Es besaß je einen Zivil- u. Strafsenat und war Berufungs- und Beschwerdeinstanz für die Landgerichte.
Personalakten (ca. 15 lfm, ungeordnete Namenslisten), Geschäftsgang d. OLG, Prozeßakten (ca. 370 AE, ungeordnete FK). Siehe auch: APSz Nr. 141 u. 167.

Bornhak 1903, Hue de Grais 1907, Dölemeyer 1995

067   **Landgerichte**   Rep. 76 (Ort)
Am 01.10.1879 wurden in Pommern die Landgerichte in Greifswald, Stettin, Stargard, Köslin und Stolp eingerichtet. Sie hatten Zivil- u. Strafkammern und waren sowohl Erst- als auch Zweitinstanzgerichte.
Greifswald 18. Jh.-1951 (69 lfm) – Köslin 1864-1945 (3,6 lfm) – Lauenburg (0,1 lfm) – Schneidemühl (0,1 lfm) – Stargard 1860-1932 (3 lfm) – Stettin Anf. 19. Jh. -1945 (16 lfm), dazu auch Rep. 76 a Stettin - Ehescheidungssachen 20. Jh. (6,1 lfm) – Stolp 1820-1911 (7,4 lfm). z.T. FK, z.T. unbenutzbar. Siehe auch: APSz Nr. 143-145, 1162, 1196.

Bonhak 1903, Hue de Grais 1907, Dölemeyer 1995

068   Amtsgerichte (mit Vorbehörden)   Rep. 77 (Ort)
Die Amtsgerichte wurden ebenfalls am 01.10.1879 als Erstinstanzgerichte für Zivil- und leichtere Strafsachen (Schöffengerichte) eingerichtet. Sie verwalteten zudem die Grundbuch-, Vormundschafts- und Stiftungssachen, führten die Handels-, Genossenschafts-, Muster- und Schiffsregister und waren für die Vollziehung, Beurkundung und Bestätigung von Rechtshandlungen zuständig.
Altentreptow o.A. - Angermünde (0,1 lfm) - Anklam 1845-1903 (1,8 lfm) - Barth 19. Jh.-1942 (20 lfm) - Belgard 1840-1921 (0,5 lfm) - Bergen 1764-1954 (12,8 lfm) - Bütow 1776-1880 (0,4 lfm) - Demmin 1794-1874 (1 lfm) - Dirschau 1939-45 (0,04 lfm) - Dramburg 18. Jh.-1878 (1,3 lfm) - Falkenburg 1938-1944 (0,05 lfm) - Fiddichow 1853-90 (0,05 lfm) - Franzburg 1862-1950 (2,1 lfm) - Gartz/Od. 1879-1945 (17,1 lfm) - Greifenberg 1750-1909 (4,5 lfm) - Greifenhagen 1831-1945 (0,1 lfm) - Greifswald 19. Jh.-1945 (17,2 lfm) - Grimmen 1868-1950 (2,1 lfm) - Jacobshagen 1684-1911 (1,3 lfm), hier auch Rep. 77 c Justizamt Kolbatz (1 AE) - Körlin 1900 (0,01 lfm) - Köslin 1780-1945 (12 lfm) - Kolberg 1800-1943 (2,4 lfm) - Labes 1737-1945 (1,5 lfm) - Lauenburg 1747-1910 (1,8 lfm) - Loitz 1839-1940 (1,9 lfm) - Naugard 1832-1895 (1,9 lfm) - Neustettin 1792-1882 (3,2 lfm) - Pasewalk Mitte 18. Jh.-1954 (5,9 lfm) - Penkun 1774-1958 (1,4 lfm) - Pollnow 1723-1893 (3,2 lfm) - Prenzlau 1949-1952 (0,1 lfm) - Rügenwalde 1758-1871 (0,3 lfm) - Rummelsburg 1943-1945 (0,01 lfm) - Schivelbein 1652-1784 (0,25 lfm) - Schlawe 1575,1723-1876 (0,8 lfm) - Schneidemühl 1940-1944 (0,03 lfm) - Stargard 1750-1944 (17 lfm) - Stettin 1750-1909 (11,4 lfm) - Stettin K = Kreisgericht 1817-1880 (1,2 lfm) - Stettin S = Land- u. Stadtgericht 1844-1948 (0,15 lfm) - Stolp 1729-1944 (2,2 lfm) - Stralsund 1712-1950 (24,7 lfm) - Swinemünde 1857-1945 (0,5 lfm) - Treptow R. 1765-1914 (2 lfm) - Ueckermünde 18. Jh.-1950 (17,57 lfm) - Wolgast 19. Jh.-1952 (24 lfm) - Wollin 1789-1879 (1,3 lfm) - Zanow 1865-1910 (0,1 lfm). Z.T. FK, z.T. unerschlossen.
Bestände enthalten z.T. Kirchenbuchduplikate.
Siehe auch: APSz Nr. 147, 149, 151, 155, 158, 159, 161-166, 781, 782, 1170; APKo Nr. 73/I, 76/I, 82/I, 98/I, 142/I, 143/I, 543/I; APKo OSz Nr. 136, 374; APKo O/ Słupsk Nr. 367.
Bornhak 1903, Hue de Grais 1907, Dölemeyer 1995, Rodig 1996

069   **Grundbuchämter**   Rep. 77 a (Ort)
ca. 1860-1950
Die Liegenschaftsdokumentation wurde bei den Amtsgerichten geführt.
Altentreptow (12,5 lfm) - Anklam (4,15 lfm) - Bergen (1 lfm) - Demmin (1,5 lfm) - Gartz/Od. (1,8 lfm) - Greifenhagen (7,6 lfm) - Pasewalk (3,7 lfm) - Regenwalde (2 lfm) - Stettin (4,4 lfm) - Ueckermünde (6,5 lfm). Z.T. FK, z.T. nicht erschlossen.

070 **Kirchenbuchduplikate und Kirchenbücher**   Rep. 77 (Ort)
Unter diesem Titel werden die Register zur Beurkundung von Taufen, Konfirmationen, Trauungen und Bestattungen verstanden. Der Bestand setzt sich ganz überwiegend aus Kirchenbuchduplikaten zusammen, originale Kirchenbücher liegen nur für Anklam, Kratzig und Rambin vor. Kirchenbücher im o. g. Sinn werden in Pommern erst nach der Reformation geführt (Wolgaster Ehebuch 1538), keineswegs jedoch flächendeckend und vollständig. Herzog Philipp II. verpflichtete 1617 die Kirchengemeinden zur Führung der Register. Die Verordnung trat aber nur in Stettin und Umgebung in Kraft. Die Zerstörungen des 30-jährigen Krieges führten zu Verlusten und beraubten viele Gemeinden ihrer geistlichen Fürsorge. Im Jahr 1649 hatten erst 44 Gemeinden wieder Kirchenbücher eingeführt, Ende des 17. Jahrhunderts 360 Gemeinden, Ende des 18. Jahrhunderts 450. Mit der Einführung des „Allgemeinen Landrechts für die preußischen Staaten" 1794 befahl König Friedrich Wilhelm II. den evangelischen und katholischen Gemeinden zu Beginn eines jeden Kalenderjahres den zuständigen Gerichten der ersten Instanz ein Duplikat des Kirchenbuches des abgelaufenen Jahres zu übergeben. Diese wurden zumeist vom Küster angelegt, vom Pfarrer verglichen und beglaubigt und gelangten ab 1879 in die Amtsgerichte. Erst mit Einrichtung des staatlichen Standesamtswesens ab 01.10.1874 wurden die Duplikate nicht mehr benötigt. Ende des Zweiten Weltkrieges wurden zahlreiche Kirchenbücher und Duplikate durch Kampfhandlungen oder Vandalismus der Besatzungstruppen zerstört. Viele hinterpommersche Register gelangten durch Flucht und Vetreibung der deutschen Bevölkerung nach Westen. Andere blieben bis heute am Entstehungsort. Vorpommersche Kirchenbücher befinden sich zumeist bei den Ursprungsgemeinden. Heute verfügen mehrere Archive über pommersche Kirchenbücher und Kirchenbuchduplikate: Landesarchiv Greifswald, Archiv der Pommerschen Evangelischen Kirche Greifswald, Evangelisches Zentralarchiv Berlin, Deutsche Zentralstelle für Genealogie Leipzig, die Staatsarchive Stettin und Köslin. Die Bestände sind überwiegend verfilmt. Die umfangreichste Datenbank auch zu pommerschen Kirchenbüchern führt die Kirche Jesu Christi der Heiligen der Letzten Tage (Mormonen). Sie kann über www.familysearch.org benutzt werden. Für die folgende Auflistung wurden nur die Register für Taufen (a), Trauungen (b) und Todesfälle (c) berücksichtigt.
Bestände:
Kr. Anklam: Für folgende Orte nur a, b, c) 1849: Albinshof, Altwigshagen, Annenhof, Boldekow, Borckenfriede, Borckenthal, Bornmühl, Bornthin, Brenkenhof, Butzow, Charlottenhorst, Dargibell, Demnitz, Dennin, Dersewitz, Drewelow, Finkenbrück, Glien, Heinrichshof, Heinrichsruh, Iven, Janow, Japenzin, Karlshagen, Kavelpaß, Kosenow, Kurtshagen, Landskron, Langendamm, Louisenhof, Lübs, Medow, Millnitz, Müggenburg, Nerdin, Neuendorf, Neuenkirchen, Neuhof, Postlow, Putzar, Rathebur, Rebelow, Rehberg, Rubenow, Sanitz, Sophienhof, Spantekow, Stolpe, Stretense, Teterin, Thurow, Tramstow, Wendefeld, Wietstock – Anklam (kath.) a) 1867-68, 1870-72; b) 1868, 1872; c) 1868, 1870-72 – Anklam St. Marienkirche a, b, c) 1829-74 – An-

klam St. Nikolai (Rep. 38b HS Anklam) b) 1544-60, a, b, c) 1829-74) – Auerose a, b, c) 1846, 1847, 1849 – Auerosedamm a, b, c) 1846, 1848, 1849 – Bargischow a, b, c) 1846-49, 1862 – Below a) 1849, 1858; b) 1849, 1867; c) 1849 – Blesewitz a, b, c) 1849, 1860 – Bugewitz a, b, c) 1856, 1859 – Busow a, b, c) 1856, 1859 – Charlottenhof a, b, c) 1846-47 – Ducherow a, b, c) 1849, 1856, 1859 – Förde a, b, c) 1846 – Gellendin a, b, c) 1846-49, 1862, 1864 – Gipsmühl a, b, c) 1849 – Gnevezin 1846-49, 1862, 1864 – Görke a) 1849, 1860; b,c) 1849 – Gramzow a, b, c) 1849, 1858, 1867 – Grüttow a) 1848-49; b, c) 1849 – Kagendorf a, b, c) 1846-49 – Kagenow a, c) 1848-49; b) 1849 – Krien a, b, c) 1846, 1848-49, 1852, 1867 – Krusenfelde a, b, c) 1849, 1858, 1867 – Leopoldshagen a) 1846-47; b, c) 1846 – Liepen a, b, c) 1848-49 – Lindenberg a, b, c) 1860 – Löwitz a) 1849, 1863; b, c) 1849 – Lüskow a, b, c) 1849, 1860 – Marienthal a) 1849, 1863; b, c) 1849 – Mollwitz a, b, c) 1856, 1859 – Neetzow a, b, c) 1849, 1858, 1867 – Neu Kosenow a, b, c) 1846-49 – Neu Krien 1848 – Panschow a, b, c) 1849, 1869 – Pelsin a, b, c) 1846-49, 1862, 1864 – Preetzen a, b, c) 1848-49 – Priemen a, b, c) 1848-49 – Rosenhagen a, b, c) 1846-49 – Rossin a, b, c) 1846-49 – Sarnow a, b, c) 1810, 1849, 1864 – Schmuggerow a, b, c) 1849, 1863 – Schwerinsburg a, b, c) 1849, 1869 – Steinmocker a, b, c) 1848-49, 1867-68 – Strippow a, b, c) 1849, 1869 – Wegezin a, b, c) 1848-49, 1861, 1867-68 – Wilhelmshof a, b, c) 1863 – Woserow 1846-49 – Wussecken a, b, c) 1849, 1869 – Wussenthin a) 1848-49; b, c) 1849 –

Kr. Demmin: Folgende Orte nur a, b, c) 1849, 1866: Buschmühl, Demmin, Deven, Drönnewitz, Eugenienberg, Flemendorf, Linenfelde, Pensin, Quitzerow, Siedenbrünzow, Stuterhof, Vorwerk, – Alt Plestlin a) 1794-1842, b) 1794-1802, 1804-42, c) 1794-1802, 1805-42 – Grammentin a, b, c) 1848 – Jagetzow a, b, c) 1849, 1858, 1867 – Kadow a, b, c) 1849, 1858, 1867 – Klenz a, b, c) 1866 – Kletzin a) 1794-1874; b) 1794-1802, 1805-08, 1811-46, 1849-74; c) 1794-1802, 1805-74 – Neu Plestlin a) 1794-1842; b) 1794-1802, 1804-42; c) 1794-1802, 1805-42 – Reudin 1824-74 – Sanzkow a, c) 1814-28; b) 1814-74 – Sophienhof a) 1794-1874; b) 1794-1802, 1804-08, 1811-74; c) 1794-1802, 1805-74 – Teusin a, b, c) 1814-28 – Ueckeritz a) 1794-1874; b) 1794-1802, 1805-08, 1811-46, 1849-74; c) 1794-1802, 1805-74 – Utzedel a, b, c)1814-28 – Wüstenfelde a) 1794-1834, 1837-74; b) 1794-1802, 1804-08, 1811-34, 1837-74; c) 1794-1802, 1805-34, 1837-74 – Zacharie a) 1818-22, 1825, 1827-28: b) 1814-19, 1821-28; c) 1816-17, 1819-20, 1823-24, 1826 – Zarrenthin a, b, c) 1874 – Zeitlow a, b, c) 1794-1859 – Zeitlowberg a, b, c) 1794-1859 –

Kr. Deutsch Krone: Briesenitz a, b, c) 1870-74 – Jagdhaus a, b, c) 1870-72, 1874 – Marienbrück 1870-72, 1874 – Theerofen a, b, c) 1870-72, 1874 –

Kr. Dramburg: Heinrichsdorf a, b, c) 1825-44, 1846-74 – Kallies a, c) 1813-25, 1827, 1829-37; b) 1813, 1836, 1838 – Kietz a) 1814; a, c) 1815-16, 1821, 1823, 1827, 1829, 1831, 1833-35, 1837, 1838; b) 1814, 1838 – Pohlenheiden a, b, c) 1854-74 –

Kr. Greifenberg: Alte Ziegelei a, b, c) 1765-1853 – Annashof a, b, c) 1846, 1854, 1857-61, 1863-69, 1871-73 – Arnsberg a, b, c) 1810- 74 – Barkow a, c) 1617-1830, 1832-35,

1837-74; b) 1617-1828, 1830, 1832-35, 1837-39, 1842-53, 1855-74 – Batzwitz a) 1817-41, 1843-74, b, c) 1817-74 – Behlkow a, b, c) 1786- 1874 – Borntin a) 1811-13, 1816-23, 1825-28, 1830-32, 1834-74; b) 1811-13, 1816-23, 1825-28, 1830-32, 1834-49, 1852-74; c) 1811-13, 1816-23, 1825-28, 1830-32, 1834-42, 1844, 1846-50, 1852-74 – Broitz a, b, c) 1868 – Dadow a, b, c) 1849-74 – Deutsch-Pribbernow a, c) 1812, 1817-73; b) 1812, 1817-31, 1833-49, 1851-53, 1855-73 – Dummadel a, b, c) 1836, 1839-40 – Eckernfelde a, b, c) 1859-74 – Eleonorenhof a, b, c) 1837, 1844, 1846-49, 1851-54, 1856-59, 1861-63, 1865, 1867, 1869 – Gedde a, b, c) 1811-74 – Ghagen a, b, c) 1843-59 – Glansee a, b, c) 1810-74 – Görke a, c) 1811-13, 1816-23, 1825-28, 1830-74; b) 1811-13, 1816-23, 1825-28, 1830-37, 1839, 1841-44, 1846-73 – Grandshagen a, c) 1812, 1817-55, 1857-73; b) 1812, 1817-49, 1851-53, 1855, 1857-73 – Gr. Horst a, b, c) 1806-74 – Gr. Zapplin a, b, c) 1810-29, 1831, 1833-74 – Gützelfitz a, b, c) 1765-1874 – Gützlaffshagen a, b, c) 1810-74 – Gummin a, b, c) 1786-1874 – Gumminshof a, b, c) 1786-1874 – Gumtow a, b, c) 1810-74 – Hagenow a, b, c) 1810-74 – Heidehof a, b, c) 1811-27, 1834-74 – Heideschäferei a, b, c) 1765-1874 – Heinrichshof a) 1833, 1835-41, 1843-45, 1851-53, 1855-60, 1862-66, 1868-71, 1873-74; b) 1852-53, 1855-60, 1862-66, 1868-71, 1873-74; c) 1851-53, 1855-60, 1862-66, 1868-71, 1873-74 – Helle a, b, c) 1807-16 – Hoff a, b, c) 1806-74 – Hohenholz a, b, c) 1826, 1849, 1851, 1855-61, 1864 – Holm a, b, c) 1810-74 – Jatznow a, c) 1787, 1790, 1807 – Johannishof a, b, c) 1811-74 – Kamp a, b, c) 1810-74 – Karlshof a, b, c) 1834-44, 1846-54, 1856-61, 1863-64, 1866-67, 1869-70, 1872-74 – Karnitz a, b, c) 1765-1874 – Karolinenhof a, b, c) 1786-1874 – Kirchhagen a, b, c) 1810-74 – Klätkow a, b, c) 1811-74 – Kl. Horst a, b, c) 1806-74 – Kl. Zapplin a, b, c) 1810-74 – Koldemanz a, c) 1817-74; b) 1817-47, 1849-74 – Küssin a, b, c) 1828-74 – Küssow a, b, c) 1811-27 – Kukahn a, b, c) 1824-68, 1870-74 – Langenhagen a, b, c) 1810-74 – Langesende a, b, c) 1810-74 – Lebbin a, c) 1817-41, 1843-68, 1870, 1872-74; b) 1836-68, 1870, 1872-74 – Leopoldshagen a, b, c) 1834-41 – Lerche a, b, c) 1837-39, 1841, 1849, 1856 – Lewetzow a, b, c) 1786-1874 – Loppnow a, b, c) 1825, 1829-35, 1841-74 – Louisenthal a, b, c) 1841-43 – Lübsow (AG Treptow) a, b) 1811-74; c) 1811-12, 1846-74 – Lübsow a, b, c) 1854 – Mittelhagen (AG Treptow) a, b, c) 1810-74 – Mittelhagen (AG Greifenberg) a, b, c) 1834-37, 1841-43, 1848-74 – Moitzow a, b, c) 1811-74 – Molstow a, b, c) 1786-1874 – Muddelmow a, b, c) 1811-74 – Neides a, b, c) 1765-1874 – Neklatz a, b, c) 1850-74 – Neuhof a, b, c) 1810-74 – Neu Zapplin a, b, c) 1834-38 – Ninikow a, b, c) 1834-38 – Ost Deep a, c) 1810-74 – Parpat a, b, c) 1811-74 – Putschow a, b, c) 1806-74 – Radduhn (AG Treptow) a, b) 1811-74; c) 1811-12, 1816-74 – Radduhn (AG Greifenberg) a, b, c) 1850 – Rensekow a, c) 1812, 1817-73; b) 1812, 1817-49, 1851-53, 1855-73 – Rensin a, c) 1817-74; b) 1817-47, 1849-74 – Rewahl a, b, c) 1806-74 – Ribbekardt a, b, c) 1824-74 – Robe a, b) 1810-74; c) 1810-55, 1856 – Rottnow a) 1825-35, 1838-74; b) 1825-35, 1837-74; c) 1825-74 – Rütznow a) 1824-33, 1835-41, 1843-74; b) 1846-50, 1852-74; c) 1824, 1846-74 – Ruhleben a, c) 1819-23, 1825-28, 1830-74; b) 1819-23, 1825-28,

1830-37, 1839-74 – Sellin a) 1824-33, 1835-41, 1843-74; b) 1847-50, 1852-74; c) 1824, 1846-74 – Spinnkaten a, b, c) 1786-1874 – Sprengelberg a, b, c) 1839, 1842, 1848, 1850, 1853, 1856-57, 1859, 1865, 1868, 1871-74 – Suckowshof a, b, c) 1786-1874 – Schellin a, b, c) 1811-74 – Schleffin a, b, c) 1806-74 – Schmalenthin a, c) 1825, 1829-35, 1837-74; b) 1825, 1829-35, 1837-45, 1847-74; c) 1825, 1829-35, 1838-74 – Schruptow a, b, c) 1765-1874 – Stölitz a, b, c) 1824-29, 1833-44, 1848-70 – Stuthof a, b, c) 1812, 1817-26, 1828-32, 1834-38, 1840, 1842, 1845, 1848-52, 1855-59, 1861, 1863, 1865-66, 1869, 1871, Treptow/R. a, b, c) 1812-43, 1836-42, 1844-74 – Tressin a, b, c) 1811-37, 1839-74 – Triebs a, b, c) 1810-74 – Vahnerow a, b, c) 1817-41, 1843-47, 1849, 1851-55, 1863, 1865-66, 1868-74 – Völschenhagen a, b, c) 1824-74 – Völzin a) 1824-674; b, c) 1824-61, 1863-74 – Voigtshagen a, b, c) 1810-74 – Wangerin a, b, c) 1811-74 – Wefelow a, b, c) 1811-74 – West-Deep a, b, c) 1810-74 – Wilhelminenhof a, b, c) 1839, 1860, 1868 – Wischow a, b, c) 1841-54 – Woedtke a, c) 1811-13, 1816-23, 1825-28, 1830-74; b) 1811-13, 1816-23, 1825-28, 1830-37, 1839-74 – Wustrow a, b, c) 1810-74 – Zamow a, b, c) 1810-74 – Zarben a, b, c) 1810-74 – Zedlin a, b, c) 1810-74 – Zicker a, b, c) 1849, 1852-71, 1873-74 – Zimdarse a, b, c) 1810-74 – Zimmer a, b, c) 1823 – Zirkwitz a, b, c) 1811-74 – Zitzmar a, b, c) 1811-74 –

Kr. Greifswald: Alt Wiendorf a, b) 1819-74 – Bauer a, b, c) 1819, 1843-74 – Behnke a, b, c) 1792-1874 – Bömitz a, b, c) 1819-74 – Boltenhagen a, b, c) 1850-74 – Brünzow a, b, c) 1819-74 – Brüssow a, b, c) 1843-47, 1850, 1854, 1856-59, 1861-74 – Buddenhagen a, b, c) 1843-74 – Buggenhagen a, b) 1816-74; c) 1816-42 – Buggow a, b, c) 1819-74 – Daugzin a, b, c) 1818-74 – Freesendorf a, b, c) 1819-74 – Freest a, b, c) 1792-74 – Gahlkow a, b, c) 1819-74 – Giesekenhagen a, b, c) 1843-47, 1850, 1854, 1856-59, 1861-74 – Gr. Bünzow a, b, c) 1819-74 – Gr. Ernsthof a, b, c) 1792-1874 – Grünschwade a, b, c) 1792-1874 – Gustebin a, b, c) 1819-74 – Hohendorf a, b, c) 1919-74 – Hohenfelde a, b, c) 1819-74 – Hohensee a, b, c) 1819-74 – Hollendorf a, b, c) 1792-1874 – Jägerhof a, b, c) 1819-74 – Jagdkrug a, b, c) 1819-74 – Jamitzow a, b, c) 1816-74 – Jargelin a, b, c) 1818-74 – Johannishof a, b, c) 1837-74 – Karlsburg a, b, c) 1843-47, 1850, 1854, 1856-59, 1861-74 – Karrin a, b, c) 1792-1874 – Katzow a, b, c) 1819-74 – Kl. Bünzow a, b, c) 1819-74 – Kl. Ernsthof a, b, c) 1819-74 – Kl. Jasedow a, b, c) 1816-74 – Klitschendorf a, b, c) 1818-74 – Klotzow a, b, c) 1816-74 – Konerow a, b, c) 1819-74 – Konsages a, b, c) 1818-74 – Kräpelin a, b, c) 1819-74 – Krakow a, b, c) 1819-74 – Krenzow a, b, c) 1836-74 – Kröslin a, b, c) 1792-1874 – Kühlenhagen a, b, c) 1850-74 – Lassan a, b, c) 1816-74 – Latzow a, b, c) 1819-74 – Lentschow a, b, c) 1837-74 – Libnow a, b, c) 1837-74 – Lodmannshagen a, b, c) 1850-74 – Loissin a, b, c) 1819-74 – Lubmin a, b, c) 1819-74 – Lühmannsdorf a, b, c) 1843-47, 1850, 1854, 1856-59, 1861-74 – Menzlin a, b, c) 1818-74 – Milchhorst a, b) 1819-74; c) 1843-74 – Mittelhof a, b, c) 1702-1874 – Möckow a, b, c) 1843-47, 1850, 1854, 1856-59, 1861-74 – Murchin a, b, c) 1837-74 – Negenmark a, b, c) 1819-74 – Netzeband a, b, c) 1850-74 – Neuenzimmer a, b, c) 1819-42 – Neu Katzow a, b, c) 1819-74 – Nonnendorf a, b, c) 1819-74 – Oie a, b,

c) 1792-1874 – Pamitz a, b, c) 1819-74 – Papendorf a, b, c) 1816-74 – Pinnow a, b, c) 1837-74 – Pritzier a, b, c) 1819-74 – Pritzwald a, b, c) 1819-1874 – Pulow a, b, c) 1816-74 – Ramitzow a, b, c) 1818-74 – Relzow a, b, c) 1818-74 – Rubenow a, b, c) 1792-1874 – Rubkow a, b, c) 1819-74 – Ruden a, b, c) 1792-74 – Salchow a, b, c) 1818-74 – Seckeritz a) 1819-74; b) 1819-42 – Silberkuhl a, b, c) 1816-74 – Spandowerhagen a, b, c) 1819-74 – Spiegelsdorf a, b, c) 1850-74 – Schalense a, b, c) 1850-74 – Steinfurth a, b, c) 1843-47, 1850, 1854, 1856-59, 1861-74 – Stevelin a, b, c) 1819-74 – Stilow a, b, c)x1819-74 – Vierow a, b, c) 1819-74 – Voddow a, b, c) 1792-1874 – Vorwerk a, b, c) 1816-74 – Wahlendow a, b, c) 1819-74 – Wangelkow a, b, c) 1816-74 – Warnekow a, b, c) 1816-74 – Warsin a, b, c) 1819-74 – Waschow a, b, c) 1816-74 – Wehrland a, b, c) 1819, 1843-74 – Weiblitz a, b, c) 1819, 1843-74 – Weißmühl a, b, c) 1819-35 – Wrangelsburg a, b, c) 1843-47, 1850-54, 1856-59, 1861-74 – Wusterhusen a, b, c) 1819-74 – Zarnekow a, b, c) 1843-47, 1850, 1854, 1856-59, 1861-74 – Zarnitz a, b, c) 1819-74 – Zarrentin a, b, c) 1819-74 – Zemitz a, b, c) 1819-74 – Ziethen a, b, c) 1818-74 –

Kr. Grimmen: Drosedow a, b, c) 1851 – Grimmen a) 1819-51 – Kronwald a, b, c) 1851 – Loitz a, b, c) 1851 – Mühlenkamp a, b, c) 1874 – Rustow a, b, c) 1851 – Schopenmühl a, b, c) 1851 – Schwinge a, b, c) 1851 – Trantow a, b, c) 1874 – Vierow a, b, c) 1874 – Vierowdamm a, b, c) 1874 – Vorbein a, b, c) 1851 – Wotenick a, b, c) 1848 –

Kr. Kammin: Amalienhof a, b, c) 1811, 1813-23, 1848-74 – Baldebus a, b, c) 1806-74 – Bünnewitz a,b,c) 1801-74 – Dammhof a, b, c) 1824, 1826-34, 1836, 1838-73 – Dorphagen a, b, c) 1824, 1826-74 – Drammin a, b, c) 1812-41, 1849-74 – Dünow a, b, c) 1824, 1826-74 – Eichhof a, b, c) 1850-70 – Eichholz a, b, c) 1837-48, 1850-70 – Elis a, b, c) 1833-70 – Glinkermühle a, b, c) 1817-48, 1850-70 – Grabow a, b, c) 1801-74 – Gristow a, b, c) 1801-74 – Gr. Poberow a, b, c) 1806-74 – Gr. Weckow a, b, c) 1837-74 – Grünhof a, b, c) 1824, 1826-30, 1832-34, 1836, 1838, 1840, 1842, 1846, 1849, 1851-53, 1856, 1859, 1863, 1867, 1874 – Günnicht a, b, c) 1824, 1826-29, 1831-41, 1843, 1845-52, 1854, 1856-58, 1860-65, 1867, 1869-70, 1873 – Hammelschäferei a, b, c) 1811-70 – Harmsdorf a, b, c) 1853 – Heideschäferei a, b, c) 1811-48 – Hermannsthal a, b, c) 1917-48, 1850-70 – Jassow a, b, c) 1824-74 – Jassow (Alt-Lutheraner) a) 1837-74; b, c) 1843-74 – Kahlen a, b, c) 1811-74 – Kammin (Alt-Lutheraner) a) 1837-74; b, c) 1843-74 – Kammin Domgemeinde a) 1798-99, 1801-02; a, b) 1803-05, 1810-74; c) 1830-74 – Kl. Weckow a, b) 1810, 1816-74; c) 1810, 1816, 1832-74 – Köckeritz a, b, c) 1811-48, 1850-70 – Kucklow a, b, c) 1812-41, 1849-74 – Kunow a, b, c) 1810, 1816-87 – Lanke a, b, c) 1811-48, 1850-70 – Lüchenthin a, b, c) 1806-74 – Lüttkenhagen (AG Greifenberg) 1824, 1827-34, 1836, 1842-50, 1854, 1856, 1860, 1861-62, 1864-67, 1869-73 – Lüttkenhagen (AG Naugard) a, b, c) 1824-28, 1834-74 – Martenthin a, b, c) 1818-74 – Medewitz a, b, c) 1824-70 – Neu Sarnow a, b, c) 1811-48, 1850-70 – Neu Schneidemühl a, b, c) 1811-48, 1850-70 – Nitznow a, b, c) 1765-1874 – Paatzig a, b, c) 1820-41, 1849-74 – Parlow a, b, c) 1818-74 – Paulsdorf a, b, c) 1810, 1816-74 – Polchow a, b, c) 1801-74 – Prälank a, b, c) 1824-70 – Reetz a, b, c) 1818-48 – Rehberg a, b, c) 1859 – Ribbertow a, b, c) 1812-41, 1849-74 – Rissnow a, b, c) 1824-74 – Sager a, b, c) 181, 1816-74 – Sarnow a, b, c) 1811-48, 1850-70 – Soltin a, b, c) 1801-74 – Schinchow a, b, c) 1810, 1816-74 – Stregow a, b, c) 1818-74 – Stuchow a, b, c) 1857 – Tessin a, b, c) 1818-74 – Tetzlaffshagen a, b, c) 1824, 1826-74 – Trebenow a, b, c) 1818-74 – Willsdorf a, b, c) 1818-74 – Wustermitz a, b, c) 1818-74 – Zebbin a, b, c) 1812-41; 1849-74 –

Kr. Köslin: Ackerhof a) 1844-71 – Biziker, Kothlow, Nassow, (Rep. 38 HS Kratzig) a) 1605-21, 1645-1751, b) 1588-1615, 1645-1751, c) 1642, 1645-1751 – Bublitz a) 1820-82; b) 1820-68; c) 1820-76 – Ernsthof a) 1854-57, 1864-82 – Friedrichsfelde a) 1851-57, 1864-82 – Hammer a, b, c) 1858-74 – Neudorf a) 1820-33, 1844-57, 1864-82; b) 1820-31; c) 1820-33 – Neuhof a, b, c) 1841-74 – Oberschäferei Bublitz a) 1820-30, 1844-50; b) 1820-31; c) 1820-33 – Porst a, b, c) 1840-74 – Ravensbucht a) 1844-57, 1864-82 – Ubedell a, b, c) 1866 – Zettun a, b, c) 1840-74 –

Kr. Kolberg-Körlin: Charlottenhof a, b, c) 1810-74 – Deep a, b, c) 1810-1839 – Drenow a, b, c) 1810-35, 1856-74 – Gandelin a, b, c) 1810-74 – Hanshausen a, b, c) 1810-55 – Kratzig (Rep. 38 HS Kratzig) a) 1605-21, 1645-1751; b) 1645-1751; c) 1642, 1645-1751 – Naugard a, b, c) 181074 – Papenhagen a, b, c) 1810-74 –

Kr. Naugard: Alt Falkenberg a, b, c) 1847 – Amalienhof a, b, c) 1832-33, 1836, 1844, 1846, 1850-51, 1853, 1855, 1857, 1864 – Augustwalde a, c) 1810-22, 1824-32, 1841-74, b) 1810-22, 1826-29, 1831-32, 1841, 1847, 1849-65 – Bahrenbruch a, b, c) 1823-26, 1829 – Barfußdorf a, b, c) 1825-1874 – Bergsruhe a, b, c) 1848-49, 1851-67, 1869-74 – Bienenfurth a, b, c) 1851, 1853, 1856-1857, 1859-1862, 1864, 1867, 1873 – Birkenwerder a, b, c) 1824-1874 – Blankenfelde a, b, c) 1810, 1826-74 – Braschendorf a, b, c) 1820-73 – Braunsberg a, b, c) 1839-69, 1871-74 – Breitenfelde a, b, c) 1870 – Buddendorf a, b, c) 1825-74 – Burow a, b, c) 1824-74 – Daarz a, b, c) 1853-74 – Daber a, b, c) 1838-74 – Damerfitz a, c) 1853-74; b) 1853-69, 1871-74 – Dammhorst a, b, c) 1827, 1831, 1833, 1836, 1838-39, 1847, 1849, 1852-53, 1856, 1858, 1860-61, 1863, 1865-67 – Diedrichsdorf a, c) 1824-27, 1829-74; b) 1826-27, 1829-51, 1853-74 – Dolgenkrug a, b, c) 1830-31 – Eberstein a) 1836-62; b, c) 1844-62 – Elisenau a, b, c) 1826-74 – Falkenberg a, b, c) 1813, 1816, 1823-74 – Faulenbenz a, b, c) 1820-74 – Fickshof a, c) 1826 – Ficksradung a) 1826, 1828-29; b) 1828-29, c) 1826, 1828; a, b, c) 1847, 1850, 1852, 1854-55, 1858-61, 1863, 1872 – Florentinenhof a, b, c) 1824-27, 1833-74 – Franzfelde a, b, c) 1824-74 – Franzhausen a, b, c) 1810-74 – Freiheide a, b, c) 1824-27, 1829-74 – Friederikenhof a, b, c) 1820-48, 1850-74 – Friedrichswalde (AG Naugard) a) 1824-31, 1841, 1847, 1849-74; b) 1824-25, 1828-31, 1841, 1847, 1849-74; c) 1824-27, 1829-31, 1841, 1847, 1849-74 – Friedrichswalde (AG Stargard) a, b, c) 1858-60, 1866-68 – Friedrichs-Wilhelmsthal a, b, c) 1826-74 – Fürstenflagge a) 1815; a, b, c) 1823, 1833-74 – Glewitz a, c) 1819-74; b) 1819-38, 1840-70, 1872-74 – Gollnow a, b, c) 1810-11, 1944-74 – Gollnowshagen a, b, c) 1827-74 – Grashorst a, b, c) 1826, 1828-33, 1835-47, 1849-52, 1853, 1855, 1857,

1859, 1861, 1866, 1868-74 - Gr. Benz a, b, c) 1832-62 - Gr. Christinenberg a, b, c) 1810, 1826-31, 1839-74 - Großenhagen a, b, c) 1824-28, 1834-53, 1855-74 - Gr. Schwarzsee a, b, c) 1840-74; c) 1794-1807 - Gr. Sophienthal a, b, c) 1810, 1826-29, 1831, 1837-74 - Gr. Wachlin a, b, c) 1826-74 - Gründemannsdorf a, c) 1826, 1829, 1831, 1841; b) 1829, 1831, 1841 - Grünhorst a, b, c) 1860-74 - Hackenwalde a, b, c) 1810-11, 1813, 1823, 1844-74 - Hankendorf a, b, c) 1851, 1857, 1860, 1863, 1865-68, 1873 - Heinrichshof (AG Naugard) a, b, c) 1827-28, 1830-35, 1838-39, 1844-46, 1848-53, 1855-57, 1859-60, 1862-64, 1866-68, 1870, 1872, 1874 - Heinrichshof (AG Stargard) a, b, c) 1829-55, 1868-73 - Henriettenhof a, b, c) 1820-48, 1850-74 - Hermelsdorf a, b, c) 1816-61, 1863-74 - Hinzendorf a, b, c) 1824-31, 1841, 1847, 1849-56, 1858-74 - Hinzendorf (AG Stargard) a, b, c) 1858-60 - Hirschradung a, b, c) 1826, 1842-45, 1847, 1851 - Ibenhorst a, b, c) 1826, 1828-47, 1849, 1851-74; c) 1826, 1828-47, 1849, 1851-52 - Ihnazoll a) 1827-29; b) 1828-29; c) 1827; a, b, c) 1831, 1841, 1847, 1850, 1854, 1858-61, 1863-74 - Immenthal a, b, c) 1824-74 - Jagenkamp a, b, c) 1827-31, 1833-55, 1857-74 - Kamelsberg c) 1805-09 - Karlsbach (AG Naugard): Evangel. a, b, c) 1824-26, 1850, 1852, 1859-64, 1866-74; Alt-Lutheraner a, b, c) 1841, 1847, 1849-58, 1860-67; Reformierte a, b, c) 1826-32, 1861-62, 1865-74 - Karlsbach (AG Stargard): Evangel. a, b, c) 1828-32, 1859, 1869-70, 1874; Alt-Lutheraner a, b, c) 1841, 1847, 1849-58, 1860-67; Reformierte a, b, c) 1810-12, 1816-17, 1841, 1847, 1849-60, 1863-64 - Karlshof a, b) 1810, 1826-74; c) 1805-10, 1826-74 - Kattenhof a, b, c) 1810-13, 1815, 1819, 1821-74 - Kerstenradung a) 1826; b) 1831; c) 1826, 1831 - Kerstenwalde a) 1824-26, 1828-29; b) 1824-25, 1828-29; c) 1824-26, 1829; a, b, c) 1830, 1841, 1847, 1850-71, 1873 - Kl. Benz a, b, c) 1845, 1848 - Kl. Christinenberg a, b, c) 1810, 1826-74 - Kl. Sophienthal a, b, c) 1810, 1826-29, 1831, 1837-74 - Kl. Wachlin a, b, c) 1826-74 - Korkenhagen a, c) 1816-19, 1822-48, 1850-74; b) 1816-19, 1822-41, 1843-48, 1850-68, 1870-74 - Langenhorst a, b, c) 1826-29, 1831-36, 1838, 1848-74 - Langkavel a, b, c) 1796-1803, 1809, 1812-1815, 1824-27, 1833-74 - Louisenthal a, b, c) 1826-74 - Louisenthal (kath.) a, b, c) 1824-32, 1872-74 - Ludwigsfelde a, b, c) 1841, 1843-52, 1854, 1856, 1862-74 - Ludwigsthal a, b, c) 1824-27, 1833-74 - Lübzin a, b, c) 1826-74 - Massow a) 1834-74; b, c) 1837-74 - Matzdorf a, b, c) 1830-31 - Minten a, b, c) 1824-28, 1833-34, 1835-74 - Münchendorf a, c) 1927-74; b) 1828-74 - Münsterberg (AG Stargard) a, b, c) 1824-54 - Münsterberg (AG Naugard) a, b, c) 1850, 1852-74 - Naugard (AG Naugard) a, b, c) 1795-1801 - Naugard (AG Stargard) a) 1808, 1811-15, 1817-74; b) 1808, 1811-15, 1817-1818, 1844-74; c) 1808, 1811-15, 1817-19, 1844-74 - Naugard (Strafanstalt) Beamte a, c) 1846-74; b) 1849-74; Gefangene c) 1846-56, 1860-62, 1873-74 - Neuendorf a, b, c) 1813-74 - Neuenkamp a, b, c) 1824-25, 1827-31, 1841, 1847, 1849-60, 1862-74 - Neu Massow a, b, c) 1824-27, 1829, 1831-73 - Pagenkopf a, b, c) 1824-74 - Parlin a, c) 1800-74; b) 1829-74 - Petrihof a) 1826-29; b) 1828-29; c) 1826-27, 1829; a, b, c) 1830-31, 1849, 1853, 1855-62, 1864, 1866-67, 1872-74 - Piepersfelde a, b, c) 1825-34, 1845-46, 1848-49, 1852-53, 1855-56, 1858, 1861, 1863, 1865-69, 1871, 1874 -

Puddenzig a, b, c) 1832-74 – Pütt a, c) 1826, 1829, 1841, 1851, 1858-59, 1861, 1863-64; b) 1829, 1841, 1851, 1858-59, 1861, 1863-64 – Püttkrug a) 1826-28; b) 1828; c) 1826-27; a, b, c) 1831, 1841, 1847, 1851-52, 1854, 1857, 1860-62, 1866 – Resehl a, b, c) 1824-74 – Richelshof a) 1826-34, 1839-40, 1844 – Rörchen a, c) 1826-74; b) 1826-27, 1829-74 – Rörchen-Mühle a) 1841, 1843, 1845, 1848; b) 1846; c) 1841, 1844 – Rosenow a, b, c) 1853-74 – Seebudenlake a, b, c) 1826-27, 1829-33, 1839, 1841, 1843, 1845-46, 1848, 1850-52, 1853-55, 1857, 1861, 1865, 1867-68, 1872 – Spackhorst a, b, c) 1831, 1833-34 – Speck a, b, c) 1824-74 – Schloissin a, b, c) 1848 – Schnittriege a, b, c) 1837 – Schönwalde a) 1801-14, 1824-73; b) 1824-32, 1835-39, 1841-74; c) 1824-27, 1829-74 – Schullehren a, b, c) 1845 – Schwingmühle a, b, c) 1839, 1844-52, 1854 – Stevenhagen a, c) 1824-27, 1829-74; b) 1826-27, 1829-35, 1837-74 – Theerofen/Straße a) 1824-28, b) 1824-25, 1828; c) 1824-26 – Theerofen b. Lübzin a, b, c) 1829-40, 1842-44, 1847-49, 1851-55, 1857, 1859-60, 1862-63, 1865-71, 1874 – Theerofen/Ihna a, b, c) 1824-26, 1831, 1850-54, 1856-61, 1863, 1866, 1869, 1871-72 – Trunemannshof a, b, c) 1849, 1853 – Wilhelmsfelde a) 1839-52, 1855-62; b, c) 1844-52, 1855-62 – Wilhelmsthal a, b, c) 1826-31, 1841, 1847, 1849-51, 1854-60, 1862 – Wittenfelde a, b, c) 1824-74 – Wussow a, b, c) 1848 – Zimmermannshorst (AG Naugrad) a) 1824-29, 1831, 1841, 1847, 1850, 1854-74; b) 1824-25, 1828-29, 1831, 1841, 1847, 1850, 1854-74; c) 1824-27, 1829, 1831, 1841, 1847, 1850, 1854-74 – Zimmermannshorst (AG Stargard) a, b) 1850-54, 1858-60; c) 1847, 1850-54, 1858-60 –

Kr. Neustettin: Alt Draheim a, b) 1792-1874; c) 1826-74 – Altenwalde a, b, c) 1840-74 – Althütten a, b, c) 1794-1874 – Alt Liepenfier a, b, c) 1849-74 – Altmühl (Ksp. Gramenz) a, b, c) 1832-39, 1857-60, 1862-63, 1868-69, 1872-74 – Altmühl (Ksp. Altenwalde) a, b, c) 1840-74 – Auenfelde a) 1794-1874, b) 1795-1813, 1830-1874, c) 1794-1813, 1830-74 – Augenweide a, b, c) 1849-74 – Bärbaum a, b, c) 1840-74 – Bagerkathen/Juchow a, b, c) 1811, 1814-1839 – Bahrenberg a, b, c) 1794-1841, 1858-1874 – Balfanz a) 1798, 1801 – Bernsdorf a, b, c) 1794-1874 – Beverdick a) 1794-1811, 1840-74; b, c) 1840- 74 – Biall a, b, c) 1799-1839, 1850-74 – Binningsmühle a, b, c) 1794-1839, 1841-60, 1862-63, 1868-69, 1873-74 – Birkenhain a, b, c) 1870-74 – Blumenwerder a, b, c) 1825-43, 1846-74 – Bramstädt a, b, c) 1810-11, 1814-74 – Brandschäferei a, b, c) 1810-1874 – Briesen a, b, c) 1796-1874 – Bulgrin a) 1820-22, 1849-74; b) 1822, 1849-74; c) 1849-74 – Charlottenhof a, b, c) 1858-69 – Christophshagen a, b, c) 1857-74 – Dieck a, b, c) 1852-74 – Döberitz a, b, c) 1844-47, 1857-74 – Drägershof a, b, c) 1854-66 – Dummerfitz a, c) 1840-74; b) 1840-51, 1853-61, 1863-74 – Eichen a, b, c) 1810-74 – Eichenberge a, b, c) 1815-18 – Ellerkamp a, b, c) 1810-53 – Ernsthöhe a, b, c) 1845-60, 1862-63, 1868-69, 1873-74 – Eschenriege a, b, c) 1810-13, 1815-74 – Espenwerder a, b, c) 1810-74 – Eulenburg a, c) 1842-49, 1851-74; b) 1842-49, 1853-61, 1863-74 – Falkenhagen a, b, c) 1810-11, 1814-74 – Flackenheide a, b, c) 1794-1874 – Flacksee a) 1794-1835, 1840-74; b) 1823-35, 1840-50, 1852-53, 1860-74; c) 1823-35, 1840-44, 1847-74 – Friedrichshof a, c) 1794-1837, 1839-74; b) 1797-1837, 1839-74 –

Galow a, b, c) 1794-1874 – Galowdamm a, b, c) 1794-1874 – Gellen a, b, c) 1794-1832, 1839-74 – Gellin a, b, c) 1794-1874 – Gissolk a, b, c) 1810-74 – Gönne a, b, c) 1794-1874 – Gönnort a, b, c) 794-1854 – Gramenz a. b. c) 1794-1860, 1862-63, 1868-69, 1873-74 – Gramenz-Busch a, b, c) 1872-74 – Groß Dallenthin a, b, c) 1821-74 – Gr. Küdde a, b, c) 1794-1874 – Gr. Ort a, b, c) 1821-41 – Grumsdorf a, b, c) 1861-74 – Grünewald a, b, c) 1840-74 – Grünhof a, b, c) 1810-40, 1842, 1852-74 – Grünwald a, b, c) 1794-1860, 1862-63, 1868-69, 1872-74 – Hammer a) 1793-1874; b) 1811-22, 1826-74; c) 1826-74 – Henriettenthal a, b, c) 1810-74 – Hochfelde a, b, c) 1840-74 – Hohenhaus a) 1840; a, b, c) 1846-53, 1856-58, 1860, 1866-72 – Hütten a, b, c) 1794-1874 – Jägerswalde a, c) 1840-74; b) 1840-42, 1849, 1853-61, 1863-74 – Janikow a) 1797, 1806, 1811, 1813-17, 1825-27; c) 1798, 1801, 1813; a, b, c) 1829-39, 1842-47, 1849-55, 1857-60, 1862-63, 1868-69, 1874 – Juchow a, b, c) 1810-74 – Kalenberg a) 1793-99, 1846-74; b, c) 1844, 1846-74 – Kalkwerder a) 1798, 1800, 1804, 1807-08, 1810-12, 1814, 1816-17, 1821-22 – Karlsberg a, b, c) 1861-71 – Karlshorst a) 1827-40, 1847; b, c) 1830-40 – Klaushagen a, b) 1792-1874; c) 1849-74 – Kl. Dallenthin 1821-74 – Kl. Küdde a, b, c) 1794-1843, 1846-74 – Kl. Schwarzsee a) 1794-1874; b) 1823-74 – Kl. Zemmin a, b, c) 1854-74 – Klingbeck a, b, c) 1810-74 – Klöpperfier a) 1794-1811; a, b, c) 1840-74 – Klöwenstein a, b, c) 1851-74 – Krangen a, b, c) 1832 – Kucherow a, b, c) 1810-11, 1814-74 – Kussow a, b, c) 1794-1860, 1862-63, 1868-69, 1872-74 – Labenz a, c) 1794-1874; b) 1795-1813, 1830-74 – Lanzen a, b, c) 1810-74 – Lehmaningen a) 1793-1835, 1849-74; b) 1811, 1826-35, 1849-74; c) 1825-35, 1849-74 – Leuenkathen a, b, c) 1855-74 – Linde a, b, c) 1840-74 – Linow a, b, c) 1940-74 – Lorkenheide a, b, c) 1822, 1830-39, 1841-60, 1862-63, 1868-69, 1872-74 – Lubow a) 1794-1835, 1840-74; b) 1829-35, 1840-74; c) 1823-28, 1829-35, 1840-74 – Ludwigshütten a, b, c) 1795-1845, 1847 – Lübgust a, b, c) 1794-1860, 1862-63, 1868-69, 1873-74 – Lümzow, c) 1840-74; b) 1840-53, 1855-74 – Mahlkenkathen a, b, c) 1836-53 – Marienhöhe a, b, c) 1845-60, 1862-63, 1868-69, 1873-74 – Marienthron a, b, c) 1795-1874 – Mittelbusch a, b, c) 1849-74 – Moissin a, b, c) 1810-74 – Neblin a) 1797-1835, 1840-74; b) 1829-35, 1840-54, 1856, 1858-74; c) 1823-35, 1840-74 – Nemmin a, c) 1840-74; b) 1841-74 – Neudorf a) 1793-99, 1849-74; b, c) 1849-74 – Neu Draheim a) 1794-1874; b) 1792-99, 1811-22, 1826-74; c) 1826-74 – Neuhagen a, b, c) 1849-74 – Neuhof a) 1794-1874; b, c) 1823-74 – Neuhütten a, b, c) 1794-1839, 1841-60, 1862-63, 1868-69, 1872-74 – Neuschäferei a, b, c) 1872-74 – Neustettin Ausbau a) 1853, 1856-74; b) 1856-74; c) 1854-74 – Neu Wuhrow a) 1792-1835, 1849-74; b) 1792-99, 1811-22, 1826-35, 1849-74; c) 1825-35, 1849-74 – Persanzig a, b, c) 1810-74 – Peterkow a, b, c) 1860-74 – Petersmark a, b, c) 1838, 1840-74 – Pielburg a, b, c) 1840-74 – Pöhlen a) 1794-1811, 1840-74; b, c) 1840-74 – Pommershof a, b, c) 1840-74 – Prälang a, b, c) 1852-74 – Priemhausen a, b, c) 1824-27, 1829-74 – Prössin a) 1793-99; a, b, c) 1849-74 – Quakow (AG Neustettin) a, b, c) 1794-1839, 1860-74 – Quakow (AG Naugard) a, b, c) 1855-59 – Rackow a, b, c) 1794-1835, 1839-74 – Raddatz a, b, c) 1838-74 – Raffenberg a, b, c) 1836-39, 1841-60, 1862-63, 1868-69, 1873-74 - Rakow c) 1828-29 - Ratzebuhr a, b, c) 1808-74 - Ravensberg a, b, c) 1863-74 - Reppow a, c) 1825-44, 1846-74; b) 1825-39, 1841-44, 1846-74 - Ruhthal a, b, c) 1843-74 - Rummelbrück a, b, c) 1865-74 - Sannort a, c) 1840-49, 1852-56; b) 1840-49, 1853-56 - Sassenburg (Wurchowscher Anteil) a, b, c) 1795-1845, 1847, 1850-74 - Sassenburg a, b, c) 1840, 1846, 1848-74 - Sparsee a, b, c) 1794-1874 - Scharpenorth a) 1794-1835, 1840-48, 1849-74; b) 1823-35, 1840-54, 1857-74; c) 1823-35, 1840-74 - Schellin a, b, c) 1824-74 - Schleusenkathen a, b, c) 1794-1832, 1839-47, 1860-74 - Schmidtenthin a) 1793-1835, 1849-74; b) 1816-19, 1826-35, 1849-74; c) 1825-35, 1849-74 - Schneidemühl a) 1792-1874; b) 1813-21, 1826-74; c) 1826-74 - Schneidemühl a, b, c) 1810-11, 1814-74 - Schneidemühl a, b, c) 1844-52 - Schofhütten a, b, c) 1794-1874 - Schützenhof a, b, c) 1794-1874 - Schwartow a, b, c) 1840 - Steinbrink a, b, c) 1841-74 - Steinburg a, b, c) 1794-1839, 1841-60, 1862-63, 1868-69, 1872-74 - Steinfurth a, b, c) 1852-74 - Storkow a, b, c) 1794-1860, 1862-63, 1868-69, 1872-74 - Streitzig, c) 1794-1874; b) 1795-1874 - Tempelburg a, c) 1794-1874; b) 1837-53 - Tempelburg (katholisch) a, b, c) 1794-1874 - Thurow a, b, c) 1756-1835; 1794-1812, 1816-36, 1838-74 - Viermorgen a, b, c) 1837-74 - Warlang a, b, c) 1825-35, 1841-43 - Weinberge a, b, c) 1842-74 - Wilhelmshöh a, b, c) 1855-59, 1863-74 - Wilhelmshof a, b, c) 1810-41, 1850-74 - Wilhelmshorst a, b, c) 1794-1832, 1839-74 - Wruckhütten a, b, c) 1840, 1846, 1848-54 - Wulflatzke a, b, c) 1852-74 - Zacherin a, b, c) 1840-74 - Zacherin/Mühle a) 1795-1811 - Zamborst a, c) 1870-74; b) 1870-73 - Zamenz a, b, c) 1810-25, 1846-74 - Zechendorf a, b, c) 1794-1860, 1862-63, 1868-69, 1872-74 - Zemmin a, b, c) 1794-1832, 1839-74 - Zicker a) 1794-74; b, c) 1823-74 - Ziegelberg a) 1815, 1821; c) 1794, 1815, 1821 - Zuch a, b, c) 1794-1860, 1862-63, 1868-69, 1873-74 -

Kr. Pyritz: Alt Falkenberg a, b, c) 1841, 1849-73 - Alt Grape a, b, c) 1795-1802, 1810-73 - Altstadt a, b, c) 1824-73 - Augusthof a, b, c) 1831-74 - Augustthal a, b, c) 1840-73 - Babbin a, b, c) 1841, 1847, 1849-73 - Barnimskunow a, b, c) 1824-1848, 1849-1874 - Beelitz a, b, c) 1836-1873 - Beyersdorf a, b, c) 1819-1865, 1871, 1873 - Billerbeck a, b, c) 1824-1846, 1849, 1852-1874 - Blankensee a, b, c) 1824-44, 1846, 1849, 1852-74 - Bonin a, b, c) 1838-1874 - Brederlow a, b, c) 1810-51, 1853-73 - Briesen a, b, c) 1824-73 - Brietzig a, b, c) 1811-73 - Buslar a, b, c) 1824-74 - Charlottenhof a, b, c) 1839-46, 1849, 1852-74 - Damnitz a, b, c) 1827-74 - Dobberphul a, b, c) 1810-74 - Dölitz a, b, c) 1824-74 - Eichelshagen a, b, c) 1818-73 - Ernestinenhof a, b, c) 1841-73 - Falkenberg a, b, c) 1824-74 - Friedrichshof a, b, c) 1824-74 - Friedrichsthal a, b, c) 1829-73 - Fürstensee a, b, c) 1824-74 - Gartz a, b, c) 1821, 1824-73 - Giesenthal a, b, c) 1836-73 - Gottberg a, b, c) 1824-74 - Graben a, b, c) 1794-1874 - Gr. Küssow a, b, c) 1824-74 - Gr. Latzkow a, b, c) 1819-73 - Gr. Möllen a, b, c) 1811-73 - Gr. Rischow a, b, c) 1829-73 - Gr. Schönfeld a, b, c) 1834-74 - Gr. Zarnow a, b, c) 1796, 1798-1810, 1812-73 - a, b, c) 1853-73 - Hohenwalde a, b, c) 1796-1812, 1815-16, 1818-19, 1823-29, 1831-73 - Horst a, c) 1829-73, b) 1829-69, 1871-73 - Hufenitz a, b, c) 1832-

74 – Isinger a, b, c) 1831-43, 1850-51, 1853-73 – Jagow a, b, c) 1842-74 – Johannisberg a, b, c) 1843-60 – Kl. Küssow a, b, c) 1824-74 – Kl. Rischow a, b, c) 1824-73 – Klemmen a, b, c) 1824-74 – Kloxin a, b, c) 1821, 1824-73 – Klücken a, b, c) 1824-73 – Klützow a, b, c) 1824-74 – Köselitz a, b, c) 1810-73 – Kollin a, b, c) 1824-74 – Kossin a, b, c) 1814-73 – Kremzow a, b, c) 1824-74 – Krüssow a, b, c) 1824-74 – Kuckmühle a, b, c) 1840-44, 1846, 1849, 1852-74 – Leine a, b, c) 1824-27, 1829, 1831-43, 1850-51, 1853-72, 1874 – Lettnin a, b, c) 1810-73 – Libbehne a, b, c) 1824-74 – Linde a, b, c) 1824-74 – Lollhöfel a, b, c) 1824-73 – Loist a, b, c) 1811-73 – Ludolfshof a, b, c) 1824-74 – Ludwigsthal a, b, c) 1824-72 – Lübtow a, b, c) 1824-74 – Luisenhof a, b, c) 1838-72 – Lupoldsruh a, b, c) 1836-74 – Malwinen Vorwerk a, b, c) 1840-73 – Margarethenhof a, b, c) 1832-74 – Marienwerder a, b, c) 1826-74 – Megow a, b, c) 1810, 1812-13, 1825-73 – Möllendorf a, b, c) 1824-73 – Mützelburg a, b, c) 1814-33, 1860-73 – Muscherin a, b, c) 1824-74 – Naulin a, b, c) 1810-51, 1853-73 – Neu Falkenberg a, c) 1837, 1841, 1849-73; b) 1837, 1841, 1847, 1849-73 – Neu Grape a, b, c) 1812-15, 1817-18, 1821, 1823-73 – Neuhof a, b, c) 1812-74 – Neu Sandow a, b, c) 1812-74 – Paß a, b, c) 1835-74 – Petznick a, b, c) 1820-74 – Plönzig a, b, c) 1821, 1824-73 – Prilipp a, b, c) 1797-1827, 1831-74 – Prillwitz a, b, c) 1824-73 – Pumptow a, b, c) 1834-74 – Pyritz a) 1796-1873; b, c) 1796-1801, 1807-73 – Pyritz (jüdisch) a, b, c) 1840-47 – Rackitt a, b, c) 1796-1811, 1813, 1815-73 – Raumersaue a, b, c) 1836-74 – Reichenbach a, b, c) 1817-74 – Repenow a, b, c) 1824-27, 1829, 1831-43, 1850-73 – Repplin a, b, c) 1824-74 – Rosenfelde a, b, c) 1821, 1824-73 – Sabes a, b, c) 1797-1826, 1831-74 – Sabow a, b) 1810-11, 1821; c) 1806-11, 1821; a, b, c) 1824-73 – Sallentin a, b, c) 1824-74 – Sandow a, b, c) 1812-74 – Selmsdorf a, b, c) 1835-74 – Siebenschlösschen a, b, c) 1855-73 – Suckow/Plöhne a, b, c) 1824-74 – Schlötenitz a, b, c) 1824-74 – Schönbrunn a, b, c) 1855-74 – Schöningen a, b, c) 1833-74 – Schönow a, b, c) 1810, 1813-73 – Schönwerder A a, b, c) 1820-74 – Schönwerder B a, b, c) 1861, 1865-74 – Schützenaue a, b, c) 1836-73 – Schwochow a, b, c) 1810-13, 1824-73 – Strebelow a, b, c) 1824-74 – Streesen a, b) 1824-33, 1837-74; c) 1824-33 – Strohsdorf a, b, c) 1824-73 – Ueckerhof a, b, c) 1824-74 – Verchland a, b, c) 1824-74 – Wartendorf a, b, c) 1863-73 – Warnitz a, b, c) 1824-74 – Warsin a, b, c) 1825-32, 1834-49, 1852-74 – Wartenberg a, b, c) 1836-73 – Werben a, b, c) 1833-74 – Wittichow a, b, c) 1824-74 – Wobbermin a, b, c) 1824-73 – Woitfick a, b, c) 1814-73 – Wurchow a, b, c) 1794-1874 –

Kr. Randow: Blankensee a, b, c) 1796-1822 – Geesow a, b, c) 1810-18 – Glashütte a, b, c) 1796-1822 – Habichtshorst a, b, c) 1796-1822 – Jägerbrück a, b, c) 1796-1822 – Kalkwerder a, b, c) 1796-1822 – Lenzen a, b, c) 1796-1822 – Mescherin a, b, c) 1810-15, 1817-18 – Pampow a, b, c) 1796-1822 – Posthaus a, b, c) 1796-1822 – Raminshagen a, b, c) 1796-1822 – Seeberg a, b, c) 1796-1822 – Stolzenburg a, b, c) 1796-1822 – Wiesenhof a, b, c) 1796-1822 –

Kr. Regenwalde: Altenhagen a, b, c) 1841-1843, 1848-74 – Augusthof a, b, c) 1851-53, 1856-60, 1862, 1866, 1868 – Bandekow a, b, c) 1842-1874 – Berndtshof a, b, c) 1842-

46, 1849-67, 1869-71, 1873-74 – Dammkaten a, b, c) 1836, 1838-40, 1842-44, 1848, 1857 – Friedrichsgnade a) 1858; c) 1848 – Gienow c) 1861-71 – Heidebreck a) 1825-37, 1844, 1848-72; b) 1825-37, 1844, 1849-73; c) 1825-35, 1837, 1844, 1848-74 – Henkenheide a, b, c) 1849, 1851-54, 1856-63, 1865-68, 1870, 1872-74 – Hermannsthal a, b, c) 1848-49, 1851-52, 1854, 1857, 1862, 1864-67, 1869-71, 1872-74 – Hohenreinkendorf a, b, c) 1810-18 – Horst a, b, c) 1832, 1837, 1849-50, 1853-54, 1856-63, 1865-67, 1869, 1871-72 – Johannisberg a, b, c) 1871, 1873-74 – Justin a, b, c) 1839-74 – Karandt a, b) 1835-36, 1848-74; c) 1835, 1848-74 – Karolinenhof a, b, c) 1841-74 – Kutzer a, b, c) 1842-74 – Labes a, b, c) 1824-48, 1850-62 – Lemelsdorf a, b, c) 1837 – Leoshof a, b, c) 1837, 1848-64, 1868-74 – Lietzow a, b, c) 1825-37, 1841-43, 1848-74 – Louisenthal a, b, c) 1848 – Mackfitz a, b, c) 1848-74 – Marienau a, b, c) 1863-74 – Muddelmow a, b, c) 1824-74 – Müggenkaten a, b c) 1834, 1836-44, 1848, 1854 – Natelfitz a, b, c) 1824-28, 1831-44, 1848-70 – Neuenhagen a, b, c) 1825-37, 1841-43, 1848-59, 1860-74 – Ostenheide a, b, c) 1832-34 – Osten'sche Mühle a, b, c) 1851, 1853, 1857, 1859, 1868-71, 1873 – Osten'sche Schäferei a, b, c) 1850, 1853, 1858-60 – Piepenburg a, c) 1835, 1848-56, 1860-74; b) 1835, 1848, 1850-56, 1860, 1862-65, 1867, 1869-74 – Piepenhagen a, b, c) 1824-48, 1850-62 – Plathe a, b, c) 1820-74 – Radem a, c) 1848 – Rohloffshof a, b, c) 1855, 1862, 1866-67, 1869-71 – Schlossfreiheit a, b, c) 1841-43, 1850-60, 1863-69, 1871 – Schöneu a, b, c) 1848, 1852-53, 1858 – Unheim a, b, c) 1850-62 – Vorwerk Labes a, b, c) 1850-62 – Vorwerk Plathe a, b, c) 1841-43, 1848-65, 1872 – Wilksfreude a, b, c) 1842-46, 1848-59, 1861-74 – Wisbu a, b, c) 1825-74 – Woldenburg a, b, c) 1824-74 –

Kr. Rügen: Bergen, Gademow, Gnies, Lüßmitz, Parchlitz, Patzig, Ramitz, Reischvitz, Thesenvitz, Veikvitz, Woorke, a, b, c) 1874 – Folgende Orte alle in Rep 38 HS Rambin: Bantow, Breesen, Dönkvitz, Giesendorf, Götemitz, Grabitz, Gulevitz, Gurvitz, Natzevitz, Neuendorf, Rambin, Rothenkirchen, – a) 1599-1668, 1676-1748, b) 1606-1622, 1630-1665, 1696-1747, c) 1597-1668, 1696-1747 –

Kr. Saatzig: Alt Damerow a, b, c) 1828-73 – Altenwedel a, b, c) 1824-74 – Altheide a, b, c) 1824-74 – Alt Storkow c) 1861-71 – Ball a, b, c) 1820-74 – Barskewitz a, b, c) 1824-74 – Beweringen a, b, c) 1858 – Birkhof a, b, c) 1842-74 – Blockhaus b, c) 1861-71 – Borkenstein a, b, c) 1831-74 – Bruchhausen a, b, c) 1823-74 – Brüsewitz a, b, c) 1824-74 – Buchholtz a, b, c) 1824-74 – Buchwald (b. Lorkenheide) a, b, c) 1856-60, 1862-63, 1868-69, 1873-74 – Buchwald a, b, c) 1851-74 – Büche a, b, c) 1811-33, 1861-74 – Bütow c) 1861-71 – Charlottenfelde a, b, c) 1826-74 – Dahlow a, b, c) 1824-74 – Dingelsberg c) 1861-71 – Falkenwalde a, b, c) 1824-74 – Finkenwalde c) 1861-71 – Freienwalde a, b, c) 1824-74 – Gabbert c) 1861-71 – Goldbeck a, b, c) 1810-33, 1852 – Gollin a, b, c) 1824-74 – Gräbnitzfeld a, b, c) 1810-74 – Grassee c) 1861-71 – Greifenberg (AG Treptow/R.) a, b, c) 1795-1803, 1806-07, 1812-48, 1851-53, 1856-74 – Greifenberg (AG Greifenberg) a, c) 1847, 1849-50, 1854-55, 1863; b) 1847, 1849, 1854-55, 1863 – Großmellen c) 1861-71 – Gr. Schlatikow a, b, c) 1810-74 – Gr. Silber c) 1862-71 –

Grünow c) 1861-71 – Grützort c) 1862-71 – Güntersberg a, c) 1820-52, 1854-74; b) 1823-52, 1854-74 – Hansfelde a, b, c) 1824-74 – Jacobsdorf a, b, c) 1819-59, 1861-73 – Jacobsdorf a, b, c) 1874 – Kannenberg a, b, c) 1817-1819, 1821-22, 1824-74 – Karkow a, b, c) 1824-74 – Karlsruhe a, b, c) 1824-60 – Karlsthal (AG Nörenberg) c) 1861-71 – Karlsthal (AG Stargard) a, b, c) 1847-74 – Karmersfelde a, b, c) 1829-66 – Karolinenthal a, b, c) 1824-74 – Kienitzruh c) 1861-71 – Kietzig a, b, c) 1824-74 – Kitzerow a, b, c) 1824-74 – Klausburg c) 1861-71 – Klempin a, b, c) 1824-74 – Kl. Grünow a, b, c) 1853 – Kl. Schlatikow a, b, c) 1820-74 – Kl. Spiegel c) 1861-71 – Konstantinopel a, b, c) 1810-74 – Kremmin a, b, c) 1810-74 – Kunow a, b, c) 1824-74 – Langenhagen a, b, c) 1798-1837, 1840, 1847, 1850-55 – Langenhagen (AG Nörenberg) c) 1861-71 – Lenz a) 1799-1874; b) 1827-74; c) 1800-26, 1861-74 – Lienicken c) 1861-71 – Lübow a, b, c) 1824-74 – Marienfließ a, b, c) 1811-33, 1861-74 – Marienhagen a, b, c) 1841-46, 1848-74 – Marienhagen a, b, c) 1847 – Moderow a, c) 1820-52, 1854-68, 1870-74; b) 1823, 1826-52, 1854-68, 1870-74 – Moissin a, b, c) 1820-74 – Müggenhall a, b, c) 1826-74 – Mulkenthin a, b, c) 1837-74 – Neu Damerow a, b, c) 1737-1874 – Nöblin a, b, c) 1798-1835, 1840, 1842, 1846-74 – Nörenberg c) 1861-71 – Pansin a, b, c) 1824-74 – Pegelow a, b, c) 1824-74 – Pützerlin a, b, c) 1824-74 – Rahnwerder c) 1861-71 – Ravenstein a, b, c) 1824-74 – Rehwinkel a, b, c) 1820-74 – Roggow a, b, c) 1824-74 – Rossow a, b, c) 1821-46, 1848-55, 1857-74 – Rückwerder a, b, c) 1819-74 – Saarow a, b, c) 1800-74 – Sadelberg a, b, c) 1824-74 – Sassenburg a, b, c) 1821-55, 1857-74 – Sassenhagen a, b, c) 1814-74 – Seefeld a, b, c) 1800-74 – Seehof a, b, c) 1829-66 – Silbersdorf a, b, c) 1824-74 – Succow a, b, c) 1820-43 – Succow a. d. Ihna a, b, c) 1821, 1823, 1826, 1828-29, 1831-74 – Schöneberg a, b, c) 1797-1800, 1810-74 – Schönebeck a, b, c) 1800-74 – Schwanenbeck a, b, c) 1810-74 – Schwendt a) 1824-74; b) 1825-74; c) 1824-74 – Stabenow a) 1835 – Stargard a, b, c) 1840 – Stargard (Militär) a, b, c) 1847-49 – Steinberg c) 1861-71 – Steinhöfel a, b, c) 1798-1835, 1840, 1842, 1846-74 – Stolzenhagen a, b, c) 1819-74 – Storkow a, b, c) 1824-74 – Temnick a, b, c) 1821 – Temnick a, b, c) 1861-71 – Tivoli c) 1861-71 – Tolz a, b, c) 1798-1829, 1833-34, 1836-56, 1858-74 – Trampke a, b, c) 1800-74 – Treptow a, b, c) 1797-1800, 1817-74 – Uchtenhagen a, b, c) 1737-1874 – Vehlingsdorf a, b, c) 1819-74 – Voßberg a, b, c) 1800-74 – Wedelsdorf a, b, c) 1861-71 – Werderfelde a, b, c) 1861-71 – Woltersdorf a, b, c) 1824-74 – Wudarge a, b, c) 1819-74 – Wulkow a, b, c) 1819, 1824-74 – Zachan a, b, c) 1824-74 – Zadelow a, b, c) 1824-74 – Zamzow c) 1861-71 – Zanthier a, b, c) 1824-74 – Zarnikow a, b, c) 1824-74 – Zartzig a, b, c) 1825-74 – Zehrten c) 1861-72 – Zeinicke c) 1861-71 – Ziegenhagen a, b, c) 1824-74 –

Kr. Schlawe: Birkenfelde a, b) 1865-74, c) 1866-74 – Datzow a, b) 1811-74; c) 1811-64, 1866-74 – Dreilinden a, b, c) 1857-74 – Gerbin a, b) 1824-33, 1840-74; b) 1824-33, 1840-64, 1866-74 – Juliusburg a, b, c) 1841-74 – Karlotto a, b, c) 1862-74 – Karlshof a, b, c) 1841-74 – Natzlaff a, b) 1841-74; c) 1861-64, 1866-74 – Rotzog a, b, c) 1840 – Wilhelmshof a, b, c) 1856-74 –

Kr. Soldin: Kl. Lindenbusch a, b, c) 1860, 1863 –

Kr. Ueckermünde: Albrechtshof a, b, c) 1811 – Alt Torgelow a, b) 1826 – Augustenhain a, b, c) 1825-48 – Damm a, b, c) 1825-48 – Dargitz (Nl. Bruchwitz) a) 1708-1863; b) 1708-1862; c) 1711-78, 1812-62 – Ferdinandshof (Rep. 42 Nl. Bruchwitz) a) 1730-99, 1802-26; b) 1750-99, 1803-52; c) 1740-1904 – Friedrichshof a, b, c) 1811, 1820-21, 1823-25, 1831-74 – Glashütte (Rep. 42 Bruchwitz) a) 1708-39; b) 1715-49; c) 1711-15, 1726-39 – Hühnerkamp a, b, c) 1826 – Karolinenhof a, b, c) 1829-48 – Koblentz, Krugsdorf (Nl. Bruchwitz) a, b, c) 1649-1825 – Koblentz a, b, c) 1825-48 – Kranichshorst a, b, c) 1829-48 – Krugsdorf a, b, c) 1825-48 – Liepgarten a, b, c) 1826 – Marienthal (Rep. 42 Nl. Bruchwitz) a) 1775-1805 – Marienthal 1825-48 – a, b, c) 1811, 1820-21, 1823-25, 1831-74 – Neuwarp a, b, c) 1811 – Peterswalde a, b, c) 1825-48 – Riesenbrück a, b, c) 1825-48 – Rothenburg (Rep. 42 Nl. Bruchwitz) a, b) 1769-1834; c) 1769 – Steinbrinkshof a, b, c) 1816, 1820-21, 1823-25, 1831-74 – Torgelow (Rep. 42 Nl Bruchwitz) a) 1662-1799, 1811-84; b) 1661-1762, 1765-1801, 1811-84; c) 1661-1762, 1765-99, 1811-84 – Viereck (Rep. 42 Nl. Bruchwitz) a, b, c) 1764-1834 – Wahrlang a, b, c) 1811, 1820-21, 1823-25, 1831-74 – Wilkenkamp a, b, c) 1826 – Zopfenbeck a, b, c) 1796-1822 –

Kr. Usedom-Wollin: Bannemin a, b, c) 1810-1874 – Birkenhaus a, b, c) 1800-1813 – Chinnowa, b, c) 1800-74 – Damerow a, b, c) 1810-73 – Dannenberg a, b, c) 1800-74 – Dargebanz a, b, c) 1820-74 – Darsewitz a, b, c) 1810, 1812, 1814-74 – Fernosfelde a, b, c) 1804-74 – Görmitz a, b, c) 1823-47, 1851-74 – Hammelstall a, b, c) 1810-74 – Heidebrink a, b, c) 1800-74 – Jarmbow a, b, c) 1810, 1812, 1814-74 – Jordanhütte a, b, c) 1866-74 – Kalkofen a, b, c) 1820-74 – Karlshagen a, b, c) 1810-74 – Karzig a, b, c) 1820-74 – Kortenthin a, b, c) 1810, 1812, 1814-74 – Kodram a, b, c) 1810, 1812, 1814-74 – Kolzow a, b, c) 1800-74 – Koppelkamp a, b, c) 1804-13 – Koserow a, b, c) 1810-73 – Krummin a, b, c) 1810-74 – Laatziger Teerofen a, b, c) 1820-74 – Lauen a, b, c) 1800-13, 1831-74 – Lebbin a, b, c) 1820-74 – Leussin a, b, c) 1800-74 – Liebeseele a, b, c) 1831-74 – Loddin a, b, c) 1810-73 – Lüskow a, b, c) 1800-74 – Lütow a, b, c) 1823-47, 1851-74 – Mahlzow a, b, c) 1810-74 – Misdroy a, b, c) 1820-74 – Mölschow a, b, c) 1810-74 – Neeberg a, b, c) 1810-74 – Netzelkow a, b, c) 1823-47, 1851-74 – Neuendorf (AG Wollin) a, b, c) 1800-47, 1850-74 – Neuendorf (AG Wolgast) a, b, c) 1823-47, 1851-74 – Neu Pudagla a, b, c) 1853-73 – Peenemünde a, b, c) 1792-1874 – Reckow a, b, c) 1800-74 – Rehberg a, b, c) 1810, 1812, 1814-74 – Sauzin a, b, c) 1810-74 – Soldemin a, b, c) 1820-74 – Swantus a, b, c) 1800-74 – Stagnieß a, b, c) 1810-73 – Stengow a, b, c) 1820-74 – Stubbenfelde a, b, c) 1853-73 – Tonnin a, b. c) 1810, 1812, 1814-74 – Ückeritz a, b, c) 1810-73 – Uhlenkrug (Rep. 42 Nl. Bruchwitz) a, b, c) 1725-1825 – Uhlenkrug a, b, c) 1828-48 – Vietzig a, b, c) 1820-74 – Warnow a, b, c) 1800-74 – Wartow a, b, c) 1800-74 – Wiesengrund a, b, c) 1820-71 – Wollmirstädt a, b, c) 1800-74 – Zecherin a, b, c) 1810-74 – Zempin a, b, c) 1810-73 – Ziemitz a, b, c) 1810-74 – Zinnowitz a, b, c) 1810-74 – Zirzlaff a, b, c) 1800-74 – Zünz a, b, c) 1800-74.

Rodig 1996

071   Strafanstalt Naugard   Rep. 78
39 AE   0,65 lfm   1832-1895
FK.

072   Notare   Rep. 77 b (Ort)
Altentreptow 1849-74 (2,3 lfm) – Anklam 1835-80 (1,8 lfm) – Barth 1883-1939 (5,6 lfm) – Bergen 1773-1863 (2,5 lfm) – Greifenhagen 1851-53 (0,3 lfm) – Greifswald 1800-1925 (14 lfm) – Stralsund 1827-28 (0,05 lfm). FK. Siehe auch: APSz Nr. 166.

Kirchenverwaltung, Kirchengemeinden, Jüdische Gemeinden

073   Konsistorium Greifswald   Rep. 35
1108 AE   17,7 lfm   1560-1878
Die revidierte pommersche Kirchenordnung von 1563 sah die Errichtung je eines Konsistoriums in Greifswald, Stettin und Kolberg vor. Mitglieder des Greifswalder Konsistoriums waren der Superintendent als Präses, zwei Theologen, zwei Juristen (davon einer als Direktor) und ein Notar. Das geistliche Gericht entschied über: - alle Streitsachen, die kirchliche Lehre und Zeremonien betreffen; - Sakrilege in schweren Fällen; - Streitsachen gegen und zwischen Kirch- u. Schulpersonen, mit Ausnahme von Kriminaldelikten; - alle Ehesachen, Vergewaltigungen, Inzest, Kuppelei, außereheliche Schwängerung u.s.w.; - Aufruhr und Widerrede in der Kirche; - Streitsachen bei Legaten und Vermächtnissen an die Kirche. Nach seiner Auflösung 1637 wurde das Greifswalder Konsistorium 1643 neu eröffnet. Seine Zuständigkeit erstreckte sich ab 1657 auf ganz Schwed.- Pommern, bis 1700 das Stettiner Konsistorium als Unterbehörde von Greifswald wieder errichtet wurde. Die 1806 beabsichtigte Änderung der Zuständigkeiten kam nicht zur Geltung (franz. Besetzung). Von 1815 bis 1849 wurde es als geistliches Gericht für den Regierungsbezirk Stralsund weitergeführt, während die kirchliche Administration für die ganze Provinz nach Stettin kam.
I. Generalia (allgemeine Streitfälle, Personen, Eigentum, Jurisdiktion) – II. Testamente – III. Vormundschaftssachen – IV. Personal u. Geschäftsgang im Konsistorium – V. Kirchenmatrikeln. FK (ungeordnet).

Buske 1990, Heyden 1957, Dölemeyer 1995

074   Konsistorium Stettin   Rep. 33
70 AE   1,12 lfm   1590-1816
Siehe auch: LAGw Rep. 35.; APSz Nr. 36. FB.

075   Konsistorium Köslin   Rep. 34
                0,1 lfm   1747-1815
Für den Sprengel des Hofgerichts Köslin wurde 1747 bis 1815 ein Konsistorium eingerichtet.

076   Generalsuperintendent Greifswald   Rep. 36
224 AE   4,12 lfm   1456-1858
Die Kirchenordnung von 1535 sah die Einsetzung je eines Superintendenten für den Wolgaster, Stettiner und Kamminer Landesteil vor. Etwa 1540 erhielt er die Bezeichnung Generalsuperintendent, da in einigen Städten und Teilgebieten (z. B. Stralsund, Greifswald, Stiftsgebiet) und Zeitperioden gesonderte Superintendenturen gebildet wurden. Erster Generalsuperintendent im Herzogtum Pom.-Wolgast war Johann Knipstro, der seit 1553 seinen Amtssitz in Greifswald nahm. Der Generalsuperintendent stand an der Spitze der kirchlichen Verwaltung. Zu seinen Obliegenheiten gehörte der Vorsitz im Konsistorium, Prüfung, Ordinierung und Einsetzung der Predigerkandidaten, die religiöse Aufsicht über Kirchen und Geistlichkeit, die Aufsicht über das Kirchenvermögen und das Schulwesen, die Durchführung von Visitationen und Synoden und der Bericht an die Regierung. Nach 1720 nur noch für Vorpommern nördlich der Peene zuständig wurde der Verwaltungsaspekt des Amtes stärker wirksam (Staatskirche). Mit dem Tod des Generalsuperintendenten 1828 wurde auch Neuvorpommern dem Generalsuperintendenten in Stettin unterstellt.
FB.

Heyden 1957

077   Konsistorium der Provinz Pommern   Rep. 63
92 AE   3,5 lfm   1809-1881
Die Verordnung vom 30.04.1815 über die Provinzialbehörden begründete die Schaffung eines Konsistoriums unter Vorsitz des Oberpräsidenten. Als staatliche Behörde zur Verwaltung der Kirchen- u. Schulangelegenheiten wurde es ab 1825 in zwei Abteilungen organisiert und am 27.06.1845 behördlich getrennt (Provinzialschulkollegium). Dem von einem Konsistorialpräsidenten geleiteten Konsistorium verblieben die eigentlichen Kirchenangelegenheiten wie: - Einrichtung der Synoden und Durchführungskontrolle ihrer Beschlüsse; - Aufsicht über den Gottesdienst sowie über Aus- und Fortbildung der Geistlichen; - Berufung, Einführung u. Konfirmation der Geistlichen; - Aufsicht u. Disziplin der Geistlichen, Emeritierungs- und Pensionierungssachen. Ab 1850 leiteten Konsistorialpräsident und Superintendent die Behörde, letzterer stand den 55 Kirchenkreisen Pommerns vor. Das Kirchenverfassungsgesetz vom 03.06.1876 unterstellte die Konsistorien der Provinzen dem Evang. Oberkirchenrat als Zentralbehörde für die Verwaltung der kirchlichen Angelegenheiten. Ab dem 01.04.1925 leitete der Generalsuperintendent das Konsistorium, der Konsistorialpräsident führte die

Tagesgeschäfte. Das Konsistorium wurde am 01.03.1945 nach Altentreptow und Züssow verlegt.
Personallisten der Synoden; Prüfungen. FK. Siehe auch: APSz Nr. 36.

Fenske 1993, Heyden 1957

078   Kirchenbehörden und Gemeinden   Rep. 38 c
Superintendentur Demmin 1603-1923 (3,6 lfm) - Synagogenarchiv Gartz/Od. 1855-1931 (0,1 lfm) - Präpositur Gingst 1585-1788 (0,6 lfm) - Evang. Pfarrämter Schlochau 1683-1867 (1,1 lfm) - Kirchenbehörden von Usedom 1653-1908 (8,5 lfm) - Pfarre Wangerin 1773-1892 (0,7 lfm). FK oder FB.
Siehe auch LAGw Rep. 1, Rep. 38 c-f (Urk.).

Kommunale Körperschaften

079   **Stadtverwaltungen**   Rep. 38 b (Ort)
Die Bestände dieser Gruppe sind aus der Verwaltungstätigkeit der Magistrate der Städte und ihrer nachgeordneten Behörden entstanden. Sie beinhalten Quellen zum Wirken und zur Entwicklung der städtischen Legislativ- und Exekutivorgane, zur kommunalen Selbstverwaltung, zum politischen, wirtschaftlichen, sozialen und kulturellen Leben in den Städten. Der zeitliche Umfang erstreckt sich vom 16. Jh. (z.T. früher) bis 1930/39 bei den hinterpommerschen und bis zu 1957 bei einigen vorpommerschen Städten.
Die Akten der vorpommerschen Städte sind nach folgender einheitlicher Struktur geordnet: 1. Angelegenheiten des Reiches, Preußens, der Provinz, des Regierungsbezirks, des Kreises, Militärwesen - 2. Selbstverwaltung der Stadt - 3. Steuern u. Abgaben - 4. Wohlfahrtspflege - 5. Sozialpolitik - 6. Polizei - 7. Stadtverwaltung ab Mai 1945.
Bestände:
Alt Damm 1681 (1 AE) - Altentreptow 1337-1952 (24,3 lfm) - Altwarp 1835-1934 (1 lfm) - Anklam 1247-1935 (48 lfm) - Arnswalde 1650-1897 (9 lfm) - Bahn 1879-1881 (1 AE) - Baldenburg 1813-1897 (1 AE) - Barth 1936-1940 (4 AE) - Belgard 1786 (1 AE) - Bergen 1740-1847 (18 AE) - Bublitz 1757-1908 (9,3 lfm) - Damgarten 1751, 1868, 1929-35 (3 AE) - Demmin 1562-1874 (12,7 lfm) - Driesen 1778-1844 (0,15 lfm) - Falkenburg 1894-1930 (0,2 lfm) - Flatow 1726-1913 (12,8 lfm) - Franzburg 1588-1949 (16,3 lfm) - Freienwalde 1805-1847 (1 AE) - Gartz/Od. 1249-1904 (62,3 lfm) - Garz/Rg. 1353-1956 (7,5 lfm) - Gollnow 1594-1939 (37,5 lfm) - Greifenberg 1694-1846 (7 AE) - Grimmen 1536-1945 (52 lfm) - Gützkow 1673-1951 (26 lfm) - Hammerstein um 1670 (0,2 lfm) - Jarmen 1738-1946 (16 lfm) - Jastrow 1788-1927 (4 AE) - Kallies 1856-1901 (0,25 lfm) - Kammin um 1750-1938 (6 lfm) - Körlin 1663-1880 (4,7 lfm) - Köslin 1848-1937 (1,4 lfm) - Kolberg 1812-1910 (0,3 lfm) - Lassan 1318-1944 (2,5 lfm) - Lauenburg 1750-1933 (31,3 lfm) - Loitz 1299-1954

(64,5 lfm) - Massow 1812-1949 (0,2 lfm) - Naugard 1708-1911 (11,5 lfm) - Neustettin 1730-1937 (0,55 lfm) - Neuwarp 1646-1924 (7,35 lfm) - Neuwedell 18. Jh.-1934 (13 lfm) - Pasewalk 1590-1937 (0,2 lfm) - Plathe 1608-1882 (0,3 lfm) - Pölitz 1936-37 (2 AE) - Polzin 1808-1932 (2,8 lfm) - Preuß. Friedland 1776-1920 (7 AE) - Putbus 1816-1928 (0,25 lfm) - Pyritz 1551-1862 (1,8 lfm) - Ratzebuhr 1730-1880 (0,3 lfm) - Reetz 1770-1777 (2 AE) - Richtenberg 1644-1952 (13 lfm) - Rügenwalde 1540-1874 (2,3 lfm) - Rummelsburg 1813 (1 AE) - Saßnitz 1867-1952 (4 lfm) - Schlawe 1541-1934 (7,2 lfm) - Schlochau 1782-1921 (11 AE) - Schönlanke 1815-1937 (1,6 lfm) - Stargard 1631-1945 (40 AE) - Stettin 1790-1811 (1 AE) - Stolp 1512-1881 (23 lfm) - Tempelburg 1892-1933 (5 AE) - Torgelow 1942-45 (0,2 lfm) - Treptow/Rega 1573-1891 (3,4 lfm) - Tribsees 1559-1957 (42,7 lfm) - Tütz 1835-1881 (0,3 lfm) - Groß Tychow 1882-1938 (0,1 lfm) - Ueckermünde 1805-1956 (27,6 lfm) - Usedom 1342-1939 (0,65 lfm) - Völschenhagen 1678-1859 (0,2 lfm) - Wangerin 1713-1927 (3,3 lfm) - Wolgast 1528-1959 (38,4 lfm) - Wollin 1668, 1698, 1928-1934 (3). FB od. FK.
Siehe auch: Bergen im KARg.; APSz Nr. 186-188, 190, 191, 194, 195, 198, 201, 202, 204, 206, 211, 212, 214, 218, 219, 223, 224, 228, 465, 1136, 1137; APKo Nr. 31/I, 33/I, 34/I, 85/I, 117/I; APKo OSz Nr. 358; APKo OSłupsk Nr. 6; APPo OPiła Nr. 15; GStA PK I., II., XV. HA.

Kratz 1865, Dölemeyer 1995, AF Stettin 2004.

080   **Ortspolizei Wangerin**   Rep. 97 Wangerin
                        0,08 lfm   1925-33
FK.

081   **Gemeinden**   Rep. 38 b 1 (Ort)
Ahlbeck 1920-42 (2 AE) - Friedrichsthal 1764-1877 (0,1 lfm) - Hammer, Kr. Ueckermünde 1905-1966 (29 AE) - Jannewitz, Kr. Lauenburg 1835 (1 AE) - Loddin 1898-1913 (3 AE) - Züllchow (0,2 lfm). FK.

082   **Ämter, Zünfte, Innungen**   Rep. 38 e
Altentreptow: Bäcker 1538-1915 (0,14 lfm) - Maler, Glaser, Töpfer, Steinmetze 1885-Anf. 20. Jh. (1 AE) - Maurer u. Zimmerer 1732-1931 (0,34 lfm) - Schlachter 1793-1943 (0,12 lfm) - Schmiede 1753-1892 (0,07 lfm) - Schneider 1732-1921 (1 AE) - Schuhmacher 1826-1933 (0,06 lfm) - Stellmacher u. Böttcher 1731-1934 (0,11 lfm) - Tischler 1695-1914 (0,08 lfm) - Bergen: Kaufmannschaft 1852-1908 (1 AE) - Damgarten: Schützenkompanie 1859-1895 (1 AE) - Demmin: Innungen allgemein 1741-1952 (1 AE) - Branntweinbrenner 1728-1749 (1 AE) - Böttcher 1721, 1794 (1 AE) - Färber 1850-1859 (1 AE) - Fischer 1588-1958 (0,43 lfm) - Friseure 1922-34 (1 AE) - Glaser 1822-1878 (1 AE) - Goldschmiede 1734 (1 AE) - Händler 1786 (1 AE) - Maurer u. Zimmerer 18. Jh.-1949 (1 AE) - Müller 1735-1926 (0,03 lfm) - Putzma-

cher 1913 (1 AE) – Schlosser 1765-1886 (0,04 lfm) – Schmiede 1741-1916 (0,03 lfm)
– Schneider 1934 (1 AE) – Schuhmacher 1832-1921 (0,02 lfm) – Stellmacher 1899
(1 AE) – Tuchmacher 1735-1744 (1 AE) – Weber 1610-1934 (0,02 lfm) – Gartz/Od.:
Böttcher u. Stellmacher 1655-1934 (0,08 lfm) – Müller 1752-1875 (0,06 lfm) – Schützen 1835-1878 (1 AE) – Zimmerer 18.-19. Jh. (0,05 lfm) – Greifswald: Müller 1659-1724 (1 AE) – Gülzow: Drechsler 1767 (1 AE) – Jarmen: Schmiede 1771-1934 (0,06 lfm) – Weber 1853 (1 AE) – Kallies: Schützen 1609-1747 (0,3 lfm) – Kolberg : Seglerhaus 1632-1821 (3,3 lfm) – Loitz: Müller 1886-1934 (0,03 lfm) – Weber 1689, 1713 (2 AE) – Neureddevitz: Fischer 1817-1854 (0,02 lfm) – Pasewalk: Bäcker 1585-1935 (0,07 lfm) – Baugewerk 1727-1934 (0,45 lfm) – Fleischer 1739-1857 (0,08 lfm) – Kaufmannschaft 1756-1938 (0,32 lfm) – Maler 1855-1935 (0,05 lfm) – Müller 1607, 1662-1911 (0,13 lfm) – Sattler 2. Hälfte 18. Jh. (0,04 lfm) – Schlosser 1745-1925 (0,07 lfm) – Schmiede 1673-1930 (0,11 lfm) – Schneider 1839-1914 (0,18 lfm) – Schuhmacher u. Gerber 1790-1929 (0,23 lfm) – Tischler 1769-ca.1900 (0,12 lfm) – Weber ca. 1800-1900 (0,06 lfm) – Stettin: Kaufmannschaft 1735-1909 (0,4 lfm) – Junge Kaufleute 1745-1933 (0,14 lfm) – Marienstift siehe LAGw Rep. 38 Hs – Ueckermünde: Bäcker ca. 1730-1900 (0,08 lfm) – Schützengilde 1859-1899, 1933 (0,35 lfm) – Schuhmacher 1604,1737-1905 (0,12 lfm) – Tischler 1739-1897 (0,07 lfm) – Zachan: Schützen 1619-1927 (0,17 lfm). FK.
Siehe auch: Anklam unter Rep. 38 b Anklam; StAG Rep. 54; StAS Rep. 3, 4, 16, 19, 21, 30, 31, 36; APSz Nr. 253, 256, 276, 277, 1346, 1348; APKo OSłupsk Nr. 155-162; GStA PK I., II., XV. HA.

083 **Stadtbücher**   Rep. 38 Hs
          3,5 lfm   1217-1913

Der Bestand enthält neben den eigentlichen Stadtbüchern auch Bürgerbücher, Bürgerrollen, Kopiare, Matrikeln, Rezesse, Gerichtsordnungen, Kirchenbücher u.s.w. Die Archivalien stehen im originären Zusammenhang mit den Aktenüberlieferungen der jeweiligen Städte.
Altdamm 1714-1748 (1) – Altentreptow 1770-1895 (1) – Anklam 1275-1852 (16) – Arnswalde o.Z. (4) – Belgard 1593-1627 (1) – Bergen Kloster 1193-1494 (2) – Daber 1625-1835 (3) – Damgarten 1647 (1) – Demmin 1243-1770 (2) – Dramburg 1566-1665 (3) – Fiddichow 1617-1733 (1) – Gartz/Od. 1249-1656 (8) – Gollnow 1546-1854 (7) – Gützkow 1673-1913 (3) – Gröbenzin 1930-1933 (1, Chronik der polnischen Schule Rabacino) – Kallies 1734-1752 (9 Gildebriefe) – Kammin 1545-1816 (5) – Kratzig 1588-1751 (4) – Kolberg 1373-1547 (3) – Lassan 1522-1800 (2) – Lauenburg 1801-1850 (1) – Neuwarp 1740-1846 (1) – Plathe 1613-1802 (1) – Rambin/Rg. 1597-1748 (1) – Rügenwalde 1312-1726 (6) – Schivelbein 1787-1853 (5 Judentabellen) – Schlawe 1611 (1) – Schrotz o. Z. (1) – Stargard 1688 (1) – Stettin 1263-1742 (19, v. a. Marienstift) – Stolp 1538-1649 (3) – Tribsees 1748-1843 (2) – Usedom 1298-1908 (6) – Wer-

ben 1568-1652 (1) – Wolgast 1625, 17711-1851 (12) – Wollin 1277-1785 (4) – Zachan 1570-1752 (1). FB.
Siehe auch: LAGw Rep. 38 b; APSz Nr. 188, 190, 192, 193, 196, 201, 202, 204, 211, 217-219, 221, 224, 228, 1136; APKo OSłupsk Nr. 6.

Kratz 1865, AF Stettin 2004

Wirtschaft, Personen, Familien, Parteien, Verbände, Vereine, kulturelle und wissenschaftliche Einrichtungen

084   Pommersche Generallandschaftsdirektion   Rep. 83
       11,9 lfm   1781-1907

Das im Jahr 1781 errichtete Institut zur Kreditbeschaffung für Rittergüter durch Ausgabe von Pfandbriefen wurde nach 1815 Pflichtgenossenschaft für alle Gutsbesitzer. Es unterteilte sich in vier juristisch nicht eigenständige Departements (Anklam, Stargard, Treptow/R., Stolp) mit eigenen Fonds. FK. Siehe auch: LAGw Rep. 83 a; APSz Nr. 1191; APKo OSłupsk Nr. 72.

Fenske 1993, AF Stettin 2004

085   Landschaftsbezirksdirektion Anklam   Rep. 83 a
       0,45 lfm   1870-1938

Nicht benutzbar.

086   Banken, Genossenschaften,   Rep. 82, 92-96,
       Versicherungen   98, 99, 16

Rep. 82 Provinzialrentenbankdirektion Stettin 1873-1923 (1303 AE, FB) – Rep. 92 Deutsche Reichsbank, Reichsbankstelle Stralsund 1829-1945 (13,8 lfm, FK) – Rep. 93 Mecklenburgische Depositen- u. Wechselbank, Filiale Stralsund 1910-1945 (0,17 lfm, FK) – Rep. 94 Provinzialbank von Pommern, Stettin (4,6 lfm, uvz.) – Rep. 95 Kommerz- u. Privat-Bank AG, Filiale Stettin 1920-45 (2,35 lfm, FK) – Rep. 96 Pommersche Raiffeisengenossenschaften 1. Hälfte 20. Jh. (2,75 lfm, uvz.) – Rep. 98 Pommersche Bank AG Stettin 1901-63 (904 AE, FB) – Rep. 99 Mobiliar-, Brand- u. Hagelschadenversicherungs-Gesellschaft Greifswald (0,3 lfm, uvz.) – Rep. 160 Pommerscher Sparkassen- u. Giroverband 1939-1941 (3 AE).

087   Industrie- u. Handelskammer/   Rep. 58 (Ort)
       Gauwirtschaftskammer

Handelskammern als Interessenvertretungen der Handel- u. Gewerbetreibenden wurden nach 1848 flächendeckend in Preußen tätig. Ab 1924 führten sie die Bezeichnung

Industrie- u. Handelskammer (IHK). In Pommern gab es drei IHK entsprechend den Regierungsbezirken. Die 1943 eingerichtete Hauptgeschäftsstelle Stettin wurde 1942 in die Gauwirtschaftskammer umgebildet, sie hatte Geschäftsstellen in Stralsund, Stolp und Schneidemühl.
Schneidemühl 1927-1945 (0,12 lfm - Personalakten, wirtschaftl. Beziehungen zu Danzig, FK) - Stettin 1927-1946 (0,12 lfm - Rüstungshandelsfirmen, FK) - Stralsund 1931-1945 (1 lfm, Berufsprüfungen, FK).

088 **Wasser- u. Bodenverbände**   Rep. 67 k (Ort)
Wasser- u. Bodenverbände waren freiwillige Zusammenschlüsse von privaten Grundbesitzern, Kommunen, Verbänden und anderen zur Durchführung wasser- u. meliorationswirtschaftlicher Maßnahmen auf gemeinsame Rechnung. Die staatliche Verwaltung bildeten die Kulturbauämter.
Gartz/Od. o.A. - Greifswald 1905-55 (1,8 lfm) - Pasewalk 1910-56 (1,65 lfm) - Peene 1869-1955 (5,9 lfm) - Stralsund 1900-52 (19,4 lfm/ ca. 8000 Karten). FK.
Siehe auch: APSz Nr. 1192.

089 **Saßnitzer Dampfschiffahrtsgesellschaft**   Rep. 88 Saßnitz
     Neue Dampferkompagnie Stettin   Rep. 88 Stettin
Die Bestände stammen aus der geschäftlichen Tätigkeit von Reedereien.
Saßnitzer Dampfschiffahrtsgesellschaft 1900-50 (4,5 lfm, FB) - Neue Dampferkompagnie Stettin 1900-21 (0,3 lfm, FK).

090 **Heinrich Stein,**   Rep. 170
     Unternehmen f. Eisenbeton u. Tiefbau
                       5,8 lfm   1925-48
FK, ungeordnet.

091 **Benno Klomp,**   Rep. 171
     Baumeister in Stralsund
                       1,6 lfm   1934-45
FK, ungeordnet.

092 **Guts- und Familienarchive**   Rep. 38 d (Ort/Name)
Die Bestände dieser Gruppe erwuchsen aus Archiven zumeist grundbesitzender Familien Pommerns und bieten somit Quellenmaterial zu Gutswirtschaft und Besitzveränderungen sowie genealogisches Material zu den Familien, bzw. zu Biographien.
v. Arnim (0,2 lfm) - Bahrenbusch 1565-1944 (v. Bonin/1,6 lfm) - v. Behr 19.-20. Jh. (0,3 lfm) - Behrens-Rakow 1744-1859 (0,2 lfm) - v. Below-Saleske 1516-1896 (22 Urk./1,5 lfm) - Berg 18./19. Jh. (0,07 lfm) - Schulzenhof/Gützkow 1643-1789 (v. Bohm/1AE) - Boldevitz 17. Jh-1935 (v. Lancken-Wakenitz u. Albedyll/ 1 lfm) -

v. Boltenstern (Seehagen/0,05 lfm) – v. Borcke 1609-Anf. 20. Jh. (1 lfm) – Buggenhagen 1546-1943 (0,75 lfm) – Burkhardt 1918-32 (3 AE) – Cösternitz, Kr. Schlawe 1838-1866 (0,02 lfm) – v. Douglas 1850-1931 (0,1 lfm) – v. Enckevort 1663-1747 (Vogelsang, 3 Urk./1 AE) – v. Flemming (Benz/0,3 lfm) – Ducherow 1849-1900 (v. Kanitz/ 0,33 lfm) – Gädke auf Warnitz 18./19. Jh. (9 AE) – v. Glasenapp 1759-1769 (Pollnow/ 1AE) – Granskevitz 1800-1945 (v. Schultz/3 lfm) – Divitz 1500-19. Jh. (v. d.Groeben/6 Urk./1,4 lfm) – v. Heyden 19.-20. Jh. (Kartlow/0,2 lfm) – v. Heyden-Linden 1919-41 (Stretense/2 AE) – v. Heyden-Linden 1400,1701-1943 (Tützpatz/2,5 lfm) – Hohensee (0,11 lfm/Stammtafeln) – v. Kameke 1889-ca.1930 (Kratzig/0,1 lfm) – Karlsburg 1583-1945 (v. Bismarck-Bohlen/2768 AE) – v. Kleist 1612 (Wendisch-Tychow /1 Urk.) – Kosegger/Mallnow 1675-1897 (v. Podewils/0,25 lfm) – v. Lepel 16. Jh.-20. Jh. (2,6 lfm) – v. Maltzahn 19. Jh. (Kummerow/0,4 lfm) – v. Mitzlaff 1853 (Schwuchow/2 AE) – Nassenheide 1834-72 (10 AE) – Neetzow 1774-1888 (v. Kruse/0,25 lfm) – v. Perponcher 1795-1851 (Ornshagen/0,05 lfm) – v. Putbus 1557-1944 (3,5 lfm) – v. Putkammer 1574/1575/18.-19. Jh. (2Urk./0,6 lfm) – v. Ramin 18.-19. Jh.(Brunn/1 lfm) – v. Schöning 1760-1933 (Muscherin/428 AE) – v. Schöning 18.-19. Jh. (Suckow/3,8 lfm) – Schröder 19. Jh. (0,04 lfm) – v. Schwerin 19.-20. Jh. (Schwerinsburg/7,5 lfm) – v. Seeckt 17.-18. Jh. (0,07 lfm) – v. Steinwehr 1918-29 (0,05 lfm) – v. Stumpfeldt 18.-19. Jh. (Trinwillershagen/0,04 lfm) – Tantow 1589-1885 (v. Eickstedt/0,2 lfm) – v. Waldow 18.-20.Jh (0,15 lfm) – Wangemann 19. Jh. (0,01 lfm) – v. Woedtke-Woedtke 1502-1841 (0,45 lfm) – v. Zitzewitz 1642-1925 (Muttrin/2,9 lfm). FK od. FB. Siehe auch: APSz Nr. 23, 24, 26, 30, 32, 33.

Dölemeyer 1995, AF Stettin 2004

093 **Nachlässe** Rep. 42 (Name)
Arthur Becker-Bartmannshagen (1862-1933), Rechtsanwalt, Geschichte vorpom. Städte, Arbeiterbewegung, 1321-1973 (5,3 lfm) – Carl Johann Julius Berlin (1803-1880), Archivar u. Registrator, Greifswald (0,02 lfm) – Heinrich Bosse (20. Jh.), Lehrer (0,4 lfm) – Otto Bruchwitz (1877-1956), Gesch. d. Glashütten, Genealogie, 14.-20. Jh. (3 lfm) – Walter v. Brüning (1869-1946), Landrat im Kr. Stolp, (0,05 lfm) – Fritz Curschmann (1874-1946), Histor. Geograph (0,18 lfm) – Willy Dumrath 1965-69 (0,12 lfm) – Käthe Gries (1914-1963), Professorin, Rostock (0,15 lfm) – Erich Gülzow (ca. 1888-1954), Studienrath, Barth, Heimatgeschichte, (0,05 lfm) – Magdalene Hänsel, Archivpflegerin auf Rügen 1936-56 (0,12 lfm) – Albert Hellmundt (1883-1963), Lehrer, Kr. Ueckermünde, Heimatgeschichte (36 AE) – Franz Hempler (1889-1945), Studienrat, Danzig (0,15 lfm) – Hewel 1925-1942 (0,2 lfm) – Kurt Hoffmeister († vor 1958), Studienrat u. Archivpfleger, Kr. Franzburg, 1750-1950 (0,1 lfm) – Adolf Hofmeister (1883-1956), Historiker, Greifswald (0,8 lfm) – Egon Last (1899-1970), Lehrer, Sozialdemokrat (0,8 lfm) – Helmut Lindenblatt (* 1925), Autor, Recherchematerial 1945-85 (0,6 lfm) – Konrad Maß (1867-1950), Ratsherr in Stralsund (0,05 lfm) –

Ernst Rubow (1880-1958), Histor. Geograph (1,3 lfm) - Werner Salchow (1902-65), Schriftsteller, Kulturhausleiter Murchin (0,5 lfm) - Schlieffen (1 lfm) - Arno Schmidt (1879-1967) (2,15 lfm) - Schultze-Plotzius (0,8 lfm) - Marianne Schwebel (geb. Kalähne, verw. Rubow), Histor. Geographin, 20. Jh. (1,25 lfm) - Karl Sturm (1910-67), Lehrer (0,01 lfm) - Eginhardt Wegner (1918-2001), Histor. Geograph, Ortskartei, ca. 1950-65 (14,1 lfm). FK od. FB od. uvz.

094 **Parteien und Verbände**   Rep. 97 a-p
Rep. 97 a Bismarckbund der Deutschnationalen Volkspartei, Pommern 1921-33 (0,3 lfm) - Rep. 97 b Rotfrontkämpferbund, Ortsgruppe Stettin 1925-33 (0,03 lfm) - Rep. 97 c Deutscher Arbeiter-Mandolinistenbund, Ortsgruppe Stettin 1932-33 (0,01 lfm) - Rep. 97 d Kampfgemeinschaft Revolutionärer Nationalsozialisten, Stettin 1931-32 (0,02 lfm) - Rep. 97 e Deutschnationaler Arbeiterbund v. Pommern 1933 (0,01 lfm) - Rep. 97 f Deutschbanner Schwarz-Weiß-Rot Pommern 1927-31 (0,05 lfm) - Rep. 97 g Volksverein f. d. Katholische Deutschland, Abt. Pommern 1931-32 (0,01 lfm) - Rep. 97 h Bezirkskommitee d. Revolutionären Gewerkschaftsopposition für Pommern 1932 (0,01 lfm) - Rep. 97 i Liga für Mutterschutz, Ortsgruppe Stettin 1931-32 (0,01 lfm) - Rep. 97 j Deutschnationale Volkspartei Pommern 1932-33 (0,01 lfm) - Rep. 97 k Volkshilfe für Bestattungsfürsorge, Geschäftsstelle Stettin 1932 (0,01 lfm) - Rep. 97 l Reichsverband der Windthorstbunde 1927,1932-33 (0,01 lfm) - Rep. 97 m Sozialdemokratische Partei Deutschlands, Bezirkssekretariat Pommern 1932-33 (0,01 lfm) - Rep. 97 n Deutscher Republikanischer Reichsbund 1924-32 (0,01 lfm) - Rep. 97 o Deutschjugend-Organisation 1932 (0,01 lfm) - Rep. 97 p NSDAP Gauleitung Pommern, Gauschatzmeister 1937-43 (0,15 lfm). FK.
Siehe auch: APSz Nr. 307, 312.

095 **Gesellschaft f. Heimatforschung im Netzekreis**   Rep. 38 f
          0,5 lfm   1767-1906
FK

096 **Verwaltungsakademie**   Rep. 59
     der Prov. Pommern Greifswald
48 AE   0,8 lfm   1923-47
Auf Initiative der Greifswalder Abteilung des Deutschen Beamtenbundes wurde 1925 eine Fort- u. Weiterbildungseinrichtung für Verwaltungsbeamte geschaffen. Hörerverzeichnisse, Diplomprüfungen, Haushaltspläne. FK.

097 **Pädagogische Akademie Stettin**   Rep. 84
          0,3 lfm   1926-1932
FK.

Sammlungen

098	Gesellschaft f. Pom. Geschichte, Altertumskunde u. Kunst	Rep. 38 c-f
	7,1 lfm	16.-19. Jh.

FB. Siehe auch: LAGw Rep. 38 Hs; APSz Nr. 11, 13, 14, 16, 303.

099	Adelung	Rep. 38 fHs
	8 lfm	

100	Kleine Akzessionen	Rep. 39
	0,6 lm	1571-1933

FK.

101	Handschriften	Rep. 40
953 AE	24 lfm	14.-19. Jh.

Wichtige und umfangreiche Handschriftensammlung zur pommerschen Landes-, Militär- u. Kirchengeschichte sowie Genealogie. Sie enthält Matrikeln von Kirchen und Klöstern, Urkundenkopiare, Lehnsakten, Gerichtsbücher, Landesbeschreibungen u. -geschichten, Familiengeschichten, Auslandsnachrichten, Reskripte usw. FB.

102	Sammlung von der Osten-Plathe	Rep. 41
	9,65 lfm	ca. 13.-19. Jh.

Archivalische Sammlung der Familie von der Osten-Plathe zur pommerschen Landesgeschichte und Genealogie. FB.

103	Swinemünder Archiv	Rep. 41
	5,5 lfm	1765-2002

Diese Sammlung wurde von heimatvertriebenen Swinemündern in der alten Bundesrepublik angelegt und nach der politischen Wende an das Landesarchiv abgegeben. Sie enthält:
Handschriften 1765-1996 – Drucksachen 1827-2002 – Zeitungen/Zeitschriften 1879-1997 – Karten 1740-1956 – Bilder, Postkarten – Gegenstände, Tonträger, Filme, Abzeichen, Medaillen. FB.

104	Hoogklimmer-Traditionsgemeinschaft pommerscher Wehrmachtspioniere	Rep. 43
242 AE	1914-1998	

Darin: Karten, Erlebnisberichte, Bücher, u. a. Material zur 32. (pom.) Infanterie Division.
FB.

105 **Kartensammlung**   Rep. 44
                    ca. 18.-20. Jh.
Die Kartensammlung umfasst ca. 30.000 Karten, Risse und Pläne und wird ständig ergänzt. Etwa 2500 AE sind per FK benutzbar, weitere 1000 Meßtischblätter anhand einer Liste.

106 **Siegel- u. Stempelsammlung**   Rep. 46
                    18.-19. Jh.
FB.

107 **Wappensammlung**   Rep. 46
                    1 lfm

108 **Autographensammlung**   Rep. 47
                    0,4 lfm
FK.

II Staatsarchiv Stettin

Archiwum Państwowe w Szczecinie
ul. Św. Wojciecha 13
70-410 Szczecin

Tel.:   (0-91) 433 50 02   Tel.: (0-91) 433 50 18
Fax: (0-91) 434 38 96
Internet: http//www.szczecin.ap.gov.pl.
e-mail: sekretariat@szczecin.ap.gov.pl.
Mo, Di: 08.30-18.00, Mi, Do, Fr: 08.30-15.00 Uhr

Das Archiwum Państwowe w Szczecinie wurde offiziell am 17.12.1946 gegründet, nachdem die archivarische Arbeit bereits sofort nach der Übernahme Stettins durch die polnische Verwaltung im August 1945 begonnen hatte. Die Anfangsjahre waren geprägt durch die Rückführung ausgelagerter Archivbestände aus hinterpommerschen und anderen Auslagerungsstätten sowie der Schriftgutübernahme aus ehemaligen deutschen Behörden, Institutionen und aus Privatbesitz. Insbesondere die alten Archive wurden durch Übernahmen aus dem Archivdepot Grasleben und durch Archivalienaustausch mit der DDR zusammengeführt. Durch unterstellte Kreisarchive (1952 Stargard u. 1954 Greifenberg; 1965 nach Plathe verlegt), wurde die Archivorganisation im Sprengel ausgebaut. Nach der Einrichtung des Staatsarchivs Köslin wurden entsprechend dem Territorialprinzip Bestände dorthin abgegeben. Derzeit unterhält das Staatsarchiv Stettin die Außenstellen Plathe/Płoty und Stargard/Stagard Szczeciński. Im Stammhaus sind 572 vom Mittelalter bis 1945 entstandene Bestände mit einem Umfang von 288.000 Akteneinheiten und 4100 lfm (ohne Urkunden u. Karten) archiviert. Das entspricht etwa 43 % aller dortigen Bestände und ca. 62 % des Archivguts. Die Bestände sind durch zumeist polnischsprachige Findbücher gut erschlossen, die darin aufgeführten Aktentitel blieben aber deutschsprachig. Für die Benutzung familiengeschichtlicher und eigentumsrechtlicher Quellen bedürfen deutsche Benutzer einer Genehmigung der Generaldirektion der Staatsarchive Polens.
Das APSz (mit Außenstellen) verfügt derzeit über einen Aktenbestand von ca. 10.000 lfm sowie über 658 Urkunden, ca. 11.000 Karten, Risse und Pläne und über eine Bibliothek von ca. 16.000 Bänden, 1646 alten Drucken und 700 Zeitschriftentiteln.

Urkunden

109   Dokumentensammlung   Nr. 0001
      [Zbiór dokumentów]
294 Urk.   1293-1869
In die Dokumentensammlung wurden Pergament- u. Papierurkunden der Kaiser, Könige, Herzöge, Staatsverwaltung, Stände, Städte u. Kirchen aufgenommen.
FK, ungeordnet, fortlaufend numeriert; kein Register.
Siehe auch: LAGw Rep. 1, Rep. 2, Rep. 38 bU.

PUB, Hoogeweg 1924/25, Heyden 1936, Stettiner Regesten, AF Stettin 2004

Landesherrliche und öffentliche Verwaltung

110   Herzoglich Stettiner Archiv   Nr. 0002
      [Archiwum Książąt Szczecińskich]
9142 AE   213 lfm   [1209] 1440-1808 [1828]
Pars I : 1. Religion 1449-1809 (94) – 2.-6. Beziehungen zum Reich 1417-1696 (348) – 7. Erbfolge zw. Pom. u. Brandenburg sowie Schweden 1558-1680 (21) – 8.-12. Polen 1251-1773 (196) – 12.a Parma, Sardinien 1551-1751 (3) – 13. Spanien, Portugal 1558-1719 (8) – 14. England, Schottland 1539-1801 (10) – 15. Gallien, Navarra 1584-1804 (8) – 16. Belgien 1557-1825 (18) – 17. Schweden, Dänemark, Lübeck, Hamburg 1507-1801 (160) – 18. Livland, Moskau, Kurland im Krieg 1557-1801 (43) – 19.a Österreich, Bayern, Pfalz, Sachsen 1504-1635 (16) – 19.b Pfalz 1576-1776 (28) – 20. Sachsen 1515-1762 (43) – 21. Mansfeld 1554-1774 (20) – 22. Hessen 1543-1763 (6) – 23. Jülich 1538-1771 (10) – 24. Franken 1538-1771 (3) – 25. Baden, Anspach 1589-1774 (4) – 26. Anhalt 1549-1765 (6) – 27.-30. Brandenburg, Oderzölle 1421-1803 (240) – 31. Braunschweig, Lüneburg 1519-1749 (42) – 32.-35. Mecklenburg 1428-1801 (73) – 36. Preußen 1556-1768 (20) – 37. Holstein 1556-1774 (13) – 38. Schlesien, Liegnitz, Brieg 1566-1776 (14) – 39. Verschiedene Hofsachen 1576-1811 (24) – 40. Bistum u. Stadt Strasburg 1589-1634 (5) – 41. Landtagssachen 1535-1637 (36) – 42.-44. Militaria, Einquartierung, Abkommen 1609-1715 (130) – 45. Lehnssachen, Huldigungen, Privilegien 1454-1793 (190) – 46. Genealogie 1499-1892 (70) – 47.-48. Herzog Barnim XI. 1532-1604 (24) – 49. Erbfolge u. Teilung zw. pom. Herzogshäusern 1402-1667 (98) – 50.-56. Hzt. Wolgast (Erbfolge, Vormundschaft, Zölle, Fischerei) 1424-1795 (132) – 57.-59., 61.-64. Beziehungen u. Streitsachen mit pom. Familien 1310-1817 (67) – 65. Greifenhagen 1247-1804 (6) – 66. Wildenbruch 1547-1787 (4) – 67. Städte Stralsund, Greifswald, Anklam, Demmin 1595 (1) – 68. Stralsund 1543-1648 (20) – 72. Barth u. Franzburg 1503-1616 (26) – 70. Lehnssachen u. Verpfändung von Lehngütern 1559-1638 (17) – 71. Klagen u. Beschwerden 1571-1679 (18) – 73. Verwaltung

d. herzogl. Güter in Bütow u. Rügenwalde 1508-1679 (32) - 74.-76. Herzogl. Familie (Reisen, Heiraten u. Prinzen, Ausstattung) 1497-1797 (142) - 77. Huldigung d. Stände 1500-1632 (39) - 77.a Herzogliche Vasallen 1558-1822 (510) - 78. Münzsachen 1560-1569 (52) - 79. Hofordnungen 1531-1814 (275) - 80. Hofgericht, Hofkanzlei 1544-1810 (568) - 81.-86. Bistum Kammin (auch Stadt Kolberg) 1356-1826 (200) - 87. Ritterorden 1464-1787 (83) - 88.-92. Kirchen- u. Schulsachen (Konsistorium, Superintendenturen, Marienstift, Universität Greifswald, Pädagogium Stettin) 1560-1810 (404) - 93. Rechts- u. Steuerstreite 1522-1635 (66) - 94.-97. Landtage, Reichsabgaben, Landesverteidigung, Landessteuern 1429-1766 (599) - 98.-102. Verschiedenes (Edikte, Reskripte, Vormundschaft, Städte, Loitze, herzogl. Schenkungen u. Legate) 1481-1812 (672) - 103.-121. Kirchensachen d. Städte Stettin, Stargard, Pyritz, Greifenberg, Gollnow, Gartz/Od., Damm, Wollin, Gülzow, Kammin, Kolbatz, Marienfließ, Saatzig, Treptow/R., Neustettin, Belgard, Schlawe, Rügenwalde, Stolp, Lauenburg, Daber, Stramehl, Regenwalde, Massow, Labes, Freienwalde 1465-1800 (467) - 122.-134. Stadt Stettin (Handwerk, Handel, Brücken, Wege, Polizei, Privilegien, Grenzen 1458-1791 (221). Pars II: Angelegenheiten d. Ämter u. Städte Tit. 1.-36. (ohne 30, 32, 34, 37) Hohen Selchow, Stettin, Belgard, Neustettin, Schlawe, Saatzig u. Marienfließ, Bahn, Kammin, Wollin, Stepenitz, Greifenberg, Treptow/R., Gollnow, Naugard, Kolbatz, Stargard, Pyritz, Gartz/Od., Damm, Lauenburg, Stolp, Bütow, Rügenwalde 13. Jh.-1810 (1877) - 38.-52. Dreißigjähriger Krieg 1616-1687 (183) - 53.-55. Greifenhagen, Fiddichow, Alt Draheim, Tempelburg 1699-1809 (22). Pars III: Verwaltung und Kirchensachen im Fürstentum Kammin (Landtage u. Reichssteuern, Kirchensachen d. Städte u. d. Fürstentums, Synoden, Angelegenheiten d. Städte Kolberg, Körlin, u. Bublitz, Handwerksinnungen) 1416-1802 (479). FB. Siehe auch: LAGw Rep. 4, Rep. 7.

AP Stettin 1964, Podralski 1991, AF Stettin 2004

111	**Herzoglich Wolgaster Archiv**	Nr. 0003
	[Archiwum Książąt Wołogoskich]	
1934 AE	54,3 lfm	[1175-] 1456-1722

1. Religionssachen 1546-1556 (9) - 2.-5. Reichs- u. Kreissachen 1521-1631 (124) - 6.-8. Herzogl. Haus u. Familie 1512-1629 (26) - 10. Polonica 1572-1603 (7) - 11. Suecica 1570-1635 (6) - 12. Danica 1535-1633 (19) - 13. (n. bes.) - 14. Sachsen 1544-1624 (16) -15. Pfalz 1610-1625 (3) - 16. Braunschweig 1542-1623 (13) - 17. Mecklenburg 1526-1634 (18) - 18. Livland 1544-1563 (9) - 19. Vermischtes der Reichsfürsten, Brandenburg 1548-1571 (6) - 20. Brandenburgische Erbeinigung mit Pommern 1493-1577 (7) - 21. Märkische Grenzirrungen 1554-1583 (2) - 22. Herzogl. Erbverträge 1532-1616 (20) - 23. Herzogl. Lehnsempfang v. Kaiser 1541-1626 (19) - 24. Rechnungen 1495-1624 (15) - 25.-27. Bistum, Stift u. Kapitel Kammin 1175-1636 (29) - 28.-29. Stadt u. Kirche Kolberg 1546-1626 (5) - 30. Stadt Stettin 1535-1632 (17) - 31. Marien-Stiftskirche und Pädagogium 1541-1632 (14) - 32. Herzogl. Hofhaltung u. Kanzlei zu Wol-

gast 1503-1637 (170) - 33.-34. Militaria u. Musterungen 1521-1637 (108) - 37. Landkasten zu Greifswald u. Anklam 1568-1636 (20) - 38. Landrentereisachen 1570-1632 (11) - 39. Landtagssachen 1538-1634 (62) - 40. Münzwerk 1551-1624 (2) - 41. Polizeisachen 1543-1634 (12) - 42.-45., 47.-59. Angelegenheiten d. Städte Wolgast, Anklam, Pasewalk, Demmin, Barth, Ueckermünde, Neuwarp, Altentreptow, Loitz, Grimmen, Damgarten, Bahn, Usedom, Franzburg, Richtenberg, Jarmen, Gützkow, Lassan 1325-1722 (175) - 67. Stralsund 1535-1636 (125) - 68.,70.,71. Greifswald (Universität, Konsistorium, Stadt) 1456-1652 (80) - 60. Promiscua in Partei- u. Zivilsachen 1491-1648 (165) - 61. Fiscalia 1548-1624 (3) - 62. Fürstl. Schreiben u. Verordnungen 1568-1626 (16) - 63. Kirche u. Kirchenvisitationen 1537-1661 (80) - 64. Erbhuldigung 1574-1626 (19) - 65. Belehnung und Privilegien der Städte 1524-1663 (63) - 66. Herzogl. Lehnskonsense 1547-1649 (21) - 72. Fürstentum Rügen 1565-1637 (89) - 73. Herrschaft Sonnenburg (Komturei Wildenbruch) 1490-1638 (61) - 74. Grenzirrungen m. Mecklenburg 1500-1664 (65) - 75.-87. Ämtersachen (Generalvisitation, Amt Wolgast, Barth u. Franzburg, Loitz u. Verchen u. Lindenberg, Eldena, Pudagla, Treptow u. Klempenow, Grimmen u. Tribsees, Stolpe, Torgelow, Ueckermünde, Jasenitz, Promiscua) 1543-1678 (202). FK. Siehe auch: LAGw Rep. 5

AF Stettin 2004

112 **Kriegs- und Domänenkammer Stettin** Nr. 0004
[Kamera Wojenno-Skarbowa w Szczecinie]
560 AE 11,8 lfm 1560-1824
Teil I Kommissionen und Visitationen: 1.-18. Domänen Kolbatz, Dölitz u. Bernstein, Friedrichswalde (Kr. Naugard.), Gülzow (Kr. Kammin), Marienfließ (Kr. Stargard), Massow, Naugard, Pyritz, Saatzig, Stepenitz, Treptow/R., Mühlen Stargard, Stettiner Schloß, Pinnow (Kr. Labes), Spantekow, Stettin u. Jasenitz, Stolpe, Klempenow, Verchen, Treptow, Lindenberg, Loitz, Ueckermünde, Torgelow, Wollin 1560-1824 (283) - Teil II Beschreibungen u. Inventare: 19.-33. Domänen Kammin, Kolbatz, Amt Friedrichswalde, Gülzow, Marienfließ, Massow, Saatzig, Stolpe, Treptow/R., Stettin u. Jasenitz, Treptow/Toll., Lindenberg, Loitz, Ueckermünde u. Torgelow, Wollin 1560-1811 (107 AE) - Nachtrag, ungeordnet 1653-1816 (140) - Forst- u. Bausachen 1797-1801 (6) - Ecclesiastica 1609-1800 (8) - Gnadensachen 1769-1804 (16). FB. Siehe auch: LAGw Rep. 12a/b.

AP Stettin 1964, AF Stettin 2004

113 **Domänenarchiv Köslin** Nr. 0005
[Archiwum Domen w Koszalinie]
294 AE 10,85 lfm 1512-1824
Siehe auch: LAGw Rep. 13 b

1. Allgemeines 1751-1795 (4) - 2. Protokolle u. Inventare nach Ämtern 1567-1814 (70) - 3. Kirchensachen 1706-1771 (8) - 4. Visitationen u. Kommissionen nach Ämtern 1512-1824 (206) - 5. Arrendesachen 1642-1810 (6). FK.
Siehe auch: LAGw Rep. 13 b.

AP Stettin 1964, AF Stettin 2004

114 Schwedische Regierung Stralsund   Nr. 1154
     [Rejencja Szwedzka w Stralsundzie]
85 AE   3,7 lfm   1610-1814
FB. Siehe auch: LAGw Rep. 6, Rep. 6a, Rep. 10, Rep. 10 a

115 Schwedische Landesmatrikel von Vorpommern   Nr. 1331
     [Szwedzka Matrykuła Krajowa Pomorza Przedniego]
14 AE   0,02 lfm   1765-1798
Siehe auch: LAGw Rep. 6a
Diese Akten kamen 1938 aus dem Katasteramt Stralsund. Sie stammen aus der Tätigkeit der schwedischen Landvermessungsbehörde, haben aber ursächlich nichts mit Bestand ‚Rep. 6a Schwedische Landesaufnahme von Vorpommern' im Landesarchiv Greifswald zu tun.

Asmus 1996

116 Französische Okkupation in Stettin   Nr. 0072
     [Francuskie Władze Okupacyjne w Szczecinie]
211 AE   4,5 lfm   1806-1828
Nach der Einnahme Pommerns durch die französische Armee bestanden von 1806 bis 1813 Besatzungsbehörden, die die Verpflegung und Versorgung der Truppen, das Quartier- und Transportwesen, Remonte und Lazarette, Kontributionen und Dienste zu organisieren hatten.
Akten der franz. Okkupationsbehörden (1806-13), Akten der Liquidationsbehörden (Aufbringung der Kriegsschulden) (1813-28). FK.

AP Stettin 1964, AF Stettin 2004

117 Oberpräsidium von Pommern in Stettin   Nr. 0073
     [Naczelne Prezydium Prowincji Pomorskiej w Szczecinie]
7285 AE   163,5 lfm   1806-1944
1. Allgem. Staatssachen 1802-1934 (189) - 2. Kommunale Selbstverwaltung u. Wirtschaft 1793-1934 (1000) - 3. Jurisdiktion 1818-1932 (33) - 4. Finanzen 1780-1934 (372) - 5. Bauwesen 1798-1934 (82) - 6. Industrie u. Handwerk 1816-1934 (127) - 7. Handel 1816-1934 (126) - 8. Verkehr, Post, Telegraphenwesen 1816-1939 (286) -

9. Seefahrt, Küsten- u. Seerettungswesen 1815-1934 (45) - 10. Medizinal-, Veterinär- u. Sanitärwesen 1816-1934 (381) - 11. Armenwesen u. Stiftungen 1780-1937 (356) - 12. Presse, Archiv, Bibliotheken, kulturelle Institutionen, Veröffentlichungen 1769-1934 (226) - 13. Statistik 1832-1931 (25) - 14. Versicherungswesen 1782-1945 (283) - 15. Polizei u. Sicherheit 1812-1944 (256) - 16. Militaria 1788-1936 (232) - 17. Schulwesen 1815-1944 (218) - 18. Religionssachen 1811-1941 (292) - 19. Landwirtschaft u. Landbesitz 1773-1944 (595) - 20. Melioration u. Wasserwirtschaft 1818-1942 (166) - 21. Forst- u. Jagdwesen 1813-1933 (28) - 22. Fischerei 1816-1935 (52) - 23. Landeskulturamt 1907-1945 (1519) - Varia 1632-1945 (396, ungeordnet). FB. Siehe auch: LAGw Rep. 60; GStA PK HA I Rep. 83.

Bitter 1926, AP Stettin 1964, Fenske 1993, AF Stettin 2004

118 **Provinzialschulkollegium** Nr. 0074
 f. d. Provinz Pommern in Stettin
 [Kolegium Szkolne dla Prowincji Pomorskiej w Szczecinie]
1472 AE   18,7 lfm   1815-1945
I. Hauptverwaltung: Titel 1.-14. Allgem. Verwaltung, Organisation d. Schulwesens, Lehrpläne, Personal, Finanzen, Bauwesen, Statistik 1823-1945 (209) - II. Schulwesen nach Ämtern: 1. Anklam 1847-1944 (29) - 2. Barth 1907-1944 (12) - 3. Bergen 1910-1944 (10) - 4. Belgard 1862-1945 (31) - 5. Bütow 1908-1945 (22) - 6. Arnswalde 1894-1945 (16) - 7. Schlochau 1900-1945 (13) - 8. Kummerow, Kr. Labes 1940-41 (1) - 9. Köslin 1827-1945 (44) - 10. Lauenburg 1861-1944 (40) - 11. Misdroy, Baltenschule 1919-1945 (21) - 12. Pasewalk 1828-1945 (35) - 13. Schneidemühl 1919-1945 (14) - 14. Pölitz 1907-1945 (20) - 15. Pyritz 1858-1944 (52) - 16. Reckow, Kr. Labes 1940-1943 (1) - 17. Rienow 1944-1945 (3) - 18. Schlawe 1874-1944 (26) - 19. Demmin 1896-1935 (19) - 20. Dramburg 1866-1942 (21) - 21. Eldena 1913-1944 (19) - 22. Franzburg 1912-1944 (10) - 23. Gartz 1943-1945 (2) - 24. Gollnow 1903-1945 (8) - 25. Greifswald 1861-1945 (48) - 26. Greifenberg 1833-1944 (19) - 27. Jastrow 1906-1944 (21) - 28. Kallies 1939-1944 (3) - 29. Kammin 1828-1945 (25) - 30. Karow 1940-1942 (1) - 31. Kolberg 1854-1945 (58) - 32. Stolp 1847-1945 (48) - 33. Stargard 1842-1945 (67) - 34. Stralsund 1834-1945 (46) - 35. Streckenthin 1943-1944 (1) - 36. Friedeberg/Nm. 1830-1938 (11) - 37. Zühlsdorf 1942-1944 (1) - 38. Stettin 1815-1945 (228) - 39. Neustettin 1830-1944 (34) - 40. Schivelbein 1921-1945 (8) - 41. Swinemünde 1898-1945 (32) - 42. Schönlanke 1886-1944 (21) - 43. Treptow/R. 1845-1945 (23) - 44. Deutsch Krone 1943-1944 (5) - 45. Wolgast 1872-1944 (10) - 46. Wollin 1814-1944 (12) - 47. Flatow 1925-1945 (19) - Varia 38 AE ungeordnet. Siehe auch: LAGw Rep. 62, FB.

Bitter 1926, AP Stettin 1964, Fenske 1993, AF Stettin 2004

119 Lehreinrichtungen Nr. 0297-0300, 0302, 1182-1184
Nr. 0297 Gymnasium Deutsch Krone [Gimnazjum w Wałczu] 1831-1939 (57) – Nr. 0298 Städtisches Realgymnasium Schlawe [Gimnazjum w Sławnie] 1873-1939 (9) – Nr. 0299 Marienstiftsgymnasium Stettin [Gimnazjum Mariackie w Szczecinie] 1642-1942 (1014) – Nr. 0300 Kaufmännische Schule Rügenwalde [Szkoła Kupiecka w Darłowie] 1933-1939 (2) – Nr. 0302 Segler Berufsschulen Stettin [Żeglarskie szkoły zawodowe w Szczecinie] 1861-1931 (21) – Nr. 1182 Staatliche Höhere Maschinenbau-, Schiffsingenieur- und Seemaschinistenschule Stettin [Państwowa Wyższa Szkoła Budowy Maszyn w Szczecinie] 1897-1932 (4) – Nr. 1183 Stadtschule Rügenwalde [Szkoła Miejska w Darłowie] 1826-1939 (12) – Nr. 1184 Hermann-Löns-Schule Deutsch Krone [Szkoła im. Hermana Lönsa w Wałczu] 1938-1945 (3). FK.

120 Generalkommissionen, Landeskulturamt, Nr. 0080-0084
Spezialkommissionen
Nr. 0080 Generalkommission Stargard in Pommern [Komisja Generalna w Stargardzie Szczecińskim] 1738-1904 (834) – Nr. 0081 Generalkommission Frankfurt/ Od. [Komisja Generalna we Frankfurcie nad Odrą] 1826-1924 (91) – Nr. 0082 Landeskulturamt Frankfurt/ Od. [Krajowy Urząd Kultury Rolnej we Frankfurcie nad Odrą] 1852-1933 (456) – Nr. 0083 Spezialkommissionen [Komisje specjalne] Kolberg, Stettin, Neustettin - Sammlung von Bestandsresten 1872-1918 (10) – Nr. 0084 Kulturämter [Urzędy kultury rolnej] Köslin, Schlawe, Stolp, Stargard, Stettin, Neustettin - Sammlung v. Bestandsresten 1905-1940 (58). FB . Siehe auch: LAGw Rep. 81 a, e, f; APKo Nr. 233/I.

AP Stettin 1964, AP Köslin 1989, Dölemeyer 1995, AF Stettin 2004

121 Wasserbaudirektion Stettin Nr. 0075
[Dyrekcja Budownictwa Wodnego w Szczecinie]
Hafenbauamt Swinemünde Nr. 0076
[Urząd Budownictwa Portowego w Świnoujściu]
Nr. 0075 Wasserbaudirektion Stettin 1896-1941 (211), FK – Nr. 0076 Hafenbauamt Swinemünde 1767-1942 (248), FB.
Siehe auch: LAGw Rep. 80, Rep. 81.

AP Stettin 1964, AF Stettin 2004

122 Oberzolldirektion, Hauptsteuer- u. Nr. 0085-0089,
Hauptzollämter, Zollämter 0731
Nr. 0085 Oberzolldirektion [Naczelna Dyrekcja Ceł Prowincji Pomorskiej w Szczecinie] 1786-1929 (290), FB – Nr. 86 Kgl. Hauptsteueramt Deutsch Krone [Królewski Główny Urząd Podatkowy w Wałczu] 1866-1924 (50), FB – Nr. 0087 Kgl. Hauptsteuerämter Stargard u. Stettin [Główny urzędy podatkowe w Stargadzie Szczecińskim

i Szczecinie] - Sammlung von Bestandsresten 1756-1890 (22), FB - Nr. 0088 Hauptzollämter [Urzędy celne] Schlochau, Rügenwalde, Kolberg, Stolp, Schivelbein, Swinemünde - Sammlung von Bestandsresten 1806-1933 (102), FB - Nr. 1332 Hauptzollamt Stralsund 1873-1929 (19), FK - Nr. 0089 Zollämter in Kornlage, Köslin, Neuteich, Pyritz, Swinemünde, Stolpmünde - Sammlung von Bestandsresten 1905-1935 (29), FB - Nr. 731 Steuerrat Arnswalde [Rada Podatkowa w Choszcznie] 1739-1810 (287), FB. Siehe auch: LAGw Rep. 64, Rep. 64 a.

AP Stettin 1964, AF Stettin 2004

123 **Regierung Stettin**   Nr. 0092
     [Rejencja Szczecińska]
33374 AE   722,3 lfm   [1377] 1567, 1684, 1692-1945

Die Verordnung vom 26.12.1808 änderte Namen und Geschäftsbereich der oberen Verwaltungsbehörde der Provinz. Aus der Kriegs- u. Domänenkammer wurde die Regierung von Pommern. Die Regierungen erhielten alle Angelegenheiten der inneren Verwaltung (Polizei, Finanzen, Landeshoheit, Kirch- u. Schulsachen, Post-, Berg- u. Hüttenwesen) soweit nicht besondere Behörden damit beauftragt waren. In ihrer Zuständigkeit erhielten sie die Entscheidungshoheit. Die gesamte Rechtspflege mit Lehns-, Vormundschafts- u. Hypothekenwesen ging an die Oberlandesgerichte. Mit der Verordnung vom 30.04.1815 wurden zwei Regierungen, Stettin und Köslin (Köslin ab Aug. 1816), ab 1818 mit Stralsund drei Regierungen in den jeweiligen Bezirken errichtet. Zunächst in zwei Abteilungen gegliedert, wurden ab 31.12.1825 vier Abteilungen gebildet (Inneres, Kirch- u. Schulwesen, Domänen- u. Forsten, direkte Steuern). Von 1808-1883 (außer 1817-1825) war der in Stettin residierende Regierungspräsident gleichzeitig Oberpräsident von Pommern. An den Regierungsbezirk Stettin wurde ab 01.10.1932 das Gebiet des aufgelösten Regierungsbezirks Stralsund angegliedert.
Gliederung: I Präsidialabteilung, II Kirchen- und Schulwesen, III Domänen und Forsten.
Abt. I: 1.-4. Generalia (Gesetzl. Grundlagen, Landessachen, Landeshuldigungen, Organisation der Verwaltung), 1803-1921 (582) - 5. Verwaltung der Regale (Salz, Post, Lotterie), 1809-1875 (94) - 6.-7. Aufsicht über Kreise, Stiftungen, Vereine, Korporationen 1762-1943 (430) - 8. Statistik, Karten 1809-1938 (626) - 9.-15. Landtage, Selbstverwaltung u. Aufsicht über die Selbstverwaltung der Kreise, Ämter, Dörfer, Städte 1763-1944 (2011) - 16.-18. Schiffahrt, Handwerk, Jahrmärkte, Handel 1794-1944 (1226) - 50. Konzessionen f. Handel u. Gewerbe 1792-1871 (596) - 19.-21. Verkehrswesen, Post, Telegraf 1752-1944 (1425) - 22.-27., 36. Land- u. Forstwirtschaft, Meliorationen, Wasserwirtschaft u. Kanalisation, Fischerei 1779-1943 (1077) - 28.-30. Bauwesen, Industrie u. Manufakturen, Elektrifizierung 1736-1944 (636) - 31.-32. Medizin- u. Veterinärwesen, Lebensmittelaufsicht 1742-1945 (446) - 33. Wohlfahrtssachen 1802-1944 (76) - 34. Presse, Zensur, Kultur 1806-1933 (44) - 35. Jurisdikti-

on 1842-1943 (37) - 37., 39., 41., 44. Polizei, Personenstandswesen, Sicherheitspolizei, Sittenpolizei 1806-1945 (1544) - 38. Brandwesen u. -versicherungen 1805-1914 (83) - 40. Arbeiterfürsorge, Arbeitsbeschaffung 1901-1932 (277) - 42. Pflichten d. Städte 1917-1941 (6) - 43. Schützengilden 1810-1930 (13) - 45. Falschmünzerei 1810-1867 (12) - 46. Jüdische Gemeinden 1808-1938 (43) - 47. Auflösung religiöser Gemeinden 1933-1941 (4) - 48. Gesindewesen 1882-1906 (3) - 49. Finanzen und Abgaben 1805-1939 (579) - 51., 52. Politische Polizei, Gendarmerie, Gestapo 1849-1945 (280) - 53. Militaria 1692-1945 (1090) -

Abt. II : 1. Generalia 1814-1931 (14) - 2. Synoden: Altenkirchen/Rg. 1828-1942 (9) - Altdamm 1810-1919 (101) - Anklam 1810-1919 (324) - Bahn 1783-1941 (183) - Barth 1821-1942 (30) - Bergen 1875-1944 (12) - Daber 1810-1941 (111) - Demmin 1377-1943 (345) - Franzburg 1877-1944 (12) - Freienwalde 1798-1944 (176) - Gartz/Od. 1809-1942 (161) - Garz/Rg. 1912-1941 (17) - Gollnow 1806-1943 (507) - Greifenberg 1810-1938 (161) - Greifenhagen 1801-1938 (171) - Greifswald 1928-1940 (13) - Grimmen 1819-1943 (16) - Jakobshagen 1759-1944 (383) - Kammin 1805-1943 (236) - Kolbatz 1802-1944 (373) - Labes 1809-1930 (86) - Loitz 1820-1944 (7) - Naugard 1567-1949 (234) - Naugard-Gülzow 1787-1942 (84) - Pasewalk 1804-1943 (334) - Penkun 1724-1942 (156) - Pyritz 1785-1942 (280) - Regenwalde 1809-1941 (48) - Richtenberg 1876-1936 (3) - Soldin 1864-1880 (3) - Stargard 17440-1944 (253) - Stettin 1667-1940 (628) - Stralsund 1820-1933 (3) - Treptow/R. 1764-1927 (178) - Treptow/Toll. 1720-1943 (261) - Usedom 1808-1943 (275) - Ueckermünde 1735-1943 (300) - Werben 1702-1943 (193) - Wolgast 1584-1939 (3) - Wollin 1809-1942 (454) - 3. Schulfragen 1811-1945 (171) - 4.-5. Einkommen u. Gehalt der Lehrer u. Geistlichen 1810-1929 (165) - 6. Schulbauwesen (10) 1814-1911 - 7. Kollekten u. Unterstützungen f. Lehrer u. ihre Familien 1811-1932 (63) - 8. Kanzleihilfen 1857-1928 (8).

Abt. III : 1. Allgem. Fragen 1811-1933 (78) - 2. Bestandsaufnahme v. Gütern u. Gebäuden, Bauinventar 1811-1876 (17) - 3. Ecclesiastica 1829-1913 (2) - 4. Visitationen u. Kontrollen 1807-1861 (6) - 5. Verpachtung v. Vorwerken, Kultivierung v. Äckern 1764-1932 (218) - 6. Grundbuchänderungen, Erhebungen f. d. Gemeinden 1809-1916 (86) - 7. Jurisdiktion 1809-1852 (66) - 8. Fiskalia, Einsprüche 1837-1863 (34) - 9. Bauwesen, Brandschutz, Hochwasserschutz 1813-1890 (98) - 10. Personalsachen 1811-1912 (174) - 11. Feuerpolizei 1810-1827 (1) - 12. Entschädigungsfragen 1812-1873 (5) - 13. Budget- u. Kassenfragen 1824-1923 (50) - 14. Unterstützungen 1842-1899 (8) - 15. Vermessung 1809-1901 (12) - 16. Kautionen 1802 (1) - 17. Requisitionen 1827-1905 (10) - 18. Nachlaßsachen 1873-1919 (37) - 19. Ämter (o. Z.): Dölitz (40) - Friedrichswalde (257) - Gülzow (224) - Jasenitz (7) - Kammin (290) - Klempenow (569) - Kolbatz (171) - Marienfließ (348) - Massow (49) - Naugard (212) - Pudagla (464) - Pyritz (323) - Saatzig (85) - Schwedt (402) - Stepenitz (182) - Stettin u. Jasenitz (399) - Treptow (48) - Ueckermünde (382) - Verchen (317) - Wollin (641) - Verpachtung v. Vorwerken im Reg.-bez. Stralsund 1823-1945 (99) - Torffaktorei Karolinenhorst 1815-1947 (25) - Pachtvertäge Spantekow 1806-1839 (24) - Verpachtung d. Vorwerke u. ihre Amortisation 1817-1944 (594) - Forste 1684, 1801-1930 (1451) - Prozesse A-Z 1770-1923 (1124) - Abgaben 1800-1867, 1880-1944 (638) - Varia 1692-1944 (2851) - Karten 1808-1945 (2595) Bestandteile von Akten mit der jeweiligen Aktensignatur. FB. Siehe auch: LAGw Rep. 65 a.

Bitter 1926, AP Stettin 1964, Fenske 1993, AF Stettin 2004

124 **Regierungen Schneidemühl und Stralsund**　　　　Nr. 1153
　　　[Rejencje w Pile i Stralsundzie]
417 AE　　　　　　　　6,3 lfm　　　　　　　　　　1795-1944
Sammlung von Bestandsresten (dazu auch Frankfurt/Od., Marienwerder, Schneidemühl). FK.
Siehe auch: LAGw Rep. 65 a, b, c; APKo Nr. 19/I; APPo OPiła Nr. 376.

125 **Polizeipräsidium Stettin**　　　　　　　　　　　Nr. 0093
　　　[Prezydium Policji w Szczecinie]
48933 AE　　　　　　　124,8 lfm　　　　　　　　　1852-1945
Siehe auch: LAGw Rep. 79
Präsidialabteilung 1852-1945 (52) - Ausländeramt 1926-1945 (71) - Kriminalpolizei 1922-1945 (20) - Ausländische Arbeiter 1939-1945 (ca. 50.000 Personalakten von Zwangsarbeitern in Stettin, Pölitz, Kr. Kammin) - Mitgliederkartei von Freimaurerlogen 1920-1940 (ca. 20 lfm). FB, FK, PC-Datenbanken.
Siehe auch: LAGw Rep. 79

126 **Oberversicherungsamt Stettin**　　　　　　　　Nr. 0583
　　　[Wyższy Urząd Ubezpieczeniowy w Szczecinie]
85 AE　　　　　　　　　3 lfm　　　　　　　　　　　1901-1933
Auf der Ebene der Regierungsbezirke und unter Vorsitz des Regierungspräsidenten wurden 1911 Oberversicherungsämter als Berufungsinstanz gegen Bescheide der (Kreis-) Versicherungsämter (Krankenversicherung), der Versicherungsträger (Invaliden- u. Unfallversicherung) und der Reichsversicherungsanstalt (Angestelltenversicherung) geschaffen.
FB. Siehe auch: APSz Nr. 0584.

127 **Oberförstereien, Forstmeister, Forstkasse Misdroy**　Nr. 0785-0788,
　　　[Nadleśnictwa, Król. Kasa Leśna w Międzyzdrojach]　0140, 1159, 1335
Nr. 0785 Oberförsterei Grünhaus 1821-1928 (31) - Nr. 0786 Oberförsterei Friedrichsthal 1896-1929 (1) - Nr. 0787 Oberförsterei Friedrichswalde 1835-1936 (44) - Nr. 0788 Oberförsterei Loitz (b. Stolp) 1852-1939 (44) - Nr. 1159 Forstmeister in Rieth [Nadleśniczy w Rieth] 1742-1910 (32) - 0140 Oberförstereien Plietnitz, Linden-

berg, Lebehnke, Zippnow (Reg.-bez. Marienwerder) Bestandsreste 1818-1890 (24) – Nr.1335 Forstkasse Misdroy 1903-1912 (5). FB, FK.
Siehe auch: LAGw Rep. 70.

Bitter 1926, Fenske 1993, AF Stettin 2004

128   **Landratsämter**
      [Starostwa powiatowe]
Nr. 0095 Arnswalde 1672-1898 (245) – Nr. 0097 Belgard 1739-1939 (200) – Nr. 0099 Dramburg 1711-1943 (586) – Nr. 0100 Greifenberg 1809-1938 (550) – Nr. 0101 Greifenhagen 1851-1931 (8) – Nr. 0102 Kammin 1753-1940 (443) – Nr. 0103 Kolberg 1815-1939 (314) – Nr. 0105 Lauenburg 1719-1937 (858) – Nr. 0107 Randow 1702-1939 (1770) – Nr. 0109 Regenwalde in Labes 1777-1945 (1055) – Nr. 0111 Rummelsburg 1847-1944 (18) – Nr. 0112 Schlawe 1806-1874 (6) – Nr. 0114 Schivelbein 1795-1932 (209) – Nr. 0116 Saatzig 1717-1932 (741) – Nr. 0117 Stolp 1810-1936 (317) – Nr. 0118 Swinemünde 1730-1932 (349). Alle Bestände FB. – Nr. 1155 Greifswald 1812-1924 (20), FK – Nr. 1334 Ueckermünde 1846-1925 (16). FK.
Siehe auch: LAGw Rep. 66; APKo Nr. 20/1.

Bitter 1926, Fenske 1993, AF Stettin 2004

129   **Landkreistag in Pommern**   Nr. 0767
      [Pomorski Sejmik Krajowy]
21 AE   0,7 lfm   1922-1936

130   **Kreis- (bzw. Orts-) Schulinspektionen**   Nr. 0119-0121
      [Powiatowe inspekcje szkolne]
Nr. 0119 Kreisschulinspektion Arnswalde 1818-1937 (156), FB – Nr. 120 Kreisschulinspektion Randow 1835-1932 (80), FB – Nr. 121 Kreis-/ Gemeinde-/ Ortsschulinspektionen Fürstenau, Grüneberg, Kürtow, Neuwedell, Pammin, Pargow, Pritzlow, Radun, Retzin, Sonnenberg, Zatten-Regenthin, Züllchow – Sammlung v. Bestandsresten 1820-1932 (39), FB.

AF Stettin 2004

131   **Kreisbau- u. Vermessungsämter**   Nr. 0124-0126
      [Powiatowy Urząd Budowlany,
      Miejski Urząd Pomiarowy]
Nr. 0124 Kreisbauamt Rummelsburg 1905-1940 (34), FB – Nr. 125 Kreisbauinspektion Stargard 1853-1917 (45), FB – Nr. 126 Stadtvermessungsamt Stettin [w Szczecinie] 1907-1942 (53), FK – Nr. 1376: Bütow 1832-1866 (3) – Deutsch Krone 1908-1909 (1) – Dramburg 1861-1890 (1) – Lauenburg 1777-1779, 1880-1882 (2), FK.

AF Stettin 2004

132 **Katasterämter** Nr.: 0127-0130, 0132-0136,
[Urzędy katastralne] 0784, 1009, 1331
Nr. 0127 Greifenhagen 1774-1945 (707), FB – Nr. 0128 Arnswalde 1819-1944 (450), FB – Nr. 0129 Greifenhagen 1861-1944 (664), FK – Nr. 0130 Kammin 1817-1945 (707), FB – Nr. 0132 Naugard 1874-1941 (25), FB – Nr. 0133 Stettin 1668-1945 (1415), FK – Nr. 0134 Randow 1865-1945 (596), FK – Nr. 0135 Labes 1791-1945 (994), FB – Nr. 0136 Stargard 1818-1940 (2137), FK – Nr. 0784 Swinemünde 1823-1945 (655), FB – Nr. 1009 Ueckermünde 1807-1943 (252), FB – Nr. 1148 Katasterbüro Stettin 1865-1944 (3010), uvz. – Nr. 1313 Katasterbüro Frankfurt/Od. 1865-1944 (652), uvz. – Nr. 1331 Stralsund 1771-1794 (14), FK – Schlochau 1868-1895 (53), FK. Siehe auch: LAGw Rep. 68.

AP Stettin 1964, AF Stettin 2004

133 **Arbeitsämter** Nr.: 0122, 0123, 1156
[Urzędy pracy]
Die Arbeitsnachweisführung und Arbeitsvermittlung wurde erst per 16.07.1927 auf Reichsebene zentralisiert und organisiert. Den Landesarbeitsämtern auf Provinzebene unterstanden örtliche Arbeitsämter, deren Einzugsgebiete nicht grundsätzlich mit den Kreisen identisch waren.
Nr. 0122 Köslin 1931-1936 (12), FB – Nr. 0123 Kolberg 1932-1937 (26), FB – Nr. 1156 Deutsch Krone 1932-1936 (15), FK – Schlichtungsausschuß Köslin 1928-1933 (74), FK – Kreiswohlfahrtsamt Deutsch Krone 1920-1933 (9), FB.

AP Stettin 1964, Fenske 1993, AF Stettin 2004

134 **Domänenrentämter** Nr. 0047-0071, 1199
[Urzędy domenalno-rentowy]
36,4 lfm 1653-1934
Nr. 0047 Belgard 1805-57 (22) – Nr. 0048 Baldenburg 1692-1895 (329) – Nr. 0049 Marienwalde 1771-1916 (79) – Nr. 0050 Bublitz 1726-1849 (21) – Nr. 0051 Brüsewitz 1670-1873 (89) – Nr. 0052 Bütow 1708-1913 (179) – Nr. 0053 Tempelburg 1672-1908 (95) – Nr. 0054 Rügenwalde 1692-1884 (296) – Nr. 0055 Jacobshagen 1730-1887 (43) – Nr. 0056 Draheim 1631-1922 (51) – Nr. 0057 Körlin 1773-1874 (303) – Nr. 0058 Kasimirsburg 1745-1861 (15) – Nr. 0059 Kolberg 1766-1852 (30) – Nr. 0060 Lauenburg 1746-1875 (90) – Nr. 0061 Marienfließ 1653-1890 (561) – Nr. 0062 Reetz 1740-1875 (37) – Nr. 0063 Stolp 1792-1905 (86) – Nr. 0064 Schmolsin 1637-1852 (20) – Nr. 0065 Stepenitz 1652-1931 (81) – Nr. 0066 Saatzig 1732-1919 (19) – Nr. 0067 Stettin 1640-1916 (168) – Nr. 0068 Neustettin 1702-1875 (95) – Nr. 0069 Schivelbein 1802-1878 (78) – Nr. 0070 Wollin 1720-1912 (162) – Nr. 71 Domänenrentämter – Sammlung von Bestandsresten (Balster, Gorgast, Jasenitz, Kammin, Klempenow, Kolbatz, Köslin, Köstin, Massow, Friedrichswalde, Puck, Pudagla, Pyritz, Schwedt,

Schwendt, Treptow/Rega, Ueckermünde, Verchen, Virchow, Groß StABin) 1626-1934 (149), alle FB - Nr. 1199 Ordensamt Kollin 1720-1811 (31). FK.
Siehe auch: LAGw Rep. 71.

AP Stettin 1964, Fenske 1993, AF Stettin 2004

135 Standesämter
[Urzędy stanu cywilnego]
Die staatliche Registrierung der Geburten, Todesfälle und Heiraten wurde in Preußen ab dem 01.10.1874 eingeführt. In Jahre 1874 gab es in Pommern 679, im Jahre 1944 bereits 853 Standesämter. Die bei Kriegsende nach Westen evakuierten Bestände befinden sich heute im Standesamt I in Berlin. Nach Verordnung des polnischen Innenministeriums werden alle Standesamtsregister nach hundertjähriger Aufbewahrung in den Standesämtern an die staatlichen Archive abgegeben. Der Stand dieser Auflistung ist der 31.05.2003, inzwischen sind also weitere Übernahmen getätigt worden.
Nr. 0315 Treptow/Rega 1874-1945 (261) - Nr. 0316 Zanow 1874-1943 (169) - Nr. 0595 Neukirchen 1874-1901 (135) - Nr. 0596 Hagenow 1874-1900 (81) - Nr. 0597 Friedrichsberg 1876-1900 (74) - Nr. 0598 Basenthin 1874-1900 (78) - Nr. 0599 Bonin 1874-1901 (84) - Nr. 0600 Groß Borckenhagen 1874-1901 (84) - Nr. 0601 Bergland 1874-1901 (33) - Nr. 0602 Zirkwitz 1874-1900 (81) - Nr. 0603 Dargislaff 1874-1900 (81) - Nr. 0604 Damerow 1875-1900 (81) - Nr. 0605 Brusenfelde 1875-1892 (45) - Nr. 0606 Daber 1876-1900 (74) - Nr. 0607 Gollnow 1874-1875 (4) - Nr. 0608 Gützlaffshagen 1874-1900 (81) - Nr. 0609 Greifenberg 1874-1900 (80) - Nr. 0610 Steinwehr 1876-1902 (20) - Nr. 0611 Karnitz 1874-1900 (81) - Nr. 0612 Groß Christinenberg 1874-1896 (66) - Nr. 0613 Karlshof 1874-1901 (84) - Nr. 0614 Kirchhagen 1874-1900 (81) - Nr. 0615 Walsleben 1876-1900 (75) - Nr. 0616 Hindenburg 1876-1900 (75) - Nr. 0617 Hackenwalde 1874-1938 (83) - Nr. 0618 Kriewitz 1876-1900 (70) - Nr. 0619 Kehrberg 1874-1899 (49) - Nr. 0620 Külz 1876-1900 (75) - Nr. 0621 Roderbeck 1874-1899 (48) - Nr. 0622 Liebenow 1875-1905 (33) - Nr. 0623 Lübzin 1874-1901 (104) - Nr. 0624 Labuhn 1874-1901 (84) - Nr. 0625 Elvershagen 1874-1901 (81) - Nr. 0626 Labes 1874-1901 (82) - Nr. 0627 Lasbeck 1874-1900 (79) - Nr. 0628 Kantreck 1874-1901 (83) - Nr. 0629 Massow 1874-1901 (100) - Nr. 0630 Misdroy 1874-1901 (77) - Nr. 0631 Maldewin 1874-1901 (83) - Nr. 0632 Speck 1874-1901 (93) - Nr. 0633 Hermelsdorf 1874-1900 (117) - Nr. 0634 Naugard 1874-1900 (81) - Nr. 0635 Nipperwiese 1874-1898 (54) - Nr. 0636 Bernhagen 1874-1898 (54) - Nr.0637 Neuendorf 1876-1898 (20) - Nr. 0638 Priemhausen 1874-1901 (60) - Nr. 0639 Pyritz 1874-1902 (59) - Nr. 640 Groß und Klein Raddow 1874-1901 (81) - Nr. 0641 Schwabach 1874-1900 (35) - Nr. 0642 Regenwalde 1874-1938 (142) - Nr. 0643 Regenwalde-Land 1874-1901 (84) - Nr. 0644 Robe 1874-1900 (81) - Nr. 0645 Roggow A 1874-1901 (84) - Nr. 0646 Roggow B 1874-1901 (84) - Nr. 0647 Ruhnow 1874-1901 (84) - Nr. 0648 Zedlin 1874-1900 (80) - Nr. 0649 Silligsdorf

1874-1901 (84) – Nr. 0650 Stargordt 1874-1901 (77) – Nr. 0651 Stepenitz 1874-1901 (86) – Nr. 0652 Strelowhagen 1874-1900 (75) – Nr. 0653 Stramehl 1874-1901 (84) – Nr. 0654 Wildenbruch 1874-1899 (30) – Nr. 0655 Fürstenflagge 1874-1901 (78) – Nr. 0656 Grossenhagen 1874-1901 (27) – (Nr. 0657 n. bes.) – Nr. 0658 Triebs-Neuhoff 1874-1900 (80) – Nr. 0659 Hoff 1874-1900 (80) – Nr. 0660 Braunsberg 1876-1900 (75) – Nr. 0661 Wangeritz 1876-1900 (75) – Nr. 0662 Wangerin 1874-1901 (78) – Nr. 0663 Witzmitz 1874-1900 (81) – Nr. 0664 Henkenhagen 1874-1901 (107) – Nr. 0665 Döringshagen 1874-1890 (80) – Nr. 0666 Voigtshagen 1876-1900 (75) – Nr. 0667 Wurow 1874-1901 (84) – Nr. 0668 Schönwalde 1874-1901 (84) – Nr. 0669 Groß Sabow 1876-1900 (74) – Nr. 0670 Selchow 1874-1895 (45) – Nr. 0671 Barfussdorf 1874-1937 (84) – Nr. 0672 Stettin 1874-1901 (540) – Nr. 0673 Neuenkirchen 1874-1902 (26) – Nr. 0674 Bredow 1874-1901 (124) – Nr. 0675 Frauendorf 1874-1902 (31) – Nr. 0676 Grabow 1874-1901 (122) – Nr. 0677 Scheune 1874-1902 (66) – Nr. 0678 Nemitz 1875-1899 (23) – Nr. 0679 Schöningen 1874-1902 (45) – Nr. 680 Zahden 1874-1937 (191) – Nr. 0681 Stolzenburg 1874-1902 (87) – Nr. 0682 Falkenwalde 1875-1902 (27) – Nr. 0683 Völschendorf 1874-1902 (75) – Nr. 0684 Greifenhagen 1875-1937 (38) – Nr. 0685 Pritter 1878-18901 (59) – Nr. 0686 Mandelkow 1874-1939 (50) – Nr. 0789 Zehden 1874-1901 (29) – Nr. 0790 Zicher Forst 1877-1879 (2) – Nr. 0791 Damm 1885-1902 (2) – Nr. 0793 Schmarsendorf 1874-1899 (26) – Nr. 0794 Grünrade 1881 (1) – Nr. 0795 Karlstein 1874-1899 (7) – Nr. 0796 Bärfelde 1878-1936 (7) – Nr. 0797 Bad Schönließ 1874-1902 (79) – Nr. 0799 Wittstock-Nabern 1877-1884 (3) – Nr. 0800 Trieglaff 1876-1899 (44) – Nr. 0801 Gollnowshagen 1877 (2) – Nr. 0802 Daarz 1877-1901 (9) – Nr. 0803 Stolzenhagen 1894-1902 (24) – Nr. 0804 Zicher-Batzlow 1882 (1) – Nr. 0814 Grambow 1874-1902 (27) – Nr. 0815 Nassenheide 1874-1902 (31) – Nr. 0979 Damerow 1874-1888 (9) – Nr. 0980 Mulkenthin 1874-1890 (6) – Nr. 0988 Freiheide 1875-1900 (34) – Nr. 0989 Groß Wachlin 1874-1900 (23) – Nr. 1013 Barnimskunow 1875 (1) – Nr. 1014 Dölitz 1874-1875 (5) – Nr. 1015 Fürstensee 1875 (1) – Nr. 1016 Rothenklempenow 1874-1937 (190) – Nr. 1017 Barskewitz 1874-1928 (44) – Nr. 1018 Falkenwalde 1874-1875 (2) – Nr. 1019 Freienwalde 1874-1875 (2) – Nr. 1020 Hansfelde 1875 (2) – Nr. 1021 Pansin 1874-1943 (72) – Nr. 1022 Schönberg 1874-1928 (38) – Nr. 1023 Stargard 1914-1919 (1) – Nr. 1024 Pasewalk 1874-1937 (62) – Nr. 1025 Kolzow 1888-1894 (2) – Nr. 1029 Gottberg 1874-1875 (2) – Nr. 1030 Klützow 1874-1875 (3) – Nr. 1031 Kremzow 1874 (1) – Nr. 1032 Petznick 1874-1875 (2) – Nr. 1033 Prielipp 1874-1875 (4) – Nr. 1034 Sallenthin 1874 (1) – Nr. 1035 Schlötenitz 1875 (1) – Nr. 1036 Warnitz 1875 (1) – Nr. 1037 Werben 1874-1875 (4) – Nr. 1044 Kannenberg 1874-1875 (3) – Nr. 1045 Kunow a. d. Straße 1875 (1) – Nr. 1046 Marienfließ 1875 (1) – Nr. 1047 Nörenberg 1875 (2) – Nr. 1048 Pegelow 1874 (2) – Nr. 1049 Pützertin 1874-1875 (3) – Nr. 1050 Ravenstein 1874-1875 (5) – Nr. 1051 Steinhöfel 1874-1875 (4) – Nr. 1052 Suckow 1875 (1) – Nr. 1053 Vehlingsdorf 1874-1875 (3) – Nr. 1054 Vossberg 1874-1875 (3) – Nr. 1055 Wulkow

1882 (1) - Nr. 1056 Zachan 1874-1875 (2) - Nr. 1057 Zehrten 1874 (1) - Nr. 1140 Britz 1894 (1) - Nr. 1141 Hasenfier 1894 (1) - Nr. 1142 Lippehne 1874-1938 (129) - Nr. 1143 Löcknitz 1874-1936 (61) - Nr. 1146 Neuwarp 1874-1945 (7) - Nr. 1147 Pölitz 1874-1902 (28) - Nr. 1350 Friedrichswalde 1888-1895 (8) - Nr. 1353 Mohrin 1897 (2) - Köselitz 1879-1899 (63) - Nr. 1374 Ribbekardt 1879 (1) - Nr. 1383 Martenthin 1889 (1).

Laszuk 1999, AF Stettin 2004

Kommunalständische Vertretungen, Selbstverwaltungsorgane der Provinz und der Kreise

136   Kommunal-Landtag und Landstube von Altpommern   Nr. 0184
      und Kommunalstände von Neuvorpommern
      [Archiwum Sejmików Krajowych Pomorza]
64 AE   6,3 lfm   1655-1881

Privinzial- und Kommunallandtage 1805-1881 (30) - Landgüter der Universität Greifswald 1861-61 (2) - Chaussebau 1840-1870 (10) - Hinterpommersches Ständearchiv 1660-1780 (22). Siehe auch: LAGw Rep. 50, Rep. 51.

Fenske 1993, Lutter 1994, AF Stettin 2004

137   Neuvorpommerscher Landkasten in Stralsund   Nr. 1126
      [Krajowa Kasa w Stralsundzie]
7 AE   0,1 lfm   1805-1832
FB. Siehe auch: LAGw Rep. 50, 51.

138   Verwaltung des Provinzialverbandes   Nr. 0183
      [Związek Samorządu Prowincji Pomorskiej]
432 AE   8,4 lfm   1800-1944

Teil I: Selbstverwaltung: 1. Allgem. Verwaltung 1803-1876 (23) - 2. Anstalt Rügenwalde 1830-1930 (32) - 3. Anstalt Neustettin 1818-1937 (41) - 4. Anstalt Ueckermünde 1800-1929 (25) - 5. Andere Anstalten 1833-1922 (37) - 6. Körordnung 1879-1899 (4) - 7. Kriegsversehrtenhilfe 1915-1930 (25) - 8. Finanzielle Angelegenheiten der Prov. Pommern u. Grenzmark 1833-1834, 1919-1943 (19) - 9. Hebammeninstitut 1811-1920 (21) - 10. Kulturelle Einrichtungen 1887-1944 (8) - 11. Rechtssachen u. Verwaltungsberichte 1833-1934 (21) - Teil II: Kommunallandtag: 12. Personal- u. Finanzsachen 1825-1876 (21) - 13. Strittige Fragen 1823-1945 (10) - 14. Verwaltung des Landarmenwesens 1827-1877 (55) - 15. Rettungshäuser für Kinder u. Jugendliche 1829-1876 (19) - 16. Finanzen 1851-1876 (8) - 17. Feuerversicherungsgesellschaft

1827-1876 (49) – 18. Brandschäden, Steuerremissionen 1832-1874 (4) – 19. Sippenforschung 1943-1944 (1) – Anhang 1799-1869 (9). FB.
Siehe auch: LAGw Rep. 54, Rep. 56.

Fenske 1993, Lutter 1994, AF Stettin 2004

139   **Direktion des Landarmenwesens**   Nr. 0707
      Pommerns in Stettin
      [Dyrekcja Zakładów Opiekuńczych na Pomorzu Zachodnim]
93 AE   2,4 lfm   1799-1913
Das Landarmenwesen bildete eine der ersten und grundlegenden Aufgaben der Selbstvertretungskörperschaften der Provinzen. Sie wurde 1799 auf königlichen Erlass gegründet, die Direktion in Stettin eingerichtet. Ihr unterstanden die Anstalten in Ueckermünde und Neustettin. Der Vorstand setzte sich aus Vertretern der Kriegs- u. Domänenkammer und der Stände zusammen. Die ständische Landarmendirektion wurde 1832 aufgelöst und die Geschäfte der Altvorpommerschen Landstube zugewiesen. Ab 1876 wurde die Direktion des Landarmenwesens im Provinzialverband eingerichtet.
1. Allgemeines 1799-1878 (10) – 2. Finanzen 1813-1873 (21) – 3. Anstalt Ueckermünde 1811-1913 (40) – 4. Anstalt Neustettin 1815-1877 (22). FB.
Siehe auch: LAGw Nr. 56; APSz Nr. 183.

Provinzialverband, AP Stettin 1964

140   **Kuratorium der Provinzial-Blindenanstalten Stettin** Nr. 0292
      [Prowincjonalne Kuratorium Zakładów dla Ociemniałych w Szczecinie]
      Waisenhaus Stargard   Nr. 0293
      [Dom Sierot w Stargardzie Szczecińskim]
Nr. 0292 Kuratorium der Provinzial-Blindenanstalten 1841-1930 (40), FK – Nr. 0293 Waisenhaus Stargard 1699-1937 (50), FB.

AP Stettin 1964, AF Stettin 2004

141   **Chausseebaukommission in Pommern**   Nr. 0077
      [Komisja Budowy Szos na Pomorzu]
      Straßenbauverwaltung
      [Zarzad Budowlane Szos]   Nr. 1336
Straßenbau u. -unterhaltung lagen bis 1808 bei der Polizeideputation der Regierung, bis 1815 beim Oberpräsidenten und nach 1815 wieder bei den Regierungen. Die Chaussee-Bau-Kommission war ein Kontrollorgan, das auf Initiative der Ritterschaftlichen Privatbank gegründet wurde und die Baudurchführung und die Verwendung der Gelder prüfen sollte. Die Straßenbauverwaltung wurde bereits 1823 (Gesetz wegen Anordnung der Provinzialstände, Provinzialordnung) den ständischen Vertretungskörper-

schaften der Provinz zugewiesen. Der 1875 gegründete Kommunalverband der Provinz richtete für dieses Aufgabengebiet eine Straßenbauverwaltung ein, nach dem Oberpräsidentengesetz 1934 wurde daraus die Straßenbauabteilung beim Oberpräsidenten.
Nr. 0077 Chaussebaukommission in Pommern (darin Baupläne der Straßen Anklam-Pasewalk, Pasewalk-Löcknitz, Löcknitz-Stettin) 1828-1842 (38), FB - Nr. 1336 Straßenbauverwaltung Pommern 1938-1944 (12), FK. Siehe auch: LAGw Rep. 57.

Provinzialverband, Lutter 1994, AF Stettin 2004

142   Bezirksausschüsse   Nr. 0581, Nr. 1193
      [Wydziały obwodowe]
Per Gesetz vom 30.07.1883 wurde aus Bezirksrat und Bezirksverwaltungsgericht der Bezirksausschuß gebildet. Dieser stand dem Regierungspräsidenten bei Verwaltungsangelegenheiten zur Seite und fungierte als Bezirksverwaltungsgericht.
Nr. 0581 Bezirksausschuß Stettin 1872-1942 (718), FB - Nr. 1193 Bezirksausschuß Stralsund 1872-1937 (64), FK.

Fenske 1993, AF Stettin 2004

143   Kreisausschüsse
      [Wydziały powiatowe]
Nr. 0096 Arnswalde 1916-1924 (24), FB - Nr. 0098 Belgard 1774-1939 (329), FB - Nr. 0099 Dramburg 1711-1943 (587), FB - Nr. 104 Sammlung v. Bestandsresten Deutsch Krone, Greifenhagen, Kammin, Kolberg, Naugard, Pyritz, Stolp, Stargard 1837-1943 (27), FK - Nr. 0106 Lauenburg 1720-1933 (522), FB - Nr. 0108 Randow 1850-1940 (90), FB - Nr. 0110 Regenwalde 1873-1944 (444), FB - Nr. 0113 Schlawe 1826-1931 (153), FB - Nr. 0115 Schivelbein 1873-1937 (105), FB - Nr. 1338 Ueckermünde 1899-1937 (12) - Nr. 1312 Selbstverwaltungsverband des Netzekreises 1672-1866 (28) - Nr. 1338 Ueckermünde 1923-1929 (12), FK. Siehe auch: LAGw Rep. 66 a; APKo Nr. 34/I.

Fenske 1993, AP Stettin 1964, Dölemeyer 1995

Mittlere und untere Reichsbehörden

144   Landesfinanzamt Stettin   Nr. 0090
      [Krajowy Urząd Skarbowy w Szczecinie]
      Finanzämter   Nr. 0091
      [Urzędy finansowe]
Die auf Provinzebene durch die Reichsabgabenordnung vom 13.12.1919 gebildeten Landesfinanzämter unterstanden dem Reichsfinanzministerium. Neben der Präsidial-

abteilung bestanden die Abteilung I für Besitz- und Verkehrssteuern sowie die Abteilung II für Zölle und Verbrauchsabgaben. Dem Präsidenten unterstanden dazu die Verwaltung der Reichsliegenschaften und die Reichsbauverwaltung in seinem Bezirk; somit waren dem Landesfinanzamt neben den Finanzämtern auch die Hauptzollämter und die Reichsbauämter nachgeordnet. Das Landesfinanzamt Stettin wurde zum 01.10.1919 eingerichtet. Sein Bezirk umfasste Pommern und die 1938 Pommern zugeschlagenen Teile der Provinz Grenzmark Posen-Westpreußen, insgesamt 33 Finanzämter, 15 Hauptzollämter und 4 Reichsbauämter.
Siehe auch: LAGw Rep. 90, Rep. 90 a.
Nr. 0090 Landesfinanzamt Stettin 1819-1930 (228), FB – Nr. 0091 Finanzämter Kolberg und Stettin – Sammlung von Bestandsresten 1919-1944 (71), FB – Nr. 1372 Finanzamt Schneidemühl 1918-1929 (30), FK – Nr. 1371 Finanzamt Stargard 1933-1945 (189).
Siehe auch: LAGw Rep. 90, Rep. 90 a; APKo Nr. 66/I.

Fenske 1993, AP Stettin 1964, AF Stettin 2004

145	**Reichspostdirektion Stettin**	Nr. 1337
	[Dyrekcja Poczty Rzeszy w Szczecinie]	
63 AE	2,1 lfm	1837-1929

146	**Wehrkreisverwaltung II Stettin**	
	[Okręg Wojskowy II w Szczecinie]	Nr. 0311
	Militärbauamt Stettin	
	[Wojskowy Urząd Budowlany w Szczecinie]	Nr. 0139
	Versorgungsamt Stralsund	
	[Urząd Opieki Społecznej w Stralsundzie]	Nr. 1333

Pommern war Einzugsgebiet des II. Armeekorps mit dem Generalkommando in Stettin. Der Versailler Vertrag und die Wiederaufrüstung führten zu veränderten Bezeichnungen, Aufgaben- u. Einzugsgebieten, Personalstärken und innerer Struktur der Wehrkreisverwaltung. Ihr Sitz blieb aber Stettin. Heeres- oder Militärbauämter waren ebenfalls der Wehrkreisverwaltung unterstellt. Zur Versorgung der ehemaligen Militärangehörigen und ihrer Familien wurden im Bereich jedes Generalkommandos administrativ selbständige Hauptversorgungsämter gebildet, für jedes Bezirkskommando ein Versorgungsamt.
Nr. 0311 Wehrkreisverwaltung II Stettin 1934-1944 (11), FK – Nr. 0139 Militärbauamt Stettin 1902-1920 (20), FB – Nr. 1333 Versorgungsamt Stralsund 1919-1929 (8), FK.

Fenske 1993, AF Stettin 2004

Justiz

147 Reichskammergericht Wetzlar   Nr. 0006
[Sąd Kameralny Rzeszy w Wetzlar]
2026 AE   93,9 lfm   1512-1748

Das 1415 erstmalig genannte Judicium Camerae wurde 1442 oberstes Reichsgericht und 1495 als Kammergericht neukonstituiert. In die Zuständigkeit des in drei Senaten tagenden Gerichts fielen erstinstanzlich Klagen aller Reichsstände und sonstiger Personen unmittelbar zum Reich und in zweiter Instanz Appellationen von höchsten Territorialgerichten, soweit die entsprechenden Landesherren keine anderslautenden Privilegien besaßen. Das Gericht nahm seinen Sitz zunächst in Frankfurt, kam 1527 nach Speyer und nach der Zerstörung der Stadt durch die Franzosen, fand es ab 1689/93 Aufnahme in Wetzlar, wo es bis zur Auflösung des Reiches 1806 verblieb. Nach der Aufteilung des Gerichtsarchivs kamen 1924 über 2200 pommersche Prozeßakten (ab Anf. 16. Jh.) in das Staatsarchiv Stettin. Das in den Anlagen zu den Akten vorhandene urkundliche Material reicht weit in das Mittelalter zurück.
FK, unstrukturiert.

Diestelkamp 1938, AP Stettin 1964, AF Stettin 2004

148 Schwedisches Lehnsarchiv in Stralsund   Nr. 1190
[Swedzkie Archiwum Lenne w Stralsundie]
573 AE   1,82 lfm   1491-1799
Siehe auch: LAGw Rep. 32 b. FK.

Gadebusch 1786/1788

149 Stargarder Hofgericht   Nr. 0007
[Sąd Nadworny Księstwa Szczecińskiego w Stargardzie Szczecińskim]
8899 AE   124,4 lfm   1494-1738

Durch die Regimentsverfassung von 1654 bestimmtes oberstes Gericht für das brandenburgische Hinterpommern. Es wurde 1739 nach Stettin verlegt und auch für Altvorpommern zuständig. 1746 wurde es mit der Regierung zur „Neuen Pommerschen Regierung Stettin" mit der Funktion eines Obergerichts vereinigt und 1808 in Oberlandesgericht umbenannt.
Der Bestand ist unstrukturiert, aber alphabetisch geordnet. FB Bd. 1 A-D, Bd. 2 E-M, Bd. 3 N-S, Bd. 4 T-Z; jeder Band mit kombiniertem Personen- und Ortsregister.
Siehe auch: LAGw Rep. 24.

AP Stettin 1964, Dölemeyer 1995, AF Stettin 2004

150   Kösliner Hofgericht   Nr. 0008
       [Sąd Nadworny w Koszalinie]
313 AE   5,9 lfm   1573-1883
Für den östlichen Teil der Provinz Pommern errichtete Friedrich Wilhelm I. 1720 ein eigenes Hofgericht, das 1808 ebenfalls in Oberlandesgericht umbenannt wurde.
1. Organisation des Hofgerichts u. Rechtsgrundsätze 1764-1783 (3) - 2. Streitigkeiten zwischen Städten u. and. Gewalten 1604-1807 (4) - 3. Aufhebung v. Allmenden 1769-1802 (75) - 4. Separationen 1769-1796 (3) - 5. Auseinandersetzungen innerhalb v. Familien (Erbschaft, Lehnsfolge, Verkauf, Vormundschaft) 1582-1817 (191) - 6. Inventare u. Rechnungen v. Gütern u. Adligen 1623-1777 (9) - 7. Standesangelegenheiten 1731-1746 (2) - 8. Hypotheken, Pfandbriefe, Obligationen 1773-1838 (8) - 9. Zuschüsse 1682-1804 (6) - 10. Prozesse, Grenzstreitigkeiten 1746-1824 (15). FB. Siehe auch: LAGw Rep. 25.

AP Stettin 1964, Dölemeyer 1995, AF Stettin 2004

151   Greifswalder Hofgericht   Nr. 1161
       [Sąd Nadworny w Greifswaldzie]
1658 AE   27,3 lfm   1604-1848
Allgemeine Verwaltung 1634-1839 (22) - Urteilsbücher 1651-1841 (14) - Prozesse, alphabetisch nach Streitsachen geordnet 1604-1848 (1620). FB.
Siehe auch: LAGw Rep. 73.

AP Stettin 1964, Dölemeyer 1995, AF Stettin 2004

152   Oberlandesgerichte   Nr. 0141, 0142 (Ort)
       [Wyższe sądy krajowy]
Nr. 0141 Stettin 1862-1940 (919), FB - Nr. 0142 Köslin 1787-1902 (138), FK.
Siehe auch: LAGw Rep. 72, Rep. 75.

Hue de Grais 1907, Bornhak 1903, AP Stettin 1964, Dölemeyer 1995, AF Stettin 2004

153   Landgerichte   Nr. 0143-0145, 1162, 1196
       [Sądy krajowe]
Nr. 0143 Stettin 1892-1944 (229), FB - Nr. 0144 Stargard 1878-1939 (34), FB - Nr. 0145 Stolp 1880-1912 (38), FB - Nr. 1162 Köslin 1875-1912 (23), FB - Nr. 1196 Greifswald 1857-1923 (89), FB. Siehe auch: LAGw Rep. 76.

Hue de Grais 1907, Bornhak 1903, Dölemeyer 1995, AF Stettin 2004

154   Amtsgerichte (und Vorbehörden)   Nr.: 146-152, 154-159, 161-166,
       [Sądy obwodowe i ich poprzednicy]   781-782, 1163-1171
In vielen Amtsgerichtsbeständen befinden sich Duplikate von Kirchenbüchern.

Nr. 0131 Soldin 1709-1944 (843) – Nr. 0146 Arnswalde 1638-1942 (42) – Nr. 0147 Bütow 1770-1945 (11516) – Nr. 0148 Gollnow 1737-1944 (2373) – Nr. 0149 Greifenberg 1714-1944 (88) – Nr. 0150 Kammin 1612-1941 (520) – Nr. 0151 Lauenburg 1673-1943 (35) – Nr. 0152 Massow 1813-1943 (41) – Nr. 0154 Neuwedell 1754-1915 (15) – Nr. 0155 Pollnow 1672-1852 (34) – Nr. 0156 Pyritz 1737-1885 (379) – Nr. 157 Reetz 1725-1865 (15) – Nr. 0158 Rügenwalde 1804-1942 (202) – Nr. 0159 Schlawe 1671-1945 (1558) – Nr. 0161 Stargard 1632-1944 (1441) – Nr. 0162 Stettin 1721-1937 (8071) – Nr. 0163 Stolp 1656-1944 (5198) – Nr. 0164 Swinemünde 1771-1896 (203) – Nr. 165 Treptow/Rega 1776-1853 (31) – Nr. 0166 Sammlung von Bestandsresten: Freienwalde, Bahn, Bublitz, Schloppe, Demmin, Falkenburg, Franzburg, Greifenhagen, Gartz/Od., Nörenberg, Kolberg, Köslin, Ratzebuhr, Penkun, Pölitz, Bad Polzin, Neustettin, Schivelbein 1680-1942 (97) – Nr. 0719 Berlinchen 1839-1945 (1684) – Nr. 0781 Labes 1721-1944 (1284) – Nr. 0782 Naugard 1749-1944 (176) – Nr. 1163 Baldenburg 1768-1900 (12) – Nr. 1164 Schlochau 1771-1931 (19) – Nr. 1165 Preußisch Friedland 1776-1852 (10) – Nr. 1166 Jastrow 1775-1878 (12) – Nr. 1167 Regenwalde 1737-1944 (528) – Nr. 1168 Schönlanke 1898-1901 (1) – Nr. 1169 Deutsch Krone 1805-1883 (4) – Nr. 1170 Wollin 1776-1945 (154) – Nr. 1171 Flatow 1702-1898 (62). Überwiegend FK, z.T. FB. Siehe auch: LAGw Rep. 77; APKo Nr. 73/I, 99/I, 141/I, 143/I; APKo OSz Nr. 136, 170, 301, 374, 375; APKo OSłupsk Nr. 367; GStA PK HA XV.

Hue de Grais 1907, Bornhak 1903, Dölemeyer 1995, AF Stettin 2004

155　Land- u. Stadtgerichte,　　　　　　　　　　Nr. 0165, 1172-1178
　　　Patrimonialgerichte, Landvogteigericht

Nr. 0165 Land- u. Stadtgericht Treptow/R. [Sąd Ziemski i Miejski w Trzebiatowie] 1776-1848 (30) – Nr. 1172 Land- u. Stadtgericht Preußisch Friedland [Sąd Ziemski i Miejski w Debrznie] 1801-1844 (4) – Nr. 1173 Land- u. Stadtgericht Märkisch Friedland [Sąd Ziemski i Miejski w Mirosławcu] 1840-1849 (3) – Nr. 1174 Patrimonialgericht Jenznick [Sąd Patrimonialny w Jęczniakch] 1833 (1) – Nr. 1175 Kreispatrimonialgericht Krojanke [Sąd Powiatowy Patrymonialny w Krajence] 1816 (1) – Nr. 1176 Kreispatrimonialgericht Märkisch Friedland [Sąd Powiatowy Patrymonialny w Mirosławcu] 1786-1834 (1) – Nr. 1177 Patrimonialgericht Petznick [Sąd Patrimonialny w Piecniku] 1807-1834 (1) – Nr. 1178 Landvogteigericht Schneidemühl [Wójtowski Sąd Krajowy w Pile] 1775-1780 (1). FK.
Siehe auch: GStA PK HA XV.

156　**Kriegsgericht Stettin**　　　　　　　　　　Nr. 0181
　　　[Sąd Wojenny w Szczecinie]
20 AE　　　　　　0,1 lfm　　　　　　　　　　1914-1918
FB.

AP Stettin 1964, Dölemeyer 1995

157 **SS- und Polizeigericht Stettin**   Nr. 0182
     [Sąd SS i Policji w Szczecinie]
31 AE   0,2 lfm   1939-1944
FK.

158 **Versicherungsgericht Stettin**   Nr. 0584
     [Sąd Ubezpieczeniowy w Szczecinie]
1252 AE   2,4 lfm   1935-1939
FK

159 **Oberstaatsanwaltschaft Stettin,**   Nr. 167-169, 1160
     Staatsanwaltschaften
Nr. 0167 Oberstaatsanwaltschaft Stettin [Prokuratura przy Wyższym Sądzie Krajowym w Szczecinie] 1844-1940 (28), FB - Nr. 0168 Staatsanwaltschaft beim LG Stargard [Prokuratura przy Sądzie Krajowym w Stargardzie Szczecińskim] 1880-1937 (37), FB - Nr. 0169 Staatsanwaltschaft beim LG Zanow [Prokuratura przy Sądzie Krajowym w Sianowie] 1854-1938 (17), FB - Nr. 1160 Staatsanwaltschaft beim LG Stettin [Prokuratura przy Sądzie Krajowym w Szczecinie] 1892-1929 (25), FB.

AP Stettin 1964, Dölemeyer 1995, AF Stettin 2004

160 **Notariate**   Nr. 170, 172-176,
     [Kancelarie notariuszy]   178-180, 1201, 1202
Nr. 0170 Stettin 1920-1945 (382) - Nr 0171 Berlinchen 1885-1897 (8) - Nr. 0172 Belgard 1905-1926 (6) - Nr. 0173 Bublitz 1914-1928 (2) - Nr. 0174 Bütow 1862-1885 (20) - Nr. 0175 Gollnow 1927 (1) - Nr. 0176 Rummelsburg 1861 (1) - Nr. 0177 Soldin 1849-1892 (13) - Nr. 0178 Schlawe 1913-1942 (94) - Nr. 0179 Stolp 1833-1885 (109) - Nr. 0180 Schivelbein 1890-1936 (37) - Nr. 1201 Labes 1930 (2) - Nr. 1202 Swinemünde 1940 (1).
Siehe auch: APKo Nr. 363/I-368/I.

AP Stettin 1964, Dölemeyer 1995, AF Stettin 2004

161 **Rechtsanwälte**   Nr. 1179
     [Akta adwokatów pomorskich]
40 AE   0,3 lfm   1849-1910
Barkow-Stolp 1873-1883 (1) - Coste-Stettin 1892-1893 (1) - Engelke-Stettin 1888-1889 (1) - Gutjahr-Greifswald 1849-1861 (2) - Haeckermann-Greifswald 1900-1904 (1) - Hirsch-Stettin 1910 (1) - Jakoby-Stolp 1898-1902 (4) - Just-Neustettin 1852-1854 (1) - Krey-Stralsund 1893-1894 (1) - Lenz-Stralsund 1870-1872 (1) - Massow-Friedeberg/Neumark 1857-1867 (2) - Obuch-Stolp 1894-1895 (2) - Pflanz-Stolp 1909-1910 (1) - Runde-Stolp 1898 (1) - Skopnik-Stolp 1894-1897 (4) - Tamms-Stralsund 1879-1882 (7) - Treuenfeld-Stralsund 1925-1929 (1).

Kirchenverwaltung, Kirchengemeinden, Jüdische Gemeinden

162 Domkapitel Kammin Nr. 0009
[Kapituła Katedralna w Kamieniu Pomorskim]
1510 AE   17,55 lfm   [1338] 1488-1834

Das 1140 gegründete, exemte pommersche Bistum wurde 1176 nach Kammin verlegt, wo auch ein Domkapitel errichtet wurde. Der Erwerb der Stiftsgüter begründete die Herrschaft über den dritten territorialen Bestandteil Pommerns, das Stift Kammin. Das Domkapitel war beratendes Kollegium des Bischofs, wählte bis zur Reformation den Bischof in freier Wahl und übte die uneingeschränkte administrative Gewalt im Stiftsgebiet aus. Es wurde nach dem Oktoberedikt 1810 aufgelöst, der Staat übernahm die Güter. Das Archiv des Domkapitels wurde 1817 in staatliche Hoheit überführt. Die Akten widerspiegeln vornehmlich Administration und Wirtschaft im Stiftsgebiet.
1. Herzogtum Pommern und benachbarte Staaten 1520-1810 (23) – 2. Lehnshuldigungen 1717-1798 (6) – 3. Landtagssachen 1625-1815 (11) – 4. Gesetze u. Verfügungen 1655-1809 (14) – 5. Statistik 1722-1810 (8) – 6. Verwaltung 1488-1788 (40) – 7. Lehnsfragen 1500-1821 (7) – 8. Militaria 1563-1821 (82) – 9. Universität Frankfurt 1658-1707 (2) – 10. Kreis Wollin 1700-1715 (3) – 11. Jagd, Fischerei, Holzung 1560-1799 (16) – 12. Kreisämter, Scharfrichteramt 1500-1814 (7) – 13. Entlohnung 1641-1798 (4) – 14. Bausachen 1576-1728 (6) – 15. Konvente 1541-1792 (20) – 16. Präbenden 1500-1823 (67) – 17. Ämter u. Stände 1500-1815 (132) – 18. Ordenszeichen 1755-1812 (7) – 19. Schulden, Schuldverschreibungen [1338] 1482-1794 (34) – 20. Testamente u. Nachlässe 1529-1807 (24) – 21. Judicialia 1496-1775 (181) – 22. Stadt Kammin 1496-1755 (78) – 23. Landbesitz 1494-1800 (491) – 24. Visitationen u. Inventare 1576-1787 (16) – 25. Privilegien 1617-1752 (4) – 26. Fläche, Hufenzahl, Hufensteuer 1633-1760 (18) – 27. Einkünfte 1478-1808 (124) – 28. Rechnungswesen 1507-1808 (12) – 29. Ausgaben 1518-1683 (4) – 30. Steuersachen 1551-1820 (41) – 31. Repartitionen 1708-1777 (2) – 32. Varia 1172-1825 (26). FB.

Hoogeweg 1924/25, Heyden 1957, AP Stettin 1964, AF Stettin 2004

163 Stettiner Evangelisches Konsistorium Nr. 0036
[Konsystorz Szczecińskich]
12364 AE   202 lfm   1556-ca 1815 [-1939]

Das Stettiner Konsistorium wurde 1563 für den Stettiner Landesteil eingerichtet, nach der Schließung im 30-jährigen Krieg 1641 neueröffnet, doch 1657 aufgehoben. Als Unterbehörde des Greifswalder Konsistoriums 1700 erneuert, wurde es 1738 mit dem Konsistorium Stargard am Sitz Stettin vereinigt und war bis 1815 als geistliches Gericht für das preußische Hinterpommern und Altvorpommern zuständig. Ab 1738 gehörten dem Konsistorium der Direktor, der Generalsuperintendent, drei geistliche und zwei weltliche Räte sowie weitere Hilfskräfte an. Siehe auch: LAGw Rep. 35 und Rep. 63.

Generalia: 1. Gesetze, Ordnungen, Observanzen 1569-1809 (63) - 2. Verfassung, Etat, Bauten, Oberaufsicht 1569-1810 (66) - 3. Generalia d. nachgeordneten Behörden 1598-1809 (47) - 4. Konfessionen u. Sekten 1715-1809 (12) - 5. Geistl. Oberaufsicht, Generalsynoden, Visitationen 1556-1809 (48) - 6. Seelsorge u. Gottesdienst 1566-1809 (58) - 7. Schul- u. Erziehungswesen, Waisenanstalten, Stipendien 1699-1810 (104) - 8. Armenwesen 1778-1809 (6) - 9. Rechts-, Wirtschafts- u. Finanzsachen 1728-1811 (88) - 10. Rechte u. Verbind-lichkeiten d. Geistlichen 1590-1812 (57) - 11. Vermögen d. piorum corporum 1735-1810 (73) - Synodalia: 1. Anklam 1739-1808 (36) - 2. Bahn 1739-1846 (19) - 3. Belgard (n. bes.) - 4. Daber 1732-1809 (38) - 5. Demmin 1664-1809 (26) - 6. Freienwalde 1729-1809 (31) - 7. Gartz/Od. 1682-1809 (10) - 8. Gollnow 1739-1809 (20) - 9. Greifenberg 1672-1808 (33) - 10. Greifenhagen 1611-1809 (27) - 11. Gülzow 1734-1809 (43) - 12. Jakobshagen 1611-1809 (46) - 13. Kammin 1738-1809 (34) - 14. Kolbatz 1739-1809 (30) - 15. Labes 1739-1809 (34) - 16. Massow 1709-1809 (36) - 17. Naugard 1738-1809 (31) - 18. Pasewalk 1761-1809 (14) - 19. Penkun 1687-1809 (33) - 20. Pyritz 1736-1809 (39) - 21. Regenwalde 1669-1809 (37) - 22. Stargard 1736-1809 (39) - 23. Stettin 1744-1809 (22) - 24. Treptow/R. 1740-1809 (36) - 25. Treptow/Toll. 1737-1809 (38) - 26. Ueckermünde 1616-1844 (23) - 27. Usedom 1631-1809 (29) - 28. Werben 1695-1809 (38) - 29. Wollin 1658-1809 (19). FB. Spezialia: 920 Ortschaften: Visitationen, Kirchen, Stiftungen, Armenhäuser, Spitäler, Schulwesen, einzelne Schulen, Französische Reformierte Gemeinde Stettin [1570] 1594-1820 (4551), (alphab. nach einzelnen Kirchspielen, drei FB, Bd. 1 A-H, Bd. 2 I-R, Bd. 3 S-Z.) - Pfarrer Streitigkeiten, Kirchen- und Pfarrbauten, Pachten) [1554] 1581-1808 (5288) - Evang. Konsistorium Köslin (geordnet nach Synoden) (1581-1809 (653) - Varia 1570-1874, 1914-1939 (389). Siehe auch: LAGw Rep. 33 und Rep. 63.

Hoogeweg 1924/25, Heyden 1957, AP Stettin 1964, Dölemeyer 1995, AF Stettin 2004

164   **Superintendenturen**   Nr. 0034
      [Superintendentury]

36 AE   0,9 lfm   1590-1909

Die Superintendenten führten die Aufsicht über die Geistlichen eines Bezirks (Kirchenkreises, Synode) und unterstanden dem Konsistorium.
Kleinstbestände für Dramburg, Gollnow, Labes, Schlawe, Stargard, Pyritz. FB.

Hue de Grais 1907, AP Stettin 1964, AF Stettin 2004

165   **Einzelne Kirchen, Klöster, Stifte und Gemeinden**   Nr. 0037-0043

Nr. 0037 Marienstift Stettin [Fundacja Najświętszej Marii Panny w Szczecinie] 1500-1932 (2368) - Nr. 0038 Johanniskloster zu Stettin [Klasztor św. Jana w Szczecinie] 1603-1874 (42) - Nr. 39 Jacobikirche in Stettin [Kościół św. Jakuba w Szczecinie]

[1294-] 1532-1905 (596) - Nr. 40 Französisch Reformierte Kirche zu Stettin [Francuska Gmina Zreformowanego Kościoła w Szczecinie] 1709-1943 (51) - Nr. 41 Marienkirche in Greifenberg [Fundacja Najświętszej Marii Panny w Gryficach] 1469-1885 (572) - Nr. 42 Bugenhagen-Gemeinde in Stettin [Gmina Kościoła im. Bugenhagena w Szczecinie] 1869-1912 (24) - Nr. 43 Andere einzelne Kirchen der pom. evang. Kirchenprovinz [Akta kościołów ewangelickich pomorskiej prowincji kościelnej] 1541-1943 (334). FB.

Heyden 1957, AF Stettin 2004

166   Jüdische Gemeinden in Pommern   Nr. 0138
      [Gminy żydowskie Pomorza Zachodniego]
148 AE   1,5 lfm   1801-1938
Sammlung von Bestandsresten: Baldenburg 1843-1938 (4) - Bublitz 1893-1938 (3) - Schlochau 1856-1938 (47) - Preuß. Friedland um 1900 (1) - Kallies 1856-1898 (2) - Kolberg 1803-1806 (1) - Köslin 1801-1894 (21) - Stargard 1870-1873 (7) - Stettin 1919-1930 (9) - Swinemünde 1847-1936 (38) - Wollin 1875-1935 (5) - Flatow 1833-1938 (10). FB. Siehe auch: APKo Nr. 52/I; LAGw Rep. 38 b.

Heyden 1936, AF Stettin 2004

167   Kirchenbücher   Nr. 0044
      [Księgi metrykalne]
269 AE   10,2 lfm   1581-1944
Berücksichtigt wurden Taufen (a), Trauungen (b) und Sterbefälle (c).
Amalienhof a, b, c) 1816-1866 - Arnswalde a) 1835-1841; b) 1835-1843; c) 1835-1842 - Battrow a, b, c) 1824-1863 - Bergland a) 1703-1783, 1806-1816; b) 1703-1783, 1806-1815; c) 1703-1783, 1808-1815; Register a, c) 1840-1893 - Bernickow a, b, c) 1653-1797, 1816-1857 - Blankenfelde a) 1806-1816, 1840-1875; b) 1808-1815, 1840-1875 - Braschendorf a) 1802-1906; b, c) 1802-1909 - Bublitz a, b, c) 1657-1696 - Buddendorf a) 1786-1850; b, c) 1786-1854; Register a) 1786-1850; b, c) 1766-1854 - Charbrow d) 1766-1804 - Daarz c) 1758-1837 - Damerfitz c) 1758-1837 - Eichenwalde a) 1835-1934; b) 1842-1934; c) 1809-1934 - Freiheide a) 1700-1941; b) 1738-1943; c) 1704-1712, 1735-1942 - Fürstenflagge a) 1806-1886; b) 1836- 1885; c) 1836-1886; Register a) 1806-1824 - Gollnow a) 1766-1787, 1806-1844, 1905-1911, 1932-1940; b) 1766-1885; c) 1832-1847, 1884-1902; Register a) 1766-1787, 1806-1844; b) 1833-1885; c) 1832-1847, 1884-1902 - Groß Christinenberg a) 1806-1816, 1840-1944; b) 1008-1815, 1840-1944; c) 1806-1815, 1840-1944 - Groß Peterkau a) 1843-1856; b, c) 1843-1855 - Groß Tychow a) 1799-1826; b, c) 1799-1835 - Großenhagen a, b) 1653-1832, 1836-1902; c) 1652-1832 - Grüneberg 1710-1943; b) 1819-1939; c) 1819-1942 - Grabow a) 1669, 1671-1693, 1745-1841; b) 1745-1842; c) 1745-1841 - Güstebiese a, b, c) 1641-1750 - Hackenwalde a) 1766-1787, 1806-1824, 1845-1877; b) 1766-1832,

1845-1877; c) 1845-1877; Register a) 1766-1787, 1806-1824 – Hanseberg a) 1707-1836; b) 1707-1749, 1752-1836; c) 1707-1750, 1752-1836 – Hauswerder a) 1775-1864, 1880-1941; b) 1765-1938; c) 1775-1942 – Hermelsdorf a) 1795-1944; b, c) 1795-1867 – Hohen Kränig a, b, c) 1720-1862; Register a, b, c) 1785-1862 – Jasenitz a) 1641-1880; b, c) 1641-1894; Register a) 1634-1821, 1863-1880; b) 1634-1821; c) 1634-1819 – Kannenberg a) 1795-1944; b, c) 1795-1867 – Kattenhof a) 1766-1787, 1806-1824, 1845-1877; b) 1766-1832, 1845-1877, 1882; c) 1845-1877; Register a) 1766-1787, 1806-1824 – Klein Christinenberg a) 1806-1816, 1840-1944; b, c) 1808-1815, 1840-1944 – Kölpin a, b, c) 1829-1877 – Kolberg St. Marien Domkirche a) 1633-1676, 1700-1799; b) 1682-1703, 1706-1822; c) 1708-1805; Register c) 1748-1777 – Kolberg St. Johannis a) 1764-1836; b) 1764-1834; c) 1764-1858 – Kolberg St. Nikolai a) 1650-1802; b) 1678-1767, 1762-1805; c) 1784-1817 – Kolberg St. Georgen a) 1650-1762, 1784-1802; b) 1678-1757, 1784-1804; c) 1784-1807 – Kolberg Heiliggeist, St. Gertrud a) 1680-1796; b, c) 1703-1796 – Königsberg a) 1581-1823, 1891-1912; b) 1631-1730, 1732-1827,1891-1912; c) 1581-1827, 1891-1911; Register a) 1750-1776, 1796-1823; b) 1796-1827; c) 1750-1776, 1796-1827 – Korkenhagen a) 1740-1943; b) 1741-1896, 1898-1942; c) 1741-1896, 1898-1943 – Köslin a) 1868-1873 – Kratzig a, c) 1614-1767; b) 1614-1766 – Langenberg a, b, c) 1770-1895 – Lenz a) 1742-1876; b) 1740-1876; c) 1739-1876 – Lessenthin a) 1623-1767; b) 1744-1756; c) 1623-1767; Register a) 1623-1767 – Liebenfelde a, b, c) 1829-1877 – Liebenow a, b, c) 1829-1877 – Lippehne a) 1750-1893; b) 1750-1752, 1766-1823; c) 1750-1842, 1868-1891; Register a) 1700-1861 – Lübzin a) 1703-1785, 1806-1816, 1869-1898; b) 1703-1791, 1808-1815, 1863-1898; c) 1703-1792, 1808-1815, 1868-1898 – Massow a) 1651-1731, 1740-1769, 1801-1934; b) 1676-1731, 1766-1866; c) 1673-1731, 1768-1909; Register a) 1801-1869; c) 1835-1909 – Messenthin a) 1623-1711, 1734, 1737, 1771-1905; b) 1622-1687, 1771-1905; c) 1622-1693, 1738, 1771-1905 – Münchendorf a, b, c) 1862-1943 – Mützenow a, b, c) 1780-1852 – Nahausen a) 1669, 1671-1693, 1745-1836; b, c) 1745-1836 – Nemitz a, c) 1647-1709; b) 1647-1708 – Neuendorf a) 1740-1943; b) 1741-1943; c) 1741-1909 – Neuenkirchen a, b) 1678-1749; c) 1603-1628, 1678-1749 – Neugolz a, b, c) 1860-1874 – Neu Massow a) 1754-1944; b) 1754-1941; c) 1754-1939 – Nieder Kränig a) 1673-1682, 1695-1800, 1803-1862; b) 1720-1782, 1785-1862; c) 1720-1862; Register a, b, c) 1673-1682, 1695-1874 – Nieder Saathen a, b, c) 1720-1853; Register a, b, c) 1785-1853 – Paetzig a. d. O. a, b, c) 1683-1837 – Pagenkopf a, b, c) 1741-1822 – Parlin a) 1742-1876; b) 1740-1876; c) 1739-1876 – Pölitz a, c) 1643-1876; b) 1643-1899; Register b) 1643-1800 – Pribbernow a) 1836-1883; b) 1841-1884; c) 1843-1884 – Priemhausen a) 1816-1903; b) 1812-1854, 1858-1906; c) 1812-1906 – Puddenzig a) 1786-1926; b, c) 1786-1851; Register a) 1786-1852; c) 1786-1851 – Pütt a, b, c) 1840-1944 – Rehdorf a, c) 1753-1836; b) 1750-1836 – Reichenbach a) 1678-1854; b, c) 1679-1854 – Reichenfelde a) 1669, 1671-1693, 1745-1773; b, c) 1745-1773 – Rensekow a, b, c) 1833-1861 – Resehl a) 1740-1943; b) 1741-1942; c) 1741-1943 – Rörchen a, b,

c) 1813-1815, 1856-1944 - Rosenthal a, b) 1762-1814; c) 1762-1815 - Rosenow c) 1758-1837 - Rügenwalde Schloßkirche a) 1665-1805; b) 1668-1804; c) 1668-1805 - Rügenwalde St. Marien a) 1672-1679; b) 1673-1714; c) 1701-1714 - Schlagenthin a, c) 1793-1854; b) 1795, 1797-1854 - Schmolsin a) 1818-1865; d) 1818-1829, 1831-1847 - Sellnow a) 1751-1774, 1781-1845; b) 1751-1761, 1781-1845; c) 1751-1775, 1781-1845 - Silligsdorf a) 1846-1883; b) 1847-1882; c) 1848-1881 - Sophienthal a, b, c) 1840-1944 - Speck a) 1856-1885, 1927-1944; b) 1856-1886; c) 1856-1885 - Staffelde a) 1864-1878 - Stargard Heiliggeist a) 1719-1773, 1805-1826, 1852-1862, 1876-1911; b) 1709-1808, 1852-1935; c) 1719-1932; Register a) 1805-1826, 1852-1862, 1876-1911; b) 1852-1935; c) 1852-1932 - Stargard St. Johannis, Register für das Taufbuch aus den Jahren 1694-1852 - Stargard St. Marien a) 1892-1902 - Stettin a) 1721-1943; b) 1722-1943; c) 1721-1871 - Stolpmünde, Register der Beichtenden 1860-1936 - Treptow/R. a) 1603-1668 - Trieglaff a, c) 1640-1779; b) 1640-1770 - Wildenbruch a, b, c) 1786-1830 - Wintershagen, Register der Beichtenden 1860-1936 - Wittenfelde a, b, c) 1741-1790 - Zizow a) 724-1835; b) 1739-1835; c) 1734-1835.
Siehe auch: LAGw Rep. 77.

Laszuk 1999, AF Stettin 2004

Kommunale Körperschaften

| 168 | Magistrate, Amts- und Gemeindeverwaltungen [Akta miast i gmin] | Nr.: 0186-0188, 0190-0208, 211-230, 465, 1136, 1137, 1339 |

Nr. 0153 Sammlung von Bestandsresten: Stettin-Scheune, Stettin-Warsow, Stettin-Hohenkrug 1875-1934 (16) - Nr. 0186 Bahn 1345-1940 (261) - Nr. 0187 Baldenburg 1792-1928 (122) - Nr. 0188 Belgard 1299, 1424-1930 (158) - Nr. 0189 Berlinchen 1766-1944 (419) - Nr. 0190 Arnswalde 1611-1905 (508) - Nr. 0191 Freienwalde 1449-1881 (318) - Nr. 0192 Daber 1647-1881 (600) - Nr. 0193 Dramburg 1582-1934 (53) - Nr. 0194 Neuwedell 1733-1936 (361) - Nr. 0195 Preußisch Friedland 1712-1937 (653) - Nr. 0196 Gollnow 1550-1884 (1284) - Nr. 0197 Greifenhagen 1273-1942 (102) - Nr. 0198 Greifenberg 1327, 1558, 1599-1899 (525) - Nr. 0199 Nörenberg 1564-1938 (221) - Nr. 0200 Jastrow 1602-1933 (69) - Nr. 0201 Kammin 1720-1936 (58) - Nr. 0202 Kolberg 1126, 1425, 1518-1944 (3748) - Nr. 0203 Landeck 1778-1928 (282) - Nr. 0204 Lauenburg 1841-1944 (19) - Nr. 0205 Leba 1313, 1483-1899 (92) - Nr. 0206 Massow 1777-1932 (82) - Nr. 0207 Rummelsburg 1617-1933 (626) - Nr. 0208 Misdroy 1866-1945 (367) - Nr. 0209 Mohrin 1816-1914 (12) - Nr. 0210 Soldin 1787-1945 (155) - Nr. 0211 Neuwarp 1713-1944 (379) - Nr. 0212 Ratzebuhr 1640, 1706-1943 (787) - Nr. 0213 Pollnow 1739-1889 (18) - Nr. 0214 Reetz 1830-1944 (26)

- Nr. 0215 Regenwalde 1582-1944 (630) - Nr. 0216 Zanow 1777-1945 (1659) - Nr. 0217 Schlawe 1317-1733, 1783-1943 (19) - Nr. 0218 Stargard 1409, 1551-1940 (9789) - Nr. 0219 Stettin-Baupolizei 1811-1945 (21503) - Nr. 0220 Swinemünde 1776-1945 (1029) - Nr. 0221 Schivelbein 1700-1933 (60) - Nr. 0222 Bad Schönfließ 1706-1943 (1098) - Nr. 0223 Wangerin 1810-1937 (87) - Nr. 0224 Wollin 1584-1937 (218) - Nr. 0225 Fiddichow 1681-1893 (44) - Nr. 0226 Schloppe 1588-1881 (8) - Nr. 0227 Bernstein 1853-1944 (8) - Nr. 0228 Sammlung von Bestandsresten: Altdamm, Altentreptow, Bad Polzin, Bublitz, Demmin, Greifswald, Gülzow, Kallies, Lassan, Lippehne, Loitz, Naugard, Neustettin, Pyritz, Rügenwalde, Stolp, Tempelburg, Treptow a. R., Ueckermünde, Usedom, Flatow 1581-1945 (88) - Nr. 0229 Loitz (b. Stolp) 1874-1993 (52) - Nr. 0230 Stettin-Pommerensdorf 1823-1945 (33) - Nr. 0465 Falkenburg 1588-1936 (1695) - Nr. 1136 Damgarten 1608-1930 (72) - Nr. 1137 Stettin 1627-1939 (40) - Nr. 1339 Seegrund 1874-1906 (20). Nahezu alle Bestände FB, wenige FK.
Siehe auch: LAGw Rep. 2, Rep. 38 b, Rep. 38 bU; APKo Nr. 117/I; APKo OSłupsk Nr. 6; GStA PK HA XV.

AP Stettin 1964, AF Stettin 2004

169 **Ortspolizeibezirk Züllchow** Nr. 0094
[Komisariat Policji Szczecin-Żelechowa]
27 AE   0,75 lfm 1874-1936

170 **Innungen** Nr. 0231-0288,
[Cechy] 1200, 1345-1348
Der Reichs- u. preußische Wirtschaftsminister veranlaßte 1936 und in den folgenden Jahren eine Bestandsaufnahme von Innungsarchiven, die in der Folge in das Staatsarchiv gelangten.
Nr. 0231 Bahn: Bäcker 1629-1911 (13), Schlachter 1739-1858 (5), Schmiede und Schlosser 1699-1934 (10), Schneider 1667-1922 (8), Tischler 1790-1934 (1) - Nr. 0232 Bärwalde: Schuhmacher 1853-1934 (1), Schneider 1852-1934 (2) - Nr. 0233 Belgard: Schlachter 1669-1885 (7), Schneider 1621-1879 (5), Schmiede 1614-1622 (1), Brauer 1534-1900 (2), Färber 1833 (1), Bäcker 1681-1724 (1), Maurer, Zimmerer, Maler, Schmiede 1575-1914 (20) - Nr. 0234 Baldenburg: Tischler, Drechsler und Böttcher 1851-1934 (35), Schuhmacher 1713-1934 (7), Tuchmacher 1636-1751 (3) - Nr. 0235 Bublitz: Müller 1653-1934 (11), Schneider 1739-1928 (9), Tischler 1747-1797 (1), Schmiede 1795-1928 (7), Sattler, Seiler, Tuchmacher 1853-1934 (6), Schlachter 1862-1934 (10) - Nr. 0236 Bütow: Stellmacher 1849-1924 (4), Tischler u. Drechsler 1598-1874 (7), Müller 1723-1934 (5), Schmiede 1702-1902 (6), Bauleute 1776-1893 (17), Töpfer 1852-1898 (6), Schneider 1738-1864 (4), Schlachter 1749-1935 (11) - Nr. 0237 Arnswalde: Bäcker 1735-1933 (12), Drechsler, Stellmacher 1718-1854 (2), Zimmerer, Böttcher 1740-1934 (17), Schlachter 1534-1850 (13), Gerber 1731-1898 (19), Müller

1694-1923 (15), Schneider 1645-1935 (26), Schuhmacher 1708-1935 (14), Tischler 1687-1927 (19), Schornsteinfeger 1751-1774 (1) – Nr. 0238 Tempelburg: Schneider 1776-1885 (2), Tischler 1732-1918 (7), Bäcker 1617-1926 (10) – Nr. 0239 Hammerstein: Töpfer 1851-1886 (7) – Nr. 0240 Schloppe: Maurer und Zimmerer 1767-1899 (7) – Nr. 0241 Schlochau: Bauleute 1883-1901 (2), Bäcker 1798-1924 (8) – Nr. 0242 Rügenwalde: Töpfer 1739-1854 (2), Böttcher 1857-1888 (1), Schlachter 1746-1848 (1), Schuhmacher 1805-1855 (2), Weber 1646-1883 (4), Schmiede und Schlosser 1749-1937 (10), Maurer und Bauleute 1675-1852 (3), Tischler 1752-1934 (4), Schneider 1614-1886 (10), Müller 1749-1923 (10), Tuchmacher 1761-1885 (3), Schützenzunft 1680-1891 (11) – Nr. 0243 Daber: Schuhmacher 1686-1913 (7), Schmiede o. Z. (1) – Nr. 0244 Jacobshagen: Schneider 1782-1885 (13), Schuhmacher 1620-1884 (16) – Nr. 0245 Dramburg: Tuchmacher 1543-1897 (11), Knopfmacher 1795-1865 (2) – Nr. 0246 Neuwedell: Bäcker 1719-1929 (22), Schuhmacher 1655-1934 (16), Schneider 1789-1934 (10), Töpfer 1735-1843 (1), Stellmacher, Drechsler, Böttcher 1846-1914 (5), Andere 1735 (1) – Nr. 0247 Gollnow: Pantoffelmacher 1545-1633 (2), Bäcker 1719 (1), Schlachter 1608-1879 (1), Schmiede 1667-1795 (6), Schneider 1542-1881 (7), Müller 1770-1911 (7), Zimmerer 1877 (1), Tuchmacher 1712-1890 (10) – Nr. 0248 Gülzow: Schmiede und Schlosser 1797, 1852 (2), Stellmacher 1893-1934 (1), Pantoffel- und Schuhmacher 1852 (1), Tischler 1745-1934 (10) – Nr. 0249 Greifenhagen: Bäcker 1697-1892 (6), Schlachter 1647-1842 (6), Schneider 1694-1900 (10), Glaser 1826 (1), Müller 1812-1862 (1), Schuhmacher 1631-1911 (5), Stellmacher 1740-1871 (3), Böttcher 1705-1914 (5) – Nr. 0250 Greifenberg: Töpfer 1747 (1), Schmiede 1736 (1) – Nr. 0251 Nörenberg: Bäcker 1735-1934 (18), Schuhmacher 1853-1933 (2), Töpfer 1711-1932 (16) – Nr. 52 Jastrow: Schuhmacher 1777-1925 (5), Tuchmacher 1779-1880 (3) – Nr. 0253 Kallies: Tuchmacher 1735-1915 (32) – Nr. 0254 Kammin: Schneider 1743-1934 (11), Schuhmacher 1586-1933 (32), Zimmerer 1730-1888 (7), Tischler 1703-1934 (35), Bauleute 1768-1851 (4), Schlachter 1739-1931 (7), Müller 1720-1904 (6), Schmiede 1748-1935 (13), Bäcker 1743-1935 (13) – Nr. 0255 Körlin: Tischler 1885-1934 (4), Schuhmacher 1886-1932 (7), Schneider 1584-1934 (6), Bäcker 1887-1934 (1), Schlosser 1887-1925 (1), Stellmacher 1886-1933 (2), Schmiede 1802-1934 (3) – Nr. 0256 Kolberg: Drechsler und Tischler 1573-1924 (23), Zimmerer 1727-1900 (22), Böttcher 1668-1934 (13), Schuhmacher 1808-1939 (5), Schlosser und Klempner 1711-1928 (12), Schmiede 1637-1935 (19), Maurer 1654-1912 (3), Stellmacher 1646-1915 (16), Schneider 1679-1921 (8), Bäcker 1633-1919 (9), Färber 1686-1893 (9), Sattler 1735-1864 (5), Verschiedene 1685-1911 (13) – Nr. 0257 Köslin: Bäcker 1851-1903 (4), Schuhmacher 1796-1899 (2), Müller 1710-1919 (10), Tischler 1722-1884 (9), Schmiede 1698-1926 (6) – Nr. 0258 Krojanke: Schuhmacher und Sattler 1774-1934 (20) – Nr. 0259 Lauenburg: Bäcker 1856-1930 (3), Schmiede 1567-1934 (8), Schneider 1637-1909 (11), Schuhmacher 1608-1935 (26), Stellmacher 1598-1907 (4), Tischler 1598-1933 (8) – Nr. 0260 Landeck: Tischler, Stellmacher, Böttcher 1863-1909 (5) – Nr. 0261 Labes:

Schlachter 1714-1845 (3), Schmiede 1662-1893 (8), Schneider 1738-1886 (5), Schuhmacher 1681-1847 (5), Stellmacher 1789-1933 (8), Tischler 1716-1886 (12), Maler 1879-1906 (1) – Nr. 0262 Massow: Bäcker 1705-1925 (16) – Nr. 0263 Rummelsburg: Bauleute 1865-1928 (3), Müller 1783-1886 (2), Bäcker 1881-1930 (1), Schlachter 1863-1934 (4), Schneider 1738-1934 (4), Schmiede 1837-1930 (8), Tischler 1696-1927 (15), Schuhmacher 1734-1919 (10) – Nr. 0264 Märkisch Friedland: Müller 1786-1851 (1) – Nr. 0265 Naugard: Bauleute 1769-1887 (4), Schmiede 1786-1845 (1), Müller 1698-1859 (1) – Nr. 0266 Ratzebuhr: Schneider 1852-1935 (2) – Nr. 0267 Plathe: Tischler 1785-1934 (15), Stellmacher 1899-1934 (1), Schuhmacher 1818-1915 (4) – Nr. 0268 Pölitz: Bäcker 1776-1933 (5), Töpfer 1847-1934 (9), Tischler 1774-1923 (8), Weber 1737-1876 (12), Böttcher 1780-1899 (7) – Nr. 0269 Polzin: Schneider 1740-1899 (2) – Nr. 0270 Pyritz: Müller 1692-1935 (26), Schneider 1650-1890 (10), Bäcker 1712-1879 (7), Schuhmacher 1723-1897 (10), Schlachter 1681-1934 (11), Tischler 1801-1887 (2), Schlosser 1775-1851 (1), Färber 1774-1850 (1), Stellmacher 1733-1892 (3), Schmiede 1754-1930 (8) – Nr. 0271 Regenwalde: Tischler 1726-1934 (8), Schneider 1692-1933 (5), Müller 1773-1925 (9), Schuhmacher 1812-1919 (24), Schmiede 1709-1877 (2) – Nr. 0272 Reetz: Tuchmacher 1828-1898 (1), Bäcker 1684-1934 (18), Tischler 1734-1934 (10), Schmiede und Schlosser 1735-1933 (6), Stellmacher, Drechsler, Töpfer 17. Jh.-1915 (6), Schneider 1735-1934 (4), Schuhmacher 1652-1934 (20) – Nr. 0273 Schlawe: Tischler 1696-1833 (5), Schuhmacher 1656-1912 (7), Schneider 1644-1934 (22) – Nr. 0274 Stolp: Böttcher 1739 (1), Kürschner 1622-1891 (45), Färber 1862-1868 (1), Tuchmacher 1744-1793, 1860-1861 (2) – Nr. 0275 Stargard: Schuhmacher 1628-1937 (21), Schmiede 1773-1929 (2), Bäcker 1703-1913 (20), Müller 1653-1852 (4), Böttcher 1683-1808 (1), Glaser 1651-1831 (1), Gerber 1695-1823 (2), Bauleute 1709-1794 (1), Kesselschmiede 1781-1862 (2), Zinngießer 1931-1941 (1), Bierbrauer 1745-1819 (1), Stellmacher 1631-1931 (4), Seiler o. Z. (1), Schneider 1583-1910 (6), Posamentierer 1719-1808 (1), Färber 1683-1854 (1), Maurer 1621-1739 (1), Verschiedene 1599-1927 (15) – Nr. 0276 Zachan: Tischler und Stellmacher 1709-1887 (20), Weber 1573-1887 (20) – Nr. 0277 Stettin: Buchbinder 1759-1893 (9), Drechsler 1633-1903 (5), Fischer 1554-1926 (14), Schneider 1649-1934 (80), Schlachter [hierin auch Penkun, Gartz/ Od., Altdamm] 1614-1934 (35), Schuhmacher 1557-1932 (24), Schmiede 1684-1924 (31), Schlosser 1749-1905 (24), Sattler 16. Jh.-1805 (5), Maler 1781 (1), Kürschner 1589-1934 (21), Glaser 1723-1890 (8), Korbmacher 1845-1934 (18), Böttcher 1625-1880 (12), Friseure 1852-1874 (1), Zimmerer 1593-1933 (23), Tischler 1777-1869 (9), Schiffszimmerer 1765-1934 (5), Bauleute 1715-1935 (13), Kesselschmied 1708-1906 (4) – Nr. 0278 Altdamm: Töpfer 1785-1859 (4), Müller 1769 (3), Fischer 1878 (1), Schneider 1848 (1) – Nr. 0279 Neustettin: Schneider 1790-1925 (18), Stellmacher 1722-1921 (9), Töpfer 1818-1902 (9), Schuhmacher 1734-1936 (21), Sattler 1856-1899 (1) – Nr. 0280 Schivelbein: Verschiedene 1704-1899 (9) – Nr. 0281 Swinemünde: Schneider 1775-1811 (1), Bäcker 1743-1932 (4), Schuhmacher 1763-1901 (3), Töpfer 1902 (1) –

Nr. 0282 Schönlanke: Tuchmacher 1796 (1) - Nr. 0283 Tütz: Schneider 1715-1859 (6) - Nr. 0284 Deutsch Krone: Tuchmacher 1674-1848 (2) - Nr. 0285 Wangerin: Sattler und Tapezierer 1825-1868 (4), Tischler 1755-1866 (4), Müller 1886-1935 (2), Bäcker 1735-1911 (4), Schuhmacher und Gerber 1706-1890 (9), Stellmacher und Töpfer 1713-1900 (28), Schneider 1697-1926 (25), Schmiede 1703-1900 (36) - Nr. 286 Fiddichow: Schneider 1754-1896 (3) - Nr. 0287 Wollin: Schneider 1619-1935 (12), Bäcker 1592-1918 (12), Schuhmacher 1581,1624 (2), Sattler, Kürschner und Tapezierer 1586-1933 (97), Böttcher 1746-1890 (4), Müller 1668-1898 (29), Fischer 1680-1929 (4), Schützen 1644-1926 (9), Tischler 1681-1901 (19), Schmiede 1642-1904 (26), Bauleute 1750-1935 (16), Stellmacher 1744-1849 (7) - Nr. 0288 Flatow: Schützen 1720-1859 (3) - Nr. 1200 Usedom: Schuhmacher 1680-1857 (1) - Nr. 1344 Angermünde: Böttcher 1730 (1) - Nr. 1345 Anklam: Tuchmacher 1899 (1) - Nr. 1346 Demmin: Bäcker 1713-1855 (9), Böttcher 1704-1929 (14), Fleischer 1685-1890 (8), Schlosser 1740-1883 (4), Schmiede 1674-1884 (9), Schneider 1732-1913 (18), Schuhmacher 1691-1936 (7), Tischler 1720-1849 (1), Weber 1737-1898 (16) - Nr. 1347 Jatznick (Pasewalk): Böttcher und Stellmacher 1579-1899 (22) - Nr. 1348 Altentreptow: Weber, Glaser, Töpfer, Steinmetze, Dachdecker 1886-1929 (2). FB, einige FK.
Siehe auch: LAGw Rep. 38 e, Rep. 38 b; StAG Rep. 54; StAS bes. Rep. 4, 5, 16, 19, 20.; APSz u. APKo Magistrate; GStA PK HA XV.

AP Stettin 1964, AF Stettin 2004

171   Pommersche Städtetage   Nr. 0185
       [Pomorskie Seijmiki Miejskie]
42 AE   1,2 lfm   1875-1932
FB.

Wirtschaft, Personen, Familien, Parteien, Verbände, Vereine, kulturelle und wissenschaftliche Einrichtungen

172   Generaldirektion der Seehandlungs-Sozietät Stettin Nr. 0314
       [Generalna Dyrekcja Związku Handlu Morskiego w Szczecinie]
189 AE   4,65 lfm   1701-1943
Die Seehandlung wurde 1772 als Handelshaus zur Hebung des auswärtigen Handels errichtet, ab 1820 als staatliches Geldinstitut (Preußische Staatsbank) geführt und im Jahre 1848 dem Finanzministerium unterstellt. Aufgabe war die Vertretung des Staates auf dem Geldmarkt und der gewinnbringende Einsatz verfügbarer Staatsgelder. In allen größeren Städten wurden Kontore eingerichtet, darunter auch in Stettin. Das Grundkapital der Seehandlung betrug um 1904 ca. 100 Millionen Mark.

Allg. Verwaltung 1701-1932 (26) - Finanzen 1776-1943 (34) - Industrie 1797-1920 (49) - Handel 1775-1872 (59) - Schiffe und Schiffahrt 1824-1849 (21). FB.
Siehe auch: GStA PK HA I Rep. 109.

Hue de Grais 1907, GStA PK 1934

173   **Landschafts-Bezirksdirektion Stolp**   Nr. 1191
      [Okręgowa Dyrekcja Ziemstwa w Słupsku]
1904 AE   36,4 lfm   1780-1945
I. Landschaft: 1. Leitung u. Organisation d. Büros 1781-1944 (17) - Sitzungen der Kollegien, Finanzen 1832-1945 (38) - 3. Kredite und Hypotheken 1825-1939 (13) - 4. Pachten 1783-1944 (28) - 5. Belastung u. Aufkauf v. Pfandbriefen 1811-1928 (12) - 6. Verhandlungen d. Präsidiums 1780-1934 (121) - 7. Deposita, Stiftungen, Beleihungen, Streitsachen 1795-1944 (98) - II. Neue Pommersche Landschaft f. d. Kleingrundbesitz: 1. Allgem. Verwaltung 1901-1936 (8) - 2. Pfandbriefbeleihungen v. Grundstücken, Höfen u. Gütern 1893-1944 (469) - 3. Zwangsverwaltung v. Gütern 1915-1939 (41) - 8d. Schätzungen v. Gütern 1781-1944 (1059). FB. Siehe auch: LAGw Rep. 83, APKo Nr. 72.

AP Stettin 1964

174   **Preußische Landesrentbank Berlin**   Nr. 1157
      [Pruski Krajowy Bank Rentowy w Berlinie]
388 AE   6,0 lfm   1851-1936
FK.

175   **Kreis- u. Stadtsparkassen**   Nr. 0313
      [Powiatowe i miejskie kasy oszczędności]
34 AE   0,5 lfm   1929-1940
Sammlung von Bestandsresten - Anklam, Bergen, Damgarten, Demmin, Franzburg-Barth, Greifswald, Jarmen, Naugard, Pyritz, Swinemünde, Torgelow; Treptow/Rega, Usedom, Altentreptow, Zanow. FB.

176   **Akten von Industrie- u. Handelsunternehmen**   Nr. 0296
      in Stettin
      [Akta przedsiębiorstw przemysłowych i handlowych
      w Szczecinie]
23 AE   0,3 lfm   1831-1940
FK.

177 Eisenhüttenwerke Torgelow   Nr. 1187
     [Huta w Torgelow]
48 AE   0,6 lfm   1754-1922
FB.

178 **Wasserverbände in Pommern**   Nr. 1192
     [Towarzystwo Wodne na Pomorzu]
52 AE   0,5 lfm   1897-1944
FK. Siehe auch: LAGw Rep. 67 k

179 **Gutsarchive**   Nr. 28, 29, 1340, 1341
     [Akta dóbr]
Nr. 0028 Schlagenthin 1618-1888 (185), FB – Nr. 0029 Büssow 1722-1930 (24), FB – Nr. 1340 Kunow 1725-1909 (25), FK – Nr. 1341 Marienfelde 1569-1852 (12), FK.
Siehe auch: LAGw Rep. 38 d.

Dölemeyer 1995, AF Stettin 2004

180 **Familienarchive**   Nr. 17-27, 30-33, 1342
     [Archiwa rodowe]
Nr. 0017 v. Dewitz-Wussow [1416] 1564-1933 (479) – Nr. 0018 v. Dewitz-Meesow 1548-1838 (699) – Nr. 0019 v. Dewitz-Maldewin 1582-1828 (27) – Nr. 0020 v. Dewitz-Krebs 1564-1901 (131) – Nr. 0021 v. Dewitz- Gantzer 1618-1792, 1906-1918 (17) – Nr. 0022 v. Flemming 1688-1898 (63) – Nr. 0023 v. Lepel [1173-] 1739-1939 (32) – Nr. 0024 v. Puttkammer 1572-1937 (750) – Nr. 0026 v. Zitzewitz-Muttrin 1580-1896 (75) – Nr. 0027 v. Zitzewitz-Zezenow 1510-1922 (178) – Nr. 0030 v. Enckevort-Vogelsang [1200-] 1647-1925 (278) – Nr. 0031 v. Podewils-Vorwerck 1613-1921 (138) – Nr. 0032 v. Maltzahn-Utzedell [16. Jh.] 1738-1923 (35). FB – Nr. 0033 Sammlung von Bestandsresten zu einzelnen Familien [1140-] 1555-1944 (172): v. Borcke; v. Grumbkow; v. Massow; v. Krassow; v. Ramin; v. Wussow; v. Engelbrecht; v. Dönhoff; v. Horn; v. Steinwehr; v. Zastrow – Nr. 1342 von Dohna-Schlodien 1664-1902 (11). FK.
Siehe auch: LAGw Rep. 38 d.

Dölemeyer 1995, AF Stettin 2004

181 **Familienstiftungen**   Nr. 289-291
     [Fundacje rodzinne]
Nr. 0289 Schweder-Loewesche Familienstiftung zu Köslin 1685-1945 (692), FB – Nr. 9290 Jageteuffel'sche Familienstiftung 1613-1892 (5), FB – In Nr. 0218 Magistrat Stargard: Gröningsche Stiftung 1653-1863 (124), FB.

AP Stettin 1964, AF Stettin 2004

182 Persönliche Sammlungen, Nachlässe, Stammbücher Nr. 10-16
[Zbióry, Spuścizny, Zbióry pamiętników]
Die Bestandsgruppe umfasst die archivalischen Sammlungen von Casimir Johann Ludwig Julius von Bohlen (1820-1882) und Samuel Gottlieb von Loeper (1712-1778), die Nachlässe des führenden Historikers Pommerns, Martin Wehrmann (1861-1937), des Konservators Hans Lutsch (1854-1922), des Stettiner Komponisten Karl Loewe (1796-1869) sowie eine Sammlung von Fragmenten von Nachlässen und Sammlungen von Privatpersonen und Gesellschaften (Handschriftensammlung der Gesellschaft für Pommersche Geschichte, Altertumskunde und Kunst, Sammlung Adelung, - von Köller, - Gustav Kratz, - Paul van Niessen u. a.)
Nr. 0010 Bohlensche Sammlung [1193-] 1482-1864 (275) - Nr. 0011 Loepersche Sammlung [1193-] 1606-1790 (182) - Nr. 0012 Nachlaß Martin Wehrmann 1880-1937, Historiker (159) - Nr. 0013 Nachlaß Hans Lutsch 1876-1918 (168) - Nr. 0014 Loewesche Sammlung 1820-1894 (13) - Nr. 0015 Stammbücher 1320-1876 (36) - Nr. 0016 Manuskripte u. Nachlässe [1140-] 16. Jh.-1943 (1570). FB.

AP Stettin 1964, AF Stettin 2004

183 **Parteien, Verbände, Vereine, Organisationen**   Nr. 0307-0310, 0312
Nr. 0307 Vereine u. Organisationen [Stowarzyszenia i organizacje] - Sammlung von Bestandsresten: Deutscher Ostbund 1920-25 (7) - Deutscher Ostmarkenverein, OG Rummelsburg 1905-1922 (5) - Lehrerverein Rummelsburg 1892-1914 (2) - Stettiner Hilfsverein f. d. Armee 1866-1871 (8) - Verschönerungsverein Rummelsburg 1895-1932 (3) - Entomologischer Verein Stettin 1838-1941 (6) - Pommersche Ökonomische Gesellschaft Stettin 1839-1863 (3) - Druidenloge „Wiking zur guten Fahrt" 1843-1858, 1920-1926 (2) - Verein f. naturwissenschaftl. Liebhaberei 1900-1943 (3) - Verein d. Freiwilligen von 1813, Stettin 1813-1884 (6) - Reichsluftschutzbund 1937-1943 (9) - Reichsbund d. dt. Beamten 1933-1937 (1) - Landesgeschichtliche Forschungsstelle d. Prov. Pommern 1901-1939 (4) - Magdeburger Feuerversicherungsgesellschaft 1854-1855 (1) - Verein f. Heimatkunde und Heimatschutz Köslin 1911-1928 (5) - Deutsche Demokratische Partei 1923 (1) - Deutsche Akademie 1926-1943 (5) - SPD 1933-1934 (1) - Landwirtsch. Verein Wollin 1920-1933 (1) - Evangel. Bund Rummelsburg 1907-1929 (2) - Bund d. Technischen Angestellten u. Beamten 1929 (1) - Vaterländischer Frauenverein 1874-1877 (1) - Ornithologischer Verein Stettin 1914-1937 (2) - Lehrerverein Wollin 1884-1898 (1) - Verein Deutscher Chemiker 1933-1944 (1).
Nr. 0308 Landwirtschaftliche Vereine [Rolnicze stowarzyszenia na Pomorzu Zachodnim]: Cammin-Gülzow 1895-1933 (4) - Greifswalder Kreis 1875-1933 (11) - Lauenburg 1899-1933 (10) - Stettin-Randow 1901-1933 (3) - Bahn 1916-1933 (1) - Belkow 1911-1933 (2) - Wilhelmsfelde 1910-1933 (3) - Borntuchen 1931-1933 (1) - Bütow 1921-1933 (2) - Kl. Schönfeld 1929-1932 (1) - Ferdinandstein 1930-1932 (2) - Zunft- u. Ackerbürger Rügenwalde 1788-1908 (1) - Rügenwalde 1891-1914 (1) - Bauernverein

Gülzow 1892-1933 (2) - Bienenzüchter Gülzow 1914-1933 (1) - Gornow 1901-1933 (1) - Greifenhagen 1877-1933 (3) - Jasmund 1885-1925 (2) - Camminer Bauernverein 1892-1933 (12) - Tabakbauverein Nipperwiese 1931-1934 (2) - Polschen 1924-1933 (1) - Retzowsfelde 1913-1932 (1) - Rügen 1821-1885 (98) - Roderbeck 1930-1933 (1) - Woltersdorf 1930-1934 (2) - Gebersdorf 1919-1931 (1) - Stargard 1821-1837 (1) - Hausfrauenverein Neumark 1922-1934 (3) - Stecklin 1930-1933 (2) - Radensfelde/ Tschebiadkow 1927-1933 (1) - Gr. Tuchen 1933 (1) - Kl. Tuchen 1920-1933 (1) - Woltin 1920-1933 (2) - Selchow 1929-1931 (1) - Sinzlow-Kortenhagen 1910-1925 (1) - Hausfrauenverein Sinzlow-Kortenhagen 1929-1934 (2).
Nr. 0309 Heirats-Ausstattungs-Verein Reg.-Bez.- Stettin [Związek Pomocy dla Młodych Małżeństw] 1847-1856 (19) - Nr. 0310 Deutscher Verein der Gas- und Wasserfachmänner [Niemiecki Związek Pracowników Gazowni i Wodociągow] 1923-1941 (24) - Nr. 0312 NSDAP- Gauleitung Pommern [Zarząd Okręgowy NSDAP na Pomorze Zochodnie-kartoteki personalne] 1934-1944: Personal- u. Mitgliedsunterlagen (1600), Allgemeines (3).
Siehe auch: LAGw Rep. 97 m, 97 p.

AP Stettin 1964, AF Stettin 2004

184   **Kulturelle Einrichtungen,**   Nr. 0303-0306,
      Vereine, Gesellschaften, Ämter   1186, 1194, 1195
Nr. 0303 Gesellschaft f. Pommersche Geschichte u. Altertumskunde [Pomorskie Towarzystwo Historyczno-Archeologiczne w Szczecinie] [1605-1816] 1821-1942 (194), FB - Nr. 0304 Kreisheimatmuseum Belgard [Muzeum Ziemi Białogardzkiej] 1809-1943 (39), FB - Nr. 0305 Städtisches Museum Stettin [Muzeum Miasta Szczecina] [1876-] 1910-1945 (231), FB - Nr. 0306 Pommerscher Verein f. Kunst u. Kunstgewerbe Stettin [Pomorskie Towarzystwo Sztuki i Rzemiosła Artystycznego w Szczecinie] 1834-1923 (143), FB - Nr. 1186 Pommersches Landesmuseum Stettin [Pomorskie Muzeum Krajowe w Szczecinie] 1835-1945 (147), FB - Nr. 1194 Kreisheimatmuseum Stargard [Muzeum Ziemi Stargardzkiej] 1925-1943 (1), FB - Nr. 1195 Der Kommissar f. Naturschutz f. d. Kr. Saatzig [Komisarz Ochrony Przyrody dla powiatu Stargard] [1908-] 1934-1944 (8), FK. Siehe auch: LAGw Rep. 38 f Hs.

AP Stettin 1964

185   **Universität Greifswald**   Nr. 1180
      [Uniwersytet w Greifswaldzie]
      Greifswalder Juristenfakultät   Nr. 1181
      [Wydział Prawny Uniwersytetu w Greifswaldzie]
Nr. 1180 Universität Greifswald 1700-1860 (130), FB - Nr. 1181 Greifswalder Juristenfakultät [1150-] 1545-1871 (83), FB. Siehe auch: UAGw.

186   Staatsarchiv Stettin   Nr. 0078
[Archiwum Państwowe w Szczecinie]
1109 AE   14,1 lfm   1826-1945
1. Gesetze, Verfügungen, Dienstanweisungen 1861-1944 (46) – 2. Leitung und Verwaltung 1844-1945 (24) – 3. Aktenübernahmen 1831-1944 (382) – 4. Aktenlagerung 1832-1943 (260) – 5. Bearbeitung der Bestände 1826-1944 (51) – 6. Publikationen 1855-1943 (69) – 7. Benutzung 1836-1943 (160) – 8. Personal 1847-1945 (79) – 9. Varia (u. a. Sippenforschung) 1829-1944 (38). FB.

AP Stettin 1964, AF Stettin 2004

Sammlungen

187   **Archivalische Sammlungen**   Nr. 0045, 0046, 1000, 1151, 1198
Nr. 0045 Siegel und Stempel [Zbior pieczęci i tłoków pieczętnych] 1293-20. Jh. (2803), FB – Nr. 0046 Kartensammlung [Zbiór kartograficzny] 1544-1945 (1910)// Kartografische Sammlung der Stadt Stettin [1693] 1757-1936 (123)// Sammlung von Atlanten 1624-1997 (90), FB – Nr. 1000 Foto-Sammlung [Zbiór fotograficzny] 1867-1992 (3500), FK – Nr. 1151 Sammlung von Personalakten der Regierungsbeamten, Polizisten und Lehrer [Zbiór akt personalnych urzędników rejencji, policji i nauczycieli] 1809-1944 (4441), Listen – Nr. 1198 Personalakten von Gerichtsbeamten [Akta personalne urzędników wymiaru sprawiedliwości] 1880-1944 (706), FK. Siehe auch: LAGw.

AP Stettin 1964, Stelmach 1981, AF Stettin 2004

III Staatsarchiv Köslin

Archiwum Państwowe w Koszalinie
ul. M. Skłodowskiej-Curie 2
PF 149
75-950 Koszalin

Tel.: (0-94) 342 26 22
Fax: (0-94) 346 21 81
internet: http/www.koszalin.ap.gov.pl
e-mail: sekretariat@koszalin.ap.gov.pl
Mo-Fr.: 08.00-15.00 Uhr

Zweigstelle (Deutsche Bestände)
Archiwum Państwowe w Koszalinie
ul. Andersa 38
75-625 Koszalin
Tel.: (0-94) 342 48 70
Fax.: (0-94) 346 21 81

Bereits mit Bildung der Wojewodschaft Köslin 1950 war ein Staatsarchiv für dieses Gebiet vorgesehen, dessen Einrichtung aber erst 1961 zustande kam. Zuvor waren in der Wojedwodschaft Köslin die Kreisarchive Stolp/Słupsk und Neustettin/Szczecinek (1952) sowie Belgard/Białogard (1955) gegründet worden. Die Belgarder Bestände gingen 1961 in das Kösliner Archiv ein, ebenso wurden in der Folgezeit entsprechend dem Prinzip der territorialen Zuständigkeit vor allem deutschsprachige Bestände aus den Staatsarchiven Bromberg, Danzig, Posen und Stettin in Köslin aufgenommen. Das Staatsarchiv Köslin verfügt derzeit wieder über zwei Außenstellen (Neustettin und Stolp). Über die zukünftige administrative Zuständigkeit der Archive liegen noch keine Angaben vor.
Die deutschsprachigen Bestände des Staatsarchivs werden in einer Zweigstelle (ul. Andersa 38, 75-625 Koszalin) verwahrt. Der Gesamtbestand des Staatsarchivs Köslin (ohne Außenstellen) beträgt 495 Bestände mit 2306 lfm, davon sind 241 Bestände mit 1046 lfm deutschsprachig. Hinzu kommt der deutschsprachige Anteil an der Kartensammlung.
Alle Angaben Stand 2000, Bestandsabgaben und -übernahmen entsprechend des Territorialprinzips sind möglich.

Landesherrliche und öffentliche Verwaltung

188 **Kulturamt Köslin** 233/I
[Urząd Kultury Rolnej w Koszalinie]
56 AE 0,85 lfm (1893) 1919-1944
Siehe auch: LAGw Rep. 81 a. Ohne FHM.

189 **Regierung Köslin** Nr. 19/I
[Rejencja Koszalińska]
15538 AE 329,1 lfm (1579) 1816-1945
I. Präsidialabteilung: Landeshoheit, Organisation der Verwaltung (654) – Polizei u. politische Angelegenheiten, Gesellschaften, Verbindungen, Stifte (ca. 700) – Städte u. Gemeinden (> 700) – Landwirtschaft, Landeskultur (384) – Verkehr u. Transport (383) – Fischerei (271) – Hafen, Schiffahrt, Seehandel (247) – II. Abt. f. Kirchen- und Schulwesen: Kirchensachen (4753) – Schulsachen (578) – III. Domänen und Forsten: Domänenverwaltung (2930) – Forstverwaltung (2115). FK, ungeordnet. Siehe auch: LAGw Rep. 65 b; APSz Nr. 92.

AP Köslin 1989, Kończak 1981, Kończak 1982, Chlistowski 1997

190 **Oberversicherungsamt Köslin** Nr. 36/I
[Naczelny Urząd Ubezpieczeń w Koszalinie]
411 AE 0,84 lfm 1910-1941
FK. Siehe auch: APSz Nr. 583.

AP Köslin 1989

191 **Landratsämter** Nr. 4/I, 20/I, 34/I, 35/I,
[Starostwa powiatowe] 124/I
Nr. 35/I Bütow 1919-1944 (34) – Nr. 20/I Deutsch Krone 1773-1934 (1775) – Nr. 124/I Flatow 1780-1935 (3480) – Nr. 34/I Neustettin 1937-1938 (1) – Nr. 4/I Schlochau 1816-1923 (162). FB. Siehe auch: LAGw Rep. 66, APSz (o. Best. Deutsch Krone).

AP Köslin 1989

192 **Kreisbauamt Flatow** Nr. 3/I
[Powiatowy Urząd Budowlany w Złotowie]
86 AE 1,50 lfm 1838-1920
Ohne FHM.

AP Köslin 1989

193 **Kreisärzte** Nr. 80/I
[Lekarze powiatowi]
Sammlung von Bestandsresten - Kr. Bublitz 1872-1898 (3) - Kr. Flatow 1824-1935 (78) - Kr. Stolp 1901-1935 (16). Ohne FHM.

AP Köslin 1989

194 **Kreisschulinspektionen** Nr. 40/I
[Powiatowe inspekcje szkolne]
Sammlung von Bestandsresten - Deutsch Krone (1768) 1872-1934 (104) - Flatow (1804) 1872-1933 (128) - Lebehnke, Kr. Dt. Krone (1835)1872-1895 (13) - Prechlau, Kr. Schlochau (1829) 1872-1919 (93) - Pr. Friedland, Kr. Schlochau (1782) 1872-1899 (42) - Schlawe (1846)1872-1885 (1) - Schloppe, Kr. Dt. Krone (1779) 1872-1894 (29). Ohne FHM.

AP Köslin 1989

195 **Kreiskasse Schlochau** Nr. 78/I
[Kasa Powiatowa w Człuchwie]
7 AE   0,15 lfm   1864-1894
Ohne FHM.

AP Köslin 1989

196 **Katasterämter** Nr. 27/I, 46/I, 258/I, 316/I
[Urzędy katastralne]
Nr. 316/I Belgard (1811) 1865-1945 (2235) - Nr. 46/I Flatow (1840) 1861-1945 (749) - Nr. 27/I Köslin (1765) 1861-1944 - Nr. 258/I Neustettin 1861-1944 (1769). FK, FB.
Siehe auch: LAGw Rep. 68.

AP Köslin 1989

197 **Oberförsterei Schloppe** Nr. 65/I
[Nadleśnictwo w Człopie]
260 AE   5,10 lfm   1819-1943
FK.

AP Köslin 1989

198 Domänenrentämter   Nr. 61/I, 62/I, 64/I
     [Urzędy domenalno-rentowe]
Nr. 61/I Deutsch Krone 1745-1879 (1095) - Nr. 64/I Flatow 1811-1918 (11) - Nr. 62/I
Schlochau 1772-1896 (1134).
FK. Siehe auch: LAGw Rep. 71. BLHA, GStA PK.

AP Köslin 1989

199 Fürstlich Hohenzollernsches Rentamt Köslin   Nr. 2/I
     [Urząd Rentowy Książąt Hohenzollernów w Koszalinie]
155 AE   1,30 lfm   (1550)1873-1945
Rentamt Köslin (81 AE) - Gutsverwaltung Jannewitz (10 AE) - Oberförsterei Suckow
(30 AE) - Kassenstelle Suckow (2 AE) - Familienarchive (?): v. Blumenthal, v. Glasenap,
v. Podewils, v. Wartensleben, v. Zitzewitz (32 AE). FB.

AP Köslin 1989

200 Amtsbezirke   Nr. 5/I, 68/I, 69/I, 545/I
     [Urzędy gminne]
Nr. 5/I Lümzow 1882-1908 (4) - Nr. 69/I Petzin 1921-1942 (9) - Nr. 545/I Schwente
1875-1941 (5) - Nr. 68/I Stewnitz 1870-1929 (43). Ohne FHM.

AP Köslin 1989

201 Standesämter
     [Urzędy stanu cywilnego]
5385 AE   50,40 lfm   1874-1896
Überlieferungszeit ist überwiegend 1874-1896, Abweichungen davon werden genannt.
Die Aktenanzahl und ihre Laufzeit wird sich durch weitere Übenahmen erhöht haben.
Nr. 430 Alt Liepenfier 1875-1892 (7) - Nr. 467 Alt Marrin (69) - Nr. 498 Alt Schlage
(69) - Nr. 460 Altenwalde (69) - Nr. 459 Arnhausen 1874-1896 (67) - Nr. 419 Bärwalde (59) - Nr. 420 Belgard (79) - Nr. 422 Biziker (53) - Nr. 424 Briesen 1874-1894 (7)
- Nr. 423 Bublitz (63) - Nr. 425 Buckow (68) - Nr. 427 Buslar (68) - Nr. 503 Draheim (69) - Nr. 432 Dummerfitz (66) - Nr. 487 Eschenriege 1888-1896 (26) - Nr.
437 Eventin (47) - Nr. 431 Friedrichsdorf 1874-1893 (6) - Nr. 440 Gellin 1875-1897
(49) - Nr. 439 Geritz (45) - Nr. 505 Grabunz (69) - Nr. 435 Gramenz (15) - Nr. 466
Groß Möllen (45) - Nr. 484 Groß Poplow (68) - Nr. 508 Groß Streitz (54) - Nr. 516
Groß Tychow (69) - Nr. 468 Grünewald 1875-1893 (9) - Nr. 434 Gust 1875-1890 (5)
- Nr. 497 Heinrichsdorf (69) - Nr. 438 Jamund (69) - Nr. 506 Järshagen 1874-1892
(7) - Nr. 441 Juchow (63) - Nr. 442 Kallies 1874-1875 (3) - Nr. 444 Karzin 1877 (1)
- Nr. 445 Kerstin (67) - Nr. 448 Klanzig 1874-1880 (4) - Nr. 447 Klaushagen 1874-
1892 (19) - Nr. 449 Klotzen (69) - Nr. 486 Knacksee (68) - Nr. 451 Kolberg 1874-

1894 (66) - Nr. 450 Kollatz (69) - Nr. 446 Kölpin (69) - Nr. 433 Kordeshagen (68) - Nr. 443 Körlin (35) - Nr. 455 Kosegger (68) - Nr. 453 Köslin (67) - Nr. 454 Kösternitz 1886-1896 (22) - Nr. 456 Krössin 1874-1892 (15) - Nr. 436 Küdde (62) - Nr. 452 Kummerow (4) - Nr. 457 Kurow 1875-1896 (8) - Nr. 458 Kussow (47) - Nr. 462 Lenzen (68) - Nr. 461 Lübchow (73) - Nr. 463 Lubow (44) - Nr. 464 Manow (69) - Nr. 465 Mellen 1875-1880 (3) - Nr. 469 Muttrin (68) - Nr. 471 Naseband 1874-1892 (15) - Nr. 470 Natzlaff 1889 (1) - Nr. 472 Neu Wuhrow 1874-1893 (32) - Nr. 511 Neustettin (35) - Nr. 475 Palzwitz 1874-1887 (3) - Nr. 478 Panknin (57) - Nr. 477 Parsow (69) - Nr. 476 Persanzig (18) - Nr. 485 Petershagen (69) - Nr. 479 Pielburg (69) - Nr. 480 Pöhlen (47) - Nr. 481 Polzin (46) - Nr. 482 Polzin-Schloß (68) - Nr. 488 Priebkow (69) - Nr. 483 Pumlow (84) - Nr. 491 Rambin (68) - Nr. 489 Rarfin (67) - Nr. 490 Ratteick (46) - Nr. 421 Reinfeld (79) - Nr. 492 Roggow (57) - Nr. 493 Rogzow, Kr. Kolberg (69) - Nr. 494 Rogzow, Kr. Köslin (69) - Nr. 513 Schivelbein (69) - Nr. 499 Schmenzin (72) - Nr. 512 Schulzenhagen (53) - Nr. 514 Schwessin (74) - Nr. 526 Seeger 1875-1894 (6) - Nr. 527 Segenthin 1875-1892 (8) - Nr. 530 Siedkow (73) - Nr. 509 Soltikow 1875-1891 (5) - Nr. 528 Soltnitz 1874-1892 (17) - Nr. 495 Sorenbohm (51) - Nr. 501 Sparsee (65) - Nr. 502 Standemin 1874-1895 (66) - Nr. 507 Strippow 1874-1895 (49) - Nr. 529 Sydow 1874-1892 (25) - Nr. 429 Tempelburg (64) - Nr. 428 Tessin (47) - Nr. 515 Thurow (65) - Nr. 504 Valm (69) - Nr. 519 Vangerow (65) - Nr. 521 Varchmin (55) - Nr. 520 Vellin 1874-1892 (8) - Nr. 522 Virchow 1876-1892 (4) - Nr. 518 Warnin (69) - Nr. 426 Wendisch Buckow 1874-1892 (18) - Nr. 517 Wendisch Tychow (68) - Nr. 525 Wisbuhr (57) - Nr. 524 Wulfflatzke 1875-1896 (65) - Nr. 523 Wurchow 1874-1892 (24) - Nr. 473 Wusseken (59) - Nr. 474 Wusterbarth (69) - Nr. 496 Zanow (36) - Nr. 500 Zowen (20) - Nr. 510 Zülkenhagen (69). FK und Verzeichnisse.

AP Köslin 1989, Krósko 1989, Laszuk 1999

Kommunalständische Vertretungen, Selbstverwaltungsorgane der Provinz und der Kreise

202 Kreisausschüsse Nr. 1/I, 21/I, 34/I, 58/I
  [Wydziały powiatowe]
Nr. 34/I Bublitz 1892-1931 (1), FK - Nr. 58/I Deutsch Krone (1833) 1872-1923 (214), FK - Nr. 1/I Flatow (1847)1872-1923 (264), FB - Nr. 21/I Schlochau 1874-1880 (4), FK - Nr. 34/I Stolp 1918-1935 (4), FK.
Siehe auch: LAGw Rep. 66a; APSz Nr. 104.

AP Köslin 1989

Mittlere und untere Reichsbehörden

203 Finanzämter Nr. 37/I, 66/I
[Urzędy finansowe]
Siehe auch: LAGw Rep. 90 a, APSz Nr. 92
Nr. 37/I Flatow 1920-1944 (118), FB – Nr. 66/I Deutsch Krone 1928-1938 (4), FK.

AP Köslin 1989

204 Oberpostdirektion Köslin Nr. 129/I
[Naczelna Dyrekcja Poczty w Koszalinie]
231 AE   2,92 lfm   (1710) 1849-1930
Ohne FHM.

AP Köslin 1989

205 Heeresbauamt Köslin Nr. 546/I
[Wojskowy Urząd Budowlany w Koszalinie]
2 AE   0,02 lfm   1940-1941
Ohne FHM.

AP Köslin 1989

Justiz

206 Amtsgerichte (und Vorbehörden) Nr. 73/I-76/I, 82/I-83/I,
[Sądy obwodowe i ich poprzednicy]   99/I, 111/I, 112/I, 141/I-
                                       143/I, 543/I
Nr. 83/I Bad Polzin 1828-1945 (337) – Nr. 142/I Belgard 1781-1944 (2019) – Nr. 141/I Bublitz 1737-1945 (1164) – Nr. 75/I Deutsch Krone 1742-1945 (1906) – Nr. 76/I Dramburg 1725-1944 (808) – Nr. 74/I Flatow 1772-1945 (6767) – Nr. 111/I Jastrow 1729-1944 (1044) – Nr. 99/I Kolberg 1773-1945 (2363) – Nr. 143/I Körlin 1653-1945 (1906) – Nr. 73/I Köslin 1781-1945 (382) – Nr. 112/I Märkisch Friedland 1721-1945 (426) – Nr. 82/I Schivelbein 1769-1945 (874) – Nr. 543/I Zanow 1769-1945 (39). FK.
[AG Bad Polzin, Flatow, Körlin u. Schivelbein enthalten u. a. Akten der jeweiligen Anerbengerichte]
Siehe auch: LAGw Rep. 77; APSz Nr. 166, 1169, 1171, 1166; GStA PK HA XV.

AP Köslin 1989, Dölemeyer 1995

207 Notare Nr.: 191/I-216/I,
[Kancelarie notariuszy]   236/I-244/I, 363/I-368/I
Nr. 363/I – Nr. 368/I Bublitz 1864-1936 (44) – Nr. 236/I – 244/I Dramburg 1850-

1928 (69) - Nr. 191/I - Nr. 210/I Flatow 1834-1944 (692) - Nr. 211/I - 216/I Jastrow 1897-1934 (86).
FB. Siehe auch: APSz Nr. 173.

AP Köslin 1989

Kirchenverwaltung, Kirchengemeinden, Jüdische Gemeinden

208   Superintendenturen   Nr. 54/I, 317/I, 375/I, 385/I
      [Superintendentury]
Nr. 54/I Bublitz 1741-1945 (90) - Nr. 317/I Köslin 0,22 lfm, 1749-1811 (15) - Nr. 375/I Rügenwalde 1735-1938 (25) - Nr. 385/I Schivelbein 1801-1943 (27). Ohne FHM.
Siehe auch: LAGw Rep. 38 c., APSz Nr. 0034.

AP Köslin 1989

209   Kirchen und Kirchengemeinden (evang. u. kathol.) Nr. 49/I, 50/I, 52/I,
      [Kościoły i urzędy parafialne]   376/I-378/I
Rügenwalde: Nr. 377/I Gertrudkirche 1701-1916 (191) - Nr. 376/I Marienkirche 1680-1945 (150) - Nr. 378/I Hl. Geist-Kirche u. St. Georg-Hospital 1709-1870 (120) - Nr. 49/I Preußisch Friedland 1809-1940 (70) - Nr. 50/I Zanow 1642-1888 (50) - Nr. 52/I Sammlung v. Bestandsresten: Abtshagen 1836-1880 (1) - Bast 1762-1818 (1) - Brotzen 1792-1889 (2) - Dammen 1887-1940 (3) - Falkenburg 1809-1835 (1) - Geritz 1798-1838 (1) - Gr. Brüskow 1869-1946 (1) - Gr. Grünow 1800-1830 (1) - Jamund 1762-1769 (2) - Jastrow 1773-1787 (1) - Karwitz 1714-1747 (1) - Kolberg 1710-1944 (16) - Köslin, Marienkirche 1774-1875 (5) - Kratzig 1752-1866 (3) - Krojanke 1773-1941 (9) - Lupow, Kr. Stolp 1743-1936 (8) - Malchow 1714-1826 (1) - Mützenow 1853-1943 (2) - Nemitz 1772-1943 (8) - Neugolz 1835-1872 (1) - Neustettin 1787-1815 (1) - Persanzig 1836-1883 (1) - Pielburg 1716-1934 (4) - Pritzig 1752-1953 (7) - Schivelbein 1851-1856 (1) - Schlawe 1710-1821 (5) - Schloppe 1773-1834 (3) - Schmolsin 1655-1935 (4) - Schurow 1862-1946 (6) - See Buckow 1831-1868 (1) - Steinau (kath.) 1589-1906 (1) - Tarnowke 1845-1897 (1) - Venzlaffshagen 1896-1944 (1) - Virchow, Kr. Dramburg 1862-1944 (8) - Wendisch Tychow 1882-1908 (1) - Wintershagen 1590-1796 (3) - Wutzig 1831-1887 (1) - Zippnow 1780-1915 (3) - Zizow 1836-1884 (1)
Siehe auch: APSz Nr. 44.

AP Köslin 1989, Krósko 1989, Laszuk 1999

210   Synagogengemeinden   Nr. 52/I
      [Gminy żydowskie]
Belgard 1813-1847 (1) - Köslin 1812-1847 (1). Siehe auch: APSz, Nr. 138.

AP Köslin 1989

Kommunale Körperschaften

211   Stadtverwaltungen   Nr.: 31/I, 33/I, 34/I,
      [Akta miast]   84/I, 85/I, 117/I
Nr. 34/I Bütow 1746-1763 (1) – Nr. 84/I Deutsch Krone 1865-1944 (1042) – Nr. 31/I
Flatow 1766-1942 (270) – Nr. 33/I Köslin 1555-1945 (935) – Nr. 34/I Krojanke 1845-
1864 (1) – Nr. 34/I Märkisch Friedland 1897-1913 (1) – Nr. 85/I Schlochau 1775-1925
(431) – Nr. 117/I Tempelburg 1772-1943 (105). (Nr. 34/I ist Sammlung von Bestandsresten).
FB od. FK. Siehe auch: LAGw Rep. 38 b; APSz 228; GStA PK HA XV.

AP Köslin 1989

Wirtschaft, Personen, Familien, Parteien, Verbände, Vereine, kulturelle und wissenschaftliche Einrichtungen

212   Wassergenossenschaft Große Brotzener Mösse,   Nr.: 137/I
      Brotzen
      [Spółka Wodna Broczyńskie Bagno Broczyno]
36 AE   0,35 lfm   1899-1944
Ohne FHM.

AP Köslin 1989

213   Bund für Vogelschutz, Ortsgruppe Köslin   Nr.: 51/I
      [Związek Ochrony Ptaków w Koszalinie]
4 AE   0,05 lfm   1913-1925
Ohne FHM.

AP Köslin 1989

Sammlungen

214   Karten- u. Plänesammlung   Nr.: 55/I
      [Zbiór kartograficzny]
3781 AE   1740-1943
Sammlung der Provenienz nach verschiedener Karten und Pläne, u.a. topographische
Karten, Stadtpläne. FK. Siehe auch: LAGw, GStA PK.

AP Köslin 1989, Kończak 1982 B

IV Staatsarchiv Köslin, Abteilung Neustettin

Archiwum Państwowe w Koszalinie, Oddział w Szczecinku
ul. Parkowa 3
78-400 Szczecinek

Tel./Fax: (0-94) 374 03 63
Mo-Fr: 08.00-14.30 Uhr

Das Archiv in Neustettin wurde 1952 als staatliches Kreisarchiv gegründet. Es war von 1954 bis 1961 dem Staatsarchiv Stettin und von 1961 bis heute dem Staatsarchiv Köslin als Außenstelle zugeordnet. Der Gesamtbestand des Archivs umfasst 305 Bestände mit 652 lfm, davon sind 16 Bestände mit 200 lfm deutschsprachig (hinzu kommt die Kartensammlung). Alle Angaben Stand 2000, Bestandsabgaben und -übernahmen entsprechend des Territorialprinzips sind möglich.

Landesherrliche und öffentliche Verwaltung

215   **Katasterämter**   Nr.: 194, 305,
      [Urzędy katastralne]   305, 377
Nr. 194 Deutsch Krone 1858-1943 (709), FK - Nr. 377 Dramburg 1865-1936 (41) - Nr. 305 Hammerstein 1865-1944 (49) - Nr. 304 Schlochau (1772) 1861-1918 (835). Außer Deutsch Krone alle Bestände ohne FHM. Siehe auch: LAGw Rep. 68.

AP Köslin 1989

216   **Standesamt Deutsch Krone**   Nr. 227
      [Urząd Stanu Cywilnego w Wałczu]
111 AE   4,00 lfm   (1852-1857) 1874-1941
Militärstammrollen, Todesmitteilungen von Soldaten. Keine Geburts-, Heirats- u. Sterberegister.

AP Köslin 1989, Krósko 1989

Justiz

217 Amtsgerichte (u. Vorbehörden) Nr. 136, 170, 301-303,
    [Sądy obwodowe i ich poprzednicy] 356, 374-376
Nr. 356 Baldenburg 1793-1944 (106) – Nr. 303 Bärwalde 1797-1944 (143) – Nr. 374 Falkenburg 1841-1942 (4) – Nr. 376 Hammerstein 1918-1943 (14) – Nr. 136 Neustettin 1681-1944 (3561) – Nr. 375 Preußisch Friedland 1890-1944 (12) – Nr. 301 Ratzebuhr 1840-1944 (2124) – Nr. 170 Schlochau 1799-1944 (3999) – Nr. 302 Tempelburg 1879-1945 (960).
Siehe auch: APSz Nr. 166, 1163-1165 und LAGw Rep. 77.

AP Köslin 1989

Kommunale Körperschaften

218 **Magistrat Neustettin** Nr. 358
    [Akta miasta Szczecinek]
678 AE   8,40 lfm   1684-1945
FB. Siehe auch: LAGw Rep. 38 b.

AP Köslin 1989

Kirchenverwaltung, Kirchengemeinden, Jüdische Gemeinden

219 **Superintendentur Ratzebuhr** Nr. 355
    [Superintendentura w Okonku]
3 AE   0,05 lfm   1822-1914
Ohne FHM.

AP Köslin 1989

V Staatsarchiv Köslin, Abteilung Stolp

Archiwum Państwowe w Koszalinie, Oddział w Słupsku
ul. W. Lutosławskiego 17
76-200 Słupsk

Tel.:   (0-59) 842 54-13
Fax: (0-59) 842 23-27
Mo-Fr: 08.00-15.00 Uhr

Das Archiv in Stolp wurde 1952 als staatliches Kreisarchiv gegründet. Es war von 1954 bis 1961 dem Staatsarchiv Stettin und von 1961 bis 1979 dem Staatsarchiv Köslin unterstellt. Anschließend als selbständiges Staatsarchiv für die Wojewodschaft Stolp geführt, fungiert es seit 1995 wieder als Außenstelle von Köslin. Der Gesamtbestand des Archivs beträgt 456 Bestände mit 813 lfm, davon sind 116 Bestände mit 350 lfm deutschsprachig (hinzu kommt die Kartensammlung). Alle Angaben Stand 2000, Bestandsabgaben und -übernahmen entsprechend des Territorialprinzips sind möglich.

Landesherrliche und öffentliche Verwaltung

220   **Hafenbauämter**   Nr. 9, 12
        [Urzędy budownictwa portowego]
Nr. 9 Kolberg 1881-1944 (64) - Nr. 12 Stolpmünde 1913-1944 (17). FK.
Siehe auch: LAGw Rep. 80.

AP Stolp 1990

221   **Katasterämter**   Nr.: 41, 61, 70, 80
        [Urzędy katastralne]
Nr. 80 Bütow 1801-1943 (933) - Nr. 70 Rummelsburg 1763-1941 (1401) - Nr. 41 Schlawe 1763-1944 (1324) - Nr. 61 Stolp 1721-1945 (5711). FK. Siehe auch: LAGw Rep. 68.

AP Stolp 1990

222   **Standesämter**
        [Urzędy stanu cywilnego]
Die Aktenanzahl und ihre Laufzeit wird sich durch weitere Übernahmen erhöht haben. Nr. 340 Alt Krakow 1875-1896 (4) - Nr. 345 Alt Schlawe 1874-1892 (8) - Nr. 268

Bansekow 1874-1892 (5) – Nr. 267 Barnow 1874-1897 (34) – Nr. 266 Bartin 1874-1896 (10) – Nr. 269 Belgard, Kr. Lauenburg 1874-1892 (27) – Nr. 274 Besow 1874-1896 (13) – Nr. 270 Besswitz 1875-1892 (6) – Nr. 356 Bewersdorf 1879-1945 (6) – Nr. 330 Bochowke, 1874-1895 (34) – Nr. 271 Borntuchen 1874-1894 (14) – Nr. 272 Renkenhagen 1874-1897 (56) – Nr. 355 Briesen 1874-1897 (77) – Nr. 273 Buckowin 1874-1897 (56) – Nr. 276 Budow 1874-1895 (35) – Nr. 278 Charbrow 1874-1894 (67) – Nr. 283 Damerkow 1875-1897 (38) – Nr. 312 Damsdorf 1874-1895 (30) – Nr. 349 Firchau 1874-1897 (47) – Nr. 293 Flötenstein 1874-1896 (44) – Nr. 286 Garzigar 1874-1894 (24) – Nr. 289 Gatz 1875-1896 (5) – Nr. 352 Gersdorf 1874-1895 (25) – Nr. 285 Glowitz 1874-1896 (12) – Nr. 275 Groß Brüskow 1874-1893 (9) – Nr. 290 Groß Garde 1874-1891 (3) – Nr. 308 Groß Massowitz 1874-1894 (13) – Nr. 314 Groß Nossin 1874-1895 (32) – Nr. 346 Groß Tuchen 1874-1897 (15) – Nr. 350 Groß Volz 1875-1896 (5) – Nr. 353 Grünchotzen 1874-1897 (145) – Nr. 288 Gumenz 1874-1880 (4) – Nr. 287 Gustkow 1874-1895 (30) – Nr. 284 Hebrondamnitz 1875-1880 (1) – Nr. 277 Heidemühl 1874-1897 (71) – Nr. 291 Jannewitz 1876-1897 (23) – Nr. 292 Jassen 1874-1892 (14) – Nr. 281 Kathkow 1874-1895 (24) – Nr. 294 Konarschin (?) 1879-1897 (74) – Nr. 295 Kose 1876-1890 (45) – Nr. 296 Krampe 1875-1899 (20) – Nr. 297 Krampkewitz 1874-1893 (8) – Nr. 302 Labuhn 1874-1897 (24) – Nr. 328 Langeböse 1875-1897 (74) – Nr. 298 Lauenburg 1874-1895 (46) – Nr. 301 Leba 1874-1898 (59) – Nr. 299 Liepnitz 1874-1897 (145) – Nr. 304 Lubben 1874-1896 (69) – Nr. 300 Lübzow 1875-1893 (7) – Nr. 303 Lupow 1875-1892 (9) – Nr. 305 Mahnwitz 1874-1892 (9) – Nr. 311 Meddersin 1874-1895 (31) – Nr. 310 Mickrow 1874-1893 (6) – Nr. 306 Muttrin 1875-1879 (1) – Nr. 307 Mützenow 1875-1880 (3) – Nr. 313 Neuendorf 1879-1896 (27) – Nr. 315 Neuguth 1875-1896 (13) – Nr. 316 Neuhof 1876-1894 (55) – Nr. 357 Notzkow 1876-1895 (3) – Nr. 323 Peest 1874-1897 (24) – Nr. 326 Polschen 1874-1897 (30) – Nr. 324 Pomeiske 1874-1895 (31) – Nr. 325 Ponickel 1875-1893 (5) – Nr. 327 Prechlau 1874-1897 (52) – Nr. 322 Reinwasser 1874.1896 (18) – Nr. 332 Reitz 1874-1893 (7) – Nr. 329 Rettkewitz 1876-1896 (9) – Nr. 333 Roschütz 1876-1894 (57) – Nr. 334 Rumbske 1874-1895 (5) – Nr. 309 Rummelsburg 1874-1896 (39) – Nr. 338 Schmolsin 1874-1896 (11) – Nr. 337 Schurow 1874-1897 (61) – Nr. 354 Sichts 1874-1897 (62) – Nr. 339 Sommin 1874-1880 (5) – Nr. 341 Starsen 1874-1896 (40) – Nr. 335 Stegers 1875-1897 (47) – Nr. 358 Stojentin 1874-1897 (74) – Nr. 336 Stolp 1874-1880 (7) – Nr. 348 Stolpmünde 1874-1896 (27) – Nr. 343 Strellin 1875-1892 (10) – Nr. 342 Stretzin 1875-1897 (29) – Nr. 344 Stüdnitz 1974-1894 (8) – Nr. 359 Treblin 1881-1894 (4) – Nr. 351 Weitenhagen 1875-1896 (2) – Nr. 347 Wendisch Tychow 1874-1892 (12) – Nr. 320 Wobesde 1874-1895 (7) – Nr. 318 Wussow, Kr. Lauenburg 1876-1896 (66) – Nr. 319 Wussow Kr. Schlawe 1874-1896 (9) – Nr. 279 Zettin 1874-1896 (69) – Nr. 282 Zezenow 1874-1896 (54).

AP Stolp 1990, Laszuk 1999

Justiz

223 Amtsgericht Stolp   Nr. 367
[Sąd Obwodowy w Słupsku]
1238 AE   62,00 lfm   1868-1943
Ausschließlich Grundakten und Grundbücher, z.T. mit Katasterunterlagen der Kreise Rummelsburg und Schlawe vermischt. Als FHM nur Übergabelisten.
Siehe auch: LAGw Rep. 77 und APSz Nr. 163.

AP Stolp 1990

Kommunale Körperschaften

224 Stadtverwaltungen   Nr. 6, 71
[Akta miast]
Nr. 6 Stolp 1525-1945 (7960) - Nr. 71 Stolpmünde 1932-1943 (3). FK. Siehe auch: LAGw Rep. 38 b.

AP Stolp 1990

225 Innungen der Stadt Stolp   Nr. 155-162
[Cechy miasta Słupska]
Nr. 156 Bernsteinhändler 1634-1805 (11) - Nr. 155 Böttcher 1681 (1) - Nr. 162 Drechsler 1677-1854 (1) - Nr. 161 Fleischhauer 1676 (1) - Nr. 159 Kaufleute u. Gewandschneider 1616-1807 (12) - Nr. 160 Kürschner 1749 (1) - Nr. 158 Schmiede 1751-1859 (3) - Nr. 157 Zimmerleute 1885-1913 (1). FK. Siehe auch: APSz Nr. 274.

AP Stolp 1990

Kirchenverwaltung, Kirchengemeinden, Jüdische Gemeinden

226 Kirchen u. Hospitäler   Nr.: 54-57, 112, 118
Nr. 56 Jungfrauenkloster Stolp 1702-1895 (15) [Klasztor żeński w Słupsku] - Nr. 57 Marienkirche Stolp (1433)1841-1889 (63) [Kościoł Najświętszej Marii Panny w Słupsku] - Nr. 55 andere Kirchen 1581-1820 (130) [Kościoły miasta Słupska] - Nr. 54 Hospital 1530-1814 (157) [Sźpital miast Słupska] - Nr. 118 Stolp-Synode 1590-1734 (13) [Wizytacje kościołów synodu słupskiego] - Nr. 112 Stolpmünde 1753-1820 (12) [Kościoł w Ust]. FK.

AP Stolp 1990

Wirtschaft, Personen, Familien, Parteien, Vereine, Verbände, kulturelle und wissenschaftliche Einrichtungen

227 Landschaftsbezirksdirektion Stolp Nr. 72
     [Okręgowa Dyrekcja Ziemstwa w Słupsku]
973 AE   14,00 lfm   1702-1945
FK. Siehe auch: LAGw Rep. 83. APSz Nr. 1191.

AP Stolp 1990

228 Industrie- u. Handelskammer f. d. Reg.-bez. Nr. 154
     Köslin zu Stolp
     [Izba Przemysłowo-Handlowa Rejencji Koszalińskiej w Słupsku]
2 AE   0,03 lfm   1927-1940
Siehe auch: LAGw Rep. 58.

AP Stolp 1990

229 Familienarchiv von Hochendorff Nr. 368
     [Archiwum rodziny von Hochendorff]
3 AE   0,20 lfm   1401-1900
Bestandsrest, FK.

AP Stolp 1990

Sammlungen

230 Kartensammlung Nr. 251
     [Zbiór kartograficzny]
13615 AE   7,05 lfm   1801-1945

AP Stolp 1990

VI Staatsarchiv Posen

Archiwum Państwowe w Poznaniu
ul. 23 Lutego 41-43
60-967 Poznań

Tel.: (0-61) 852 46 01 (bis 03)
Fax: (0-61) 851 73 10
Internet: http://www.poznan.ap.gov.pl
e-mail: archiwum@poznan.ap.gov.pl
Mo-Fr: 08.00-18.45; 01.-31.08.: 08.00-15.00 Uhr, Juli geschlossen

Das Staatsarchiv Posen wurde 1869 als letztes Archiv einer preußischen Provinz gegründet. Nach der Abtretung der Provinz Posen an den neugebildeten polnischen Staat 1920, übernahm die polnische Verwaltung das Archiv. Während des Zweiten Weltkrieges war es wieder deutsches Staatsarchiv. Bereits im Februar 1945 nahm es wieder als polnisches Staatsarchiv die Arbeit auf und wurde 1952 mit dem Stadtarchiv Posen vereinigt. Sein Archivsprengel erstreckte sich von 1953-1975 auf das Gebiet der Wojewodschaft Posen, danach bis 1998 auf die Wojewodschaften Posen, Schneidemühl/Piła und Konin. Nach der Verwaltungsreform soll die Archivorganisation den Verwaltungsbezirken angepaßt werden. Das Staatsarchiv Posen hat drei Außenstellen – Gnesen/Gniezno, Schneidemühl/Piła und Konin. Das Stammhaus in Posen verwahrt derzeit 3960 Bestände mit einem Umfang von 9051 lfm. Davon sind 1059 Bestände mit dem Umfang von 4555 lfm deutschsprachig.

Landesherrliche und öffentliche Verwaltung

231   Oberpräsidium Schneidemühl   Nr. 2007
      [Naczelne Prezydium w Pile]
415 AE   9 lfm   (1872) 1920-1938 (1944)
Aus den Deutschland verbliebenen Gebieten der Provinzen Posen und Westpreußen wurde 1919 die Provinz Grenzmark Posen-Westpreußen gebildet. Sie umfaßte nur einen Regierungsbezirk mit den Kreisen: Deutsch Krone, Flatow und Schlochau (vormals Reg.-bez. Marienwerder, Prov. Westpreußen), den Netzekreis und den Stadtkreis Schneidemühl (vorher Reg.-bez. Bromberg, Prov. Posen) und die Kreise Bomst, Frauenstadt, Meseritz und Schwerin a. d. Warthe (Reg.-bez. Posen). Mit der Bildung der Provinz war auch die Einrichtung des Oberpräsidiums 1922 verbunden. Bis 1933 war der Oberpräsident zugleich Regierungspräsident der Regierung Schneidemühl, danach

übte der Oberpräsident der Provinz Brandenburg das letztere Amt aus. Die Provinz wurde 1938 aufgelöst, ihr Gebiet teilten sich Brandenburg und Pommern.
I. Provinzialverband 1907-1935 (87) - II. Allgemeines - 1. Politische Angelegenheiten 1919-1941 (100) - 2. Allgemeines, Polizei, Personal 1921-1944 (41) - 3. Handel, Gewerbe, Verkehr 1920-1940 (50) - 4. Kommunales, Steuer, Ansiedlung, Wohnungswesen 1878-1935 (33) - 5. Wohlfahrt, Kultur, Gesundheitswesen 1920-1940 (26) - III. Kirchen- und Schulwesen 1872-1937 (26) - IV. Landwirtschaft, Wasserbau, Melioration 1907-1944 (52).
FB.

AP Posen 1995, AF Ostbrandenburg 2007

232 **Regierung Grenzmark Posen-Westpreußen**   Nr. 307
    in Schneidemühl
    [Rejencja Pograniczna Poznań-Prusy Zachodnie w Pile]
17744 AE   414 lfm   (18. Jh.) 1919-1945
Die Regierung Schneidemühl wurde im November 1919 gebildet. Zunächst umfasste sie den Rest der ehemaligen preußischen Provinz Posen. Nach der Regulierung der Grenzsachen zwischen Deutschem Reich und Polen 1922 und auf der Grundlage des Ostmarkengesetzes wurde die Provinz Grenzmark Posen-Westpreußen mit dem einzigen Reg.-bez. Schneidemühl gebildet. Der Regierungspräsident war gleichzeitig Oberpräsident der Provinz. Im Jahre 1938 wurde die Provinz aufgelöst, die Regierung blieb bestehen. Im Rahmen der Provinz Pommern wurde ein dritter Regierungsbezirk mit Sitz in Schneidemühl gebildet. Er bestand aus den Kreisen Deutsch Krone, Flatow, Schlochau, dem Netzekreis und dem Stadtkreis Schneidemühl. Dazu kamen die Kreise Dramburg und Neustettin (vorher Reg.-bez. Köslin) und die Kreise Arnswalde und Friedeberg (vorher Reg.-bez. Frankfurt/Od.).
Siehe auch: LAGw Rep. 65 a; APPo Nr.1007 Oberpräsident, Nr.1056. Provinzialschulkollegium.
I. Allgemeine Abteilung: 1. Inneres und Allgemeines (darin politische Angelegenheiten) 1819-1944 (595) - 2. Polizei 1815-1944 (312) - 3. Gewerbe u. Industrie 1826-1944 (698) - 4. Verkehr 1872-1943 (36) - 5. Wasserwirtschaft 1811-1944 (300) - 6. Bauwesen 1810-1942 (60) - 7. Kultur 1897-1938 (16) - 8. Kommunalwesen 1829-1939 (87) - 9. Siedlungs- u. Wohnungswesen 1886-1944 (122) - 10. Wohlfahrt u. Vormundschaften 1853-1944 (78) - 11. Gesundheitswesen 1811-1945 (627) - 12. Organisation der Landratsämter 1901-1944 (15) - 13. Rechtswesen 1920-1942 (7) - 14. Katasterverwaltung 1865-1944 (225) - 15. Steuern und Kassensachen 1820-1942 (57) - II. Abteilung f. Kirchen- u. Schulwesen: 1. Grundschulen allgemein 1810-1944 (651) - 2. Einzelne Schulen nach Kreisen 1765-1944 (3708) - 3. Fortbildungs- u. Berufsschulen 1877-1944 (154) - 4. Jugendpflege 1909-1944 (183) - 5. Kirchen allgemein 1789-1944 (118) - 6. Einzelne Kirchen nach Kreisen 1693-1944 (2593) - III. Abteilung f.

Landwirtschaft: 1. Landwirtschaft allgemein 1906-1944 (342) - 2. Veterinärwesen 1660-1945 (50) - 3. Meliorationen 1852-1944 (532) - 4. Domänenverwaltung allgemein 1835-1945 (224) - 5. Domänen nach Kreisen 1750-1944 (2164) - 6. Forsten allgemein 1817-1944 (170) - 7. Gemeinde- u. Stadtforste 1877-1944 (33) - 8. Forstkassen 1920-1944 (34) - 9. Oberförstereien, darunter auch Akten von Oberförstereien der Reg.-bez. Köslin u. Frankfurt/Od., 1814-1944 (869 AE). FB.
Siehe auch: APSz Nr. 1153, LAGw Rep. 65 d.

AP Posen 1995, AF Ostbrandenburg 2007

233	**Landratsamt Filehne**	Nr. 1028
	[Starostwo Powiatowe w Wielenie]	
83 AE	1,3 lfm	(1821-) 1887-1919 (1923)

Darin auch 10 Karten und Pläne 1824-1860.

AF Ostbrandenburg 2007

234	**Oberversicherungsamt und Versorgungsgericht Schneidemühl**	Nr. 790
	[Naczelny Urząd i Sąd Ubezpieczeń w Pile]	
69 AE	1,60 lfm	1911-1944

Bestandsrest FB. Siehe auch: APSz Nr. 583 u. 584.

AP Posen 1995, AF Ostbrandenburg 2007

235	**Kulturamt Schneidemühl**	Nr. 672
	[Urząd do Spraw Rolnych w Pile]	
688 AE	10,4 lfm	(1898-) 1920-1924

darin Generalia 1930-1945 (65) - Kreise: Arnswalde 1926-1944 (5) - Dt. Krone 1921-1944 (228) - Dramburg 1919-1944 (21) - Flatow 1911-1944 (113) - Netzekreis 1923-1945 (42) - Neustettin 1928-1944 (20) - Schlochau 1898-1944 (156).
Siehe auch: APSz Nr. 80-83, 1373.

AP Posen 1995, AF Ostbrandenburg 2007

236	**Provinzialschulkollegium Schneidemühl**	Nr. 1056
	[Kolegium Szkolne w Pile]	
588 AE	7,2 lfm	(1852-) 1913-1933

AF Ostbrandenburg 2007

Kommunalständische Vertretungen, Selbstverwaltungsorgane der Provinz und der Kreise

237   Provinzialverwaltung Grenzmark Posen-Westpreußen   Nr. 308
      in Schneidemühl
      [Zarząd Prowincjalny Marchii Granicznej Poznań-
      Prusy Zachodnie w Pile]
74 AE   1 lfm   1911-1945
Siehe auch: LAGw Rep. 54

238   Bezirksverwaltungsgericht Schneidemühl   Nr. 309
      [Okręgowy Sąd Administracyjny w Pile]
42 AE   0,40 lfm   1919-1941
Zur Geschichte der Bezirksausschüsse siehe auch: APSz Nr. 581, 1193.
Bestandsrest. FB.

AP Posen 1995 , AF Ostbrandenburg 2007

239   Kreisausschuss Filehne   Nr. 1030
      [Wydział powiatowy w Wielenie]

Kommunale Körperschaften

240   Städte, Innungen   Nr. 4346, 1356,
      [Miasta, Cechy]   1382
Nr. 4346 Stadtverwaltung Schönlanke 1721 (1 Urk.) - Nr. 4348 Stadtverwaltung
Filehne 1642-1798 (1 Urk.) - Nr. 1356 Innungen Schneidemühl 1648-1937 (32) -
Nr. 1382 Innungen Schönlanke 1752-1905 (14) - Nr. 1385 Innungen Filehne 1576-
1934 (35).
Siehe auch: LAGw Rep. 38b.

AF Ostbrandenburg 2007

Wirtschaft, Personen, Familien, Parteien, Verbände, Vereine, Gesellschaften, kulturelle und wissenschaftliche Einrichtungen

241   Deutsche Organisationen und Vereine   Nr. 888
      [Niemieckie organizacje i stowarzyszenia]
713 AE   3,00 lfm   1743-1945

Darunter: NSDAP Kreisleitung Schneidemühl 1938-1941 (252) - NSDAP Kreisgericht Schneidemühl 1933-1944 (97) - Reichstreuebund ehemaliger Berufssoldaten Schneidemühl 1933-1943 (3) - SS Abschnitt Schneidemühl 1939-1942 (5) - Gutsarchiv Filehne 1790-1910 (19). FK

AP Posen 1995, AF Ostbrandenburg 2007

Sammlungen

242 Archivische Sammlungen
Nr. 975 SS-Reichsicherheitshauptamt VII, Archivamt, H[exen-]Sonderkommando [16. Jh.] 1935-1943 (3883 AE); darin Kartei mit 3600 Einheiten zu Hexenprozessen besonders in Deutschland, aber auch Europa - Nr. 981 Gedruckte Edikte und Verordnungen 1718-1852 (714) - Siegelabdrucke 14.-19. Jh. (723) - Lacksiegel 19. Jh. (79).

VII Staatsarchiv Posen, Abteilung Schneidemühl

Archiwum Państwowe w Poznaniu,
Oddział w Pile
ul. ppłk Aleksandra Kity 5
PF 231
64-920 Piła

Tel.   (0-67) 210 09 26
Internet: http//www.poznan.ap.gov.pl
E-mail: pila@poznan.ap.gov.pl
Mo-Fr: 08.00-15.00 Uhr

Die Außenstelle Schneidemühl wurde 1952 als staatliches Kreisarchiv eingerichtet. Seither war es dem Staatsarchiv Posen unterstellt, als Kreisarchiv bis 1975, danach als Außenstelle. Es verwahrt z. Z. 663 Bestände mit einem Gesamtumfang von ca. 700 lfm.

Landesherrliche und öffentliche Verwaltung

243   Behörden der staatlichen Verwaltung
Landratsamt Schönlanke 1902-1039 (?) - Standesämter der Wojewodschaft Piła 1874-1893 (keine weiteren Angaben) - Katasteramt Dt. Krone 1886-1908 (?) - Forstamt Schönlanke 1794-1940 (90) - Gewerbeinspektion Schneidemühl 1907-1915 (?) - Kreisschulinspektion Schneidemühl 1820-1919 (60) - Kreisschulinspektion Schönlanke 1920-1934 (?) - Kreisschulrat Schneidemühl 1910-1944 (?) - Grundschule Schneidemühl 1882-1944.

AP Posen 1995

Kommunalständische Vertretungen, Selbstverwaltungsorgane der Provinz und der Kreise

244	Kreisausschuß Schönlanke		Nr. 4
	[Wydział Powiatowy w Trzciance]		
31 AE		0,70 lfm	1912-1943
Bestandsrest. FB. Siehe auch: LAGw Rep. 66 a.			

AP Posen 1995

Kommunale Körperschaften

245 Stadt- und Gemeindeverwaltungen
Nr. 17 Stadtverwaltung Filehne (1642) 1818-1945 (668) - Nr. 15 Stadtverwaltung Schönlanke 1815-1945 (1247) - Gemeinden des Kreises Schönlanke 1823-1945 (ca. 28 lfm, unvz.)
FB.

AP Posen 1995

Justiz

246 Landgericht Schneidemühl, Amtsgerichte,   o. Nr.
Staatsanwaltschaft Schneidemühl, Notariate
[Sąd Krajowe w Pile, Sąd Obwodowy, Prokuratura w Pile, Kancelarie notariusze]
Landgericht Schneidemühl 1878-1925 (ca. 75 lfm) - Staatsanwaltschaft Schneidemühl 1903-1934 (286) - Amtsgericht Schneidemühl 1768-1884 (152) - Amtsgericht Schönlanke 1777-1944 (ca. 3000) - Amtsgericht Filehne 1841-1944 (Bestandsreste) - Schiedsgericht Schönlanke 1820-1935 (Bestandsreste) - Notariate in Schneidemühl 1832-1834 (4) - Notariate in Schönlanke 1890-1897 (11) - Notariate in Filehne 1897-1919, 1929-1935 (ca. 45).

AP Posen 1995

VIII Staatsarchiv Landsberg an der Warthe

Archiwum Państwowe w Gorzowie Wielkopolskim
ul. Grottgera 24/25
PL 66-413 Gorzów Wielkopolski

Tel.: (0-95) 720 78 23
Fax: (0-95) 722 79 68
Internet: www.gorzow.ap.gov.pl
E-mail: sekretariat@gorzow.ap.gov.pl
Mi u. Fr: 08.30-14.30 Uhr, Do: 08.30-18.00

Die Neumark betreffende Archivalien wurden, soweit sie nicht beim russischen Angriff auf Küstrin 1758 verbrannten, bis 1945 im Geheimen Staatsarchiv Berlin Dahlem archiviert. Erst mit dem Übergang an Polen wurde Landsberg seit 01.08.1950 Archivstandort als Regionalabteilung des Staatlichen Wojewodschaftsarchiv (WAP) Poznań. Ab 1979 unterstand dieser Standort dem WAP Szczecin und seit dem 01.01.2006 ist es eine selbständige Einrichtung. Das Archiv hatte eine wechselvolle Geschichte mit mehreren Umzügen zu überstehen. Von seinen insgesamt ca. 900 Beständen mit ca. 2341 lfm (Stand Ende 2000) stammen 261 Bestände mit 1376 lfm aus der Zeit vor 1945. Das sind 61 % des Gesamtbestandes. Bei diesen Archivalien handelt es sich größtenteils um Unterlagen der deutschen Verwaltungen, die 1945 vor Ort verblieben waren. Für diesen Archivführer sind nur die Bestände aus den 1938 an die Provinz Pommern angegliederten Kreisen Friedeberg und Arnswalde von Relevanz. Sie werden aber nur summarisch erfasst. Für die Vorbereitung des Archivbesuchs und die Aktensuche sei deshalb ausdrücklich auf den Archivführer Ostbrandenburg verwiesen. Für die Benutzung des Archivs ist wegen geringer Platzkapazität Voranmeldung nötig.

Landesherrliche und öffentliche Verwaltung

247 **Landratsamt Friedeberg** Nr. 82
 [Starostwo Powiatowe w Strzelcach Krajeńskich]
203 AE 3,9 lfm 1811-1944

AF Ostbrandenburg 2007

248 Standesämter
     [Urzędy Stanu Cywilnego]
Kr. Friedeberg: Nr. 508 Neu Anspach 1874-1899 (17) - Nr. 511 Alt Beelitz 1874-1899 (6) - Nr. 183 Driesen 1874-1936 (150) - Nr. 510 Eschbruch 1874-1899 (9) - Nr. 355 Friedeberg 1874-1914 (21) - Nr. 853 Gotschimm 1874-1899 (9) - Nr. 505 Gottschimmerbruch 1874-1899 (6) - Nr. 503 Guscht 1874-1899 (5) - Nr. 504 Guschter Holländer 1874-1899 (4) - Nr. 854 Lubiath 1874-1899 (6) - Nr. 509 Netzebruch 1874-1988 (6) - Nr 501 Trebitsch 1874-1991 (12) - Nr. 507 Vorbruch 1874-1899 (8) - Nr. 502 Vordamm 1874-1899 (7).
Kr. Arnswalde: Nr. 335 Neuwedell 1874-1899 (32).

AF Ostbrandenburg 2007

249	Domänenrentamt Driesen		Nr. 880
	[Urząd Domenalno-Rentowy w drezdenku]		
398 AF		5,5 lfm	1591-1874 (1887)

AF Ostbrandenburg 2007

250	Wasserstraßenamt Driesen		Nr. 155
	[Urząd Dróg Wodnych w Drezdenku]		
675 AE		10 lfm	1883-1944

AF Ostbrandenburg 2007

251	Kreisschulinspektion Friedeberg		Nr. 288
	[Powiatowa Inspecja Szkolna w Strzelcach Krajeńskich]		
58 AE		1 lfm	1771-1919

AF Ostbrandenburg 2007

Kommunale Körperschaften

252 Stadtverwaltungen, Innungen
     [Akta miast, Cechy miast]
Nr. 182 Stadt Driesen (1317-1645) 1653-1944 (2421) - Stadt Friedeberg 1730-1804 (7) - Nr. 66/4 Schneiderinnung Driesen 1521-1785 (2) - Nr. 66/2 Maurerinnung Friedeberg 1771-1921 (24).

AF Ostbrandenburg 2007

Justiz

253 Amts- und Kreisgerichte, Notare
    [Sądy Obwodowe i Powiatowe, Akta Notariuszy]
Nr. 81 Amtsgericht Driesen 1688, 1731-1944 (2814) - Nr. 674 Kreisgericht Friedeberg 1812-1938 (49) - Nr. 95, 169-177 Notare in Driesen 1827-1933 (10 Kanzleien, 305 AE).

AF Ostbrandenburg 2007

Kirchenverwaltungen und Kirchengemeinden

254 Superintendentur, Evang. Kirchengemeinden
    [Superinentendentura, Akta Parafii Ewangelickich]
Nr. 179 Superintendentur Friedeberg 1716-1914 (12) - Nr. 145 EKG Woldenberg 1699-1931 (180) - Nr. 88/6 EKG Neunspach 1902-1944 (1).

AF Ostbrandenburg 2007

Kommunale Archive

IX Stadtarchiv Barth

Amt Barth
Stadtarchiv
Teergang 2
18356 Barth

Tel.: (0-382 31) 371 40
Fax: (0-382 31) 371 54
Internet: http//www.stadt-barth.de/geschichte/stadtarchiv
E-mail: archiv@stadt-barth.de
Mo-Do: 08.00-12.00 Uhr, Fr geschlossen.
Vorherige Anmeldung mit Angabe des Themas ist notwendig.

Die städtischen Urkunden und Akten waren in Kriegszeiten mehrfach beschädigt und verstreut worden. Erst 1711 wurde ein „Privilegien-Schapp" angeschafft und 1797 auf dem Boden des Rathauses ein Archivraum eingerichtet. Die erste Ordnung erhielt das Archiv bis 1874 durch Bürgermeister Müller, der in 14 Quartbänden die Urkunden, Verordnungen und Rezesse aufführte. In den zwanziger Jahren erneut stark vernachlässigt, wurde das Archiv erst 1954 als solches eingerichtet und zunächst nebenamtlich, ab 1971 hauptamtlich besetzt. Die Bestände wurden 1954-57 geordnet und neu verzeichnet.
Das Archiv beteiligt sich am Internet-Archivverbund Mecklenburg-Vorpommerns ARIADNE. Das Projekt ARIADNE ermöglicht archiv- und bestandsübergreifende Recherche in den Findhilfsmitteln der beteiligten Archive. Es stellt keine Dokumente zur Verfügung. Die Aufnahme der Bestandsinformationen wird ständig fortgeführt.

255 Urkunden Rep. 01
249 Urk.   1255-1893
Bestandsbildner sind die Stadt Barth und die Kirchen, Klöster und Hospitäler in und bei der Stadt.
Stadt Barth (224) – Kirche St. Marien (5) – Hospital St. Crucius (3) – Hospital St. Spiritus (1) – Hospital St. Georg (1) – Kloster Neuenkamp (1) – Adl. Kloster zu Barth (2) – unbestimmte kirchliche Provenienz (6) – Unbestimmt (3). FK u. Kurzregesten.
Siehe auch: LAGw Rep. 1.

256 Statuten, Regulative, Visitationen   Rep. 02
75 AE   1542-1925
FK, Kurzregesten.

257 Amtsbücher, Protokollbücher usw.   Rep. 03
233 AE   6 lfm   1255-1956
I. Privilegien und Urkundenbücher 1255-1850 (4) - II. Chroniken und Eidbücher 1519-1955 (12) - III. Statuten und Rechtsbücher 1706-1899 (10) - IV. Kammerbücher 1324-1850 (22) - V. Matrikeln und Register 1545-1935 (50) - VI. Militaria 1798-1836 (72) - VII. Administration der Stadtgüter 1725-1890 (5) - VIII. Rats-, Bürgerschafts- u. Kammerprotokolle 1605-1956 (32) - IX. Verschiedenes 1793-1955 (26). FK.

258 Städtische Akten   Rep. 04
2274 AE   48,2 lfm   1515-1954
I. Reichs- u. Staatsangelegenheiten 1794-1905 (24) - II. Beziehungen zum Land 1523-1900 (67) - III. Beziehungen zum Kreis 1818-1949 (21) - IV. Stadtverfassung 1536-1947 (248) - V. Rechtswesen 1568-1932 (71) - VI. Verwaltung des städtischen Grundbesitzes u. Eigentums 1553-1938 (229) - VII. Bauwesen 1620-1939 (171) - VIII. Finanzen 1586-1945 (114) - IX. Gewerbe 1544-1944 (553) - X. Polizei 1575-1941 (191) - XI. Armen- u. Fürsorgewesen 1604-1938 (104) - XII. Militärsachen 1609-1919 (130) - XIII. Kirchen u. Schulen 1536-1950 (252) - XIV. Persönliche Verhältnisse der Bürger 1578-1947 (86) - XV. Geschichte der Stadt 1601-1936 (24). FK.

259 Sammlungen   (1255) 1580-dato
1. Bildsammlung (ca. 1000 Bilder, Ansichten u. Photos/1580-dato) - 2. Klischees (Klischees zu den Festschriften 1928 u. 1955) - 3. Handbücherei (ca. 600 Bände/ 1735-dato).

X Stadtarchiv Greifswald

Stadtarchiv der Hanse- und Universitätsstadt Greifswald
Arndtstr. 2
17489 Greifswald

Tel.: (0-38 34) 52 33 11
Fax: (0-38 34) 52 33 30
Internet: http//www.greifswald.de/stadterlebnis/geschichte/links.html
E-mail: stadtarchiv@greifswald.de
Di 09.00-12.00 u. 13.00-18.00 Uhr; Mi-Do 09.00-12.00 u. 13.00-16.00 Uhr;
Fr 09.00-12.00 Uhr

Die Anfänge des Stadtarchivs lagen bei der Ratskanzlei des 13. Jahrhunderts, die sich der Aufbewahrung der Dokumente zu den städtischen Rechten und Privilegien annahm. Im 15. Jahrhundert wurde ein Wandschrank in der Bürgermeisterkapelle der Nikolaikirche Aufbewahrungsort der Urkunden, das erste Inventar stammt von 1598. Die Entstehung der Altregistratur datiert aus dem 17. Jahrhundert, 1707 wurde ein Ratssekretär mit der Registraturpflege betraut. Doch erst der Syndicus und spätere Bürgermeister C. J. Gesterding nahm ab 1821 eine Neuordnung des Archivs vor. In seiner Amtszeit wurde 1835 ein hauptamtlicher Archivar und Registrator eingestellt. Der Stadtbrand von 1713 und Kassationen von Steuerregistern und Gerichtsakten 1867-76 hatten bereits wertvolle Quellen zur Stadtgeschichte vernichtet. Nach dem Tod des Archivars 1874 verfiel die Ordnung rapide und erreichte ab 1920 einen Tiefpunkt. Urkunden, Amtsbücher und Innungsarchivalien wurden als Depositum der Universitätsbibliothek überantwortet. Kurzzeitig wurde das ganze Archiv an das Landesarchiv Greifswald übergeben (1949-52). Jahrzehntelange Vernachlässigung, mehrfache Umlagerungen und schlechte Lagerungsbedingungen führten zu Verlusten an Archivgut und zur absoluten Unbenutzbarkeit. Erst ab 1. Mai 1954 wurde wieder ein hauptamtlich besetztes Archiv eingerichtet. Unter dem langjährigen Leiter Rudolf Biederstedt wurden die Bestände geordnet, mit Findhilfsmitteln erschlossen und der wissenschaftlichen Auswertung zugeführt. Desweiteren legte man archivische Sammlungen an. In der Folgezeit verbesserten sich die Benutzbarkeit der Bestände sowie die räumlichen und technischen Bedingungen kontinuierlich (1984-99).
Das Stadtarchiv Greifswald verfügt (Stand: 31.12.2006) über 556 Urkunden, 1694 lfm Akten und 2600 Karten und Pläne. Zu den Sammlungsbeständen siehe unten. Die Bestände des Stadtarchivs gliedern sich in die Tektonikgruppen Abt. I Registraturen der Stadtverwaltung, ihrer nachgeordneten Dienststellen und Einrichtungen, Abt. II Registraturen nichtstädtischer Provenienz, Abt. III Archivische Sammlungen und Abt. IV Archivbibliothek und Zeitungssammlung.

Das Archiv beteiligt sich am Internet-Archivverbund Mecklenburg-Vorpommerns ARIADNE. Das Projekt ARIADNE ermöglicht archiv- und bestandsübergreifende Recherche in den Findhilfsmitteln der beteiligten Archive. Es stellt keine Dokumente zur Verfügung. Die Aufnahme der Bestandsinformationen wird ständig fortgeführt.

260   **Archivhilfsmittel**   Rep. 1
                          2 lfm   1822-1958
Der Bestand enthält die Findhilfsmittel wie Repertorien, Aktenverzeichnisse, Strukturpläne u.ä.

StAG 1966, Kiel 2000

261   **Urkunden**   Rep. 2
556 Urk.   7,6 lfm   1250-1882
Bestandsbildner sind Magistrat/Rat der Stadt Greifswald von der Stadtrechtsverleihung an sowie die Greifswalder Kirchen, Klöster, Stifte und Hospitäler.
Der Bestand enthält sämtliche, im Besitz der Stadt befindliche Originalurkunden. Chronolog. geordnete Regesten.
Siehe auch: Urkunden der Handwerker in StAG Rep. 54; LAGw Rep. 1, Rep. 2.

Gesterding 1827/1829, Heyden 1965, StAG 1966, Kiel 2000

262   **Amtsbücher**   Rep. 3
                          54,8 lfm   (1241) 1291-1938
FB.

StAG 1966, Kiel 2000

263   **Städtische Akten vor der Auflösung der**   Rep. 5
      Zentralregistratur um 1920
10641 AE   276 lfm   1514-1957
Die Akten der Stadtverwaltung wurden bis nach dem Ersten Weltkrieg in einer Zentralregistratur geführt. Einige Abteilungen sind bis nach dem Zweiten Weltkrieg vertreten. FB.

StAG 1966, Kiel 2000

264   **Städtische Akten nach der Auflösung der**   Rep. 6
      Zentralregistratur
                          60 lfm   1833-1959
Nach dem Ersten Weltkrieg dezentralisierte man die Registratur. Die einzelnen Fachabteilungen, Betriebe und Institutionen der Stadtverwaltung richteten eigene Registraturen ein. Nur vorläufig erschlossen.

StAG 1966

265 Kaiserin-Auguste-Viktoria-Schule und   Rep. 11
     Lehrerinnen-Seminar
                           5,2 lfm   1866-1943
FB.

StAG 1966

266 Städtische Bürger- und Mittelschulen   Rep. 12
123 AE   3 lfm   1870-1947
FB.

StAG 1966

267 Geographische Gesellschaft   Rep. 43
183 AE   4 lfm   1882-1968
Ablieferungsliste

268 Akten der freiwilligen Gerichtsbarkeit,   Rep. 44
     Notariats- u. Testamentsakten
                           18 lfm   1886-1949
FK.

269 Gemeinde Wieck   Rep. 51
113 AE   1,1 lfm   1850-1939
FB.

StAG 1966

270 Gemeinde Eldena   Rep. 52
24 AE   0,5 lfm   1897-1939
FK. Siehe auch: UAGw.

StAG 1966

271 Gewerbegericht   Rep. 53
4 AE   0,4 lfm   1902-13
FB.

StAG 1966

272 Innungen der Stadt und des   Rep. 54
     Landkreises Greifswald
                           6,5 lfm   1428-1960

Die Innungen des Kreises Greifswald deponierten ihre Archivalien 1931-60 im Stadtarchiv. Neben den Greifswalder Innungen enthält der Bestand auch Material zu Gützkow, Lassan und Wolgast. FB.
Siehe auch: LAGw Rep. 38 e.

StAG 1966

273 **Kommunalbeamten-Verein (Beamten-Verein),**   Rep. 55
     Ortsverband Greifswald
45 AE   1 lfm   1898-1942
FB.

StAG 1966

274 **Kuratorium Odebrecht-Stift**   Rep. 56
41 AE   0,8 lfm   1839-1949
FB.

StAG 1966

275 **Schiffergesellschaft**   Rep. 57
15 AE   1795-1927
FB.

StAG 1966

276 **Verschiedene Vereine, Komitees u.a.**   Rep. 58
                          3,3 lfm   1855-ca. 1969
FB.

StAG 1966

277 **Nachlässe**   Rep. 59
                          12 lfm   1900-64
Unter anderem: Otto Wobbe (1868-1945), Schriftsteller u. Weinhändler – Wilhelm Markmann (1850-1938), Bauunternehmer u. Brandmeister – Günter Linke (1909-1943), Stadtarchivar – Anne-Marie Below (1884-1964), geb. Gesterding – Rudolf Krethlow (1893-1960), Kaufmann – Arno Schmidt (1879-1967), Oberstudienrat – Gottfried Theodor Pyl (1791-1853), Rechtsanwalt u. Prokurator am Hofgericht – Gustav Fehlhaber (1849-1930), Reeder u. Kapitän – Ernst Brandenburg (20. Jh.), Lehrer – Ottomar Rohde (1880-?), Arzt u. Freimaurer – Carl Theodor Pyl (1826-1904), Kunsthistoriker – Peter Vahl (19. Jh.), Hofbesitzer u. Schulze in Lubmin – Charlotte Rieck (20. Jh.), Lehrerin – Rudolf Petershagen (1901-1969), Offizier u. Kommandant von Greifswald – Hans u. Margarethe Lachmund (20. Jh.), Jurist u. Lehrerin – Edith

Seidenhefter (1914-1990), Sekretärin – Käthe Krankenhagen (1897-1967), Lehrerin – Fritz Kempe (1908-88), Fotograf u. Leiter der Landesbildstelle Hamburg. FB.

StAG 1966

278	**Hafensägewerk**		Rep. 70
		1 lfm	ca. 1924-53
FK.			

279	**Boots- u. Reparaturwerft Greifswald**		Rep. 71
	(ehemals Buchholz)		
614 AE		2,8 lfm	(1936) 1941-1973 (1076)

280 **Sammlungen**
Karten, Risse, Pläne 1622-1980 (2665 St.) – Foto- u. Bildsammlung 18.-dato (8490 St.) – Fotoplatten 19./20. Jh. 50 – Stiche, Drucke, Lithografien 1590-1869 – Thematische Dokumentensammlung 20. Jh. (217 St.) – Manuskripte 1450-1998 (5 lfm) – Theatersammlung 1920er-1980er (12 lfm) – Postkarten 20. Jh. (905 St.) – Häuserkartei der Greifswalder Altstadt 1600-20. Jh., Typoskript – Audovisuelle Medien, ab 1911 – Banknoten- u. Notgeldsammlung 1912-1923 – Siegelsammlung 18.-20. Jh – Patentsammlung 1700-1817 – Aktensammlung Odebrecht 1556-1824 – Leichenpredigten 1641-1785 – Sammlung Museum der Stadt Greifswald 17.-20. Jh. – Depositum Theater (ab 1722-) 1921-1994 – Theatersammlung 1920er-1991.
FK oder FB

StAG 1966

281 **Archivbibliothek und Zeitungssammlung**
Dienstbibliothek u. Zeitungssammlung, ab 1626 – Odebrechtsche Bibliothek 1600-1913 –
Gesetzblattsammlung 1818-1990 (30 lfm) – Zeitungen ab 1759.
Katalog bzw. FB.

XI Stadtarchiv Stralsund

Hansestadt Stralsund
Stadtarchiv
Am Johanniskloster 35
18439   Stralsund

Tel.:   (0-3831) 66 64 66
Fax: (0-3831) 66 64 64
Internet: http://www.stralsund.de/bildung/stadtarchiv
E-mail: stadtarchiv@stralsund.de
Mo-Do: 09.00-17.00 Uhr

Die Ratskanzlei ist für Stralsund im 13. Jahrhundert bezeugt, im 15. Jahrhundert wird auf ein Archiv verwiesen. Eine erste Ordnung wurde 1589 vorgenommen, dennoch führte das Archiv bis weit in das 19. Jahrhundert ein Schattendasein, sein Ordnungszustand wird in mehreren Zeugnissen als jämmerlich beschrieben. Erst ab 1868 begann eine halbwegs kontinuierliche Betreuung des Archivs mit der Anstellung eines Referendars und der Aufbereitung der Urkunden. Seit 1919 wurden Stadtbibliothek, Museum und Archiv in Personalunion verwaltet. Die im Zweiten Weltkrieg ausgelagerten Bestände wurden 1945 wieder zurückgeführt und ab Oktober 1946 war die Archivbibliothek wieder benutzbar. Bis 1952 waren die Bestände gesichert, überprüft und geordnet. In diesem Jahr übernahm Herbert Ewe die hauptamtliche und wissenschaftliche Leitung des Stadtarchivs. Unter seiner Amtsführung wurden die Aktenbestände des 17.-20. Jahrhunderts erschlossen und die archivischen Sammlungen angelegt. Die personellen, räumlichen und technischen Verhältnisse besserten sich soweit, dass Stralsund über eines der wichtigsten norddeutschen Stadtarchive verfügt. Der im Laufe der Zeit erforderliche Umzug in das ehemalige Speichergebäude des Johannisklosters im Jahr 2002 verbesserte die Arbeitsbedingungen für die Mitarbeiter und Benutzer weiter. Das Johanniskloster zählt mit dem Kapitelsaal, dem Hellen Gang, dem Räucherboden, dem Rosengarten und der Barockbibliothek zu den Attraktionen der Hansestadt.
Die Aktenbestände sind rechnergestützt verzeichnet. Der größte Teil der Urkunden, Bilder, Postkarten, Pläne usw. ist vom Benutzer über den PC recherchierbar und auch einzusehen. Sämtliche Personendaten der Kirchenbücher der drei Stadtkirchen und der Kirche Voigdehagen sind bis zum Jahr 1900 verkartet. Die Angaben des Bürgerbuches sind in einer Datenbank erfasst. Neben dem reichen Bestand an städtischen und geistlichen Urkunden, an Stadtbüchern und Akten, die die Entwicklung Stralsunds als führende Hansestadt bis in die Neuzeit dokumentieren, verfügt das Stadtarchiv über historisch wertvolle Bibliotheksbestände, darunter zahlreiche Inkunabeln und die so-

genannte Löwensche Bibliothek aus dem 18. Jh. Der Gesamtbestand umfasst derzeit ca. 9000 Urkunden, 3000 lfm Akten, 135.000 Bibliotheksbände und die Sammlungen mit 29.000 Fotos, 3000 Plakaten und 4000 Karten, Rissen und Plänen.
Das Archiv nimmt am Internet-Archivverbund Mecklenburg-Vorpommerns ARIADNE teil. Das Projekt ARIADNE ermöglicht eine archiv- und bestandsübergreifende Recherche in den Findhilfsmitteln der beteiligten Archive. Es stellt keine Dokumente zur Verfügung. Die Aufnahme der Bestandsinformationen wird ständig fortgeführt.

282 Städtische Urkunden
3074 Urk.   1234-1948
Die Urkunden sind durch chronologisch geordnete Regesten benutzbar. Ein weiterer Zugang besteht durch das Generalregister. Ca. 600 Urkunden gelten als Kriegsverluste, für diese sind ebenfalls Regesten vorhanden.
Siehe auch: LAGw Rep. 2 Stralsund.

PUB

**283 Urkunden der Stralsunder Kirchen,
        Klöster u. Stiftungen**
ca. 1530 Urk.   1256-1845
Kirche St. Jakobi 1330-1681 (88 Urk.) - Kirche St. Marien 1316-1634 (284 Urk.) - Kirche St. Nikolai 1303-1845 (177 Urk.) - St. Jürgen am Strande 1330-1807 (108 Urk.) - St. Jürgen vor Rambin 1307-1639 (130 Urk.) - Heiligeistkloster 1256-1669 (307 Urk.) - Kloster Marienehe 1303-1555 (56 Urk.) - Kloster Marienkrone 1297-1623 (200 Urk.) - Gasthaus 1542-ca.1690 (43 Urk.) - Waisenhaus 1610-99 (28 Urk.) - Depositum d. Gewandschneider 1383-1673 (56 Urk.) - Depositum d. Kramer 1318-1579 (54 Urk.). Die genaue Anzahl der Urkunden liegt zumeist etwas höher als angegeben, weil mehrfach innerhalb einer Nummer Buchstabennummern auftauchen. Auch die Überlieferungszeit kann variieren, weil mehrfach Urkunden für die Aufzeichnung eines weiteren, späteren Rechtsgeschäfts genutzt wurden. Chronolog. geordnete Regesten, Glossar.
Siehe auch: LAGw Rep. 1.

PUB, Heyden 1961

284 Handschriften
926 AE   1270-1937
Stadtbücher 1270-1624 (28) - Das Denkelbock 1320-1525 (3) - Bürgerbücher 1319-1921 (17) - Chroniken, Copeibücher, Sammlungen von Urkundenabschriften 13. Jh.-1840 (103) - Burspraken 1444-1685, (4 in Rep. 3) - Protokolle 1670-1896 (9) - Gericht/ Gesetzgebung 1325-1855, (58 in Rep. 3) - Ämter u. Gewerbe 1355-1849 (28) - Kirchensachen 1411-1882 (78) - Einzelne Personen 14. Jh.-1893 (114) - Genealogie u. Familiengeschichte 1578-1912 (47) - Sphragistik u. Numismatik 1577-1763 (11) -

Alte Repertorien u. Registraturen 1537-1897 (36) – Sammelbände 1249-1803 (98) – Matrikeln u. Steuern 1651-1736 (11) – Einnahme- u. Ausgaberegister 1478-1891 (20) – Wirtschaft u. Agrarwirtschaft 1616-1724 (89) – Kriegs- u. Belagerungszeiten, Militär 1627-1910 (33) – Städte 1572-18. Jh. (7) – Universität Greifswald 1681-18.Jh (4) – Naturwissenschaft 17. Jh.-1871 (21) – Kunst u. Literatur 1544-1894 (59) – Vereine 1686-1866 (14) – Gebäude, Plätze, Anlagen 17. Jh.-19. Jh. (7) – Schulen 1792-1920 (4) – Bibliotheken, Sammlungen 1726-1937 (10) – Verschiedenes 1324-1931 (69) – Nikolai-Kirchenbibliothek 1414-? (24).
FB.

Schroeder 1964-88

285 Schiffer-Compagnie
366 AE   15. Jh.-1970
Die 1488 gegründete Schifferkompanie war zunächst die berufsständische Vertretung Stralsunder Schiffer und diente vornehmlich der sozialen Absicherung der Familien. Heute widmet sie sich vornehmlich der maritimen Traditionspflege.
I. Ordnungen, Statuten, Privilegien 1488-1888 (12) – II. Amtsbücher 1436-1940 (12) – III. Vermögensverwaltung u. Rechnungsführung 1541-1958 (183) – IV. Grundbesitz 1615-1970 (27) – V. Handel u. Schiffahrt 1508-1948 (54) – VI. Prozesse u. Streitigkeiten 1616-1040 (34) – VII. Versicherungen für Schiffer, Schiffe u. Kompaniehaus 1779-1932 (33) – VIII. Verschiedenes 15. Jh.-1946 (10).
FB.

Brück 1985, Lorenz 1882

286 Das Gerichtswesen der Stadt Stralsund   Rep. 3
7819 AE   1310-Mitte 19. Jh.
Bestandsbildner waren die städtischen Gerichte erster und zweiter Instanz (Magistrat) in ihrer geschichtlichen Entwicklung. Der Bestand setzt sich aus mehreren Provenienzen zusammen.
A Organisation des städtischen Gerichtswesens 1420-1857 (153) – B Obergericht 1310-1848 (1425) – C Kammergericht 1514-1878 (4644) – D Niedergericht 1415-1869 (945) – E Zuchthaus 1708-1832 (69) – F Waisengericht 1593-1828 (118) – G Konsistorialgericht 1551-1849 (290).
FB.

287 Stralsunder Gewandschneiderkompanie   Rep. 4
56 Urk.   1097 AE   1281-1976
Die Gewandschneider bildeten eine der ältesten und einflußreichsten Kaufmannsvereinigungen Stralsunds. Ihre Vertreter gehörten bis ins 20. Jahrhundert hinein den städtischen Leitungsgremien an.

I. Ordnungen, Statuten u. Privilegien der Gewandschneiderkompanie u. -armenstiftung 1281-1872 (31) – II. Aufnahme in die Kompanie 16. Jh.-1944 (17) – III. Alterleute 1394-1953 (63) – IV. Beziehungen zur Zentralgewalt 1558-1853 (67) – V. Beziehungen zu Rat u. Bürgervertretungen 1582-1867 (107) – VI. Beziehungen zu and. Städten 1540-1851 (41) – VII. Beziehungen zur Kirche 1477-1858 (31) – VIII. Das Kompaniegebäude 1612-1943 (32) – IX. Der Lotschmaus 1503-1968 (6) – X. Haus- u. Grundbesitz 1501-1976 (170) – XI. Handel u. Wirtschaft 1534-1915 (124) – XII. Finanzwesen 1422-1976 (215) – XIII. Kriegslasten 1637-1809 (33) – XIV. Gewandhausarmenstiftung 1582-1951 (83) – XV. Registratur u. Archiv 1587-1936 (15) – XVI. Verschiedenes 15. Jh.-1944 (50).
FB.

288 **Stralsunder Kaufmannsdeputation**   Rep. 5
533 AE   1588-1945
Die Kaufmannsdeputation wurde 1697 als Interessenorganisation der städtischen Kaufmannschaft gegründet. Ihre Tätigkeit galt der Förderung von Handel und Wirtschaft, die nach 1870 von der Handelskammer betrieben wurde.
I. Organisation der Kaufmannschaft 1632-1936 (39) – II. Allgem. Bekanntmachungen, Gutachten, Berichte, Anträge 1815-1878 (36) – III. Handel 1618-1928 (213) – IV. Einrichtungen im Dienst des Handels 1697-1877 (20) – V. Rechnungsführung u. Abgaben 1588-1945 (127) – VI. Hafen, Schiffahrt, Fischerei 1664-1878 (44) – VII. Verschiedene Angelegenheiten der Kaufmannsdeputation 1699-1944 (24).
FB.

Fabricius 1831

289 **Die Stralsunder Klöster;**   Rep. 6-11
     Der Kaland zu Stralsund
Rep. 6 Kloster St. Johannis 1585-1951 (327) – Rep. 7 Kloster St. Jürgen am Strande 1662-1949 (622) – Rep. 8 Kloster St. Jürgen vor Rambin 1614-1951 (1142) – Rep. 9 Kloster zum Heiligen Geist 15. Jh.-1949 (1863) – Rep. 10 Kloster St. Annen und Brigitten 1546-1949 (1535) – Rep. 11 Kaland zu Stralsund 1941-1945 (315).
FB.
Siehe auch: LAGw Rep. 1 u. 2.

Fabricius 1831, Hoogeweg 1925

290 **Stralsunder Stiftungen**   Rep. 12
1450 AE   1498-1975
Erfasst sind 133 private, korporative, geistige u. a. Stiftungen, die in der Stadt wirksam waren.
FB.

291   Stralsund in den Landständen   Rep. 13
2722 AE   1417-1881
Als Direktorialstadt leitete Stralsund über Jahrhunderte die Kurie des Städtekonvents. In dieser Position führte die Stadt Verhandlungen mit der Zentralgewalt und zeichnete vor allem auch für die Korrespondenz der Städtekurie verantwortlich. Diese wichtige Überlieferung geht somit weit über das städtische Territorium hinaus.
I. Organisation der Landstände 1417-1858 (305) - II. Landtage 1521-1881 (569) - III. Städtetage 1573-1858 (76) - IV. Verhandlungen außerhalb der Land- u. Städtetage 1445-1839 (115) - V. Finanzen u. Steuern 1543-1848 (649) - VI. Grundbesitz 1524-1883 (166) - VII. Soziale Verhältnisse 1703-1809 (33) - VIII. Land- u. Seehandel 1522-1820 (145) - IX. Nichtagrarische Produktion 1597-1839 (84) - X. Verkehr 1575-1893 (47) - XI. Gericht 1518-1841 - XII. Militär 1523-1824 (178) - XIII. Polizei 1550-1822 (16) - XIV. Universität Greifswald 1721-1820 (29) - XV. Kirche 1548-1837 (88) - XVI. Verschiedenes 1628-1848 (31). Siehe auch: LAGw Rep. 50, 51; APSz Nr. 184, 1126.
FB.

292   Gesundheits- und Sozialwesen der Stadt   Rep. 14
655 AE   1516-1953
Der Bestand resultiert aus der Tätigkeit der mit öffentlicher Hygiene und Gesundheitspflege befassten städtischen Ämter (Bader, Barbiere, Apotheker) und Behörden (Kollegien und Kommissionen), aus der Entstehung und Entwicklung der Armen- und Siechenhospitäler, der Krankenhäuser, Lazarette und des Badewesens sowie der sozialen Einrichtungen für Arme, Waisen und Behinderte.
Gesundheitswesen: I. Organisation des Gesundheitswesens 1619-1865 (4) - II. Amt der Bader und Amt der Barbiere 1588-1894 (17) - III. Gesundheitskollegien u. -kommissionen 1577-1944 (112) - IV. Hebammenwesen 1650-1938 (9) - V. Apotheken u. Medikamentenhandel 1633-1931 (25) - VI. Badewesen 1706-1940 (12) - VII. Kranken- u. Pflegeanstalten 1693-1953 (142) - VIII. Schulgesundheitswesen 1837-1948 (20 AE in Rep. 23) - IX. Gesundheitswesen auf dem Land 1780-1923 (1) - X. Veterinärwesen 1618-1945 (13) - XI. Beziehungen zu auswärtigen Krankenanstalten 1789-1943 (11) - XII. Verschiedene Angelegenheiten 1516-1934 (9) - Sozialwesen: I. Armenpflege 1616-1942 (121) - II. Klöster u. Hospitäler 1671-1937 (30 AE in Rep. 6-10) - III. Waisenhaus 1593-1938 (85) - IV. Andere soziale Einrichtungen 1624-1942 (11) - V. Wohlfahrtsamt u. Fürsorge 1779-1949 (19) - VI. Verschiedenes 1784-11798 (7).
FB.

293   Hafen und Seeverkehr der Stadt Stralsund   Rep. 15
605 AE   15. Jh.-1948
Der Bestand widerspiegelt die Entwicklung von Hafen, Schiffbau, Fährbetrieb, Schiffahrt sowie die städtische Aufsicht darüber.

I. Organisation 1591-1910 (75) - II. Hafenkammer 1501-1944 (260) - III. Werften u. Schiffbau 1624-1945 (12) - IV. Schiffahrt 15. Jh.-1945 (120) - V. Navigation 1691-1933 (45) - VI. Ausbildung 1786-1871 (2) - VII. Gesundheits- u. Sozialmaßnahmen 1777-1898 (13) - VIII. Seehandel 1581-1894 (48) - IX. Schifferkompanie- u. Armenstiftung 1693-1942 (17).
FB.

294   Stralsunder Handwerk   Rep. 16
1703 AE   1381-1949
I. Organisation d. Handwerks (Patente, Ordnungen, Amtsrollen, Statuten, Verzeichnisse u. Berichte) 1655-1942 (60) - II. Handwerksämter (54 städtische Handwerksämter) 1391-1948 (1095) - III. Auswärtige Handwerksämter (Ämter 12 vorpom. Städte) 1381-1934 (294) - IV. Prüfungskommissionen 1818-1934 (180).
FB.

295   Städtische Werke (Gas- u. Wasserwerk)   Rep. 17
1431 AE   1696-1953

296   Das Polizeiwesen von Stralsund   Rep. 18
1653 AE   1420-1958
Der Bestand umfasst Akten sämtlicher Stralsunder Polizeibehörden aus sechs Jahrhunderten.
I. Organisation (Gesetze, Ordnungen, Verfügungen, Verwaltung, Personal) 1551-1950 (396) - II. Aufsichtsbereiche (Sicherheit, Gesundheitswesen, Feuerschutz, Wege u. Straßen, Gewerbe) 16. Jh.-1958 (973) - III. Weinkeller 1420-1934 (71) - IV. Vereine 1592-1945 (225) - V. Verschiedenes 1803-1945 (35).
FB.

Fabricius 1831

297   Amt der Zeesener; Städtische Fischerei;   Rep. 19-21
      Fischmeisterei
Rep. 19 Amt der Zeesener 1601-1951 (15) - Rep. 20 Städtische Fischerei 1620-1946 (100) - Rep. 21 Fischmeisterei 1819-1950 (142).
FB.

298   Das Stralsunder Gymnasium; Stralsunder Schulen   Rep. 22-23
Rep. 22 Das Stralsunder Gymnasium 1560-1958 (643) - Rep. 23 Stralsunder Schulen 1663-1949 (1862).
FB.

299   Städtischer Grundbesitz u.   Rep. 24
      Bauwesen der Stadt Stralsund
4836 AE   1471-1945
I. Organisation u. Verwaltung 1587-1957 (452) - II. Finanzverwaltung 1510-1950 (866) - III. Verwaltung u. Nutzung des städtischen Grundbesitzes 1536-1973 (1632) - IV. Bauwesen u. Nutzung von Gebäuden 1585-1968 (1483) - V. Nichtstädtischer Besitz 1544-1950 (120) - VI. Verschiedenes 1471-1945 (23).
FB.

Fabricius 1831

300   **Betrieb Otto Wilhelm**   Rep. 26
308 AE   1894-1959
Im Jahre 1840 als Handwerksbetrieb gegründet, entwickelte sich die Fa. Wilhelm zu einem wichtigen Betrieb zur Herstellung von Fleisch-, Fisch-, Ölfrucht- und Knochenverarbeitungsmaschinen.

301   **Stralsunder Zuckerfabrik**   Rep. 27
630 AE   1883-1968
FB.

302   **Stralsunder Kirchen**   Rep. 28
1462 AE   1464-1968
Die Akten entstammen dem bei der Ratskanzlei geführten „Ratskirchenarchiv".
I. Ordnungen, Verordnungen, Privilegien 1525-1942 (44) - II. Die Reformation u. ihre Auswirkungen im 16. u. 17. Jh. 1524-1706 (29) - III. Städtisches Konsistorium 1583-1933 (30) - IV. Visitationen d. Kirchen, Klöster u. Hospitäler 1525-1919 (51) - V. Beziehungen zu städtischen, staatlichen u. auswärtigen Instanzen 1535-1947 (25) - VI. Geistliche u. and. kirchliche Mitarbeiter 1464-1945 (170) - VII. Amtshandlungen 16. Jh.-1948 (59) - VIII. Kollekten 1632-1896 (61) - IX. Rechnungsführung 1574-1948 (50) - X. Stralsunder Kirchen 1491-1969 (554) - XI. Stralsunder Friedhöfe 1646-1915 (15) - XII. Landgemeinden unter Stralsunder Patronat 1568-1945 (255) - XIII. And. Landgemeinden 1525-1931 (79) - Verschiedenes 1541-1933 (17).
FB. Siehe auch: LAGw Rep. 1.

Heyden 1961

303   **Der Oberbürgermeister/Hauptverwaltung**   Rep. 29
2450 AE   1852-1951
Der überwiegende Teil der Überlieferung beginnt in den 1920er und 1930er Jahren und widerspiegelt den Umbau der Stadtverwaltung zum „Gefolgschaftsprinzip".

304 Stralsunder Kramerkompanie   Rep. 30
314 AE   1447-1955
Die Kramerkompanie als berufsständische Vereinigung wurde im 13. Jh. gegründet, ihre Mitglieder hatten den 1. Bürgergrad. Sie beendete ihre Tätigkeit in den 1950er Jahren
I. Organisation 1544-1948 (20) - II. Vermögensverwaltung und Armenstiftung 1554-1953 (147) - III. Grundbesitz 1566-1955 (83) - IV. Handel u. Gewerbe 1772-1865 (6) - V. Prozesse u. Streitigkeiten 1614-1869 (38) - Verschiedenes 1530-1910 (18).
FB.

305 **Stralsunder Amt der Haken**   Rep. 31
45 AE   1471-1975
Diese, um 1430 gegründete, berufsständische Korporation der Kleinhändler wurde erst 1975 endgültig aufgelöst.
I. Organisation der Kramerkompanie 1544-1948 (20) - II. Vermögensverwaltung der Kramerkompanie und ihrer Armenstiftung 1554-1953 (147) - III. Grundbesitz 1487-1955 (83) - IV. Handel und Gewerbe 1772-1865 (6) - V. Prozesse und Streitigkeiten 1606-1869 (38) - VI. Verschiedene Angelegenheiten ca. 1530-1910 (18).
FB.

306 **Versicherungsamt**   Rep. 32
294 AE   1764-1945
FB.

307 Quartierkammer und Steuerverwaltung   Rep. 33
1863 AE   1502-1947
Die Quartierkammer hatte seit dem 17. Jh. den Befehl über die bewaffnete Bürgerschaft und leitete die Bewachung und Verteidigung der Stadt. Auch die Katasterverwaltung und Steuererhebung gehörten zu ihrem Geschäftsbereich.
I. Organisation und Verwaltung 1604-1945 (242) - II. Katasterverwaltung 16. Jh.-1947 (102) - III. Bewaffnete Bürgerschaft Anf. 17. Jh.-1935 (47) - IV. Militär 1523-1936 (147) - V. Fortifikation 1627-1919 (182) - VI. Versorgung der Truppen 1605-1938 (485) - VII. Verteilung der Kriegslasten 1625-1884 (60) - VIII. Steuerverwaltung 1502-1945 (590).
FB.

308 **Stralsunder Bürgervertretungen**   Rep. 34
350 AE   1640-1934

309   Stralsunder Pfundkammer   Rep. 35
865 AE   1582-1857
Die Pfundkammer war eine Steuerbehörde, die nach einer festgesetzten Taxe Abgaben von Handel und Gewerbe erhob.
I. Organisation 1584-1857 (56) - II. Geschäftsführung 1582-1822 (267) - III. Zulage (Pfundgeld) 1622-1823 (327) - IV. Akzise (Trank- und Scheffelsteuer) 1623-1828 (489) - V. Konsumtionssteuer 1693-1821 (17) - VI. Viktualiensteuer 1628-1715 (28) - VII. Packhaus 1732-1853 (70) - VIII. Hallkammer 1688-1789 (22).
FB.

310   Handel, Gewerbe und Verkehr in Stralsund   Rep. 36
1132 AE   15. Jh.-1965
I. Organisation 1549-1931 (72) - II. Kaufmannsbücher 1550-1904 (100) - III. Handel mit verschiedenen Produkten 1550-1946 (146) - IV. Märkte 1511-1940 (62) - V. Einrichtungen im Dienste von Handel u. Gewerbe 1575-1939 (209) - VI. Einzelne Berufe 15. Jh.-1930 (87) - VII. Manufakturen, Fabriken, Betriebe 1554-1952 (57) - VIII. Abgaben aus Handel u. Gewerbe 1820-1911 (22) - IX. Industrie- u. Handelskammer 1878-1934 (4) - X. Genossenschaften 1898-1953 (8) - XI. Elektrizitätswerk u. Straßenbahn AG 1897-1965 (170) - XII. Überlandzentrale AG 1900-1940 (10) - XIII. Verkehrswesen 1618-1947 (142).
FB. Siehe auch: LAGw Rep. 58.

311   Die Stralsunder Kommissariate   Rep. 37
      f. Pommern u. Rügen
329 AE   1615-1881
Die um 1660 eingerichteten Kommissariate waren Behörden zur Steuererhebung in den städtischen Landbesitzungen in Rügen und Pommern.
FB (1992).

312   Finanzverwaltung der Stadt bis 1945   Rep. 38
2081 AE   um 1480-1953
I. Finanzverwaltung: 1. Organisation 1616-1945 (188) - 2. Haushaltsverwaltung 1810-1945 (191) - 3. Vermögens- und Schuldenverwaltung 1481-1950 (731) - 4. Generalkasten, Zentralkasse, Stadthauptkasse ca. 1480-1949 (611) - 5. Revisionen 1550-1945 (46) - 6. Städtisches Depositorium 1806-1948 (23) - 7. Verschiedene Angelegenheiten 1658-1945 (21) - II. Stadtsparkasse: 1. Organisation u. Verwaltung 1824-1950 (44) - 2. Kontobuch und Einnahme- u. Ausgabeverzeichnisse 1828-1864 (2) - 3. Sparkassenbücher 1844-1953 (2) - 4. Revisionen 1936-1042 (4) - 5. Verschiedenes 1845-1937 (5) - III. Städtisches Leihhaus: 1. Organisation und Verwaltung 1679-1928 (24) - 2. Auktionen 1792-1906 (7) - 3. Klagen u. Beschwerden 1793-1907 (4) - IV. Finanzamt Stralsund: 1. Schätzungsbögen f. d. Grundstücksveranlagung zur Ergänzungssteu-

er 1894-1938 (8) - 2. Einheitswertangaben 1924-1942 (38) - 3. Strafverfahren wegen Steuervergehen 1940-42 (16).
FB. Siehe auch: LAGw Rep. 90 a.

313 Testamente
Der Bestand enthält 2 Teile: Teil 1 - Testamente vor der Reformation 1309-1599 (1213 St.) Regestenkartei, Namensregister und Glossar - Teil 2 - Testamente nach der Reformation (ab 1599, Anzahl unbekannt) benutzbar durch Generalregister.

314 Sammlungen
Autographensammlung (ca. 1500) - Sammlung von Hochzeits- u. Leichenreden sowie Biographien - Theatersammlung (Theaterfotos 15.000, Theaterzettel 10.325) - Zeitgeschichtliche Sammlung - Fotosammlung 29.000; Postkarten 4300; Plakate 20.000; Karten u. Pläne 4500, Porträtsammlung - Stralsundia-Sammlung (u.a. Stadtansichten).

XII Kreisarchiv Rügen

Kreisarchiv Rügen
Industriestr. 4
18528 Bergen/Rg.

Postanschrift: Billrothstraße 5
18528 Bergen/Rg.

Tel.: (0-38 38) 80 63 30
Fax: (0-38 38) 80 60 31
E-mail: kreisarchiv@landkreis-rügen.de
Di u. Do: 09.00-12.00; Di: 13.00-18.00 Uhr
Voranmeldung mit Angabe des Forschungsthemas ist notwendig.

Das Kreisarchiv Rügen wurde 1955 eingerichtet und war bis 1991 der Abteilung Inneres der Kreisverwaltung unterstellt, danach dem Kulturamt und seit 1999 dem Hauptamt des Landkreises Rügen. Im Kreisarchiv wird das Stadtarchiv der Stadt Bergen aufbewahrt. Das Stadtarchiv nahm seine Anfänge mit der Stadtrechtsverleihung 1613. Ein Stadtbrand 1690 und umfangreiche Kassationen 1821 reduzierten die historische Überlieferung erheblich. Den ursprünglichen Bestand zeigt ein Repertorium von 1740, die bestehende Ordnung wurde 1822 eingeführt. Die Archivpflegerin Magdalena Hänsel nahm 1939 eine Neuverzeichnung und Ergänzung des Archivs vor. Zwischenzeitlich im Landesarchiv Greifswald verwahrt, wurde das Archiv 1977 an den Landkreis Rügen zurückgegeben.

Das Archiv beteiligt sich am Internet-Archivverbund Mecklenburg-Vorpommerns ARIADNE. Das Projekt ARIADNE ermöglicht archiv- und bestandsübergreifende Recherche in den Findhilfsmitteln der beteiligten Archive. Es stellt keine Dokumente zur Verfügung. Die Aufnahme der Bestandsinformationen wird ständig fortgeführt.

315 **Stadtarchiv Bergen** SA Bergen
30 Urk. 2000 AE 1555-1940
Der Bestand resultiert aus der Tätigkeit von Stadtverwaltung und Vertretungskörperschaft.
A Alte Repertorien 1724-1822 (3) - B Urkunden 1613-1822 (30 Urk.) - C Stadtbücher (Stadt- u. Bürgerbücher, Rats- u. Bürgerschaftsprotokolle) 1613-1938 (78) - D Karten 1787-1860 (29) - E Verwaltung (Allgem. Verwaltung, Handwerksämter u. Kompanien, Grund- u. Grenzangelegenheiten, Handel u. Jahrmärkte, Kirchen- u. Schulsachen, Personenstandswesen, Wege u. Brücken) 1614-1937 (1141) - F Steuer 1555-1937 (117) - G Militär 1730-1937 (164) - H Verträge nichtstädtischen Besitz betreffend 1801-1872 (14) - I Polizei 1702-1940 (266).
FB mit Personen-, Orts- u. Sachregister. Siehe auch: LAGw Rep. 38 bU.

Hänsel 1940

Archive anderer Trägerschaft

XIII Landeskirchliches Archiv Greifswald

Landeskirchliches Archiv der Pommerschen Evangelischen Kirche
Rudolf-Petershagen-Allee 3
17489 Greifswald

Tel.: (0-38 34) 55 25 32/33
Fax: (0-38 34) 57 25 36
Internet: http//www.pommersches-kirchenarchiv.de
E-mail: archiv@pek.de
Do 08.00-12.00 u. 13.00-18.00 Uhr

Im März 1945 waren die Dienstgeschäfte des Pommerschen Konsistoriums zunächst nach Züssow und Altentreptow, dann nach Greifswald verlegt worden. Der größte Teil der Dienstakten und der Altregistratur waren auf der Flucht verlorengegangen. Ab 1947 wurde in Greifswald ein Archivfonds gebildet und ein Provinzialkirchenarchiv angelegt. Dessen Grundstock bildete die Sammlung der aus Hinterpommern auf die Flucht mitgenommenen und bei kirchlichen Stellen abgegebenen Kirchenbücher. Die archivische Betreuung von Archivalien und Altregistratur blieb in der Folgezeit aus, nicht aber die zunehmende Nutzung der Kirchenbücher für genealogische Anfragen. Die Kirchenbücher, ergänzt durch solche von vorpommerschen Kirchspielen, erfuhren in jüngerer Zeit eine eingehende Erschließung. Die Stelle des Landeskirchenarchivars wurde 1975 eingerichtet, und erst danach begannen vorsichtige archivarische Ordnungsarbeiten. Seit 1997 ist das LKAGw eine selbständige Institution.
Der Hauptteil der Überlieferung besteht aus Unterlagen der kirchlichen Oberbehörden nach 1945 und von einigen Mittelbehörden des 19. und 20. Jahrhunderts. Die rein historische Überlieferung besteht aus den Kirchenbüchern. Der Gesamtbestand beträgt 250 lfm, davon sind 27 lfm durch Findhilfsmittel erschlossen. Die nicht erschlossenen Bestände sind benutzungseingeschränkt. Voranmeldung mit Angabe des Themas ist erforderlich. Das Archiv beteiligt sich am Internet-Archivverbund Mecklenburg-Vorpommerns ARIADNE. Das Projekt ARIADNE ermöglicht archiv- und bestandsübergreifende Recherche in den Findhilfsmitteln der beteiligten Archive. Es stellt keine Dokumente zur Verfügung. Die Aufnahme der Bestandsinformationen wird ständig fortgeführt.

316 Kirchenbücher, Militärkirchenbücher
17,3 lfm   1642-1945
Die Führung von Unterlagen des Personenstandswesens lag bis 1874 bei den jeweiligen Pfarrämtern. Diese Kirchenbücher wurden 1945 aus hinterpommerschen Gemeinden mit auf die Flucht genommen. Die Kirchenbücher stammen zumeist aus dem Kreis Naugard und der Stadt Swinemünde. Der Bestand wurde mit vorpommerschen Kirchenbuchduplikaten ergänzt, diese liegen aus den Synoden Wolgast und Greifswald-Land vor (nicht komplett).
Kirchenbuchduplikate aus dem Gebiet der Pommerschen Evangelischen Kirche (zumeist Register der Taufen = a, Trauungen = b, Sterbeeinträge = c; Laufzeit - Faszikel): Behrenhoff a, b, c) 1873-1874 (29) - Boltenhagen a, b, c) 1819-1841, 1844-1849 (7) - Dersekow a, b, c) 1843-1874 (34) - Görmin a, b, c) 1856-1874 (19) - Gristow a, b, c) 1847-1874 (66) - Gr. Kiesow a, b, c) 1836-1874 (31) - Gülzow a, b, c) 1857-1863 (7) - a, b, c) Gützkow 1843-1874 (44) - Hanshagen a, b) 1839-1851, 1853-1874; c) 1839-74 (78) - Kemnitz a, b, c) 1819-1874 (32) - Kreutzmannshagen a, b, c) 1863-1868 (9) - Levenhagen a, b, c) 1843-1874 (60) - Ludwigsburg (bei Kemnitz) - Murchin (bei Pinnow) - Neuenkirchen a, b, c) 1843-1874 (31) - Pinnow a, b, c) 1819-1837 - Quilow (bei Schlatkow) - Ranzin a, b, c) 1843-1874 (30) - Reinberg a, b, c) 1834-1874 (61) - Schlatkow b) 1819-1874; a, c) 1843-74 (44) - Weitenhagen a, b, c) 1843-1874 (31) - Wieck a, b, c) 1843-1874 (65) - Wolgast a, b, c) 1844-1874 (43) - Züssow a, b, c) 1843-1874 (51).
Kirchenbücher aus Hinterpommern (zumeist T = a, Tr = b, S = c, mitunter auch Konfirmation = d; z.T. auf Mikrofilm) -
Synode Daber: Bernhagen a, b, c) 1845-1943 - Braunsberg a, b, c) 1844-1943 - Breitenfelde a, c) 1777-1943; b) 1778-1943 - Cramonsdorf a) 1676-1944; b, c) 1784-1944 - Daber a) 1664-1790, 1822-1838; b) 1664-1790, 1822-1864; c) 1664-1790, 1822-1899 - Daberkow a, b, c) 1790-1852 - Farbezin a, b, c) 1685-1944 - Gr. Benz a, b, c) 1704-1929 - Jarchlin a) 1714-1944; b) 1725-1944; c) 1716-1944 - Külz a, b, c) 1685-1944 - Marienhagen a, b, c) 1777-1942 - Plantikow a, b, c) 1684-1883 - Schloissin b, c) 1766-1945; a) 1766-1896, 1928-45 - Schönwalde a) 1740-1944; b) 1766-1943; c) 1753-1944 - Voigtshagen a) 1740-1876; b) 1740-1873; c) 1740-1898 - Weitenhagen a, b, c) 1676-1944 -
Synode Freienwalde: a, b, c) Wulkow 1650-1841 -
Synode Gartz/Od.: Kurow 1738-1939; Güstow a) 1738-1910; b) 173-1944; c) 1738-1945 - Hohenzaden a) 1675-1728; b) 1699-1727; a, b, c) 1835-1889 - Pargow 1814-1945 - Schmellentin a, b, c) 1675-1727, 1835-1896 -
Synode Gollnow: Pflugrade a) 1658-1944; b, c) 1660-1944 - Wangeritz a, c) 1618-1944; b) 1633-1944 - Wismar a) 1660-1944; b) 1665-1944; c) 1662-1944 -
Synode Köslin: Seeger a, c) 1951-1957; b) 1952-57 -
Synode Naugard: Kartzig 1642-1945 - Damerow a, b, c) 1835-1944 - Döringshagen 1775-1944 - Düsterbeck 1775-1945 - Fanger 1845-1937 - Glewitz a, b, c) 1692-1851 -

Graewenhagen a, b, c) 1775-1944 – Gr. Leistikow 1708-1945 – Gr. Sabow 1708-1945 – Hindenburg a, b, c) 1642-1678; a) 1745-1880; b, c) 1745-1888 – Hohenschönau a, b, c) 1774-1944 – Kicker a, b, c) 1642-1941 – Klein Leistikow a, b, c) 1708-1944 – Kriewitz a, b, c) 1692-1852 – Langkafel a) 1754-1944; b, c) 1757-1944 – Maskow a, b, c) 1708-1944 – Minten a) 1754-1944; b) 1755-1944; c) 1783-1944 – Naugard a, b, c) 1715-1945 – Naugard Strafanstalt - Häftlinge a, c) 1820-1845; c) 1845-1906; - Beamte a, b, c) 1836-1901; - Garnison a, b, c) 1817-1917 – Retztow a) 1692-1852; b) 1668-1852; c) 1672-1852 – Rothenfier a, b, c) 1845-1870 – Schönhagen a, b, c) 1771-1879 – Schwarzow a, b, c) 1642-1678; 1814-1883 – Strelowhagen a) 1845-57; b, c) 1845-1870 – Trechel a, b, c) 1845-1936 – Walsleben a, b, c) 1830-1944 – Wolchow a) 1835-1944; b, c) 1835-1945 – Zampelhagen a, b, c) 1774-1944 – Zickerke a, b, c) 1775-1944 –
Synode Pasewalk: Boeck 1814-1935 –
Synode Ratzebuhr: Briesenitz a, c) 1779-1883; b) 1780-1883 – Zamborst a, b, c) 1694-1883 –
Synode Regenwalde: Roggow A a) 1665-1896; b) 1665-1892; c) 1665-1922 –
Synode Stettin-Land: Karow 1799-1914 – Kl. Reinkendorf a, b, c) 1707-1915 – Mandelkow a, b) 1707-1910; c) 1724-1910 – Neuendorf a, b, c) 1801-1936 – Pritzlow a, b, c) 1707-1893 – Scholwin a, b, c) 1801-1915 – Stettin Garnison 1930-1944; b) 1939-44; c) 1936-44 –
Synode Stargard: Pützerlin a, b, c) 1646-1744 –
Synode Stolp-Altstadt: Lupow a) 1906-1943 –
Synode Ueckermünde: Althagen a, b, c) 1770-1829, 1918-1944 – Gr. Ziegenort a, b, c) 1770-1945 – Königsfelde a, b, c) 1770-1926 –
Synode Usedom: Swinemünde a, b, c) 1756-1945 – Swinemünde Garnison 1802-1933 –
Siehe auch: LAGw Rep. 77; APSz Nr. 44.

Landeskirche 1995

317 **Superintendenturen, Mittelbehörden**
60 lfm   19.-20. Jh.
Als mittlere Ebene im Verwaltungsaufbau der Kirche hatten die Superintendenten die geistliche Leitung eines Kirchenkreises inne. Die Grundsatzentscheidungen trafen die Synoden des Kirchenkreises.
Superintendenturen Brüssow, Franzburg und Loitz; Rentamt Loitz.
Ohne FHM, eingeschränkt nutzbar.

318 **Pfarrämter, Kirchengemeinden**
5,5 lfm   19.-20. Jh.
Ohne FHM, eingeschränkt nutzbar.

319 **Nachlässe**
                3 lfm   19.-20. Jh.
Hellmuth Heyden, Superintendent und Kirchenhistoriker 1919-1968 (1,5 lfm) – verschiedene Kleinstnachlässe. Ohne FHM, eingeschränkt nutzbar.

320 **Sammlungen**
                              19.-20. Jh.
Die Sammlungen wurden im LKAGw angelegt.
1. Siegelstempel ostpommerscher Gemeinden 19.-20. Jh. (37 St., inventarisiert) –
2. Münzen u. Medaillen 20. Jh. – 3. Fotos 19.-20. Jh. (ca. 450 St.) – 4. Weitere Sammlungen zur Kirchengeschichte.

XIV Universitätsarchiv Greifswald

Ernst-Moritz-Arndt-Universität Greifswald
Universitätsarchiv
Baderstraße 4/5
17487 Greifswald

Tel.: (0-38 34) 86 11 56
Fax: (0-38 34) 86 11 59
Internet: http//www.uni-greifswald.de/informieren/Archiv
http//www.ariadne.uni-greifswald.de
E-mail: archiv@uni-greifswald.de
Mo, Mi, Fr: 09.00-12.30 Uhr, 13.30-16.00 Uhr.
Voranmeldung mit Angabe des Forschungsthemas erwünscht.

Das Archiv führt seine Anfänge auf das Gründungsjahr der Universität 1456 zurück, deren Privilegien und Briefe gemeinsam mit den städtischen Urkunden im Dom St. Nikolai aufbewahrt wurden. Im ersten Zweckbau der Universität 1597 erhielt das Archiv – mit der Funktion der zentralen Geschäftsregistratur versehen – eigene Räume und wurde 1603 erstmals als „archivum universitatis" bezeichnet. Von 1754 bis 1999 hatte das Archiv seinen Sitz im heutigen Hauptgebäude der Universität. Grundlagen der Ordnung und Verzeichnung schuf 1771/1772 der damalige Professor und Bibliothekar Johann Carl Dähnert. Die Zuständigkeit des Archivs, dessen Bestände zunächst nur aus den Akten von Rektor und Konzil bestanden, wurde ab 1949 auf die des Kurators und der Fakultäten ausgedehnt. Damit gelangten auch die Unterlagen der gesamten Güterverwaltung in das Archiv. Eine hauptamtliche Besetzung hat das Archiv seit Juli 1948.
Das Archiv beteiligt sich am Internet-Archivverbund Mecklenburg-Vorpommerns ARIADNE. Das Projekt ARIADNE ermöglicht archiv- und bestandsübergreifende Recherche in den Findhilfsmitteln der beteiligten Archive. Es stellt keine Dokumente zur Verfügung. Die Aufnahme der Bestandsinformationen wird ständig fortgeführt.

321 Urkunden
133 Urk.   1392-1795
Die Sammlung umfasst Urkunden verschiedener Aussteller (Papst, Herzöge, Bischöfe, Städte, Privatpersonen), die sich auf die Universität als solche, aber insbesondere auf die Universitätsdörfer u. -güter sowie Patronatsrechte beziehen.
Urkundenrepertorium mit Regesten.

Kosegarten 1856

322 Handschriften
52 AE   1456-1945

1. Annalen 1456-1487 (1) - 2. Matrikel 1456-1969 (18) - 3. Statuta academica 1547 (1) - 4. Statuten d. Philosoph. Fakultät 1456-1774 (1) - 5. Liber juramentorum 1707-1852 (1) - 6. Dekanatsbücher d. Artistenfakultät 1456-1926 (3) - 7. Dekanatsbücher d. Philosoph. Fakultät 1829-1934 (3) - 8. Dekanatsbuch d. Theolog. Fakultät 1624-1885/86 (1) - 9. Fakultätsbücher d. Theolog. Fakultät 1831-1934 (3) - 10. Dekanatsbuch d. Jurist. Fakultät 1642-1945 (1) - 11. Fakultätsbeschlüsse d. Jurist. Fakultät 1875-1919 (1) - 12. Fakultätsbücher d. Jurist. Fakultät 1831-1934 (7) - 13. Fakultätsbücher d. Medizin. Fakultät 1831-1934 (7) - 14. Album d. Ehrensenatoren 1924-1943 (1) - 15. Professorenalben 1866-1944 (3).
Kartei, alphabet. Register.

Kosegarten 1856, Friedländer 1893/1894, Pohl 2004

323 Altes Rektorat
79 lfm   ca. 1530-1957

Der Bestand resultiert aus der Tätigkeit von Rektor, Senat und Konzil.
1. Die rechtliche Stellung der Universität - 2. Die Verfassung der Universität - 3. Lehrer und Beamte der Universität - 4. Verwaltung der Universität - 5. Stipendien und Stiftungen - 6. Fakultäten und Institute - 7. Studienordnung - 8. Feierlichkeiten und Jubiläen. FB.
Siehe auch: APSz Nr. 1180.

324 Universitätsgericht
5,7 lfm   1571-1949

FB, FK.

325 Universitätsbibliothek
1,6 lfm   1821-1976

Dienstregistratur der Bibliothek; Gesamtbestand 1821-1992 (23 lfm) FK.
Siehe auch: UBGw.

326 Kurator
124 lfm   1511-1952

Die Universität Greifswald verfügte über den größten Grundbesitz aller deutschen Universitäten. Die Güter- und Vermögensverwaltung lag bis 1775 allein bei Rektor und Konzil, danach bei einer akademischen Administration unter Beteiligung des Konzils. Ab 1813 führte eine reine Amtsverwaltung die Geschäfte und ab 1819 ein staatlich eingesetzter Kurator bis 1949.
01. Geschäftsverwaltung - 02. Rechtsverhältnisse - 03. Universitätsverwaltung und Institute - 04. Personalverwaltung - 05. Finanzverwaltung und Rechnungsbücher -

06. Grundstücks- und Bauverwaltung – 07. Angelegenheiten der Studenten und Promovenden – 08. Stiftungen, Stipendien, Benefizitien – 09. Steuern u. Abgaben – 10. Versicherungssachen – 11. Güterverwaltung – 12. Forstverwaltung – 13. Wege-, Eisenbahn- u. Wasserbausachen – 14. Kirchenwesen – 15. Schulangelegenheiten – 16. Armen- u. Unterstützungssachen – 17. Rechtsstreitigkeiten – 18. Militär- u. Kriegswesen – 19. Amtsverwaltung Eldena – 20. Varia.
FB, FK (Bestand in Bearbeitung)
Siehe auch: APSz Nr. 1180; GStA PK-HA XV.

327 Universitätsforstamt
0,9 lfm   1937-1964

328 Personal- und Rechnungsakten
Personalakten (wissenschaftl. Angestellte u. Beamte), ab ca. 1800 (44 lfm), FK – Studentenakten 1929-1950 (3,5 lfm), FB – Semesterbegleitscheine (Angaben zu Studenten, belegten Vorlesungen, Gebühren, Honoraren, Beiträgen) 1909-1954 (13 lfm), FB.
Siehe auch: GStA PK-HA XV.

329 Philosophische Fakultät
Philosophische Fakultät 1456-1969 (17,5 lfm) – Philosophische Dissertationen 1737-dato (48 lfm) – Philosophische/Math.-Nat. Habilitationen 1933-dato (17 lfm) – Institut f. Historische Geographie 1926-1952 (1,5 lfm) – Kunsthistorisches Institut/Institut f. Kunsterziehung 1896-1969 (2,1 lfm) – Wissenschaftliche Prüfungskommission 1816-1956 (54,4 lfm) – Historisches Institut 1930-1964 (0,9 lfm) – Institut f. Finnlandkunde 1918-1946 (3,9 lfm) – Institut f. Altertumskunde/ Philologisches Seminar 1872-1962 (0,3 lfm) – Institut f. Vor- u. Frühgeschichte 1936-1943 (0,15 lfm) – Institut f. Musikwissenschaft 1930-1969 (3,9 lfm) – Botanischer Garten 1820-1895 (0,6 lfm).
FB, FK, AL. Siehe auch: GStA PK-HA XV.

330 Medizinische Fakultät
Medizinische Fakultät 1646-1972 (15,25 lfm) – Anatomisches Institut 1738-1957 (1,8 lfm) – Physiologisch-Chemisches Institut 1934-1968 (0,4 lfm) – Ärztlicher Prüfungsausschuß 1904-1981 (14,4 lfm) – Medizinische Dissertationen 1774-dato (80 lfm) – Medizinische Habilitationen 1937-dato (9 lfm) – Institut f. Entwicklungsmechanik 1930-1937 (0,15 lfm) – Hautklinik 1921-1991 (3,75 lfm) – Augenklinik 1879-1990 (12 lfm) – Physiologisches Institut 1877-1970 (1,2 lfm).
FB, FK, Findlisten. Siehe auch: GStA PK-HA XV.

331 Theologische Fakultät
Theologische Fakultät 1524-1975 (8 lfm) – Theologische Dissertationen/Habilitationen 1921-dato (3,1 lfm).
FB, FK. Siehe auch: GStA PK-HA XV.

332 Juristische Fakultät
Juristische Fakultät 1555-1951 (19,35 lfm) – Juristische Dissertationen 1741-1946 (32,3 lfm) – Staatsprüfungen der Diplomvolkswirte 1925-1945 (1,6 lfm).
FB, FK. Siehe auch: APSz Nr. 1181.

333 Landwirtschaftliche Akademie Eldena
  0,15 lfm 1861-1865
1 Behälter mit Urkunden u. Medaillen von Ausstellungen.

334 Vereine u. Studentische Verbindungen
Historisch-Geographischer Verein 1871-1886 (0,1 lfm) – Medizinischer Verein 1857-1979 (0,6 lfm) – Gesellschaft v. Freunden u. Förderern d. Universität Greifswald 1918-1947 (0,3 lfm) – Gesellschaft f. pommersche Geschichte u. Altertumskunde 1824-1945 (2 lfm) – Vandalia 1912-1933 (1 Gästebuch) – Akademischer Turnverein 1867-1936 (2,7 lfm) – Verein Deutscher Studenten zu Greifswald 1886-1934 (0,1 lfm) – Cimbria 1927-1934 (0,1) – Theologische Gesellschaft 1929-1933 (1 Protokollbuch) – Falle 1906-1959 (0,7). FK.
Siehe auch: APSz Nr. 0303.

335 Nachlässe
Zahlreiche Gelehrte übergaben dem Archiv ihren schriftlichen Nachlaß.
Friedrich Baumgärtel, Alttestamentler, 1888-1981 (1,5 lfm) – Ernst Bernheim, Historiker, 1850-1942 (0,45 lfm) – Paul Billerbeck, Pfarrer, 1853-1932 (0,75 lfm) – Hermann Cremer, Theologe, 1834-1903 (0,15 lfm) – Fritz Curschmann, Historische Geografie, 1874-1946 (3,3 lfm) – Wilhelm Deecke, Geologe u. Paläontologe, 1862-1934 (0,15 lfm) – Kurt Deißner Neutestamentler, 1888-1942 (0,3 lfm) – Carl Engel, Vor- u. Frühgeschichtler, 1895-1947 (0,15 lfm) – Familiennachlass von der Goltz (Alexander 1800-1879, Hermann 1835-1906, Eduard 1870-1939), Theologen (6,45 lfm) – Johannes Haussleiter, Neutestamentler, 1851-1928 (0,75 lfm) – Adolf Hofmeister, Historiker, 1883-1956 (23 lfm) – Alfred Jepsen, Alttestamentler, 1900-1999 (0,75 lfm) – Wilhelm Kähler, Ökonom, 1871-1934 (0,9 lfm) – Karl Kaiser, Philologe, 1906-1940 (0,9 lfm) – Gerhard Katsch, Mediziner, 1887-1961 (2,1 lfm) – Bruno Kress, Altnordist, 1907-1997, (1,6 lfm) – Fritz Kuhlmann, Kunst, 1857-1941 (0,3 lfm) – Johannes Kunze, Theologe, 1865-1927 (1,2 lfm) – Erich Leick, Botaniker, 1882-1956 (2,1 lfm) – Ferdinand Liewehr, Slawist, 1896-1985 (0,9 lfm) – Leopold Magon, Philologe u. Nordist, 1887-1968 (0,7 lfm) – Rudolf Peiper, Philologe, 1834-1895 und Erich Peiper, Internist, 1856-1938 (0,45 lfm) – Friedrich Pels-Leusden, Chirurg, 1866-1944 (3 Fotoalben) – Erich Pernice, Klass. Philologe, 1864-1945 (0,15 lfm) – Familiennachlass Wilhelm Pfuhl, Anatom, 1889-1936 (4 lfm) – Paul Pietsch, Philologe, 1849-1927 (0,9 lfm) – Heinrich Reinhard, Geograf, 1910-1985 (2,4 lfm) – Willi Rinow, Mathematiker, 1907-1979 (1,2 lfm) – Hans Schmidkunz, Hochschulpädagoge, 1863-1934 (8,25 lfm)

– Hans Schole, Psychologe, 1886-? (0,3 lfm) – Rudolf Seeliger, Physiker, 1886-1965 (0,3 lfm) – Max Semrau, Kunst, 1859-1928 (2 lfm) – Frithjof Sielaff, Historiker, 1918-1996 (1,8 lfm) – Ernst Störring, Neurologe u. Psychiater, 1898- ? (0,6 lfm) – Otto Wegner, Methodiker u. Pädagoge, 1885-1981 0,45 lfm) – Richard Wegner, Anatom, 1884-1967 (1,8 lfm) – Kurt Wilhelm Kästner, Kunsthistoriker, 1893-1976 (0,1 lfm).

336 **Karten**
Universitätsgüter 1805-1949 (360 Karten), dabei: Wirtschafts-, Drainage-, Gemarkungs-, Flur-, Grundwasser- u.a. Karten. FB – Universitätsgebäude (Grundrisse, Lagepläne, Baupläne u. - zeichnungen) ca. 19.-20. Jh. (ca. 1200 AE). FK.

XV Universitätsbibliothek Greifswald

Ernst-Moritz-Arndt-Universität Greifswald
Universitätsbibliothek
Felix-Hausdorff-Str. 10
17489 Greifswald

Tel.:   (0-38 34) 86 15 15
Fax: (0-38 34) 86 15 01
Internet: http://web.ub.uni-greifswald.de/bibliothek
E-mail: ubinfo@uni-greifswald.de
Lesesaal und Kataloge: Mo-Fr: 08.00-22.00 Uhr; Sa: 09.00-17.00

Alte Universitätsbibliothek (Altes Buch, Pomeranica)
Rubenowstraße 4
17489 Greifswald

Tel.:   (0-38 34) 86 16 40/41
Fax: (0-38 34) 86 16 46
Internet: http://web.ub.uni-greifswald.de/bibliothek/wir/spezialsammlung/html
E-mail: spezialsammlungen@uni-greifswald.de
Lesesaal und Kataloge: Mo-Fr: 09.00-17.00 Uhr

Bald nach ihrer Gründung verfügten die Juristen- und die Artistenfakultät der Universität über je eine Bibliothek, die aber in den Reformationswirren verloren gingen. Den Grundstock der heutigen Bibliothek bildeten 1604 ein großzügiger Ankauf wissenschaftlicher Werke, ab 1609 die Pflichtexemplarsregelung für die Universitätsdruckerei, ab 1620/21 desgleichen für alle Universitätsangehörigen, 1775 bis 1815 für Schweden und ab 1819 für die gesamte Provinz Pommern. Zielgerichtete Erwerbungen wurden seit 1747 unter J. C. Dähnert begonnen, ebenso die Verzeichnung und Neuordnung der Bestände. Fortwährender Geldmangel erschwerte eine konsequente Erwerbspolitik über alle politischen Perioden hinweg, dennoch verfügte die Bibliothek 1944 über 450.000 Bände. Größere Bestandsverluste (20.000 Bände) erfolgten im Zweiten Weltkrieg. Ein Teil der damals ausgelagerten ältesten Bestände wird heute in der Universitätsbibliothek Thorn/Toruń aufbewahrt. Als pommersche Landesbibliothek sind Pomeranica, aber auch skandinavische Literatur (Suecica, Fennica) sowie Niederdeutsch Sammlungsschwerpunkte, zu denen in jüngster Zeit auch die baltischen Länder gehören. Der Erwerb von zahlreichen Kirchen- und Privatbibliotheken (Güter, Gelehrte) trug zu inhaltlich wertvollen Beständen bei. Darüberhinaus verfügen einige Institute über separate Fachbibliotheken. 1991 verfügte die Universitätsbibliothek über 1,5 Millionen Medieneinheiten, Ende 1998 waren es schon 1,98 Millionen. Die Statistik für 2005 zeigt einen Medienbestand von 3.063.000 Einheiten an, davon Bücher- und Zeitschriften 2.682.000.

337 Nachlässe
Rudolf Baier, Historiker u. Museologe, 1818-1907 (7 Kapseln, 2 Bände) Ms 438, 1573, 1574 – Heinrich Bosse, Lehrer, Plathe, 20. Jh. (5 Konvolute zur pom. Ortsgesch.) Sign.: Ms 1641, 1644-1651 – Karl Gesterding, Historiker u. Bürgermeister v. Greifswald, 1774-1843 (19 Bände zur Stadtgesch. Greifswalds u. zur pom. Familiengesch.) Sign.: Ms 250, 251, 253-262, 264-268, 275, 276, 278 – Erich Gülzow, Philologe, Lehrer in Barth, 1888-1954 (10 Pakete Material zu Ernst Moritz Arndt) Sign.: Nachl. Gülzow Nr. 1 ff – Alfred Haas, Philologe, Volkskundler, 1860-1949 (5 Kapseln Material z. rügenschen u. pom. Volkskunde u. Gesch.) Sign.: Nachl. Haas Nr. 1 ff – Gustav Kirchhoff, Jurist, Historiker in Greifswald, 1828-1904 (6 Konvolute u. 4 Pakete Material z. pom. Gesch.) Sign.: Ms 1471, 1477, 1482, 1484-86 u. Nachl. Kirchhoff Nr. 1 ff – Johann Gottfried Ludwig Kosegarten, Theologe, Orientalist, Philologe, Historiker in Greifswald, 1792-1869 (22 Bände u. Konvolute Material z. pom. Gesch.) Sign.: Ms 1261-1337 (mit Lücken) – Walter Koss, 20. Jh. (21 Konvolute m. Material zur pom. Gesch.) Sign.: Nachl. Koss Nr. 1 ff – Erich Müller-Steglitz, Musikschriftsteller, 20. Jh. (28 Konvolute m. Material z. pom. Personen- u. Kulturgesch.) Sign.: Nachl. Müller-Steglitz Nr. 1 ff – Karl Theodor Pyl, Historiker, Prof. in Greifswald, 1826-1904 (44 Bände pommersche und Greifswalder Geschichte) Sign.: Ms – Albert Georg Schwarz, Historiker, Prof. in Greifswald (77 Bände u. Konvolute m. Material z. pom. Gesch.) Sign.: Nachl. Schwarz Nr. 1 ff.
Siehe auch: Weiteres familiengesch. Material bietet die Sammlung „Vitae Pomeranorum" in 8843 Druckschriften u. 220 Handschriften, insbesondere Leichenpredigten u. a. Personalschriften, Lebensbeschreibungen, genealog. Tafeln.

Lange 1898 u. 1905

338 Kartensammlung
Pommern, Teile v. Pommern, Pommern u. angrenzende Gebiete 1584-1851 (ca. 11), Autoren: Mercator, Ortelius, Lubin, Homann, Seutter, Meyer, Hagenow, von der Goltz – Einzelne Orte 19. Jh. (ca. 530), v. a. Karten der preußischen Landesaufnahme von Neuvorpommern und Rügen (Wirtschafts-, Grenz-, Höhen-, Forst-, Gemarkungskarten, Trassierung v. Chaussen u. Eisenbahnen).

Klemp/Zögner 1998

XVI Geographisches Institut Greifswald

Ernst-Moritz-Arndt-Universität Greifswald
Institut für Geographie und Geologie
Friedrich-Ludwig-Jahn-Str. 16
17487 Greifswald

Sekretariat:
Tel.:   (0-38 34) 86 45 01
Fax: (0-38 34) 86 45 02
Internet: http://www.uni-greifswald.de/geograph
E-mail: geogra@uni-greifswald.de

Kartografie:
Tel.:   (0-38 34) 86 45 29
Fax: (0-38 34) 86 45 02
E-mail: sattler@uni-greifswald.de
Mo-Fr: 10.30-14.00 Uhr
Anmeldung mit Angabe des Themas ist erforderlich.

Das Institut für Geographie wurde 1881 eröffnet. Der Grundstock der Kartensammlung wurde ebenfalls in diesem Jahr gelegt. Der Gesamtbestand beträgt ca. 140.000 Karten, wobei der Anteil historischer Karten (bis 1815) bei 850 Karten liegt.

339   **Kartensammlung**
Allgem. Geograph. Karten: ca. 1550-1865 (90); davon 6 Kreiskarten und 5 Post-Karten; Autoren: Münster, Georgius, Ortelius, Mercator, Jansson, Lubin, Visscher, Schley, Paulli Doncker, v. Keulen, Valck, Danckert, Seutter, Homann, Güssefeld, Brüggemann, Sotzmann, Berghaus – Flurkarten des ehemal. Universitätsgrundbesitzes (Handzeichnungen) 1750-1904 (124) – Karten der schwedischen Landesvermessung (Handzeichnungen, Matrikelkarten) 1692-1698 (125) – Generalkarten der Kurmark u. Westpreußen (Handzeichnungen von Schülern Schmettaus), Pommern 1817 (4) – Seekarten (Drucke) 1877-1915 (20) –
Kriegsgeschichtliche Pläne (Drucke) 1631-1759 (14) – Übersichtskarten (Drucke) 1820-1915 (9) – Topograph. Karten M 1:100.000 und 1:200.000 – 1836-1856 (21), 1886-1904 (16).
Siehe auch: Matrikelkarten LAGw Rep. 6a, RAS Slg. Pomeranica u. Kartensammlung, Kgl. Bibliothek Kopenhagen.

Sattler 1981, Handbuch Karten 1998

XVII Stiftung Pommersches Landesmuseum

Pommersches Landesmuseum Greifswald
Rakower Str. 9
17489 Greifswald

Tel.: (0-38 34) 83 12 10
Fax: (0-38 34) 83 12 11
Internet: www.pommersches-landesmuseum.de
E-mail: info@pommersches-landesmuseum.de

Die Stiftung Pommersches Landesmuseum wurde am 20. September 1996 gegründet. Die Stifter sind die Bundesrepublik Deutschland, das Land Mecklenburg-Vorpommern, die Hansestadt Greifswald, die Ernst-Moritz-Arndt-Universität Greifswald und die Pommersche Landsmannschaft-Zentralverband e.V. Ihre Gremien sind der Stiftungsrat und der Vorstand. Das Pommersche Landesmuseum sammelt, pflegt, erforscht und präsentiert pommersches Kulturgut regionaler, nationaler und internationaler Bedeutung. Das Pommersche Landesmuseum Greifswald übernahm im Jahr 2000 die Sammlungsbestände der Stiftung Pommern Kiel, die ihren Stiftungszweck erfüllt hatte und aufgelöst wurde. Die Erschließung der archivalischen Sammlungen im Umfang von ca. 50 lfm, der Bibliothek mit ca. 10.000 Bänden und der umfangreichen Bildsammlung mit ca. 25.000 Einheiten (Fotos, Dias, Negative, Ansichtskarten) werden erst langfristig abgeschlossen sein.

340   **Sammlung Rabl-Virchow**
1410 AE   15 lfm   ca. 1725-20. Jh.
Personen-, werks- und familiengeschichtliche Sammlung über Rudolf Virchow und seinen Schwiegersohn Carl Rabl sowie deren Familien. Sie wurde von der Tochter Virchows, Marie, begonnen und von seinem Enkel Rudolf Rabl weitergeführt. Dieser übergab die Sammlung der Stiftung Pommern.
A) 668 Briefe von und an die Virchows – B) 113 Urkunden und Schriften zur Familiengeschichte – C) ca. 400 Veröffentlichungen und unveröffentlichte Autographen von und über Virchow – D) ca. 240 Fotografien, Postkarten, Drucke – E) ca. 38 Werke aus der Privatbibliothek Virchows.

Stiftung Pommern 1979 u. 1984

341   Sammlung Doering I
684 AE   13.-20. Jh.
Der aus einer Stettiner Familie stammende Jurist Wilhelm Doering sammelte jahrzehntelang Autographen, andere Schriften und Antiquitäten mit Bezügen zur Geschichte Pommerns, Preußens und des Reiches und übereignete Teile seiner Sammlung der Stiftung Pommern.
A) 498 Urkunden, Autographen, Schriften, Drucke, Zeitungen – B) 124 Bücher, Landkarten, Ortsansichten, Münzen, Medaillen – C) 35 Gemälde, Druckgrafiken, Scherenschnitte – D) 27 Urkunden, Autographen, Druckschriften zur Geschichte Oldenburgs und Ostfrieslands.

Doering 1987

342   Sammlung Urkunden und Akten
            ca. 13,5 lfm   ca. 15.-20. Jh.
Hierbei handelt es sich um eine archivalische Sammlung von Dokumenten unterschiedlichster Art zu pommerschen Menschen und Orten. Sie enthält orts- und personengeschichtliches Material wie Dorfchroniken, persönliche Lebensdokumente, Flucht- und Vertreibungsberichte, Druckschriften, Wertpapiere pommerscher Firmen, Besitzurkunden u. dgl. m.
Verzeichnung nicht beendet.

343   Sammlung Heinrich von Stephan
ca. 40 AE   1837-1976
Die aus Privathand erworbene Sammlung enthält Urkunden, Autographen, Dienstschriften, Drucksachen von, an und über Heinrich von Stephan sowie zur Geschichte des Postwesens.
Ablieferungsliste.

344   Nachlässe und Sammlungen
            ca. 16 lfm   ca. 19.-20. Jh.
Zahlreiche Nachlässe pommerscher Künstler, die überwiegend noch nicht abschließend verzeichnet sind, u. a. Heinrich Basedow (2,7 lfm) – Sportarchiv (2,4 lfm) – Schulz-Vanselow (1,2 lfm) – Schifffahrtsgeschichtliche Sammlung Kurt Pittelkow (2,4 lfm) – Musikarchiv (2,4 lfm) – Nachlass Klaus Granzow (1,8 lfm) – Nachlass Lilly Hartmann-Drewitz (1,8 lfm) – Sammlung Koepke (1 lfm) – Postalische Sammlung Pollex (4 lfm) – Postalische Sammlung Kr. Flatow Senske (0,6 lfm) – weitere Kleinbestände.

XVIII Pommersche Staatsbibliothek Stettin

Książnica Pomorska w Szczecinie
ul. Podgorna 15-16
70-205 Szczecin

Tel.: (0-91) 481 91 00 (Zentrale)
Tel.: (0-91) 481 91 19 (Sekretariat)
Fax: (0-91) 48 19 15
Internet: http:www.ksiaznica.szczecin.pl/
E-mail: ksiaznica@ksiaznica.szczecin.pl

Handschriftenlesesaal:
Tel.: (0-91) 481 91 75
E-mail: rekopisy@ksaznica.szczecin.pl
Handschriftenlesesaal: Mo-Fr: 09.00-15.00 Uhr

Die Bibliothek wurde 1905 als Stettiner Stadtbibliothek eröffnet. Unter Federführung des herausragenden Bibliothekars Erwin Ackerknecht (seit 1907 Direktor) und mit Hilfe der Provinzialverwaltung wurde sie zu einer öffentlichen, unentgeldlich benutzbaren und wissenschaftlichen Bibliothek ausgebaut. Ihr nachgeordnet waren 12 städtische Volksbüchereien. Ackerknecht setzte internationale Standards bei der Nutzung der Bibliothek für die Bildung breitester Volksmassen durch. Bis 1945 hatte die Stadtbibliothek 250.000 Bände, die Volksbüchereien 80.000 Bände. Nach Auslagerungen während des Krieges wurde sie 1945 als polnische Stadtbibliothek wiedereröffnet. Rückgeführte Bestände wurden mit Privat-, Guts- und Behördenbibliotheken ergänzt, doch 140.000 der wertvollsten Bände mußten an die Universitätsbibliotheken Warschau, Thorn, Posen und Krakau abgegeben werden. Seit 1947 hat die Einrichtung den Status einer wissenschaftlichen Bibliothek, seit 1969 das Pflichtexemplarsrecht für ganz Polen. Die Handschriften wurden 1984 zu einer eigenen Abteilung organisiert, sie umfasst ca. 400 Inventareinheiten deutscher und polnischer Provenienz.

Die Handschriftensammlung ist eine nicht homogene Sammlung von handschriftlichen Überlieferungen verschiedener Provenienzen. Sie ist eine offene Sammlung, die Ordnung erfolgt nach dem Akzessionsprinzip, so dass nur die genaue Auszählung der Betreffe im Katalog die Übersicht über die Bestände ermöglicht. Die aufgeführten Bestände bestehen in der Regel aus nur wenigen Stücken.

345   Verein Pommersches Museum   Handschriftensammlung
      [Muzeum Pomorskie]
Tätigkeit der Gesellschaft (1863-77), Überlieferungen zu Hexenprozessen in Pommern (16.-17. Jh.), Reisebeschreibungen (18. Jh.), Werk von J. F. Fabricius, Auctores Pomerani qui scripta ediderunt 1524-1725, Briefwechsel verschiedener Personen.
Siehe auch: APSz Nr. 305, 1186.

Gałczynska 1991 u. 1993, Handschriftensammlungen Polens 1988

346   **Gesellschaft f. Pom. Geschichte u. Altertumskunde** Handschriftensammlung
      [Pomorskie Towarzystwo Historyczno-Archeologiczne w Szczecinie]
10 AE   17.-19. Jh.
Fragmente der handschriftlichen Sammlungen der Gesellschaft. Inhalt (u.a.): Predigten, Gelegenheitsschriften, Schiffsjournal aus dem 17. Jh., Urkunden.
Siehe auch: APSz Nr. 303.

Gałczynska 1991 u. 1993, Handschriftensammlungen Polens 1988

347   **Pommersches Biographisches Archiv**   Handschriftensammlung
      [Pomorskie Archiwum Biograficzne]
Sammlung der handschriftlichen Nachlässe verschiedener Personen, deren berufliche, schöpferische und politische Tätigkeit mit Pommern verbunden war. Die Unterlagen wurden auf Initiative des damaligen Direktors E. Ackerknecht seit 1918 gesammelt.
Wilhelm Duncker (1829-1902), Redakteur – Karl Görlitz (1830-1890), Redakteur – Hermann Günter Grasmann (1809-1877), Mathematiker u. Orientalist – Karl Friedrich Hasselbach (1781-1864), Historiker – Hans Hartig (*1873), Maler – Ewald Friedrich von Hertzberg (1725-1795), preuß. Außenminister – Samuel Christian Hollman (1696-1787), Prof. d. Physik in Göttingen – Anton Jonas (19. Jh.), Schriftsteller – Franz Kern (*1830), Literaturhistoriker – Karl Robert Klempin (1816-1874), Historiker u. Archivdirektor Stettin – Karl Adolf Lorenz (1837-1923), Komponist – Ludwig August Most (1807-1883), Maler u. Zeichner – Ferdinand Heinrich Müller (1805-1884), Historiker, Prof. in Berlin – Albrecht von Roon (1803-1879), preußischer General, Kriegsminister und Ministerpräsident – Gustav Wilhelm Scharlau (19. Jh.), Arzt – Paul Jaromer Wendt (*1840), Dichter – Konrad Zitelmann (1854-1897), Dichter u. Schriftsteller – Katherina Zitelmann (*1844), Romanschriftstellerin.

Gałczynska 1991 u. 1993, Handschriftensammlungen Polens 1988

348   **Marienstiftsgymnasium Stettin**   Handschriftensammlung
      [Gimnazjum Fundacji Najświętszej Marii Panny w Szczecinie]
über 12 AE   14.-20. Jh.
Die handschriftlichen Sammlungen des 1544 gegründeten Marienstiftsgymnasiums in Stettin.

Mittelalterliche Handschriften aus der Bibliothek des Kamminer Domes (12 AE) – (Weitere Teilbestände auch in: Nationalbibliothek Warschau, Bibliothek der Universität Krakau, Bibliothek der Familie Raczyński in Posen) – Handschriften verschiedenen Inhalts (u.a. aus dem Nachlaß des Gymnasialprofessors F. F. Calo.) – Unterlagen über die Tätigkeit des Gymnasiums (1763-1942).
Siehe auch: APSz Nr. 299.

Gałczynska 1991 u. 1993, Handschriftensammlungen Polens 1988

349   **Marienkirche in Stargard**   Handschriftensammlung
[Kościół Najświętszej Marii Panny w Stargardzie]
3 AE   14.-15. Jh.
Handschriftliche Meßbücher.

Gałczynska 1991 u. 1993, Handschriftensammlungen Polens 1988

350   **Archivalien versch. Institutionen u. Vereine**   Handschriftensammlung
                                    1819-1937
Verein für pommersche Statistik (gegr. 1846). Siehe auch: APSz. Nr. 307 [Towarzystwo Statystiki Pomorskiej] – Institut für Zeitungskunde und Buchdruck in Pommern (gegr. 1929) [Pomorski Instytut Prasoznawstwa i Dziennikarstwa] – Pommersches Landesmuseum (gegr. 1928) [Pomorskie Muzeum Krajowe]; APSz Nr. 1186.

Gałczynska 1991 u. 1993

351   **Nachlässe**   Handschriftensammlung
[Spuścizny]
Erwin Ackerknecht (1880-1960), Direktor d. Stadtbibliothek Stettin – Franz Baader (1765-1841), Philosoph – Karoline Bauer (1807-1877), Schauspielerin – Hans Beggerow (1874-1942), Schriftsteller – Arthur Brausewetter (*1864), Archidiakon d. Marienkirche Danzig – Friedrich Ferdinand Calo (1814-1872), Prof. Marienstiftsgymnasium Stettin – Karl August Dohrn (1806-1892), Jurist u. Entomologe – Heinrich Dohrn (1838-1913), Naturforscher, Mitbegründer d. Pom. Museums – Gotthilf Samuel Falbe (1768-1849), Theologe u. Philologe, Rektor d. Groeningschen Gymnasiums Stargard – Hans Grimm (1873-1939), Schriftsteller u. Verleger – Johann Timotheus Hermes (1738-1821), Geistlicher u. Schriftsteller – Theodor Hildebrandt (1804-1974), Maler – Hans Hoffmann (1848-1909), Schriftsteller u. Dichter – Jürgen Jörgensen (*1872), dänischer Schriftsteller – Lina Kessler (19.-20. Jh.), Schriftstellerin u. Pädagogin – Hans Krause († 1917), Musiker – Franz Kugler (1808-1858), Kunsthistoriker u. Dichter – Johann Georg Karl Lange (1770-1835), Dichter – Karl Loewe (1796-1869), Komponist u. Organist – Ferdinand Heinrich Müller (1805-1884), Historiker – Emil Palleske (1823-1880), Schriftsteller, Dichter u. Schauspieler – Hermann Karl Fried-

rich Plate (19. Jh.), Jurist – Maximilian Runze (1849-1931), Geistlicher u. Philosoph – Karl Ludwig Schleich (1859-1922), Arzt, Dichter, Philosoph – Albert Schwegler (1819-1857), Philosoph, Historiker, Theologe – Hans Bogislaw Schwerin (19.-20. Jh.), Jurist, Schriftsteller, Dichter – Hermann Sondermann (1832-1901), Maler – Samuel Tieffensee (1722-1810), Philologe, Philosoph, Rektor d. Collegium Groeningianum Stargard.

Gałczynska 1991 u. 1993

352 **Andere Handschriftensammlung**
[Pozostałe rękopisy]
Einzelne Akten aus der Stettiner herzoglichen Kanzlei (15.-17. Jh.) – Akten aus dem (vermutlich) Stadtarchiv Stettin (u.a. 2 Zollregister 1583, 1593/94, Verordnungen der Stadtbehörden) – Bücher der Stettiner Innungen – Akten zur Geschichte der Schiffahrt (16-17. Jh.) – Traktate theologischen, juristischen und medizinischen Inhalts – Kataloge der Kirchen- und Schulbibliotheken (18.-19. Jh.) – Kirchenbuch von Völschendorf, Polchow u. Brunn 1661-1730.

Gałczynska 1991 u. 1993

Quellen in Einrichtungen außerhalb Pommerns

XIX Geheimes Staatsarchiv Preußischer Kulturbesitz

Geheimes Staatsarchiv Preußischer Kulturbesitz
Archivstraße 12-14
14195   Berlin-Dahlem

Tel.:   (0-30) 839 01-00
Fax: (0-30) 839 01-180
Internet: http://www.gsta.pk-berlin.de
E-mail: gsta.pk@gsta.spk-berlin.de
Mo, Di: 08.00-16.00 Uhr; Mi, Do: 08.00-18.00 Uhr; Fr: 08.00-15.00 Uhr

Die Anfänge des Geheimen Staatsarchivs lassen sich mit der Kanzlei der Markgrafen von Brandenburg bis 1282 zurückverfolgen. Mit der Entwicklung Berlins zur Residenz erhielt es einen ständigen Aufbewahrungsort im Schloß auf der Spreeinsel Cölln. Der erste feste Beamte des Archivs, Erasmus Langenhain, inventarisierte 1598 Akten und Urkunden. Mitte des 17. Jh. ordnete Christoph Schönbeck die Akten nach Sachbetreffen und legte die Bestandsgliederung damit für lange Zeit fest. Die Urkunden, Verträge und Akten des Kabinettsarchivs wurden daneben seit 1686 durch „Kabinettsarchivare" zunächst gesondert betreut und 1848/51 als Kgl. Haus- und Hofarchiv ausgegliedert. Aus der Registratur des 1723 gebildeten Generaldirektoriums entwickelte sich das Geheime Ministerialarchiv, das 1874 mit den Beständen des Geheimen Staatsarchivs (Ehrenname, verliehen 1803) im „Hohen Haus" in der Klosterstraße vereinigt wurde. Die Einführung des Provenienzprinzips 1881, mit der Vergabe fester Repositiuren für die Behörden sowie der Ordnung der Bestände nach Abteilungen, ließ die brandenburgische Provinzialüberlieferung klar in der aus ihr hervorgegangenen brandenburgisch-preußischen Zentralüberlieferung erkennbar werden. Somit erwies sich das Geheime Staatsarchiv als das Hauptarchiv des Preußischen Staates, das seine Zuständigkeit für dessen Zentralbehörden infolge historischer Entwicklungen auch mit der für bestimmte Provinzialüberlieferungen verband. Nachdem das Preußische Geheime Staatsarchiv 1924 den damals modernsten Archivbau Europas beziehen konnte, mußten die Bestände 20 Jahre später in Bergwerke bei Staßfurt und Schönebeck ausgelagert werden, um sie vor Kriegsverlusten zu schützen. Für ein halbes Jahrhundert verlief die Geschichte des Archivs zweigleisig. Die in den Bergwerken gesicherten Archivalien wurden ab 1949 in Merseburg nutzbar gemacht und betreut. Abgegrenzt von Dahlem entwickelte sich dort das Deutsche Zentralarchiv, Historische Abteilung II, seit 1976 unter der Bezeichnung Zentrales Staatsarchiv der DDR, Dienststelle Merseburg. Auch das Stammhaus in Dahlem sorgte sofort nach Kriegsende für die Sicherung der staatlichen und nichtstaatlichen Überlieferung, zunächst als Hauptarchiv für Behördenakten, seit 1950 als Berliner Hauptarchiv bezeichnet. Durch Archivalienaustausch mit dem Bundesarchiv, durch Schenkungen, Käufe und Hinterlegungen wurden schnell umfangreichere Bestände preußischer Provenienz gebildet. Seit 1963 gehört das Dahlemer Archiv unter dem Namen Geheimes Staatsarchiv zur Stiftung Preußischer Kulturbesitz (GStA PK). Die dem Archiv erwachsene Zuständigkeit für die archivalische Überlieferung der historischen preußischen Ostprovinzen wurde 1978 mit der Übergabe der reichen Bestände des ehemaligen Staatsarchivs Königsberg erweitert. Nach der deutschen Wiedervereinigung wurden 1993/94 auch die Merseburger Bestände nach Berlin zurückgeführt, wo sie die Basis der Überlieferung des Geheimen Staatsarchivs bilden.

Das GStA PK ist für die Überlieferung der zentralen Instanzen Brandenburg-Preußens und Preußens zuständig, darüber hinaus auch für Provinzialüberlieferungen und nichtstaatliches Archivgut. Es verwahrt ca. 35.000 lfm Archivalien, etwa 10.000 Pergamenturkunden, etwa 130.000 Karten, Risse und Pläne, eine Dienstbibliothek mit 190.000 Bänden und 185 currente Zeitschriften (Stand 1999).

Die Verzahnung der Merseburger und Dahlemer Bestände und die Aktualisierung der Findhilfsmittel erfordern enorme Anstrengungen und Zeit. Die Benutzung der Findhilfsmittel ist deshalb aufwendig, z. T. eingeschränkt. Mit Einschränkungen bietet deshalb die gedruckte Bestandsübersicht von 1934-39 in drei Bänden eine annehmbare Übersicht über die Bestände des Archivs. Die Aktenbenutzung kann frühestens einen Tag nach Bestellung ermöglicht werden. Telefonische Absprache der Benutzung ist anzuraten.

Für die früheren brandenburgischen Kreise Dramburg und Schivelbein (1815 an Pommern), Arnswalde und Friedeberg (1938 an Pommern), die posenschen Netzekreis und Stadtkreis Schneidemühl (1938 an Pommern) und westpreußischen Kreise Deutsch Krone, Flatow und Schlochau (1938 an Pommern) ist für die Archivrecherche unbedingt auf den Archivführer Ostbrandenburg hinzuweisen.

353 Alte und neue Represituren I. HA
        18.000 lfm

Rep. 1 Beziehungen zum Kaiser (Reich, Haus Österreich) 1411-1808 (23 lfm), darin: Brandenburgischer Einfall in Vorpommern 1658 (15 AE) –

Rep. 3 Böhmisch-österreichische Religionsirrungen und Unruhen (Krieg in Jütland und Pommern) 1608-1660 (2 lfm), darin: Kriegseinsätze der Schweden 1598-1669 und Kämpfe in Vorpommern 1659 (ca. 100 AE) –

Rep. 4 Grenzirrungen der Neumark gegen Polen 1527-1672 (4 lfm), darin: Erwerb und Verwaltung der Starostei Draheim durch Brandenburg (wird später Teil Pommerns) 1314-1791 (ca. 35 AE) –

Rep. 7 B Westpreußen 1772-1808 (46 lfm), darin Generalia, Erbhuldigung, Lehnssachen, Landtagssachen, Kontributions- u. Steuersachen, Militaria, Justiz, Ecclesiastica usw. -
Rep. 11 Auswärtige Beziehungen 1416-1808 (193 lfm), darin: schwedisch-brandenburgische Beziehungen, Pommern als Reichslehn, Bündnisse mit und gegen Schweden 1542-1822 (ca. 840 AE), Ansprüche auf Usedom durch Nassau-Dillenburg 1713 (1 AE); Französische u. niederländische Immigranten in Pommern u. d. Neumark 1793-1805 -
Rep. 12 Kaiserwahlen, Kollegialtage, Friedens- u. Allianztraktate 1486-1808 (14 lfm), darin: Friedensverhandlungen von Osnabrück und Münster 1645-1649, Instruktionen d. Kurfürsten an die brandenburg. Gesandten bezüglich d. schwed. Satisfaktion (Nr. 121-139) -
Rep. 19 Strom-, Schiffahrts- u. Zollsachen 1487-1808 (13 lfm), darin: Oderschiffahrt, Streit Frankfurt/Stettin, Frankfurt/Dramburg, Schiffbarmachung Uecker u. Randow, Fischerei in d. Uecker, Zollsachen mit Schweden, Gartzer Zoll (ca. 10 AE) -
Rep. 29 A Neuere Grenzsachen 1730-1808 (11 lfm), darin: Grenze Neumark-Pommern 1558-1697 (2 AE), Schwedisch-Pommern (einige AE) -
Rep. 30 Pommern 1406-1808 (105 lfm), darin: Beziehungen zu Pommern, Verhandlungen u. Krieg mit Schweden um Pommern, Adlige Familien, Beziehungen zur Herzogsfamilie von Croy, Lauenburg u. Bütow, Inbesitznahme 1815 -
Rep. 30 B Vorpommern 1406-1808 (6 lfm), darin: Erwerb u. Huldigung, Verwaltung (Alt-) Vorpommerns -
Rep. 42 Neumark (1257-) 1430-1808 (33 lfm), darin Generalia, Erbhuldigung, Lehnssachen, Landtagssachen, Kontributions- u. Steuersachen, Militaria, Justiz, Ecclesiastica usw.
Rep. 48 Grenze der Kurmark gegen Pommern 1333-1808 (2 lfm), darin: Verträge, Fischerei, Zölle, Pasewalk, Amt Torgelow, Amt Lauenburg -
Rep. 62 Kurmärkische Lehnssachen 1497-1810 (8 lfm), darin: Lehnssachen der Kreise Arnswalde, Dramburg, Friedeberg, Regenwalde, Soldin -
Rep. 63 Neuere Kriegssachen 1667-1807 (32 lfm), darin: Kämpfe u. Verhandlungen m. Schweden, Eroberung Vorpommerns (ca. 8 AE) -
Rep. 65 Marine und Afrikanische Kompagniesachen 1675-1731 (6 lfm), darin: Unternehmungen im Schwed. Krieg, Unterstützung der Belagerung Stettins u. Stralsunds, Überführung schwed. Gefangener 1675-1679 (ca. 11 AE) -
Rep. 69 Seeneutralitäts- u. Schiffahrtssachen 1707-1810 (0,5 lfm), darin Verbot von Exporten nach England, allgemeine preuß.-pom. Seeangelegenheiten (2 AE) -
Rep. 76 Ältere Oberbehörden für Wissenschaft, Kunst, Kirchen- u. Schulwesen 1681-1811 (75 lfm), darin: I. Oberschulkollegium Teil D Pommern (Aufsicht über Provinzialschulkollegium) 1787-1810 (119 AE), Teil C Westpreußen, Teil E Neumark -
Rep. 76 Kultusministerium 1807-1935 (2440 lfm) -

Rep. 76 Seminare 1810-1926 (260 lfm), darin: Lehrerbildungsanstalten Belgard, Massow, Plathe, Rummelsburg, Tribsees, Anklam, Bütow, Dramburg, Franzburg, Kammin, Köslin, Pölitz, Pyritz –
Rep. 77 Ministerium des Innern 1786-1944 (2453 lfm) –
Rep. 83 Oberpräsidium von Brandenburg und Pommern 1808-1814 (17 lfm), darin: A Generalia Nr. 1-710, B Neumark Nr. 711-887, D Pommern (Ämtersachen, Pachten, Kassensachen, Förderung d. Handels) Nr. 1665-1896 –
Rep. 84 Justizdepartment 1780-1808 (15 lfm) –
Rep. 84 Justizministerium 1817-1848 (85 lfm) –
Rep. 84 a Justizministerium 1807-1934 (1093 lfm) –
Rep. 84 b Justizexaminationskommission 1761-1935 (2 lfm) –
Rep. 85 Generalkommission f. d. Einquartierungs-, Verpflegungs- u. Marschwesen 1808-1825 (16 lfm) –
Rep. 87 Ministerium f. Landwirtschaft, Domänen u. Forsten 1787-1934 (1586 lfm), darin: Domänenabteilung gegliedert in Allgem. Domänenverwaltung (Generalia, Provinzen), Besitz- u. Wirtschaftsverhältnisse (Generalia, Provinzen), Domänenämter (nach Provinzen, Reg.-bez., Kreisen) –
Rep. 89 Geheimes Zivilkabinett, jüngere Periode 1807-1924 (678 lfm) –
Rep. 90 Staatsministerium 1814-1945 (781 lfm) –
Rep 90 Annex P Geheime Staatspolizei 1933-1942, darin: Lageberichte u. Ereignismeldungen aus den Reg.-bez. Schneidemühl Aug. 1934-Dez. 1935, Köslin Aug. 1934 bis Jan. 1936, Stettin Aug. 1934 bis Mai 1937 –
Rep. 91 A Militärgouvernement f. d. Land zwischen Elbe u. Oder in Berlin 1813-1819 (15 lfm), darin: Lazarette, Verpflegung, Landsturm u. Landwehr in Pommern 1813-1814 (ca. 15 AE, weitere Akten bei Sachbetreffen) –
Rep. 91 B Militärgouvernement der Länder zwischen Oder u. Weichsel in Stargard 1813-1814 (15 lfm), darin: Kantonssachen, Ausrüstung, Remonte, Mobilmachung, Landsturm, Landwehr in Pommern, Neumark, Westpreußen –
Rep. 93 Ministerium der öffentlichen Arbeiten 1807-1921 (430 lfm), darin: Wasser-, Wege- u. Brückenbau nach Provinzen, Strom-, Kanal- u. Schiffahrtssachen nach Provinzen –
Rep. 94 Kleine Erwerbungen 16.-20. Jh., darin: Handschriften bezüglich Pommern 1500-1780 (ca. 14), weitere Betreffe unter pom. Familien u. Städte –
Rep. 94 A Autographensammlung 17.-20. Jh. (1 lfm) –
Rep. 96, 96 A, 96 B, 96 D Geheimes Zivilkabinett, ältere Periode 1529-1841 (137 lfm), in 96 D zahlreiche Pomeranica zu Beziehungen zu den Herzogtümern, Auseinandersetzungen mit Schweden um Pommern, Kriege 1675-1679 u. 1756-1763, Verwaltung Hinterpommerns –
Rep. 97 A Obertribunal 1782-1879 (20 lfm), darin: wenig pom. Betreffe, aber 1 Repertorium d. pom. Fälle 1834-1847 –

Rep. 97 A Oberappellationsgericht 1701-1798 (29 lfm), darin: pom. Fälle 1693-1742 (ca. 150) -
Rep. 100 Hausministerium 1808-1920 (72 lfm), darin: besonders Adelssachen (nach Provinzen) -
Rep. 101 Oberzensurkollegium 1819-1848 (8 lfm), darin: 3 pom. Betreffe 1821-1843 -
Rep. 102 Oberregierungskommission 1813 (1 lfm), darin: Berichte z. polit. Situation in Pommern (17 AE) -
Rep. 103 Generalpostmeister 1646-1867 (77 lfm) -
Rep. 104 Generalfiskalat 1645-1816 (4,5 lfm), darin: Strafuntersuchungen u. Judensachen, wenig pom. Betreffe (ca. 10 AE) -
Rep. 108 Oberkollegium medicum u. a. ältere Medizinalbehörden 1691-1810 (3 lfm), darin: Matrikel d. Collegio Medico Chirurgico Berlin 1730-1797 mit 4694 Namen -
Rep. 109 Seehandlung (Preußische Staatsbank) 1755-1944 (179 lfm), darin: Salzwesen, Kontore Stettin u. Swinemünde (1 AE) und Akten d. Stettiner Kontors 1787-1862, Generalia (31 AE); Spezialia (einzelne Schiffe, Journale, Fahrten, Rechnungen 173 AE); Siehe auch: APSz Nr. 314 -
Rep. 119 Pfälzer-Kolonie-Department 1689-1807 (8 lfm), darin: pom. Betreffe in Generalia u. 1 AE zu Kolberg 1796 -
Rep. 120 Ministerium f. Handel u. Gewerbe 1808-1935 (1274 lfm) -
Rep. 121 Ministerium f. Handel u. Gewerbe, Abt. f. Bergwerks-, Hütten- u. Salinenwesen 18. Jh.-1941 (300 lfm) -
Rep. 122 Französisches Koloniedepartment 1681-1809 (49 lfm), pom. Betreffe darin zu den franz.-reform. Kolonien: Bestallungen 1763-1800 (ca. 15 AE); Strafliste 1780-1800 (1 AE); Kolonien in Pasewalk, Stargard, Kolberg, Lauenburg, Köslin, Rügenwalde, Stolp, Schlawe 1686-1809 (ca. 40 AE); Kolonie Stettin 1721-1810 (ca. 180 AE); einzelne Kolonisten 1721-1799 (ca. 87 AE); Listen d. Getauften, Getrauten, Gestorbenen von Pasewalk 1728-1800, Stargard 1727-1810, Stettin 1727-1810. Siehe auch: APSz Nr. 40 -
Rep. 146 Generalzivilkommissariat f. Pommern u. d. Neumark 1807-1809 (8 lfm), darin: Behörden- u. Bestallungssachen, Ämter- u. Ämterverpachtungssachen, Städtesachen, einzelne Sachgebiete -
Rep. 151 Finanzministerium 1808-1945 (1753 lfm) -
Rep. 176 Heroldsamt 1835-1920 (143 lfm), darin: zahlreiche pom. Betreffe -
Rep. 178 B 2 Kommunale Wappensachen 1925-1944 (2,5 lfm), darin: alle 1925-1945 genehmigte Wappen preußischer Städte, Gemeinden, Gemeindeverbände -
Rep. 212 Ansiedlungskommission für Westpreußen und Posen 1864-1945 (45 lfm), darin: Ankauf und Vergabe von Land für deutsche Ansiedler gegen Pacht, Rente oder Kapital -
Ohne Rep.-Nr. (alle Bestände unverzeichnet und ohne FHM): Pommersche Bank AG Stettin (8 lfm); Provinzialbank Pommern, Zentrale Stettin (4,8 lfm); Volksbank Falken-

burg 1937-1945 (1,5 lfm); Stadtsparkasse Kallies 1928-1944 (3,8 lfm); Sparkasse Pyritz (10,5 lfm); Sammlung von Bestandsresten der Sparkassen: Driesen (0,5 lfm), Reetz (1,4 lfm), Woldenberg (0,5 lfm), Bank der Danzig-Westpreußischen Landschaft, darin Sparkassenabschlüsse 1943 (14) Arnswalde, Kr. Dt. Krone, Kr. Dramburg, Driesen, Falkenburg, Flatow, Freienwalde, Kallies, Nörenberg, Reetz, Schlochau. Schneidemühl, Tempelburg, Woldenberg –

GStA PK 1934-39, Elstner 1996, AF Ostbrandenburg 2007

354 Nachlässe   I. HA

Die mit Pommern in Verbindung zu setzenden Nachlässe im GStA PK stammen zumeist von gebürtigen Pommern, die im preußischen Staats- und Militärdienst Herausragendes leisteten oder deren Lebensweg in die Hauptstadt führte (ohne Ang. zum Umfang d Bestände).

Georg Beseler (1809-1888), Jurist, Professor in Greifswald, Politiker – Franz Balthasar Schönberg v. Brenckenhoff, Geh. Finanzrat, Meliorationen u. Kolonisationen Netze-, Warthe u. Thurbruch 1764-1780 (7) – Ernst Bogislaw Herzog von Croy (1620-1884), Statthalter von Pommern – Friedrich Wilhelm v. Grumbckow, darin Schriften d. pom. Kanzlers Philipp Otto v. Grumbckow (-1752) u. Material über d. Familiengut Lupow, Kr. Stolp – Ewald Friedrich Graf v. Hertzberg (1725-1795), Kabinettsminister – Julius Eberhard v. Massow (1750-1816), Präsident d. Regierung Stettin, Staats- u. Justizminister – Familienarchiv v. Massow, Papiere d. 18./19. Jh. – Oldwig v. Natzmer (1782-1861), General d. Infanterie – Heinrich Graf v. Podewils (1750-1816), Staatsminister – Georg Andreas Reimer (1776-1842), Verleger – Johann Karl Rodbertus (1805-1875), Nationalökonom, Landwirtschaftsreformer – Ernst v. Rüchel (1754-1823), Militär – Johann August v. Sack (1764-1831), Oberpräsident v. Pommern – Curt Christoph Graf v. Schwerin (-1757), Generalfeldmarschall – Ernst Senfft v. Pilsach (1795-1882), Gutsbesitzer, Oberpräsident v. Pommern – Friedrich Heinrich Ernst v. Wrangel (1784-1877), Militär, Befehlshaber 2. Armeekorps; [sowie zahlreiche weitere Nachlässe in Pommern geborener oder dort zeitweilig wirkender Personen wie z. B. Johann Gustav Droysen, Otto Hintze].

GStA PK 1934-39, Dietsch 1996, AF Ostbrandenburg 2007

355 Generaldirektorium   II. HA
          1886 lfm   1722-1808

Das Generaldirektorium war eine kombinierte Oberbehörde für Finanzen, Inneres, Handel und Gewerbe, Bergbau und Hüttenwesen, Domänen und Forsten sowie für Militärökonomie. Es bestand aus vier, bisweilen fünf territorialen Departments, wobei jedem Department zugleich gesamtstaatliche Aufgaben oblagen. Pommern gehörte zusammen mit dem Herzogtum Preußen und der Neumark zum 1. Department, das zugleich für den Gesamtstaat Grenz-, Räumungs- und Rodungssachen zu behandeln hatte. Zugleich war das Generaldirektorium Oberinstanz für die Kriegs- und Domänenkammern der Provinzen. Sachliche und territoriale Zuständigkeiten wechselten oft, gegen Ende der Periode wurden den Departments nach und nach durch Fachministerien Aufgaben entzogen.

Abt. 1 Geheime Hofkammer u. Generalkriegskommissariat 1580-1775 (14 lfm), darin C: v. Blankenseesche Klassifikationskommission f. Pommern 1717-1719 (17 Bde.), f. d. Neumark 1718-1719 (10 Bde.)- Kreise Dramburg, Schivelbein, Arnswalde, Friedeberg –

Abt. 3 Generaldepartment 1657-1807 (16 lfm), nach Sachbetreffen geordnet –

Abt. 4 Generalkassen-Sachen 1651-1823 (46 lfm) –

Abt. 5 Generalfinanzkontrolle 1798-1809 (52 lfm), darin: einige pom. Betreffe (ca. 19 AE) –

Abt. 9 Westpreußen u. Netzedistrikt 1714-1808 (179 lfm), darin: auch die später pom. Gebiete, A Bestallungs-, Kassen- u. Etatsachen f. d. ganze Provinz, B Materien (Sachgebiete) f.d. ganze Provinz, C Ämter- u. Ämterverpachtungssachen separat f. Netzedistrikt, D Städtesachen separat f. Netzedistrikt –

Abt. 12 Pommern (102 lfm), darin: A Bestallungs- u. Behördensachen 1689-1808 (Generalia, Generaldirektorium, Kriegs- u. Domänenkammer, Kassenbediente, Baubediente, Steuerräte, Landräte, Fiskale, Prokuratoren, Titularbestallungen u.a.), B Ämter u. Ämterverpachtungen 1617-1809 (Generaldomänensachen, Ämterverpachtung-Generalia u. einzelne Ämter nach Generalpachtanschlägen, Verpachtungen, Amtssachen, Mühlen), C Städte 1693-1811 (Vor- u. hinterpom. Städte jeweils in alphabet. Folge nach Kämmereisachen, Kämmereibediente, Kämmereiverpachtungsanschläge, Kirchen- u. Schulwesen, Privilegien u. Konzessionen, Häfen; bei Stettin zusätzlich Akzise-, Zoll-, Lizent- u. Stadtzulagesachen, Brausachen, Franz. Kolonie, Handel, Handwerke u. Innungen), D Materien 1522-1812 (alphabet. nach Stichworten) –

Abt. 13 Neumark 1541-1822 (59 lfm), darin auch die später pom. Gebiete, Einteilung wie bei Pommern –

Abt. 13a v. Brenckenhoffsche und v. Schützsche Meliorations- u. Pensionssachen in Pommern u. d. Neumark 1754-1806 (11 lfm), darin: I. pom. Meliorationssachen (ca. 290 AE), III. Pommersche Pensionssachen (ca. 450 AE), zusätzlich auch neumärkische Gebiete –

Abt. 23 Münzdepartment 1622-1808 (8 lfm), darin: wenig pom. Betreffe (ca. 10 AE) –

Abt. 24 Generalakzise- und Zolldepartment 1565-1810 (66 lfm), darin: Generalia, Akzise- und Zollsachen, Brau- u. Branntweinsachen, Kurmark, Neumark, Pommern, Westpreußen –

Abt. 30 I Oberbaudepartment 1720-1838 (7,2 lfm), darin: wenig pom. Betreffe 1731-1815 (ca. 11 AE) –

Abt. 33 Forstdepartment 1452-1811 (253 lfm) darin: A Generalia nach Stichworten, D Westpreußen und Netzedistrikt, E Pommern, F Neumark 1615-1810, nach Stichworten –

Abt. 34 Militärdepartment 1689-1811 (20 lfm), darin: Organisation, Mobilmachung, Marsch-, Kantons-, Werbungs-, Desertions-, Lazarett- u. Invalidensachen für Stettin, Kolberg, Stolp (ca. 40 AE), Haferbestandsmagazine (5 AE), Servisregistratur (Revuen, Feldschäden, Servis- u. Brotgelder, Kassen- u. Rechnungswesen) für Pommern (47 AE) und Stettin (29 AE).

GStA PK 1934-39, Elstner 1996, AF Ostbrandenburg 2007

356   Ministerium der auswärtigen Angelegenheiten   III. HA

Abt. 1.2.2.5. Erhebungen in Norddeutschland 1809-1835, darin 8 AE zur Erhebung Schills –
Abt. 1.2.5.5. Nachweise der in Rußland und Spanien vermißten Soldaten in franz. u. rheinbündischen Truppen aus der Provinz Pommern 1812-1815 (1 AE) –
Abt. 1.3.2.3.26. Schweden-Verhandlungen zum Erwerb Schwed.-Pom. 1814-1815 (4 AE).

GStA PK 1934-39, AF Ostbrandenburg 2007

357   Preußische Armee   IV. HA

Das Preußische Heeresarchiv im Geheimen Staatsarchiv enthielt die Archivalien des preußischen Heeres seit dem 17. Jahrhundert bis 1867/68. Das Heeresarchiv wurde 1945 bei einem Bombenangriff zu über 90 % vernichtet. (Auf Grund der Bearbeitung des Bestandes konnten nur 2/3 der Verzeichnungskarten eingesehen werden.)
Rep. 1 Geheime Kriegskanzlei, darin: Herbstmanöver in Pommern 1786 (1 AE), Besetzung der Stellen der Amtshauptleute in Pudagla und Ueckermünde 17. Jh.-1722 (4 AE) –
Rep. 3 Oberkriegskollegium, darin: Verpflegung u. Ausrüstung ca. 1787-1809 (2 AE) –
Rep. 4 Kriegsministerium 1787-1866, darin: Besetzung d. Ostseeküste, Feldmanöver, Ausrüstung, Festung Kolberg (4 AE) –
Rep. 11 Kommando- u. Verwaltungsbehörden, Truppenteile der Alten Armee 1715-1806 (2 AE) –
Rep. 12 Kommando- u. Verwaltungsbehörden, Truppenteile der neuen Armee 1807-1873, darin: Gefallenen- u. Auszeichnungslisten 1813-1814, Festungen Kolberg und Stralsund (Versorgung, Übergriffe), Barrikadenkämpfe 1848, Magazin u. Proviant (Stettin) - (33 AE).

358   Staatsverträge   VI. HA

Die im Archivkabinett verwahrten Staatsverträge wurden nach Aufnahme in das GStA PK zu einer eigenen Archivabteilung zusammengefasst. Derzeit wird die Hauptgruppe neu organisiert, z. T. wurden Archivalien anderen Hauptgruppen und Beständen zugeordnet (Verträge 1919-1936 dem Staatsministerium; Verträge 1808-1919 dem Minist. f. Auswärtige Angelegenheiten).

Vor 1945 bestanden die Titelgruppen: Herzöge von Croy, 1670-1684 (5 AE) - Polen 1638-1808 (44 AE) - Schweden 1631-1864 (99 AE), worin sich auch pom. Betreffe befanden. Über die künftige Ordnung der Hauptgruppe und die darin enthaltenen pom. Betreffe konnten seitens des GStA PK noch keine Angaben gemacht werden.

359   Urkunden   VII. HA
Urkunden betreffend Pommern: Teil 1 (Merseburg) 1339-1696 (174 Urk.), Regestenkartei -
Teil 2 (Dahlem) 1293-1736 (10 Urk., weitere 7 Urk. als Fotokopie), Regestenrepertorium.

GstA PK 1934-39, Biewer 1986, AF Ostbrandenburg 2007

360   Siegel-, Wappen- u. familiengeschichtl. Sammlung   VIII. HA
Die Siegel-, Wappen- u. Genealogica-Sammlungen enthalten zahlreiche pommersche Betreffe. Enthalten sind auch Militärkirchenbücher der Garnisonen Altdamm, Anklam, Belgard, Demmin, Gartz/Od., Gollnow, Greifenberg, Greifswald, Köslin, Kolberg, Pasewalk, Pyritz, Stargard, Stettin, Stolp, Treptow u. Wolgast [zusammengefasste Überlieferungszeit 1628-1937 (82 AE), örtlich abweichend], Dt. Krone, Schneidemühl, Soldin, Lippehne. Dazu folgende Regimenter: Pommersches Infanterieregiment Nr. 14 1815-1870 (13) - Pommersches Infanteriegeriment Nr. 21 1803-1871 (13) - Pommersches Landwehr-Reg. Nr. 9 1819-1867 (5) - Pommersches Landwehr-Reg. Nr. 14 1831-1866 (6) - dazu weitere brandenburgische u. westpreußische Regimenter.

GStA PK 1934-39, Biewer 1986, AF Ostbrandenburg 2007

361   Provinz Brandenburg   X. HA
Überlieferung der vormals brandenburgischen Kreise Arnswalde und Friedeberg in: Rep. 3 B Regierung Frankfurt/Od. 1758-1912 (47) - Rep. 42 Bau- und Finanzdirektion Berlin 20. Jh. (9) - Rep. 5 E Amtsgerichte: Arnswalde 1935-1941 (6); Driesen 1935-1937 (2); Friedeberg 1936-1937 (6); Neuwedell 1935-1937 (2); Reetz 1935-1937 (3); Woldenberg 1935-1937 (4) - Rep. 16 Kleine Erwerbungen, darin Flurnamensammlungen 1933-1936: Nr. 17 Kr. Friedeberg; Nr. 18 Kr. Friedeberg.

AF Ostbrandenburg 2007

362   Karten XI. HA
I. Kartenwerke: Schmettausche Karte von Preußisch Vor- u. Hinterpommern 1767-1787 (Kopien von 1783-1815) - Urmeßtischblätter von Preußen 1823-1870 - Meßtischblätter von Preußen 1870-1935 - Preußische Generalstabskarte (verschiedene Ausgaben) - II. Einzelkarten: Pommern gesamt und größere Teile 1550-1956 (93); Kreise 1791-1964 (78), einzelne Orte 1594-1970 (362) - III. Forstkarten 1804-1941 (172) - IV. Gewässerkarten 1735-1905 (53) - V. weitere Pomeranica in Verkehrskarten, Mili-

tärkarten, Thematische Karten - VI. Katasterkarten: Kr. Anklam 1863-1942 (1654), Kr. Demmin 1911-1939 (251), Kr. Franzburg-Barth 1861-1942 (642), Kr. Greifenhagen 1866-1942 (639), Kr. Greifswald 1863-1944 (1891), Kr. Grimmen 1862-1942 (457), Kr. Kammin 1909-1943 (63), Kr. Naugard 1864-1943 (597), Kr. Pyritz 1936-1942 (81), Kr. Randow 1866-1943 (5103), Stadt Stettin 1862-1942 (4323), Stadtkr. Stralsund 1865-1943 (56), Kr. Ueckermünde 1863-1943 (1081), Kr. Usedom-Wollin 1910-1943 (112).
Ähnliche Kartengruppen auch für die früheren westpreußischen, posenschen und brandenburgischen Kreise.

Bliß 1996, Biewer 1986, Handbuch Karten 1998, AF Ostbrandenburg 2007

363 Westpreußen XIV. HA
Überlieferung der vormals westpreußischen Kreise Deutsch Krone, Flatow und Schlochau in:
Rep. 134 Kriegs- u. Domänenkammer Bromberg 1763-1812 (106) - Rep. 144 Landratskreis Deutsch Krone 1765-1815 (3) - Rep. 181 Regierung Marienwerder 1638-1933 (251 lfm) - Rep. 183 Bezirksrat/Bezirksausschuß f. d. Reg.-bez. Marienwerder 1876-1925 (11 lfm) - Rep. 217 Forstwege-Bauamt Konitz (f. Flatow, Schlochau zuständig) 1905-1917 (71) - Rep. 262 Provinzialverwaltung Provinz Westpreußen 1823-1926 (1709).

364 Pommern XV. HA
Die Hauptabteilung entstand durch Sammlungstätigkeit des GStA PK nach 1945. Sie umfasst Material unterschiedlichster Provenienz mit Bezug auf Pommern. Die Struktur der Sammlung folgt der Tektonik des ehemaligen Staatsarchivs Stettin.
Rep. 1 Herzogl. Urkunden 1549-1654 (4 St.) - Rep. 2 Kirchliche Urkunden (Kloster Belbuck) 1320, 1840-45 (2 St.) - Rep. 4 Herzogl. Stettiner Archiv 1630 (2 AE) - Rep. 6 Schwedisches Archiv 1637-1787 (11 AE) - Rep. 7 Staatskanzlei 1653-1824 (10 AE) - Rep. 20 Kriegs- u. Domänenkammer Stettin und Köslin 1701-1780 (5 AE) - Rep. 28 Lehnsarchiv 1717-1930 (1 AE) - Rep. 29 Tribunal zu Wismar 1770-1783 (1 AE) - Rep. 33 Konsistorium Stettin 1787 (1 AE) - Rep. 38 b Städte u. Gemeinden: Belgard 1827-1864 (3 AE), Blankenhagen 1827-1864 (3 AE), Charbrow 1286-1946 (1 AE), Dassow 1873-1945 (1 AE), Dummadel 1763 (1 AE), Gartz, Güntersberg 1936-1945 (10 AE), Klempin 1827-1898 (9 AE), Köslin 1738-1751 (3 AE), Kolberg 1281-1973 (13 AE), Krampe 1944-1945 (1 AE), Marienfelde 1892-1945 (4 AE), Nemitz 1736-1855 (1 AE), Pasewalk 1717-1852 (2 AE), Rügenwalde 1920-1940 (1 AE), Rummelsburg, Saatzig 1938-1940 (1 AE), Saßnitz, Schlawe, Stargard, Stettin 1740-1945 (68 AE), franz. Kolonie Stettin 1740-1835 (3 AE), Stolp, Stralsund 1615-1720 (1 AE), Swinemünde 1941-1944 (2 AE), Tempelburg 1785 (1 AE) - Rep. 38 c Kirchen (Kallies, Rügenwalde, Stettin) 1592-1905 (25 AE) - Rep. 38 d Güter u. Familien (Demmin,

Drosedow, Dummadel, Faulenbenz, Kulsow, Lestin, Sinzow, Sternin, Streckenthin, von Manteuffel, von Puttkamer) 1613-1887 (7 AE) – Rep. 38 e Innungen (Belgard, Bütow, Köslin, Stettin, Stralsund) 1570-1908 (6 AE) – Rep. 40 Handschriften 17. Jh. (1 AE) – Rep. 60 Oberpräsident v. Pommern/Provinzialverband 1817-1944 (31 AE) – Rep. 62 Provinzialschulkollegium 1909 (1 AE) – Rep. 65 a Regierung Stettin, Rep. 65 b Regierung Köslin 1814-1945 (306 AE) – Rep. 65 c Regierung Stralsund 1814 (1 AE) – Rep. 66 Landratsämter u. Kreisausschüsse (Bergen, Stolp) 1851-1920 (5 AE) – Rep. 68 Hafenbauamt Swinemünde 1871-1945 (324 AE) – Rep. 68 a Katasterämter (Greifswald, Lauenburg, Rummelsburg, Stettin) 1934-1944 (9 AE) – Rep. 71 Domänenamt Bütow 1329-1804 (2 AE) – Rep. 75 a Oberlandesgericht Stettin, b Oberlandesgericht Köslin 1887-1945 (8,5 lfm, überwiegend Versorgungsakten) – Rep. 76 Landgerichte: Greifswald 1935-1944 (7), Köslin 1935-1944 (9), Stargard 1933-1945 (22), Stettin 1935-1945 (23), Stolp 1935-1945 (10) – Rep. 77 Amtsgerichte: Altdamm 1935 (1), Anklam 1935-1938 (2), Bärwalde 1935 (2), Bahn 1935 (1), Baldenburg 1935-1936 (2), Barth 1935 (2), Belgard 1935 (1), Bergen 1935-1944 (3), Bublitz 1935 (1), Bütow 1934-1944 (10), Kammin 1935-1936 (2), Demmin 1928-1942 (4), Dramburg 1935-1936 (2), Falkenburg 1929-1937 (4), Fiddichow 1935 (1), Franzburg 1935 (1), Gartz/Od. 1935-1938 (2), Gollnow 1931-1936 (3), Greifenberg 1859-1939 (6), Greifenhagen 1934-1944 (3), Greifswald 1933-1942 (5), Grimmen 1935-1937 (2), Jacobshagen 1852-1942 (11), Kallies 1935-1936 (2), Körlin 1935, 1937 (2), Kolberg 1935 (1), Labes 1852-1943 (8), Lauenburg 1781-1957 (1), Loitz 1935 (1), Massow 1935 (1), Naugard 1935 (1), Neustettin 1935 (2), Neuwarp 1935 (1), Nörenberg 1935 (1), Pasewalk 1879-1941 (7), Penkun 1935 (1), Pölitz 1935 (1), Pollnow 1935, 1941 (2), Polzin 1935-1938 (2), Pyritz 1789-1945 (15), Ratzebuhr 1935 (1), Regenwalde 1929-1935 (2), Rügenwalde 1936-1937 (2), Rummelsburg 1935-1936 (2), Schivelbein 1928-1938 (13), Schlawe 1935-1936 (2), Stargard Grundbuchamt 1794-1945 (655), Stepenitz 1935-1937 (2), Stettin 1935-1938 (2), Stolp 1873-1944 (8), Stralsund 1936-1938 (2), Swinemünde 1935-1943 (5), Tempelburg 1935 (1), Treptow/Rega 1908-1944 (7), Altentreptow 1935 (1), Ueckermünde 1935-1944 (3), Wolgast 1935,1938 (2), Wollin 1901, 1935 (2 AE). Siehe auch: entsprechende Bestände anderer Einrichtungen.

Biewer 1986

XX Bundesarchiv

Das Bundesarchiv wurde 1952 als nachgeordnete Behörde des Bundesministeriums des Innern in Koblenz errichtet. 1990 erfolgte die Vereinigung mit den zentralen Archiven der DDR. 1993 nahm die „Stiftung der Parteien und Massenorganisationen der DDR" im Bundesarchiv ihre Arbeit auf. Seit 1994 gehören die Bestände des Berlin Document Center, seit dem 1. April 2000 die Unterlagen der Zentralen Stelle der Landesjustizverwaltungen zur Aufklärung nationalsozialistischer Verbrechen zum Bundesarchiv. Das Bundesarchiv unterhält sieben Abteilungen im Bundesgebiet.
Das Bundesarchiv hat das Archivgut des Bundes auf Dauer zu sichern, nutzbar zu machen und wissenschaftlich zu verwerten (§ 1 Bundesarchivgesetz). Das Archivgut besteht aus Unterlagen, die bei zentralen Stellen des Heiligen Römischen Reiches Deutscher Nation (1495-1808), des Deutschen Bundes (1815-1866), des Deutschen Reiches (1867/71-1945), der Besatzungszonen (1945-1949), der Deutschen Demokratischen Republik (1949-1990) und der Bundesrepublik Deutschland (seit 1945) entstanden sind. Das Bundesarchiv sammelt auch schriftliche Nachlässe von bedeutenden Personen, Unterlagen von Parteien, Verbänden und Vereinen mit überregionaler Bedeutung sowie publizistische Quellen. Das Bundesarchiv nimmt zugleich die Aufgaben des zentralen deutschen Filmarchivs wahr.
Die Überlieferung relevanten Quellenmaterials zur pommerschen Geschichte setzt sich in der zentralen Ebene auch im Bundesarchiv und seinen Abteilungen fort. Pommersche Sachbezüge treten dabei in dem Maße auf, wie sie Gegenstand der Tätigkeit der zentralen Gremien deutscher Staatlichkeit waren. Im Rahmen dieses Archivführers war es nicht möglich, pommersche Sachbezüge in einzelnen Beständen aufzuzeigen. Hinweise dazu sind in erster Linie den publizierten Findbüchern (Stand 08.01.2001 = 81 Findbücher) und den bisher nicht publizierten Findhilfsmitteln der einzelnen Abteilungen des Bundesarchivs zu entnehmen. Die Abteilungen und deren Bestände sind per Internetrecherche ausführlich recherchierbar.

365 Bundesarchiv, Abteilungen Koblenz

Bundesarchiv
Potsdamer Str. 1
56075 Koblenz

Postadresse: Bundesarchiv
56064 Koblenz

Tel.: (0-261) 505-0
Fax: (0-261) 505 226
Internet: http://www.bundesarchiv.de
E-mail: koblenz@barch.bund.de
Mo-Do 08.00-19.00 Uhr, Fr 08.00-18.00 Uhr
Für Plakate, Bilder, Karten.
Mo –Do: 08.00-15.00 Uhr, Fr: 08.00-13.30 Uhr

Abt. R (Reich): Heiliges Römisches Reich Deutscher Nation 1495-1806; Deutscher Bund 1815-1866; Deutsche Nationalversammlung und Provisorische Zentralgewalt 1848/49, archivische Sammlungen (insbes. zur Revolution 1848/1849); militärische Überlieferung bis 1866.
Zur Abteilung Koblenz gehören der Dienstort Ludwigsburg mit der Zentralen Stelle der Landesjustizverwaltungen zur Aufklärung nationalsozialistischer Verbrechen sowie der Dienstort Rastatt mit der Erinnerungsstätte für die Freiheitsbewegungen in der deutschen Geschichte.

366 Bundesarchiv, Abteilungen Berlin

Bundesarchiv
Finckensteinallee 63
12 205 Berlin

Postadresse: Bundesarchiv
PF 450 569
12 175 Berlin

Tel.: (0-30-18) 77 70-0/-411
Fax: (01888) 77 70 111
Internet: http://www.bundesarchiv.de
E-mail: berlin@barch.bund.de
Mo-Do: 08.00-19.00 Uhr; Fr: 08.00-16.00 Uhr

Abt. R (Reich): Zivile Zentralbehörden des Norddeutschen Bundes und des Deutschen Reiches; Parteien einschließlich Personalunterlagen der NSDAP, SA, SS und NS-Frauenschaft aus dem ehemaligen Berlin Document Center (Zentral- u. Ortsgruppenkartei der NSDAP); Nachlässe, archivische Sammlungen.
Zur Abt. Berlin gehört das Bundesfilmarchiv mit deutschen Spiel- und Dokumentarfilmen von 1895 bis heute.

Bundesarchiv, Abt. Filmarchiv
Fehrbelliner Platz 3
10707 Berlin

Postadresse: Bundesarchiv
PF 310 667
10636 Berlin

Tel.: (030 18) 77 70-0
Fax: (030 18) 77 70-999
E-mail: filmarchiv@barch.bund.de
Mo-Do: 08.00-15.00 Uhr; Fr: 08.00-13.30 Uhr

367 Bundesarchiv, Militärarchiv Freiburg

Bundesarchiv-Militärarchiv
Wiesentalstr. 10
79115 Freiburg

Postadresse: Bundesarchiv-Militärarchiv
Postfach
79024 Freiburg

Tel.: (0-761) 478 17-0
Fax: (0761) 478 17 900
Internet: http://www.bundesarchiv.de
E-mail: militaerarchiv@barch.bund.de
Mo-Do: 08.00-18.00 Uhr, Fr: 08.00-16.00 Uhr

Bestände: Preußische Armee ab 1867, Norddeutsche und Kaiserliche Marine, Schutztruppen und Freikorps, Reichswehr, Wehrmacht (z. B. Wehrkreis II Stettin, Rüstungsinspektion Stettin, Rüstungskommando Stettin), Waffen-SS, Nationale Volksarmee und Grenztruppen der DDR, Bundeswehr; Nachlässe, archivische Sammlungen; Karten, Pläne, technische Zeichnungen.

368 Bundesarchiv, Zentralnachweisstelle Aachen

Die Zentralnachweisstelle wurde per 31.12.2005 aufgelöst. Die Zuständigkeiten für die Ausstellung von Dienstnachweisen oder andere Bescheinigungen aus der Zeit von 1920-1945 haben sich damit geändert.
Bescheinigungen zu ehemaligen Angehörigen des Heeres, der Reichs -und Kriegsmarine, der Luftwaffe, der Waffen-SS, zu Beamten, Angestellten und Arbeitern der Wehrmacht, zu Angehörigen des gesamten männlichen und weiblichen Wehrmachtsgefolges, der Organisation Todt und des Reichsarbeitsdienstes sowie Nachweisen zu Kriegsgefangenschaft und Klärung von Vermisstenschicksalen fiel in die Zuständigkeit der Deutschen Dienststelle (WASt), siehe Lauf-Nr. 370.
Auskünfte aus den Personalakten von Offizieren und Beamten der Wehrmacht erteilt das Bundesarchiv-Militärarchiv Freiburg, siehe Lauf-Nr. 367.

369 Bundesarchiv, Lastenausgleichsarchiv Bayreuth

Bundesarchiv-Lastenausgleichsarchiv
Dr. Franz-Str. 1
95 445 Bayreuth

Postadresse: Bundesarchiv-
Lastenausgleichsarchiv
PF 5025
95 424 Bayreuth

Tel.: (0921) 46 01-0
Fax: (0921) 46 01-111
Internet: http://www.bundesarchiv.de
E-mail: laa@barch.bund.de
Mo-Do: 08.00-17.00 Uhr, Fr: 08.00-15.00 Uhr

Das Lastenausgleichsarchiv gehört zur Abt. B des Bundesarchivs und ist einer seiner Dienstorte. Bestände: Lastenausgleichsverwaltung, Ost-Dokumentation (Fragebogenberichte zur Dokumentation der Vertreibung, Erlebnisberichte, Gemeindeseelenberichte, Unterlagen zur Flucht über die Ostsee).

370 Deutsche Dienststelle (WASt)

Deutsche Dienststelle (WASt)
Eichborndamm 179
13 403 Berlin

Tel.: (0-30) 41 90 40
Fax: (030) 41 90 41 00
Internet: http://www.dd-wast.javabase.de
E-mail: Stephan.Ihlenburg@wast.verwalt-berlin.de
Mo-Mi: 09.00-14.00 Uhr, Do: 10.00-18.00, Fr: 09-13.00 Uhr

Entsprechend dem Genfer Abkommen über die Behandlung von Kriegsgefangenen nahm 1939 die Wehrmachtsauskunftsstelle für Kriegsverluste und Kriegsgefangene (WASt) als deutsche, nationale Auskunftsstelle ihre Tätigkeit auf. Ihr oblagen neben der Auskunftserteilung über fremdländische Kriegsgefangene hauptsächlich die Erfassung der Verluste der deutschen Wehrmacht, personenstandsrechtliche Regelungen und der amtliche Gräberdienst. In den ersten Nachkriegsjahren erhielt die WASt umfangreiche Unterlagen anderer militärischer und militärähnlicher Verbände. Im Jahr 2005 wurden ihr auch die Bestände der Zentralnachweisstelle Aachen zugeteilt. Die Deutsche Dienststelle (WASt) ist keine Abteilung des Bundesarchivs, sondern eine Behörde des Landes Berlin. Sie hat ähnliche Archivalien und Aufgaben wie die Zentralnachweisstelle.

Bestände: Zentralkartei der Teilnehmer am Zweiten Weltkrieg, Truppenverlustmeldungen, Personalunterlagen, Erkennungsmarkenverzeichnisse, Lazarettmeldungen, Unterlagen über deutsche und fremdländische Kriegsgefangene beider Seiten, Zentralgräberkartei über Kriegssterbefälle (0,9 Mio aus 1. WK, 3,1 Mio aus 2. WK), Nachlässe.

XXI Reichsarchiv Stockholm

Riksarkivet
Fyrverkarbaracken 13-17
S 102 29 Stockholm

Postadresse: Riksarkivet
Box 12541
S 102 29 Stockholm

Tel.: (0-8) 737 63 50
Fax: (0-8) 737 64 74
Internet: http://www.ra.se
E-mail: riksarkivet@riksarkivet.ra.se
Mo-Mi: 08.15-19.00, Do, Fr: 08.15-16.15, Sa: 09.00-13.00 Uhr;
1. Juni-31. Aug.: Mo-Fr: 08.30-16.00 Uhr

Das Reichsarchiv ist eine der ältesten Behörden Schwedens, seine Wurzeln liegen im Mittelalter. Durch Verordnung des Kanzlers Axel Oxenstierna wurde das Reichsarchiv 1618 formell als eigene Abteilung innerhalb der kgl. Kanzlei eingerichtet. Beim großen Brand des kgl. Schlosses 1697 wurden große Teile des Archivs zerstört, so dass das ältere Archivgut weitgehend vernichtet wurde. Die Zuständigkeit des Reichsarchivs wurde anfangs auf die kgl. Kanzlei begrenzt, erst Ende des 19. Jh. befasste es sich auch mit der Archivbildung bei anderen Behörden. Selbständige Behörde wurde es 1878. Das Reichsarchiv hat die oberste Aufsicht über das staatliche Archivwesen und über die neun Landesarchive. Das jetzige Archivgebäude wurde 1968 bezogen. Seit dem 1. Juli 1995 bildet das schwedische Kriegsarchiv eine Abteilung des Reichsarchivs, die aber weiterhin räumlich selbständig ist.
Das Reichsarchiv verwahrt insgesamt ca. 20.000 Urkunden, 135.000 lfm Akten, ca. 600.000 Karten und Pläne, 12.000 Magnetbänder und eine Bibliothek von 110.000 Bänden.
Für Zwecke der Familienforschung ist die Abteilung Arninge des Reichsarchivs in Täby eingerichtet. Dort befinden sich Mikrofiches von allen schwedischen Kirchenbüchern vom Beginn der Aufzeichnungen bis 1895, ebenso der Personenstandsbücher des staatlichen Personenstandswesens von 1860 bis 1949 (Riksarkivet, Mätslingan 17 in S 187 66 Täby; Tel. 0046-08-6301500, Fax 0046-08-6309233).

Quellenwert der pommerschen Überlieferung
Die im Westfälischen Frieden festgelegte staatsrechtliche Sonderstellung Pommerns bewirkte, dass nur die Bereiche der allgemeinen Politik (Äußeres), das Finanz- und das Militärwesen der Provinz in die zentralistische Verwaltung Schwedens eingebunden waren. Dort, wo die pommersche Autonomie zum Tragen kam, insbesondere in den Bereichen der Rechtspflege, des Kirchenwesens sowie der landständischen Politik und

Verwaltung (Inneres), findet sich im schwedischen Zentralarchiv nur in Ausnahmen pommersches Primärmaterial. Vom Standpunkt der Bestandsbildung handelt es sich bei der in Reichs- und Kriegsarchiv vorhandenen pommerschen Überlieferung um originäre schwedische Behördenarchive – mit pommerscher Sachrelevanz. Der Quellenwert dieser Überlieferung ist hoch einzuschätzen, zum Einen, weil es sich um die Überlieferung der zentralen Beratungs- und Beschlussebene handelt, und zum Anderen, weil sie mehr als eine Ergänzung der mitunter lückenhaften und zerstreuten schwedisch-pommerschen Behördenüberlieferung darstellt (besonders für die Zeit vor 1680). Insofern ist die Gleichsetzung von Entstehungszusammenhang und Quellenwert der schwedischen zentralen Überlieferung mit der von Brandenburg-Preußen (GStA PK) vertretbar.
Moderne, ausführliche Bestandsübersichten stellen sowohl die Bestände des Reichsarchivs (7 Bde. 1993-1999) als auch des Kriegsarchivs (9 Bde. 1987-1998) vor, so dass dieser Archivführer nur kurz die Hauptbestände nennt.
Hinweis: Beim Archivgut des Reichsarchivs handelt es sich in der Regel nicht um Sachakten, wie in Deutschland, sondern um Reihenakten. Das heißt, in einer Akte sind nicht Schriftstücke zu einem Vorgang oder zu gleichartigen Betreffen zusammengefasst, sondern Schriftstücke gleicher Gattung. So entstanden bei den Behörden Serien von Aktenbänden mit zumeist chronologisch gereihten Eingängen, Protokollen, Beschlüssen, Tagebüchern, Urteilen und Konzepten für Ausgänge.

371 Urkunden
Ausländische Pergamenturkunden [Utländska pergamentsbrev], Pommern 1371-1606 (3 Kartons).

372 Königliche Kanzlei
Das Zentrum der staatlichen Macht bildeten König/Regierung (Kgl. Maj:t) und Reichsrat mit ihrem administrativen Organ, der Kgl. Kanzlei. Seit dem Anfang des 18. Jh. war sie in Sekretariate (expeditioner) gegliedert. Pommersche und Wismarsche Betreffe finden sich vor allem im Auswärtigen Sekretariat und im Kriegssekretariat.
Sammlung Diplomatica, Dokumentensammlung, betreffend die Beziehungen Schwedens zu ausländischen Mächten von ca. 1520 bis 1809; unterteilt in 18 Ländergruppen und eine Gruppe für allgemeine Verträge.
Gruppe: Germanica
Untergruppe: Niedersächsischer Kreis, darin: Pommeranica 1541-1803 (6 vol.) –
Untergruppe: Das Heilige Römische Reich. Deutschland Allgemein, darin: Der Westfälische Frieden und seine Ausführung 1643-1653 (31 vol.).
Gruppe: Borussica (Brandenburgico-Borussica), darin: Minuten (Konferenzprotokolle) der Verhandlungen zwischen Schweden und Brandenburg-Preußen zu pommerschen Fragen 1650-1740 (5 vol.).
Sammlung Pommeranica, 17. Jh.-1815 (548 vol. = 42 lfm). Sammlung mit Eingängen aus Pommern in der Kgl. Kanzlei (Außensekretariat), von Behörden (Generalgouver-

neur, Regierung, Pom. Kammer), von Korporationen (Landstände, Ritterschaft u. Städte einzeln), von einzelnen Amtsträgern und Privatleuten sowie von in Pommern tätigen Kommissionen (z. B. Einrichtungskommission, Reduktionskommission, Finanzkommissionen) –
Sammlung Wismariensia, 17. Jh.-1803 (78 vol. = 5,5 lfm). Eingänge aus Wismar bei der Kgl. Kanzlei. Pom. Betreffe v.a. in den Schreiben des Tribunals, der Tribunalspräsidenten u. –vizepräsidenten –
Ungeteilte Kanzlei, Auswärtiges Sekretariat, Kriegssekretariat, Pommersches Sekretariat, Vorgänge der Kgl. Kanzlei in chronologisch gereihten Serien von Protokollen, Konzepten, Registraturen und Tagebüchern, enthaltend Beratung, Beschlußfassung und Ausfertigung kgl. Beschlüsse; nicht nach Ländern geordnet. Die Bestände Ungeteilte Kanzlei [Det odelade kansliet] bis 1723, darin die Reihe Reichsregistratur [Riksregistraturet], Auswärtiges Sekretariat [Utrikesexpeditionen] 1714/19-1809, Kriegssekretariat [Krigsexpeditionen] 1719-1840 und Pommersches Sekretariat [Kolonialdepartment/ Pommerska Expeditionen] 1810-1815 widerspiegeln die zeitliche Abfolge der Behörden –
Schreiben der Kollegien an die Regierung [Kollegiers m. fl. skrivelser till kungl. Maj:t], Bearbeitung pom. Betreffe bei anderen Behörden, darin: Schreiben des Kammer-, Kriegs-, Kommerz- u. Kanzleikollegiums sowie des Staatskontors an die Regierung –
Sammlung Militaria, Eingänge, u. a. auch aus Pommern und Wismar, darunter Schreiben und Berichte der Regimentschefs, Dienstlisten, Bewerbungen und Dienstverzeichnisse von Militärs sowie Akten zu den schwed. Kriegen in Deutschland; Bearbeitung und Entscheidungen dazu wiederum in den chronologisch gereihten Serien der Protokolle, Konzepte, Registraturen und Tagebücher der Kgl. Kanzlei; Jahresberichte des pom. Generalkriegsgerichts 1758-1800 –

Tommos 1980, Backhaus 1995, RA 1993-1999

373 Königliche Archive
[Archiv des Generalgouverneurs über
Königin Christinas Unterhaltsländer]
[Generalguvernörens över drottning Kristinas underhållsländer arkiv],
150 vol. 19 lfm ca. 1650-1689
Darin: Verwaltung der sogenannten Tafelgüter in Pommern.

RA 1993-1999

374 Das Kammerarchiv
Die oberste Finanzbehörde Schwedens war das Kammerkollegium. Alle Maßnahmen in Politik, Wirtschaft, Verwaltung und Militärwesen fanden ihren Niederschlag im Rechnungswesen. Die umfangreichste Überlieferung zu pommerschen Themen findet

sich demzufolge in der Bestandsgruppe Kammerarchiv [Kammararkivet], die sich in weitere Untergruppen gliedert.
Kammerkollegium-Kanzlei [Kammarkollegiet-Kansliet], Reihe H: Beförderungsakten [Befordningsakter] 1650-1879 (256 vol.) und Eide [Eder] 1650-1879 (19 vol.), darin: pom. Personalsachen – Pom. Betreffe ebenso in den Reihen der Protokolle, Konzepte, Registraturen und Tagebücher –
Kammerkollegium-Zweites Abrechnungskontor [Kammarkollegiet-Andra avräkningskontoret], Reihe A: Konzeptmemoriale in deutschen Angelegenheiten 1686-1797 (6 vol.); Reihe D: Deutsche Akten 1643-1800 (130 vol = 10 lfm), darin: überwiegend Rechnungen aus Pommern und Wismar –
Liquidationsakten [Likvidationsakter], 16.-18. Jh. (129 lfm), darin Abrechnungen pom. Diplomaten, Geistlicher, Akademiker, Zollbeamter u.a. Bedienstete, Lieferanten –
Livländisches Donationskontor [Livländska Donationskontor] 1688-1755, darin: Reihe F Reduktionshandlungen in Pommern (20 vol.); pom. Betreffe auch in den Reihen B-E (Konzepte, Tagebücher, Extrakte, Eingänge) –
Der Generalgouverneur für die Unterhaltsländer Königin Christinas [Generalguvernören för drottning Kristinas underhållsländer], darin: pom. Rechnungswesen 1654-1667 (12 vol.) –
Die Oberkriegskommissariate in Pommern [Överkrigskommissariaten i Pommern], 1757-1769 (15 vol.), darin: Proviant- u. Kommissariatwesen –
Verschiedene Rechnungen betreffend Schwedens Krieg im Ausland [Strödda räkenskaper rörande Sveriges krig i utlandet], darin: Deutschland 1627-1656 (19 vol.); Polen u. Deutschland 1654-1658 (12 vol.), Pommern 1677, 1691 (14 vol.) –
Pommern-Wismar. Revidierte Rechnungen. 1. Hauptserie [Pommern-Wismar. Reviderade räkenskaper. 1. Huvudserie] 1629-1805 (1766 vol. = 287 lfm), darin: allgemeine staatl. Finanzverwaltung von Pommern und Wismar durch die Pommersche Kammer und Rechnungen nach Sachgebieten (Kassen-, Proviant-, Zoll- u. Akzisewesen) –
Pommern-Wismar. Revidierte Rechnungen. 2. Lizentrechnungen [Pommern-Wismar. Reviderade räkenskaper. 2. Licenträkenskaper] 1630-1810 (485 vol. = 111 lfm), darin: Verwaltung der Seezölle (Lizente) der pom. Hafenstädte sowie von Wismar und Warnemünde, bis 1680 weitgehend unabhängige Behörde, danach unter Kontrolle der Pommerschen Kammer; enthält: Generalrechnungen u. Lizentjournale (ab 1682 mit Informationen zu Typ, Größe, Warenwert, Abreise u. Bestimmungsort der Schiffe) –
Zoll und Akzise. Pommern. Akzisenachweise [Tull och Accis. Pommern. Accissedlar] 1721-1752 (136 vol. = 14 lfm), darin: Zoll- u. Akzisenachweise verschiedener Büros in Pommern –

RA 1993-1999

375 Privatarchive, Nachlässe
Während der rund 170 Jahre dauernden Schwedenzeit Pommerns haben viele Schweden im Militär- oder Staatsdienst, durch Geschäfte, während des Studiums in Greifswald, als Gutsbesitzer oder durch verwandtschaftliche Beziehungen Kontakte nach Pommern geknüpft. Aus den gleichen Gründen gingen Pommern nach Schweden. Viele Nachlässe im Reichsarchiv weisen demzufolge pommersche Bezüge auf, aber nur wenige sind nach Umfang und Inhalt in dieser Hinsicht von Bedeutung, wobei zwei Nachlässe (Wrangel, Gadebusch) wegen ihres Gehaltes hervorzuheben sind.
Skoklostersammlung u. Rydboholmsammlung (ca. 500 vol. = ca. 40 lfm), Nachlaß von Carl Gustav Wrangel (1613-1676), schwed. Militär, Reichsmarschall, Reichsvizeadmiral, Mitglied d. Vormundschaftsregierung, Generalgouverneur von Pommern 1648-1652 u. 1656-1676, größter Grundbesitzer in Pommern; darin: Tätigkeit als Genralgouverneur u. Grundbesitzer, Alltag der Provinzialverwaltung, Nachrichten- u. Geschäftsverbindungen, gelehrte Kontakte –
Sammlung Gadebusch (316 vol. = 21 lfm), Nachlaß von Thomas Heinrich Gadebusch (1736-1804), von 1758-1797 Prof. f. deutsches u. schwed. Recht in Greifswald, danach Mitglied d. Allgemeinen Staatsausschusses u. Pommerschen Ausschusses in Schweden; darin: pom. Literatur d. 17./18. Jh., Landtagsabschiede, Handschriften –
Sammlung Schröer (48 vol.=3,5 lfm); Nachlaß von Gottfried von Schröer (1611-1672), Archivar und Hofgerichtsrat; darin: dienstliche Tätigkeit, Familienverhältnisse, Alltag in den Residenzstädten Stettin und Wolgast –
Nachlaß von Nils Bielke (1644-1716), Generalgouverneur von Pommern 1687-1698; in: Sammlung Bielke (210 vol.) darin: dienstliche Tätigkeit, Wirtschaftsakten pom. Güter, persönliche Schriften; Siehe auch: Teilnachlaß in Skoklostersammlung (30 vol.) –
Nachlaß von Otto Wilhelm von Königsmarck (1639-1688), Generalgouverneur von Pommern 1679-1687; in: Skoklostersammlung (6 vol.) u. Rydboholmsammlung (125 vol.); darin: dienstliche Tätigkeit, Grundbesitz, persönl. Schriften –
Nachlaß Northmann (um 1610-um 1680), Nachlaß von Gerdt Nilsson Northmann, Soldat, dann schwed.-pom. Beamter, (9 vol.=1 lfm); darin: Alltag eines subalternen kgl. Beamten in einer pom. Kleinstadt –
Stedingk-Archiv, Familienarchiv der alten pom. Familie von Stedingk 1491-18. Jh., (pommerscher Teil 65 vol.); darin: Dienst- u. Gutsangelegenheiten, bäuerliche Verhältnisse.
Bergshammarsammlung, ca. 1573-1749 (88 vol.); Familienarchiv der Familie Steenbock, Verwaltung vorpommerscher Güter 1630-1650 (ca. 15 vol.), besonders Amt Torgelow, zuvor im Besitz der Grafen de la Gardie und Lilie.
Brulin 1916, Wächter 1964, Backhaus 1995, RA 1993-1999

376 Kartensammlung

Im Reichsarchiv befinden sich nur wenige Karten (Handzeichnungen) zu Pommern, die überwiegende Menge findet sich im Militärarchiv.
Übersichtskarten: Pommern östlich der Oder, Hans Heinrich Crause, 1660 –
Stadt- u.- Festungskarten: Schlochau, Stargard, Stralsund, Demmin, Bütow, Stettin, Stralsund und Neuruppin, Oder bei Gartz; ca. 1650-18. Jh. –
Matrikelkarten: 78 Gemarkungskarten der Inseln Usedom u. Wollin (Reinzeichnungen), 1693.
Siehe auch: LAGw Rep. 6a.

Viergutz 1939, Engel 1953

XXII Kriegsarchiv Stockholm

Krigsarkivet
Bañergatan 64
S-115 88 Stockholm

Tel.: 0046-8-782 41 00
Fax: 0048-8-782 69 76
Internet: http://www.ra.se/-ra/kra/kra.htm
E-mail: krigsarkivet@krigsrakivet.ra.se
1. Sept.-30. Apr.: Mo-Fr: 09.00-16.30, Sa: 09.00-16.00 Uhr;
1. Mai-31. Aug.: Mo-Sa: 09.00-16.00 Uhr, Juli Samtags geschlossen

Gustav II. Adolf errichtete 1635 ein Fortifikationskorps, dessen eine Aufgabe in der Sammlung und Sicherung von Karten, Rissen und Plänen bestand. Damit nahm das Kriegsarchiv seinen Anfang. Aufbauend auf dieser Sammlung erhielt das Fortifikationsdepartment 1765 den Status des nationalen Karten- und Militärarchivs. Als selbständige Behörde wurde das Kriegsarchiv 1805 eingerichtet. Wichtige Entwicklungsetappen waren die Einführung des Provenienzprinzips bis 1915, die Verpflichtung zur „Vorfeldarbeit" und die Erhebung zur Archivbehörde für alle Teilstreitkräfte. Das heutige Archivgebäude wurde 1955 bezogen, seit dem 01.07.1995 bildet das Kriegsarchiv einen organisatorisch selbständigen Teil des Reichsarchivs.
Das Kriegsarchiv verwahrt derzeit 65.000 lfm Akten, 600.000 Karten, Risse und Pläne (darunter alle Konstruktionszeichnungen der schwed. Kriegsschiffe und Flugzeuge) sowie eine Bibliothek von 220.000 Bänden und eine umfangreiche Fotosammlung mit Regimentsbildern.
Die Bestände werden in einer ausführlichen Bestandsübersicht (9 Bände, 1987-1998) vorgestellt, deshalb soll hier nur ein Hinweis auf wichtige Bestandsgruppen und Bestände gegeben werden.

377 Militärgerichtsbarkeit
Der einzige Zweig der Jurisdiktion in Schwed.-Pommern, in dem nach schwedischen Gesetzen Recht gesprochen wurde, war die Militärgerichtsbarkeit. Im KrA werden die Urteilsbücher der Regimentskriegsgerichte verwahrt, darunter auch die der pommerschen Garnisonsregimenter. Für Kriegszeiten müssen auch die Urteilsbücher der anderen eingesetzten Regimenter herangezogen werden.
Urteilsbücher [Domböcker] 1635-1821, darin:
Das Garnisonsregiment in Stralsund I [Garnisonsregementet i Stralsund I] 1699-1714 (1 vol.) – Das Garnisonsregiment in Stralsund II [Garnisonsregementet i Stralsund II]

1731-1751 (2 vol.) – Das Deutsche Leibregiment zu Fuß [Tyska livregementet till fot] 1692-1708 (2 vol.) – Das Leibregiment der Königin [Drottningens livregimentet till fot] 1723-1751 (3 vol.). Siehe auch: LAGw Rep. 31.

KrA 1987-1998

378 Kriegshandlungen und Kriegsrüstungen
Akten zu den schwedischen Kriegen (Berichte, Konzepte, Registraturen zu Truppenbewegungen, Kämpfen, Quartierfragen usw.)
Der Große Nordische Krieg [Stora Nordiska Kriget] 1699-1726 (284 vol.= 20 lfm), darin: Garnisonen und Truppen in Pommern 1699-1716 (77 vol.= 8 lfm) –
Der Pommersche Krieg 1757-1762 [Pommerska Kriget 1757-1762] 1757-1767 (284 vol. = 20 lfm) – Der Krieg in Pommern 1805-1807 [Kriget i Pommern 1805-1807] 1805-1810 (31 vol. = 2 lfm) – Der Krieg in Deutschland 1813-1814 [Kriget i Tyskland 1813-1814] 1812-1817, darin: Nordarmee (35 vol.), Pommern (1 vol.).

Backhaus 1982, KrA 1987-1998

379 Kriegskommissariate
Die Aufgabe der Kriegskommissariate bestand in der Feldverwaltung für die Truppen und damit verbundenen Fragen, wenn sich das schwedische Reich im Krieg befand oder ihn vorbereitete.
Das Pommersche Generalkriegskommissariat 1804-1810 [Pommerska Generalkrigskommissariatet 1804-1810] 1804-1810 (155 vol. = 18 lfm), darin: Proviant u. Fourage, Lazarettwesen, Rollen, Rechnungswesen – Das Generalkriegskommissariat für die schwedische Armee in Deutschland 1813-1815 [Generalkrigskommissariatet för Svenska Armén i Tyskland 1813-1815] 1813-1835 (64 vol. = 7 lfm) – Das Pommersche Kommissariat 1811-1815 [Pommerska Kommissariatet 1811-1815] 1811-1815 (77 vol. = 8 lfm).

KrA 1987-1998

380 Rollen, Listen, Meriten
Die Militärrollen dienten der fortlaufenden Kontrolle der Mannschaftsstärke, Ausrüstung und Versorgung der Truppen. Sie unterteilen sich in Monatsrollen, die der monatlichen Soldzahlung dienten, und in Generalmusterrollen, die anfangs jährlich, ab 1720 alle zwei bis fünf Jahre für die Regimenter abgefasst wurden. Sie enthalten Angaben über Bewaffnung und Ausrüstung der Soldaten, aber auch zu Herkunft, Dienstalter, Bekenntnis, Körpergröße, Familienstand, Kinder. Die Meritlisten geben Auskunft über geleistete Kriegseinsätze und dabei erworbene Verdienste der Offiziere. Es werden Unterlagen zu nahezu allen schwedischen Regimentern, 1608 beginnend, aufbewahrt. Darunter befinden sich die pommerschen Garnisonsregimenter sowie die in Pommern geworbenen und eingesetzten Regimenter.

Generalmusterrollen [Generalmönsterrullor] 1660, 1681-1887, regimentsweise geordnet – Rollen 1620-1723 [Rullor 1620-1723], regimentsweise geordnet – Rollen 1724-1865 [Rullor 1724- 1865], regimentsweise geordnet – Meritenverzeichnisse [Meritförteckningar] 1614-1903, regimentsweise geordnet.
Siehe auch. LAGw Rep. 10, 10 a, 31.

KrA 1987-1998

381   **Rechnungen**
Das gesamte Militärwesen schlug sich in der finanziellen Rechnungslegung nieder. Darin finden sich Soldzahlungen ebenso wie Zahlungen für Proviant, Ausrüstung, Munition und Pulver, Quartier und andere Leistungen.
Militärrechnungen [Militieräkenskaper] 1537-1827, länderweise geordnet; darin: Pommern (gesamt) 1630-1805 (112 vol.) – Einzelne Städte/Festungen (Demmin, Greifswald, Kolberg, Peenemünde, Stettin, Stralsund, Wolgast, Wollin) 1628-1786 (168 vol.) – Regimentsrechnungen -1723 [Regementsräkenskaper -1723], 1636-1723, regimentsweise geordnet – Regimentsrechnungen 1724- [Regementsräkenskaper 1724-1889], 1724-1889, regimentsweise geordnet – Rechnungen, Flotte darin: Das pommersche Kommissariat [Räkenskaper, Flottan: Pommerska Kommissariatet] 1813-1814 (13 vol.).

KrA 1987-1998

382   **Karten**
Die Kartensammlung bildete den Ursprung des Kriegsarchivs überhaupt. In ihr sind vor allem Festungs- und Stadtpläne pommerscher Städte, Festungen und Schanzen zu finden, weniger Übersichtskarten. Die ca. 600 Darstellungen zu pommerschen Orten wurden in der Literatur eingehend behandelt.

Viergutz 1939, Engel 1953

XXIII Reichsarchiv Kopenhagen

Rigsarkivet
Rigsdagsgården 9
DK-1218 København

Tel.:   0045-33 92 33 10
Fax: 0045-33 15 32 39
Internet: www.sa.dk/ra
E-mail: mailbox@ra.sa.dk
Mo-Sa: 09.00-16.00 Uhr; 02. Mai-31. Aug. 09.00-14.00 Uhr, Sa geschlossen.

383   Die Mittelaltersammlung bis 1450. Neue chronologische Reihe
      [Middelaldersamlingen til 1450. Ny kronologisk rekke]
Ca. 4000 AE   1186-1450
Gesamtbestand und übergreifende Bezeichnung für alle Einzeldokumente des Reichsarchivs bis 1450, mit Ausnahme einiger Papierdokumente in Privatarchiven. Die Sammlung entstand durch eine 1980 durchgeführte Revision und Neuordnung zahlreicher Mittelalterbestände. Die ältesten Stücke sind Papsturkunden von 1186 und 1193.
Aus pommerscher Sicht sind besonders zu erwähnen: Urkunde über den Stralsunder Frieden von 1370 sowie dessen Einzelratifikationen von über 30 Städten 1371; Königin Margaretes Instruktion für Erich von Pommern 1404 sowie weitere Betreffe zu Erich von Pommern.
FHM: Folioreg. 230, Bd. 1; Zettelreg. I-XIV; Folioreg. 231.

Rigsarkivet 1983

384   Archiv des Königshauses und des Reiches
      [Kongehusets og Rigets Arkiv]
Dieses Archiv wurde Anfang des 20. Jahrhunderts mit der Absicht gebildet, das Provenienzprinzip auf die bewahrten Reste der mittelalterlichen Bestände anzuwenden. Es umfasst Archivalien des Königshauses und der obersten Reichsbehörden, die sich bis zur Reformation kaum provenienzgerecht trennen lassen. Ältere Sachgruppen blieben dabei z. T. erhalten.
Das Archiv ist in 5 Hauptgruppen mit zahlreichen Untergruppen unterteilt, pommersche Betreffe finden sich hauptsächlich in:
A Archive des Königshauses [Kongehusets arkiver]
A 2 Einzelne Glieder des Königshauses 1230-1448 [Kongehusets enkelte medlemmer 1230-1448], darin: Dokumente zu Erich von Pommern 1406-1434;
FHM: Zettelreg. I (unvollständig); Folioreg. 230

B Staatsverfassung [Statsforfatning]
B 5e Verschiedenes betreffend Reichsrat und Stände [Forskelligt vedrørende rigsråd og stænder], darin: Abschriften von Dokumenten zur Absetzung Erich von Pommerns 1438/39;
FHM: Folioreg. 10, S. 237-256 (unvollständig); Zettelreg. II-III; Folioreg. 159.
E Das Verhältnis zum Ausland (Verträge) [Forholdet til udlandet (Traktater)]
In dieser Sammlung wurden alle Verträge (z.T. mit Beiakten) mit dem Ausland zusammengeführt, die bei den wechselnden, mit der dänischen Außenpolitik befassten Behörden entstanden. Die Sammlung ist chronologisch unterteilt (E 1 1454-1699, E 2 1700-1879, E 3 1880-1900, E 4 1901-1920) und innerhalb dieser Gruppen alphabetisch nach Ländern. Stichworte: Pommern, Preußen; ob auch Archivalien unter Førpommern, Rügen, Svensk-Pommern geordnet sind, konnte nicht ermittelt werden. Hierin auch Archivalien des aufgelösten Bestandes, Bistum Roskilde, Rügen 1294-1533 [Roskilde bisp, Rügen 1294-1533].
FHM Gruppe E 1: Zettelreg. VII; Folioreg. 13-14, 230; VA XI S. 342-344;
FHM Gruppe E 2: Folioreg. 88 b-d; VA XI S. 344.

Rigsarkivet 1983

385 Deutsche Kanzlei
[Tyske kancelli]
Mit der Wahl Herzog Friedrich von Gottorps zum dänischen König Frederik I. 1523 wurde dessen Kanzlei die Verwaltung der Herzogtümer (Schleswig, Holstein) und ein großer Teil der dänischen Außenpolitik unter dem Namen ‚Deutsche Kanzlei' [Tyske kancelli] übertragen. Erst 1770 kam die Außenpolitik an das neue „Departement für die ausländischen Angelegenheiten". In den 1670er Kriegsjahren und 1715-20 wurden die deutschen Eroberungen, u. a. Wismar, Vorpommern und Rügen von der Deutschen Kanzlei verwaltet. Die Arbeitsteilung zwischen Verwaltung der Herzogtümer und anderer Besitzungen sowie der Gestaltung der Außenpolitik ermöglichte eine strikte Archivteilung bis hin zu den ältesten Kopiaren.
Jetzt bestehen zwei getrennte Archivfonds: „Innenpolitische Abteilung der Deutschen Kanzlei" [Tyske kancellis indenrigske afdeling (TKIA)] und „Das Verhältnis zum Ausland" [Forholdet til udlandet]. Letztere Bestandsgruppe (Siehe lfd. Nr. 347) entstand aus der Außenpolitischen Abteilung der Deutschen Kanzlei [Tyske kancellis udenrigske afdeling (TKUA)]. Innerhalb der Bestandsgruppen besteht eine chronologische und eine sachlich-topographische Gliederung.
Innenpolitische Abteilung der Deutschen Kanzlei bis 1670.
Angelegenheiten der Landes- und Seeverteidigung.
[Tyske kancellis indenrigske afdeling indtil 1670.
Sager vedrørende land- og søforsvar].

Darin: Militärangelegenheiten des 30-jährigen Krieges; Feldzug 1626-27; Briefeingänge; Musterrollen; Militärgerichtsbarkeit.
FHM: VA VII
    Innenpolitische Abteilung der Deutschen Kanzlei 1670-1770.
    Angelegenheiten betreffend Vorpommern und Rügen.
    [Tyske kancellis indenrigske afdeling 1670-1770.
    Sager vedrørende Forpommern og Rügen.]
Darin: Konfirmation der Privilegien der Stadt Wismar 1675; Briefe der Stadt Wismar 1776-80; Briefe der Einwohner von Rügen 1678-79; Reskripte an die Regierung von Vorpommern und Rügen 1716-20; Relationen (1715-21) des Generalgouverneurs von Vorpommern und Rügen, der Regierungskanzlei Stralsund, des Generalsuperintendenten Greifswald u. a.

Rigsarkivet 1983

386   **Das Verhältnis zum Ausland**
    [Forholdet til udlandet]
    Außenpolitische Abteilung der Deutschen Kanzlei.
    [Tyske kancellis udenrigske afdeling (TKUA)]
Allgemeiner Teil 1506-1676. [Almindelig del 1506-1676]
    Darin: Akten zum 30-jährigen Krieg und zum Westfälischen Frieden.
Spezieller Teil. [Speciel del]
Der Bestand umfasst den größten Teil der Eingänge der TKUA, dazu interne Arbeitspapiere, Konzepte und Gesandtschaftsarchive von ca. 1506 bis 1770. Die Archivalien sind geographisch in Haupt- und Untergruppen geordnet, wie z. B.: Deutschland – Kaiser und übrige Reichsbehörden, deutsche Fürstentümer, Städte. Innerhalb der einzelnen Territorialgruppen gibt es fünf Sachgebiete: A I Briefwechsel zwischen den Fürstenhäusern; A II Akten und Dokumente über die politischen Verhältnisse; A III Seefahrts- u. Handelssachen, Verschiedenes, Abschriften; B Relationen der dänischen Gesandten im Ausland; C Gesandtschaftsarchive.
Pommersche Betreffe sind unter dem Stichwort „Pommern" zu suchen. Ob auch die Stichwörter Førpommern, Rügen, Svensk Pommern und Brandenburg/Preußen pommersche Betreffe enthalten, konnte nicht ermittelt werden.
Siehe auch: In Ländergruppe „Polen" - Akten betreffend das Verhältnis Schwed.-Pommerns zu Polen (Übernahme aus dem Bornholmer Schiffbruch).
FHM: VA XI, Tyske Kancelli II.
    Das Departement für die auswärtigen Angelegenheiten 1770-1848.
    Spezieller Teil.
    [Departementet for de udenlandske anliggender 1770-1848. Speciel del.]
Hierin ebenfalls deutsche Territorien alphabetisch geordnet, dazu Niedersächsischer Kreis und Landtag in Regensburg.
FHM: Zettelreg. 42-43; Reichstag Regensburg in Folioreg. 88a.

Rigsarkivet 1983

387 Die Rentenkammer. Deutsche Abteilung
[Rentekammeret. Tyske afdeling]
Die Rentenkammer entwickelte sich ab 1660 zur obersten Finanzbehörde. Sie war regional unterteilt, die deutsche Abteilung befasste sich mit dem Finanz- und Rechnungswesen der Herzogtümer und anderer zeitweiliger deutscher Besitzungen wie Vorpommern und Rügen 1715-20.
   Kontor für Pommern-Rügen 1716-20
[Pommern-Rügens kontor 1716-20]
Darin: Kgl. Verordnungen, Reskripte und Resolutionen 1715-23; Bestallungsprotokolle 1716-17; Rechnungsquittungen 1718-27; Kopiebücher 1715-27; Patente 1716-19; Angelegenheiten der Ämter 1700-20; Angelegenheiten der Güter 1709-20; Angelegenheiten der Städte 1593-1720; Landwirtschaftssachen 1716-19; Zollwesen 1703-16; Rechnungswesen 1716-28; Verschiedenes 1560-1721, u.a. Übergabe Vorpommerns und Rügens an Schweden.
FHM: VA XII; Folioreg. 191; Zettelreg. 49-51.

Rigsarkivet 1983

388 Rechnungen
[Regnskaber]
Der überwiegende Teil des Rechnungswesenmaterials besteht aus revidierten Rechnungen von zentralen und lokalen Behörden, die alle an eine zentrale Behörde wie z. B. die Rentenkammer zur Revision eingesandt wurden und überwiegend aus der ursprünglichen Provenienz herausgelöst wurden. Die Provenienzen sind uneinheitlich und vielfältig. Der Archivfond wurde in drei chronologische Gruppen (vor 1559, 1559-1660; 1660-1848) geteilt und innerhalb dieser Gruppen alphabetisch geordnet.
   Militärrechnungen 1545-1763 (99)
[Militärrechnungen 1545-1763 (99)]
Darin: II. 1611-30 Kaiserlicher Krieg 1625-30 [Kejserkrigen 1625-30] – V. 1660-82 Schonischer Krieg 1675-82 [Skånske Krig 1675-82] – IX. Der Krieg 1709-20 [Krigen 1709-20]. Darin u.a.: Der Feldzug in Norddeutschland – Mecklenburg, Pommern, Lübeck 1711-21.
FHM: Folioreg. 266a; Zettelreg. 85 (unvollständig).
   Pommersch-Rügensche Rechnungen 1716-21
[Pommersk-rügenske regnskaber 1716-21]
Die Rechnungen der dänischen Verwaltung von Vorpommern und Rügen 1716-21 sind nahezu vollständig erhalten. Darin: Kassenrechnungen mit Beilagen und Anmerkungen 1716-21; Ämterrechnungen mit Beilagen und Anmerkungen 1716-20; Lizentrechnungen 1716-21; Güterrechnungen 1716-19. FHM: Zettelreg. 1716-21; Folioreg. 110.

Rigsarkivet 1983

389 Zeitweilig besetzte Länder
[Midlertidigt besatte lande]
Durch Eroberung oder Besetzung während der dänisch-schwedischen Kriege im 17. und 18. Jahrhundert war Dänemark zeitweise im Besitz norddeutscher Territorien. Bei Übergabe dieser Gebiete wurden die dänischen Verwaltungsarchive nicht immer mitübergeben, mitunter behielten die Dänen auch Teile der früheren Archive zurück.

Regierungskanzlei Stralsund 1716-21
[Regeringskancelliet i Stralsund 1716-21]
Im Großen Nordischen Krieg erwarb Dänemark 1716-21 Schwedisch-Pommern nördlich der Peene. Während der Besetzung nutzte man die schwedische Verwaltung ohne große Veränderungen, allein die Finanzverwaltung wurde nach dänischem Vorbild eingerichtet. Bei der Rückgabe des Gebietes im Januar 1721 wurde der größte Teil der dänischen und vorherigen Verwaltungsarchive mitübergeben, mit Ausnahme von kgl. Reskripten betreffend die Verwaltung sowie von Unterlagen, die Staatsgeheimnisse beinhalteten.
Darin: Supplik- (Bittschrift-) protokolle, Konzepte, einkommende Briefe; topographisch und sachlich geordnete Angelegenheiten; 1 Paket Amtspapiere des Generalgouverneurs von Dewitz 1716-19.
FHM: Zettelreg. 88 mit Spezialregister über kgl. Bestallungen in Pommern.

Rigsarkivet 1983

390 Archivalien fremder Provenienz
[Arkivalier af fremmed proveniens]
Archivalien fremder Provenienz kamen auf drei Wegen ins Reichsarchiv: durch Kriegsereignisse, als Folge dänischen Erwerbs betreffender Gebiete, durch Kauf oder Schenkung. Sie sind unterteilt nach Pergament- und Papierdokumenten.

Pergamente
Stift Schwerin 1455-1619
[Schwerin stift 1455-1619]
Im Zuge der norddeutschen Dynastiepläne Christians IV. wurde sein Bruder Ulrik 1591 Koadjutor und 1603 Bischof im Stift Schwerin. Christians IV. Sohn Ulrik folgte 1624-29 auf dem Bischofsstuhl. Auf Grund der dänischen Herrschaft wurde ein Teil des älteren Stiftsarchivs nach Dänemark verbracht. Inhalt: Papstbullen betreffend Bischofsernennungen und Bistumsverwaltung; Anspruchsurkunden, v.a. betreffend das Kloster Rühn. Hinweis: Die Pergamente 1252-1443 befinden sich in der Mittelaltersammlung. Neue chronologische Reihe.
FHM: Folioreg. 13; Zettelreg. XVII; Folioreg. 230 u. 231.

Papier
Stift Schwerin 1455-1619
[Schwerin stift (1221) 1455-1619]

Zur Bestandsgeschichte siehe oben.
Inhalt: Anspruchsurkunden; Verhandlungen und Korrespondenz betreffend der Besitzungen und Rechte des Stiftes in Mecklenburg und Pommern, Rechnungswesen; Inventare. Hauptteil betreffend die Klöster Rühn und Bützow, überwiegend Akten des 16. Jahrhunderts.
FHM: Folioreg. 13.

Schwedisch Pommern 1563-1802
[Svensk Pommern 1563-1802]

Eine schwedische Flotte, die im Schonischen Krieg 1678 vor Bornholm strandete, führte u.a. das schwed.-pommersche Regierungsarchiv mit sich. Das Archiv wurde fast vollständig geborgen, von der dänischen Krone beschlagnahmt und auch beim dänisch-schwedischen Archivalienaustausch 1908 nicht an Schweden zurückgegeben. Einzelne Archivalien wurden dem Bestand auch später hinzugefügt.
Inhalt: Reichstag in Regensburg 1652-54; Niedersächsischer Kreis 1564; Landtagsakten 1563-74; Grenzkommission, Reformkommission u.a. 1647-65; Oberappellations- und Hofgericht 1648-70; Berichtseingänge 1634-67; Militärangelegenheiten 1666-78; Kammersachen 1646-76; Rechnungsjournal und Rechnungshauptbücher der Rentenkammer 1640-75; Verschiedenes 1641-60; Einzelne Verwaltungsakten 1688-1712; Sprüche des Hofgerichts Greifswald 1700-03.
FHM: Zettelreg. 88.
Backhaus 1988

Diverse 1439-1846
[Diverse 1439-1846]

Eine große Anzahl von Einzelstücken deutscher Provenienz konnte in keinen archivalischen Zusammenhang gebracht werden und wurde in dieser Sammlung zusammengefasst. Bedeutend ist dabei eine umfangreiche Reihe von Dokumenten betreffend Einzelpersonen und Örtlichkeiten in Pommern 1439-1834, darunter z. B. zu den Herrenhutern.
FHM: Zettelreg. 88.

Rigsarkivet 1983

391 Geistliche Archive
     [Gejstlige arkiver]
     Bistum Roskilde, Rügen 1294-1533
     [Roskilde bisp, Rügen 1294-1533]

Nach dem Fall Arkonas am 15.06.1168 kam die Insel Rügen unter dänische Oberhoheit und wurde 1269 dem Bistum Roskilde zugelegt. Diese kirchliche Bindung bestand bis zur Reformation. In Verbindung mit den Verhandlungen Christian III. mit Pommern wurde das Archiv nach Kopenhagen verbracht.

Ehemals im Folioregister 13 verzeichnet, wurden die Archivalien bei der provenienzgerechten Neuordnung auf die Bestände „Außenpolitische Abteilung der Deutschen Kanzlei" (TKUA. Pommern), „Archiv des Königshauses und des Reiches; E Das Verhältnis zum Ausland" und „Mittelaltersammlung. Neue chronologische Reihe" aufgeteilt!

Inhalt: Hauptsächlich Archivalien betr. die Klöster Hiddensee und Bergen; 14 Dokumente betr. Streit der rügenschen Pastoren mit Bischof Niels Skave 1453-1533; Dokumente betr. Putbus'sche Güter und Pachten von Bistumsgütern 1294-1436 befinden sich in der „Mittelaltersammlung".

XXIV Brandenburgisches Landeshauptarchiv

Brandenburgisches Landeshauptarchiv
Zum Windmühlenberg   Postadresse: Postfach 60 04 49
14469 Potsdam   14404 Potsdam

Tel.:   (0331) 56 74-0   (0331) 5674-270 (Benutzersaal)
Fax: (0331) 56 74-212
Internet: http://www.landeshauptarchiv-brandenburg.de
E-mail: poststelle@blha.brandenburg.de
Mo, Mi 08.30-17.00 Uhr; Do: 08.30-19.00 Uhr

Brandenburg hatte als einzige preußische Provinz kein eigenes Staatsarchiv, da diese Funktion durch das staatliche Zentralarchiv, das Preußische Geheime Staatsarchiv in Berlin-Dahlem mit der Abteilung „Brandenburgisches Provinzialarchiv" wahrgenommen wurde. Die ältere brandenburgische Überlieferung aus den Kanzleien der Markgrafen und Kurfürsten, die im 17. Jahrhundert in die Zentralbehörden des brandenburgisch-preußischen Staates einging, bildete bereits den Grundstock des Dahlemer Archivs.
Nach 1945 erforderten die Sicherung von aus Berlin ausgelagerten Archivbeständen und die Entwicklung des Archivwesens im neu gebildeten Land Brandenburg die Einrichtung eines Archivs. Das „Landesarchiv Brandenburg" wurde am 21. Juni 1949 gegründet. Heute verwahrt das Brandenburgische Landeshauptarchiv (BLHA) ca. 40.000 lfm Akten, 11.000 Urkunden, 100.000 Karten und 100 Nachlässe. Das BLHA hat Außenstellen in Potsdam-Barnim (Zentrales Grundbucharchiv, regionale/lokale Archivbildner des Bezirkes Potsdam 1952-90), Frankfurt/Oder und Lübben (regionale/lokale Archivbildner der Bezirke Frankfurt/Oder und Cottbus 1952-90).

Hinweis!
Die umfangreichen Bestände des BLHA enthalten Quellen zur Geschichte (vor 1815) der vormals neumärkischen Kreise Dramburg und Schivelbein, die 1815/18 zu Pommern kamen, sowie der brandenburgischen Kreise Arnswalde und Friedeberg, die 1938 Pommern angeschlossen wurden. Sie sind in den Archivbeständen der neumärkischen und kurmärkischen Oberbehörden und Institutionen des BLHA vorhanden. Die Erfassung dieser Archivalien konnte im Rahmen des vorliegenden Archivführers nur eingeschränkt vorgenommen werden. Die wichtigsten Bestände werden summarisch genannt, es liegt aber keine Vollständigkeit vor. Für die Quellenrecherche zu den genannten Kreisen sei ausdrücklich auf den 2007 in dieser Publikationsreihe erschienenen Archivführer Ostbrandenburg verwiesen.

392 **Templerorden**   Rep. 9 A
32 Urk.   1232-1308
Der Templerorden erwarb bereits zu Beginn des 13. Jahrhunderts Besitzungen in Pommern, die in Kommenden zusammengefasst wurden. Die brandenburgischen Markgrafen zwangen den Orden 1261 zur Abtretung von Küstrin und Soldin. Der Orden erwarb um 1286/90 noch Tempelburg, bevor Papst Clemens V. ihn 1312 auflöste und seine Güter dem Johanniterorden übergab. Die wenigen noch vorhandenen Templerurkunden gelangten ins Ordensarchiv der Johanniter, nach Aufhebung des Ordens 1811 ins GStA PK. Seit 1963 bilden die Urkunden einen eigenen Bestand im BLHA. FK.

Lüpke/Irrgang 1987, BLHA 1964/67

393 **Johanniterorden Ballei Brandenburg**   Rep. 9 B
699 Urk.   7773 AE   103,6 lfm   1160-1811
Der Johanniterorden erwarb im 13. Jahrhundert umfangreiche Besitzungen in Pommern, die sich 1312 mit dem Anfall der Templergüter noch vergrößerten. Die Besitzungen in Brandenburg, Mecklenburg, Pommern und Sachsen wurden in einem eigenständigen Verwaltungsbezirk der Johanniterordensballei zusammengefasst. Die innere Verwaltung leiteten Kanzler und Ordensregierung. Nach der Reformation und dem Westfälischen Frieden gingen die meisten Besitzungen außerhalb Brandenburgs verloren. Der Ordensbesitz wurde 1811 säkularisiert und die Verwaltung ging 1815 an die Regierung Frankfurt/Oder über. Der Bestand enthält Quellen zur Geschichte der Städte und Gebiete Arnswalde, Bahn, Collin, Schivelbein, Schlawe, Stargard, Wildenbruch und Zachan.

BLHA 1964/67

394 **Herrschaft Schwedt-Vierraden**   Rep. 37
114 Urk.   ca. 1370 AE   30,5 lfm   1388-1892
Das Gebiet der Städte und Herrschaften Schwedt und Vierraden war im 13.-15. Jahrhundert ständig zwischen Pommern und Brandenburg umstritten, aber längere Zeit in pommerschem Besitz. Ab 1481 ein gräflich Hohensteinsches Lehen, fiel es 1609 an das Kurhaus zurück.
Auch die ehemalige Komturei Wildenbruch, anfangs Eigentum des Templerordens, ab 1312 des Johanniterordens und ab 1569 Teil von Pommern-Stettin, kam 1679 an Brandenburg. Eine eigene Kriegs- und Domänenkammer wurde in Schwedt 1789 eingerichtet.
Der bis 1945 im GStA PK lagernde Bestand gelangte in das Landesarchiv Greifswald und wurde von dort als Bestand „Markgrafschaft Schwedt-Wildenbruch" 1963 an das BLHA abgegeben. Dort wurden dem Bestand 162 das Gebiet betreffende Urkunden hinzugefügt, deren Anzahl bei späteren Bearbeitungen anscheinend wieder abnahm. Im Bestand:

Landes-, Kreis- u. Militärsachen 1543-1815 (10) - Verwaltung u. Justiz 1543-1809 (5) - Eigentums- u. Grenzsachen 1472-1817 (102) - Bereisungsprotokolle 1738-1799 (35) - Kommunale Einheiten 1571-1842 (107) - Schulzen- u. Mühlensachen 1618-1839 (19) - Kirchen- u. Schulsachen 1626-1836 (49) - Bauwesen 1682-1831 (30) - Fischerei, Forst, Jagd 1641-1836 (24) - Brandschutz, Feuerversicherung 1538-1815 (9). FB.

BLHA 1964/67, AF Ostbrandenburg 2007

395   **Kurmärkische Lehnskanzlei**   Rep. 78
Ca. 5616 AE   80,85 lfm   1365-1810
Der Bestand enthält Unterlagen zu Konsensen, Huldigungen, Lehnsgefällen, Personalia, Familia von pommersch-brandenburgischen, zumeist adligen Familien (v. Borcke, v. Güntersberg, v. Klemzow, v. Levetzow, v. Manteuffel, v. Natzmer, v. d. Osten, v. Schöning, v. Steinwehr, v. Sydow, v. Waldow, v. Wedel). Er enthält ebenso Unterlagen zu städtischen Leistungen, zur Türkensteuer u.a. von einigen später pommerschen Orten (Lauenburg, Arnswalde, Collin, Falkenburg, Pasewalk, Kallies, Driesen, Friedeberg, Reetz, Tempelburg). FB.

BLHA 1964/67

396   **Landvogtei der Neumark/Neumärkische Regierung** Rep. 4 B
      [darin:] **Vogtei Schivelbein**
110 Urk.   12,1 lfm   (1380-) 1536-1817
Kreise: Arnswalde 1698-1817 (12) - Dramburg 1770-1783 (2) -Friedeberg 1766-1802 (29) - Schivelbein 1770-1780 (2).

AF Ostbrandenburg 2007

397   **Kurmärkische Kriegs- und Domänenkammer**   Rep. 2
40635 AE   646,9 lfm   13. Jh.-1809
Die Kurmärkische Kriegs- und Domänenkammer wurde am 26.01.1723 eingerichtet und im Zuge der preußischen Reformen 1808 geschlossen. Der Bestand enthält Quellen zur Geschichte von Städten und Ämtern der Kurmark, darin auch uckermärkische Gebiete, die später an Pommern kamen. Diese Bezüge finden sich in den Strukturteilen: Städteregistratur-Generalia; - Domänenregistratur-Generalia; Spezialia: Amt Löcknitz 1591-1809 (227 AE) - Bauregistratur-Generalia; Spezialia: Amt Löcknitz 1731-1809 (30 AE) - Forstregistratur-Generalia; Spezialia: Amt Löcknitz 1694-1806 (39 AE) - Vermessungsregistratur - Amt Löcknitz 1705, 1730-1802 (18 AE). FB.

BLHA 1964/67

398   Neumärkische Kriegs- und Domänenkammer   Rep. 3
2 Urk.   260 lfm   [1559-] 1780-1798 [-1809]
Enthalten sind die Vorgängerbehörden Neumärkische Amtskammer und Neumärkisches Ober- bzw. Provinzialkriegskommissariat. Die Amtskammer war die oberste Aufsichts- und Kontrollinstanz der Finanz- und Domänenverwaltung in der Neumark. Dem Oberkommissar unterstand die Beschaffung der Unterhaltsgelder für das Heer und die Heeresverwaltung. 1713 in Provinzialkriegskommissar umbenannt, erlangte er maßgeblichen Einfluß auf die Finanz- und Wirtschaftspolitik. Beide Behörden wurden 1723 zusammengelegt.
Im Bestand befinden sich Unterlagen zu den späteren Kreisen Arnswalde und Friedeberg. Domänenregistratur, Ämtersachen-Generalia: Driesen (1734-) 1774-1806 (5) - Jacobshagen 1774-1788 (2) - Reetz 1783-1806 (2) - Einzelne Ämter: Driesen (1364-) 1725-ca. 1945 (361) - Reetz 11569-) 1721-1809 (189).
Kommissariatsregistratur, Generalia nach Themen - darin alle Kreise - Kolonisten: Driesen 1773-1792 (12) - Kreissachen: Arnswalde 1658-1725, 1774-1809 (32) - Friedeberg (1713-) 1769-1809 (28) - Meliorationen: Arnswalde 1765-1803 (17) - Dramburg 1771-1797 (2) - Friedeberg 1771-1786 (7) - Mühlen: Arnswalde, Dramburg 1729-1748, 1764-1806 (12) - Kr. Friedeberg, Soldin (1710) 1765-1807 (12) - Separationen: Arnswalde 1639-1704, 1766-1809 (20) - Friedeberg 1766.1805 (22) - Städtesachen: Arnswalde 1684-1809 (57) - Driesen 1573-1809 (109) - Friedeberg 1655-1809 (86).
Wasserbauregistratur: darin Netzebruchmeliorationen-Generalia (-1718-) 1733-1809 (330) - Einzelne Siedlungen d. Kr. Friedeberg 1734-1809 (306).
Forstregistratur 1541-1809 (657) - Einzelne Ämter: Driesen (1526) 1759-1810 (282) - Reetz (1724) 1762-1809 (34) - Kreise: Arnswalde 1747-1809 (32) - Friedeberg (1699-) 1760-1806 (16).
Registratur des Oberforstmeisters: Generalia 1602-1814 (430) - Ämter: Driesen (1439-) 1688-1809 (143) - Reetz (1559-) 1737-1809 (25). FB.

AF Ostbrandenburg 2007

399   **Regierung Frankfurt/Od.**   Rep. 3 B
                        789 lfm   (1604-) 1664-1945
Die Neumärkische Regierung übernahm ab Februar 1809 die Aufgaben der Kriegs- und Domänenkammer, der Akzise- und Zolldirektion, des Konsistoriums Küstrin und des Amtskirchenrevenuendirektoriums. Sie verlegte ihren Sitz 1815 von Küstrin nach Frankfurt/Od. nannte sich ab 1816 dementsprechend. Zum Regierungsbezirk gehörten die landrätlichen Kreise Arnswalde und Friedeberg, bis sie im Zuge der Verwaltungsneuordnung 1938 an die Provinz Pommern fielen. Der sachthematische Aufbau der Behörde spiegelt sich im Bestandsaufbau wieder. Sie wird auf Grund ihres Umfangs hier nur summarisch erwähnt. Verwiesen wird auf den Archivführer Ostbrandenburg:

I. Präsidialabteilung: Präsidialregistratur – Polizei – Statistik u. Landeskunde, Staatsangehörigkeit u. Personenstandswesen – Militärwesen – Medizinalwesen – Veterinärwesen – Kommunales – Soziales u. Wohlfahrt – Hochbau – Siedlungs- u. Wohnungswesen – Enteignungen – Verkehr – Handel u. Gewerbe – Kultur u.- Wasserbau, Strom- u. Schiffahrtspolizei – Landwirtschaft – Kataster – Kassen- u. Rechnungssachen.
II. Abt. f. Kirchen- u. Schulwesen: Kirchensachen – Schulwesen – Stiftsverwaltung Neuzele.
III. Abt. f. Direkte Steuern, Domänen u. Forsten: Domänenregistratur – Oberforstmeister – Forstregistratur d. Ämter – Forstregistratur.
IV. Karten.

AF Ostbrandenburg 2007

400 **Generalkommission/**   Rep. 24
     Landeskulturamt Frankfurt/Od.
            150 lfm   1657-1949
Generalia 1819-1840, 1920-1939 (6) – Kr. Arnswalde 1752-1865 (337) – Kr. Friedeberg 1848-1854 (2).
Siehe auch LAGw Rep. 81 a.

AF Ostbrandenburg 2007

401 **Neumärkische Stände**   Rep. 23 B
8 Urk.   84,5 lfm   1338-1898
Die Tätigkeit der neumärkischen Stände ist bereits Ende des 13. Jahrhunderts nachweisbar. Hauptsächlich entschieden sie über Steuerbewilligungen und Huldigungen. Die seit 1402 bestehende Trennung von der Kurmark wurde 1572 manifestiert. Mit dem Ausbau des absolutistischen Staates verloren sie zunehmend an Bedeutung. Die Stände konnten die Neumark aber bis 1806 als eigenständige Provinz bewahren. Ab 1823 als Kommunalverband organisiert. Ihre Aufgaben beschränkten sich auf das Landarmen-, Taubstummen- und Blindenwesen, die Feuersozietät und Landesmelioration. Sie wurden 1881 aufgelöst.
Urkunden 1338-1692 (9) – I. Die Landschaft, Verfassung u. Verwaltung (1409-) 1613-1849 (167) – II. Die Landschaft auf den Gebieten ihrer Wirksamkeit (1450-) 1534-1852 (2010) – III. Schoß- u. Kreditsachen (1525-) 1597-1811 (152) – IV. Neumärkisches Städtedirektorium 1603-1813 (72) – V. Ständisches Komitee der Neumark 1806-1829 (1058) – VI. Neumärkische Generallandfeuersozietät 1778-1898 (535) – VII. Kommunallandtag (u. Vorbehörden) 1771-1811, 1822-1908(211) – VIII. Ritterschaftliche Hypothekendirektion (Rep. 23 RHD), darin: Kr. Arnswalde (1681-) 1718-1811 (272); Kr. Friedeberg (1692-) 1719-1833 (189); Dramburg 1766-1776 (1); Schivelbein 1737 (1). FB.

AF Ostbrandenburg 2007

402 Provinzialverband der Provinz Brandenburg   Rep. 55
           242,4 lfm   1772-1949
Der Provinzialverband wurde mit der Provinzialordnung vom 29.06.1875 gebildet. Er sollte Rechtsnachfolger des bisherigen Kommunalverbandes sein, dessen Auflösung sich in der Neumark bis 1907 verzögerte. Seine Aufgaben waren die Verwaltung und Unterhaltung der Chausseen, Unterstützung des Kreis- u. Gemeindewegebaus, das Landesarmen- und Korrigendewesen, Behindertenfürsorge, Verwaltung der Provinzialhilfskasse und der Feuersozietät, Unterstützung kultureller und wissenschaftlicher Einrichtungen.
Landesdirektor 1925-1942 (36) – Abt. I: Zentralabteilung 1861-1945 (135) – Abt. II: Finanzen 1876-1945 (156) – Abt. III: Straßenbau 1876-1945 (283), dazu Karten 1814-1940 (1922) – Abt. IV: Eisenbahn 1896-1945 (60) – Abt. V: Hochbau 1912-1945 (12), dazu Karten 1905-1945 (33) – Abt. VI: Wasserwirtschaft u. Landeskultur (1863-)1894-1945 (222) – Abt. VII a: Landeswohlfahrt u. Landesjugendamt 1903-1944 (13) – Abt. VII b: Gesundheitsverwaltung 1920-1946 (98) – Abt. VIII: Hauptfürsorgestelle f. Kriegsgeschädigte u. Kriegshinterbliebene 1932-1944 (2) – Abt. X: Wirtschaft 1828-1945 (324) – Abt. XI: Kultur 1903-1945 (98). FB.

AF Ostbrandenburg 2007

403 Kommunalverbände, Kommunale Körperschaften
Rep. 54 Brandenburgischer Provinziallandtag 1771-1933 (4,4 lfm) – Rep. 68 Brandenburgischer Städtetag 1865-1925 (2,3 lfm) – Rep. 8 Städte: Arnswalde 1653-1811 (3); Driesen 1810-1860 (12); Friedeberg 1561-1885 (2. Urk., 5 AE); Neuwedell 1770-1771 (1); Schivelbein 1783-1790 (4); Woldenberg 1817 (1).
Siehe auch: LAGw, APGo, APSz.

AF Ostbrandenburg 2007

404 Kirchliche Institutionen
Rep. 40 Neumärkisches Konsistorium 1693-1809 (40 lfm), darin Inspektionen: Arnswalde 1759-1809 (127); Dramburg 1790-1793 (1); Friedeberg 1759-1812 (109) – Rep. 40 D Konsistorium d. Provinz Brandenburg 1668-1932 (0,9 lfm) – Rep. 33 B Neumärkisches Amtskirchenrevenuendirektorium 1739-1809 (12,5 lfm) – Synagogengemeinden: Arnswalde 1878-1884 (1); Driesen 1864-1866 (2).

AF Ostbrandenburg 2007

405 Amt Brüssow-Löcknitz   Rep. 7
           1297 AE   1634-1910
Das Amt Löcknitz wurde 1684 landesherrlich, später, im Jahre 1823, aufgelöst und mit Brüssow vereinigt, da der größte Teil des Amtes 1818 an die Provinz Pommern fiel.

BLHA 1964/67

406 **Kartensammlung**
Preußen 1799-1881 (6) – Pommern 17. Jh.-1834 (5) – Grenzmark Posen-Westpreußen 1910-1929 (4) – Mark Brandenburg vor 1815, 1588-1798 (28) – Provinz Brandenburg 1836-1943 (33) – Neumark 1600-1818 (17) – Kr. Arnswalde 1792-1934 (9) – Kr. Dramburg 1791 (1) – Kr. Friedeberg 1793-1928 (10) – Kr. Schivelbein 1790 (2) – Städte: Arnswalde 1904-1922 (2); Driesen 1710 (1); Falkenburg 1710 (1); Friedeberg 1710 (1); Amt Marienwalde 1710 (1); Reetz 1710 (1) – je eine Reise- u. Entfernungskarte der Kreise um 1910: Arnswalde, Dramburg, Friedeberg, Schivelbein.

AF Ostbrandenburg 2007

XXV Landeshauptarchiv Schwerin

Landesarchiv Schwerin Postadresse: Landesamt für Kultur- und Denkmalpflege
Graf-Schack-Allee 2 – Poststelle –
19053 Schwerin Postfach 11 12 52
  D-19010 Schwerin

Tel.: (0-385) 592 96-0
Fax: (0-385) 592 96-12
Internet: http://www.landeshauptarchiv-schwerin.de
E-mail: poststelle@landeshauptarchiv-schwerin.de
Mo-Do: 08.00-17.00 Uhr

Das bereits vor dem 15. Jahrhundert eingerichtete Urkundenarchiv der mecklenburgischen Fürsten entwickelte sich im 16. und 17. Jahrhundert zu besonderen Kanzleiarchiven an den herzoglichen Residenzen Schwerin und Güstrow. Durch die Vereinigung beider Archive 1701 und die Zuführung des Urkundenarchivs entstand 1779 das Geheime und Hauptarchiv des (Groß-) Herzogtums Mecklenburg-Schwerin. Es wurde 1835 für die Geschichtsforschung geöffnet. Der rasche Bestandszuwachs erforderte einen speziellen Archivbau, in den, nach seiner Inbetriebnahme 1911, zahlreiche Behördenarchive, das Archiv der mecklenburgischen Landstände 1918 und das Hauptarchiv von Mecklenburg-Strelitz 1935 übernommen wurden. Weitere umfangreiche Aktenübernahmen zogen die Auflösung der Länder der DDR 1952 und die Aufhebung der Bezirke nach 1990 nach sich. Die territoriale Zuständigkeit des Archivs erstreckte sich bis dahin auf die Bezirke Schwerin und Neubrandenburg. Mit der Neubildung des Landes Mecklenburg-Vorpommern 1990 übernahm es die Funktion des Landeshauptarchivs, dem die Archivierung des Archivguts der obersten Landesbehörden sowie der im mecklenburgischen Landesteil angesiedelten oberen und unteren Landesbehörden obliegt.
Das Landeshauptarchiv verwahrt zur Zeit ca. 15.000 Urkunden, ca. 23.000 lfm Akten, über 110.000 Karten, Risse und Pläne, ein Bildarchiv mit über 74.000 Einheiten, ein Film- und Tonarchiv sowie mehrere Sammlungen.
Das Archiv beteiligt sich am Internet-Archivverbund Mecklenburg-Vorpommerns ARIADNE. Das Projekt ARIADNE ermöglicht archiv- und bestandsübergreifende Recherche in den Findhilfsmitteln der beteiligten Archive. Es stellt keine Dokumente zur Verfügung. Die Aufnahme der Bestandsinformationen wird ständig fortgeführt.

407   Verträge mit dem Reich, deutschen Territorien,   1.1-12
      Städten u. (Ritter-) Orden
705 AE   1220-1904
Darunter mehrere Betreffe zu Pommern.
Chronolog. Verzeichnis 1913, Kurzregesten (unvollst.) 20. Jh., FB.

LHA 1998

408   Außermecklenburgische Staatsverträge   1.10-1
65 AE   1187-1625
Darunter mehr als 5 Betreffe zu Pommern.
Chronolog. Verzeichnis, Kopialbuch.

LHA 1998

409   Acta Externa   2.11-2/1
      22 lfm
Korrespondenzen der herzoglichen Kanzleien und Behörden Mecklenburgs mit deutschen und auswärtigen Territorien, geistlichen und weltlichen Herrschaften sowie reichsfreien Städten, geordnet nach territorialen Betreffen und Pertinenzaspekten.
Darin: V. Pommern 1424-1829 (104 AE); weitere pom. Betreffe in den Ländergruppen Schweden (> 16) und Brandenburg/Preußen. FB.

Rahn 1998

410   **Landesgrenzen**   2.11-2/6
      (Acta terminorum et finium)
      14,2 lfm   (13. Jh.) 1447-1890
Der Bestand beinhaltet eine nahezu lückenlose Dokumentation aller Grenzsachen zwischen den Herzog- und Fürstentümern Mecklenburg und benachbarten Territorien und Städten.
Darin: I. Grenze zu Pommern (> 100 AE), Generalia 1294-1711 – Spezialia 1229-1818 (geordnet nach Ämtern).
Repertorium.

LHA 1998

411   **Mecklenburgische Bistümer bzw. Fürstentümer** 2.12-3/1
      7,5 lfm   1450-1767
Das Archidiakonat Tribsees, welches das sogenannte Festlandsrügen zwischen Recknitz und Ryck umfasste, gehörte bis kurz nach der Reformation zum Bistum Schwerin. Somit enthält der Bestand Unterlagen zu kirchlichem Leben und Verfassung dieses Gebietes.

Darin zahlreiche pom. Betreffe in den Abteilungen:
I. Bistum/Fürstentum Schwerin (Acta episcopus suerinensis): A- Archidiakone – B- Benefizien, Präbenden u. Vikarien – P- Pommersche Stiftsgüter: Jurisdiktion, Pachten u. Zehnten u. Differenzen mit den Herzögen.
Konspekt.

LHA 1998

412 **Klöster und Ritterorden**　　　　　　　　2.12-3/2
　　　(Monasteria et ordines equestes)
　　　　　　　15,4 lfm　　　　　　　(13./14. Jh.) 1444-1859
Abteilung: Außermecklenburgische Klöster mit Besitzungen in Mecklenburg
darin: Brigittenkloster Marienkrone bei Stralsund; Zisterzienserkloster Neuenkamp bei Franzburg.

LHA 1998

413 **Lehnswesen**　　　　　　　　　　　　　2.12-4/2
　　　(Acta feudorum, Generalia et Specialia)
　　　　　　　298 lfm　　　　　　　　15.-18. Jh.
Specialia (Lehnakten I), darin auch pom. Güter wie: Kummerow, Nehringen, Wolde.

LHA 1998

414 **Erbschaftszehnt**　　　　　　　　　　　2.12-2/6
　　　(Acta decimatorum)
　　　　　　　0,5 lfm　　　　　　　　1518-1787
Akten betreffend die Zahlung des Zehnten auf außer Landes gehende Erbschaftsgelder.

415 **Strandung und Strandrecht**　　　　　　2.12-2/11
　　　(Acta naufragiorum)
　　　　　　　2 lfm　　　　　　　　　1442-1867
Darin auch: Bergung pommerschen Strandgutes.

416 **Militärwesen** (Acta militaria)　　　　　　2.12-2/18
　　　　　　　107 lfm　　　　　　　　Ende 15. Jh.-1866
Abt. IV - Truppeneinsatz: Kriege/Feldzüge. Darin: Feldzug nach Rügen, Feldzug nach Stralsund.

417 **Amtliche Drucksachen**　　　　　　　　2.13-1
Abt. XVI Gesetze und Verordnungen fremder Fürsten und Städte (1540-1818),
darin auch: Schwedisch-Pommern.

418 Mecklenburg-Strelitzsches Staatsministerium und   4.11-1
     Landesregierung (1701-1908)
Abt. C Landesgrenze: Grenze gegen Preußen.

419 Mecklenburg-Strelitzsches Ministerium,   4.12-3.1
     Abteilung des Innern (1908-1933)
Abt. IV. Landesgrenze: Grenze gegen Preußen.

420 Mecklenburg-Schwerinsches Ministerium   5.12-3/1
     des Innern (1849-1945)
Abt. E. Landesgrenzsachen: Östliche Landesgrenze gegen Preußen (Pommern).

XXVI Staatsbibliothek Berlin – Handschriftenabteilung

Staatsbibliothek zu Berlin Preußischer Kulturbesitz
Handschriftenabteilung
Potsdamer Str. 33
10 785 Berlin (Tiergarten)

Tel.:   (0-30) 266 28 47   (030) 266 28 40
Fax: (0-30) 266 28 42
Internet: http://www.staatsbibliothek-berlin.de
E-mail: handschriftenabt@sbb.spk-berlin.de
Mo-Fr: 09.00-17.00 Uhr, Sa: 09.00-13.00 Uhr

Schon 1661, im Gründungsjahr der „Churfürstlichen Bibliothek", bekam die Handschriftensammlung einen besonderen Raum. Das Herrscherhaus förderte den Aufbau der Bibliothek maßgeblich durch Ankäufe, Schenkungen und Übernahmen aus den für Brandenburg-Preußen gewonnenen Gebieten. Größere Handschriftenkomplexe wurden aus rheinisch-westfälischen Klöstern und aus den Dombibliotheken Brandenburg, Havelberg und Magdeburg übernommen. Verfügte die Bibliothek 1688 über ca. 20.600 Bände und 1.600 Handschriften, so waren es 1840 schon 320.000 Druck- und 6.000 Handschriften. Die seit 1817 wissenschaftlich geführte Bibliothek erwarb in der Folgezeit viele herausragende Privatsammlungen (Diez, von Nagler, von Meusebach, von der Hagen, Savigny, Görres), darunter aus England die Kollektion des Herzogs von Hamilton und den wertvollsten Teil der riesigen Handschriftenbibliothek von Sir Thomas Phillipps sowie aus Österreich die Schloßbibliothek des Fürsten Starhemberg mit wichtigen Texten der deutschen Literatur. Ebenso wurden Nachlässe und Autographen von Literaten und Gelehrten gesammelt. Neben abendländischen und orientalischen Handschriften sowie Musikhandschriften wurden der seit 1886 zu einer eigenständigen Abteilung erhobenen Sammlung auch die Inkunabeln und die riesige Autographensammlung angegliedert. Der Gesamtbestand der Preußischen Staatsbibliothek betrug zum Zeitpunkt der kriegsbedingten Auslagerungen rund 3 Millionen Druckschriften, 71.900 Handschriften, 6.400 Inkunabeln und 493.000 Autographen. Die politische Entwicklung nach Kriegsende trennte auch die Bibliotheksbestände nach dem Zufallsprinzip, wobei der größere Teil der Handschriften und Inkunabeln später nach Westberlin gelangte. Wertvolle Teile vieler Signaturengruppen gelten als Kriegsverluste oder werden in der Biblioteka Jagiellońska Kraków aufbewahrt. Die Deutsche Staatsbibliothek (Ost) und die Staatsbibliothek Preußischer Kulturbesitz (West) sind seit 1992 zur Staatsbibliothek zu Berlin – Preußischer Kulturbesitz vereint. Als erste Abteilung überhaupt wurde die Handschriftenabteilung 1997 organisatorisch und räumlich im Haus 2 zusammengeführt.

Der Gesamtbestand beträgt derzeit (Stand 2000) 18.138 mittelalterliche und neuere, abendländische Handschriften, 33.600 orientalische Handschriften und 84.300 Musikhandschriften, desweiteren 600 Urkunden, 693 Nachlässe und Archive, 500.000 Autographen, 4.350 Inkunabeln und etwa 460.000 weitere Einzelstücke (Einblattdrucke, Porträts, Theaterzettel, Exlibris). Die abendländischen Handschriften gliedern sich in 27, nach Sach- oder Provenienzkriterien gebildeten Signaturreihen. Zu den wichtigsten Reihen zählen (Ms = Manuscripta): Ms Borussica (Ms boruss.; 1.807 St.; auf Preußen bezogene Hss.); Ms Dieziana (Ms Diez; 465 St.; Sammlung des H. F. Diez); Ms genealogica (Ms geneal.; 275 St.; Heraldik u. Familienforschung); Ms germanica (Ms germ.; 6.077 St; deutsche, niederländ., engl. u. nordische Hss.); Ms latina (Ms lat.; 2.460 St.: latein. Hss.); Ms Phillippsiana (Ms Phill.; 714 St. Slg. Gerard Meermann); Ms Savignana (Ms. Sav.; 46 St.; Slg. d. Friedr. Karl v. Savigny); Ms Spanheimiana (Ms spanh.; 81 St.; Slg. d. Ezechiel v. Spanheim); Ms theologica latina (Ms theol.; 1.377 St; theologische Hss. in latein. Sprache). Für die meisten Handschriften-Signaturengruppen und die Inkunabeln gibt es gedruckte Kataloge, für einige nur ungedruckte Band- und Zettelkataloge sowie Inventare. Nur für einige bedeutende Nachlässe gibt es gedruckte Kataloge. Autographen und Porträts sind in Zettelkatalogen verzeichnet. Erwähnenswert ist der Gesamtindex mittelalterlicher Handschriftenkataloge (Deutschland u. Nachbarländer nach 1945), die Zentralkartei der Autographen, der elektronische Personenindex (DIANA) und der Gesamtkatalog der Wiegendrucke.
Zu den Unterlagen der 1815 und 1938 an Pommern angeschlossenen neumärkischen Gebiete sei auf den Archivführer Ostbrandenburg verwiesen. Sie finden hier nur unvollständige Berücksichtigung.

421 Urkunden (Urkunden A u. B)
Die Urkunden der Gruppe A haben verschiedene Aussteller und Empfänger und bildeten vermutlich eine Sammlung in der kurfürstlichen Bibliothek. Der Bestand B stammte wohl aus dem ehemaligen Herzoglich Wolgaster Archiv, das bei der Eroberung Vorpommerns 1678 durch die Truppen des Großen Kurfürsten in brandenburgische Hände fiel.
A Brandenburgische und pommersche Urkunden (besonders hinterpommersche und neumärkische Gebiete betreffend, insbesondere die Klöster Marienwalde und Reetz) 1281-1711 (100), FK - B Pommersche Urkunden aus dem Wolgaster Archiv (besonders vorpommersche Betreffe) 1177-1712 (46), FK.

PUB

422 Nachlässe
Die Staatsbibliothek verwahrt z. Z. 693 Nachlässe von Personen aus den Bereichen Literatur, Wissenschaft und Kunst. Nachlässe von Personen, deren Leben und Wirken mit Pommern in Verbindung stand, finden sich nur wenige.

Christian Wilhelm Adelung (1732-1806), Philologe u. Bibliothekar in Dresden – Rudolf Beier (1818-1907), Bibliothekar Stralsund, [vermutl. Krakau] – Heinrich Berghaus (1797-1884), Kartograph, Geograph [vermutl. Krakau] – Georg Beseler (1809-1888), Jurist, Prof. in Greifswald – Hans Delbrück (1848-1929), Historiker – Nicolaus Brüggemann († 1675), Klass. Philologe, Prorektor Stralsund (2 Briefbücher) – Johannes Bugenhagen (1485-1558), Reformator (6 Bände) – Otto Holtze (1892-1944), Kunsthistoriker u. Museumsdirektor Stettin, (6 Kästen) – Gustav Homeyer (1795-1874), Jurist u. Rechtshistoriker, darin Teilnachlaß Friedrich Rühs, Historiker Greifswald, z. T. Kriegsverlust – Max Lenz (1850-1932), Historiker – Johannes Luther (1861-1954), Philologe u. Lutherforscher, Direktor d. Uni-Bibliothek Greifswald – Johann Karl Konrad Oelrichs (1722-1799; hierin besonders reichhaltiges Material zur pommerschen Rechts-, Landes- u. Kirchengeschichte), Rechtshistoriker, Prof. d. Rechte, Akad. Gymnasium Stettin – Rudolf Virchow (1821-1902), Mediziner, Anthropologe, Politiker, (2 Kästen).

Döhn 1984 u. 1990

Handschriften
Das Auffinden aller Pomeranicabetreffe in den Handschriftensammlungen war im Rahmen dieses Archivführers weder beabsichtigt noch möglich. Es konnten in dieser Hinsicht nur die wichtigsten Sammlungen durchgesehen werden. Die Ermittlung der Betreffe erfolgte an Hand der Findhilfsmittel, es wurde keine körperliche Bestandsaufnahme durchgeführt. Vollständigkeit konnte angesichts der ca. 5.000 Stichwortzettel der Ms Borussica nicht erreicht werden. Die Ordnung der Betreffe der Ms Borussica erfolgt nach freigewählten Kategorien. Für die früher brandenburgischen Gebiete sei auf den Archivführer Ostbrandenburg hingewiesen.

423   Ms Borussica
Diese Sammlung enthält Handschriften zur Geschichte Brandenburgs und Preußens, darunter ein erheblicher Teil zu pommerschen Themen. Die Gliederung erfolgte nach den Buchformaten Folio, Quarto, Octavo.
[FHM: Alphabet. Kreuzregister, ca. 5000 Stichwortzettel]
[1. Allgemeine Geschichte]
Folio (2o) Nr.:
95 Grundling. Nachricht v. Commercien u. Manufacturen in ... Pommern.
167 Schulz. Sammlungen des Lehnsarchivarius Schulz zu einer Geschichte der pommerschen Landesbeamten.
223 g) Kompanierolle d. Generalwachtmeisters Freiherrn v. Schwerin.
432 Vermischte Nachrichten.
444 Herzog Philipps Vergleich m. d. Markgrafen zu Brandenburg 1617 (Druck).
508 Pomeranica Varia Saec. XVI, XVII, XVIII.
511 Zur Geschichte v. Schwed. Pommern.

515 Fragment einer Abschrift d. v. Schwartzschen Pom. Staats- u. Kirchengesch.
516 Heide-, Holz-, Mast- u. Jagdordnung.
519 a) Polizei-Ordnung von wucherlichen Contracten.
519 b) Commentatio ad ordinationem provincialam Pomeraniae politicam.
621 Zur Geschichte, Statistik, Münzen u. Medaillen v. Pommern; 1729.
622 Schulz. Sammlung d. Lehnsarchivarius Schulz zu einer Geschichte der pommerschen Archive und Registraturen.
624 Schulz. Sammlung d. Lehnsarchivarius Schulz zu einer Geschichte über die pommerschen Erbhofämter.
714 Herzog Philipp II. Brief an Kurfürst Joh. Sigismund, 1616 (Abschrift).
1106 v. Bagensky. Geschichte d. 9. Infantrie-Regiments, genannt Colbergsches.
1194 Der durch Krieg und Sieg um sich greifende ... Pommersche Greiff, T. 1-3.
1203 Gräntz-Recess zwischen ... Schweden und ... Brandenburg, 1698.
Quart (4o) Nr.:
16 Liste der kgl. Ämter und Beamten [Pommern?].
26 Pomerania Varia.
26 d) Geschichte des Kadetten-Corps, 1766-73.
29 Sammlung von Urkunden u. Nachrichten.
30, 127 Triglaff-Gott der alten Slawen.
50 Histor. Büchlein von den Neumärkischen Städten, 1763/64.
51 Übersicht d. Kgl. Preuß. Forsten und Forstetat 1800, 1804/05.
75 Pomerania docta sec. Ordinem alphabet.
Oktav (8o) Nr.:
13 Historisches Büchlein bei denen Cämmereien, 1764/65;
46 Liste vom Königl. Cadetten Corps zu Stolpe

[2. Annalen, Chroniken]
Folio (2o) Nr.:
33, 127, 135(a), 136(a), 138, 1195, 1196 Eickstedt, Valentin von: Annales Pomeraniae.
65 Gutknecht, Georg Christian: Chronik, die Mark u. Pommern betreffend.
124 Schuhmacher. Pommersche Chronik bis 1557.
125, 126 Engelbrecht, Johann: Pommersche Chronik, Wolgast 1600.
128 Chronik Fragment, um 1560.
131 Klemptzen, Nikolaus: Vom Pommernlande und dessen Fürsten Geschlecht Abschrift von 1701.
132 Chronik (von Pommern. Aus Th. Kantzow).
133 Chronik (von Pommern wie von Kantzow).
134 Chronik Pommerns, besonders Stralsund bis 1543; Religionsgeschichte, 1555-1593.
137 Chronica Pomeraniae ... von Swantibori des ersten ... bis auf die nachfolgenden Hertzogen; Dr. Petri Stephani, 1647.

146 Gerichtsprotokolle 1611 (pommersches Archiv).
187/ General-Bestand aller Geschütze, Ammunition und Materialien, welche sich
188 gegenwärtig in allen Sr. Kgl. Majt. Festungen befinden, 1722/23 [Stettin?].
453 Pommersche Chronica und ander vornemster Stetten ...; bis 1557.
453 a) Chronicon Pomeraniae; Abschr. 17. Jh.
689 Kantzow. Pomerania; 1540.
879 Eickstedt. Chronicon Pomeraniae.
1169 Chronik (nebst kurzer Liste von Titeln, Büchern, Chroniken, Pommern betreffend).
1212 Heller, Günther: Chronik von Pommern (1158-1523).
1217 Schuhmacher, Andreas. Auszug aus den „Windischen Chronicken".
Quart (4o) Nr.:
27, 58   Eickstedt. Chronicon Pomeraniae, 1553.
95 Liebich. Pommersche Chronik.
137 Kantzow, Th.: Pomerania.
Oktav (8o) Nr.:
224 Chronik von Pommern.

[3. Landeskunde]
Folio (2o) Nr.:
94 Bankowski. Traditio Districtum Leoburgensis et Bitavensis, 1657.
142 Gerschow. Herzog Philipp Julius Reise durch Deutschland, England, Frankreich
u. Italien 1601-1603.
1197 Pommerscher Atlas Zweyter Theil ... Verzeichniß ... Städte, Flecken ... Schlössern,
Kirchen und anderen prächtigen Gebäuden.
1198/ Simmer, Cosmus v. Beschreibung des Landes Pommern. Mit Ergänzungen
1199 con J. C. C. Oelrichs.
Quart (4o) Nr.:
133 Lemmius. De Rugia insula, 1678.

[4. Recht/Staatsrecht]
Folio (2o) Nr.:
63 Churfürstliche-Brandenburgische und Königlich Preußische Verordnungen vom
Jahre 1659 bis zum Jahre 1706.
83 Verschiedene neumärkische Verordnungen Markgraf Johanns u. Kurfürst Johann
Georgs, 1527-1586; Betreffe zu Arnswalde, Reetz, Falkenburg, pom. Grenzsachen.
85 Deduction des Rechtes des Königs von Preußen auf das Hinter Pommersch-
Pommerellische Land.
94 Mandat d. Königs Friedrich Wilhelm I. betr. Die Justiz in Pommern (Druck).
181 Responsum der Juristenfakultät Greifswald.

234 a) Vor- u. Hinterpommersches altes und neues Lehnsrecht, nebst Registern.
234 b) Privilegium Statuum Pomeraniae, 1560.
234 c) Monita Dicasterii Regiii Suecici ratione Conclusorum Pomeraniae.
451 Lehen betreffend 1768.
514 Delineatio d. Pom. Landt-Verfassung ..., 1650.
623 Lehns-Registratur 1672-1696.
644 Chur- und neumärkische, auch pommersche Lehns-Sachen und Lehns-Assecuration; 16.-18. Jh.
718 v. d. Lancken. Projekt zu einer Schwed. Lehns Constitution.
1021 J. A. Helwig. Historia juris privati Pomeranici.
1167 Decisiones Dicasteriorum Pomeraniae.
1187 Delineatio d. Pom. Landesverfassung; Lehnssachen betreffend, Kanzleiordnung 1669, Regimentsform 1663, Resolutiones 1669-1690.
1235 v. Normann. Rügens ältestes Landrecht.
Quart (4o) Nr.:
56 Verfassung von Pommern

[5. Kirchengeschichte]
Folio (2o) Nr.:
31 Kirchengeschichte (Brandenburg, Pommern).
35 Zur Geschichte der Reformation in Pommern und der Mark; 1577/1578.
97 Camminensis Capituli documentarum Repertorium.
105 J. C. W. Moehsen, Siegel und Wappen der Erzbischöfe und Metropoliten, der Bischöfe, Collegiat-Stifter, wie auch Mönchs- und Nonnenkloster, die ehemals in der Mark Brandenburg theils gewesen sind, theils noch bestehen. (Darin auch pom. Betreffe).
134 b) Varia zur Religions- u. Kirchengeschichte in Pom. 1555-93.
195 Pommersche Kirchen-Ordnungen (Notiz, pag. 351).
518 Druck u. Einführung eines neuen Gesangbuches f. Schwed.-Pom. 1775-77.
618 Beiträge zur Geschichte v. Schulen, geistl. Behörden, geistl. u. milden Stiftungen in Pommern.
1007 v. d. Lancken. Des Bischofs Ritschl erste Anwesenheit in Cammin.
1035 Pristaff. Histoire episcoporum Camminensium.
1201 Inventar des Bischöflichen Archivs, Matrikel d. Kirche Cammin.
1202 Carolinisches Gymnasium in Stettin, Marienstift u. -gymnasium Stettin.
Oktav (8o) Nr.:
224 Verzeichnis d. Pom. Bischöfe zu Cammin 1128-1602;

[6. Genealogie u. Heraldik]
Folio (2o) Nr.:
37 Barth, Farbige Abbildung d. Wappens d. Herzogtums; Gützkow, farbiges Wappen der Grafschaft, Wappen Herrschaft Stettin.
106 Schivelbein, Zeichnung d. Stadtwappens.
127 c) Klemptzen. Stammlinie u. Genealogie d. Herzöge v. Pommern.
133 b) Klemptzen. Genealog. Nachrichten v. fürstl. Pom. Familien.
135 b) 6 Bildnisse pom. Herzöge (schwarze Tusche).
136 b) Klemptzen. Stammlinie u. Genealogie d. Herzöge v. Pommern.
347 Ahnentafel d. Brandenburg.-Preuß. Hauses, der Herzöge v. Pommern, 16./17. Jh., darin Fol. 105r- Ahnentafel d. pom. Herzöge.
442 Heraldica zum Kgl. Preuß. Wappen gehörig, desgl. zu den dem Preuß. Szepter unterworfenen Provinzen, Städten ... Darin: Wappen d. Herzogtums Pommern.
624 Beiträge z. pom. Adelsgeschichte.
1196 Eickstedt. Genealogia Ducum Pomeraniae.
Quart (4o) Nr.:
171 Beiträge zur Regentengeschichte.
Oktav (8o) Nr.:
224 Klemptzen. Stammlinie u. Genealogie d. Herzöge.

[7. Städte]
Folio (2o) Nr.:
127 b   Von etzlichen vornemsten Stedten im Lande Stettin Pommern.
133(a) Chronik v. Pommern, insbesondere v. Stralsund.
138(b) Beschreibung d. vornehmbsten Städte in Pommern.
139-141 Stolpensia Civilia. To. I-III.
181 Graf v. Königsmarck Brief an den Rat zu Stettin.
209 Annales Schievelbeinensis bis 1704.
433 Tabellen über den Zustand d. pom. Städte.
512, 513 Zur Geschichte der Stadt u. d. Universität Greifswald.
517 Denkwürdigkeiten der Schiffer-Compagnie zu Stralsund, 1624.
807 Hering. Stolp in Pommern, 18. Jh..
Quart (4o) Nr.:
4 Haken. Diplomatarium Cussalienense.
26 a) Einzug u. Empfang d. Großen Kurfürsten in Stettin 1677.
43 Chronicon Stolpense.
128 Chronicon Stolpense bis 1771.
Oktav (8o) Nr.:
9 Historisches Büchlein von dem Zustande derer Städte in der Prov. Pommern, 1752/53.

20 Nachrichten von denen Aemtern und Städten des Königreiches Preußen.
222 Primislavia capta a Stetinensibus, 1424.

[8. Personen]
Folio (2o) Nr.:
35 Ernst Ludwig, Johann Friedrich (Herzöge v. Pom.), Briefe.
52 Dobislaff Gneomar v. Natzmer, eigenhändiger Lebenslauf 1730.
181 Georg I., Herzog v. Pom.; Wrangel. Korrespondenz mit Bremen.
197 Joachim Mauritius, Prof. in Greifswald († 1549), Porträt.
200 Brüggemann. Schriften über Martin Berg.
201 Joh. Bugenhagen. Brief an Joh.Weinlöb, 1547.
231, 321, 423 Christian Andreas Cothenius, Lebensgeschichte, Erwähnung, Legat.
393, 443, 714, 1202 Joh. K.K. Oelrichs, Porträt, diverse Schriften; Brief von Bielcke.
617 Sammlungen des Lehnsarchivars Schulz zu einer Geschichte der Pommerschen Landes-Beamten nebst Mittheilungen über Huldigung der Landesherrschaft, 18. Jh.
631 Ludwig Christian Graf v. Eberstein, Brief, 1621.
687 Bogislaw XIII. Brief an Thurneisser.
688 Johann Carl Dähnert.
713 Johannes Elsholtz, Hochzeitsgedicht.
922 Lennard Thorstensohn.
995, 1226 Ernst Moritz Arndt. Verteidigungsschrift; Brief 1838.
997 Joh. Bugenhagen. Sentential Philippi Melanthonis de usuris ...
1242 Kurd Christoph v. Schwerin.
Quart (4o) Nr.:
14 Erskine-Familie in Stralsund; Nicolaus Michaelis-Bürgermeister in Greifswald.
26 Heyden. Nachricht von dem Obristen Heyden, Commandant zu Colberg.
53 v. Croy, Ernst Bogislaw u. Anna; Otto v. Schwerin.
54 Lennard Thorstensohn, Porträt.
181 Georg I., Herzog v. Pom.
218 v. Massow, Oberst. Taktische Regeln, 1790 (Autograph).
362 Georg Baersch. Ferdinand v. Schills Zug und Tod.
547 Curd Christoph v. Schwerin, Fahne mit der er vor Prag gefallen.
Oktav (8o) Nr.:
213 Georg Wend. Trauergedicht auf Bogislaw XIV. (lat.).
218, 227 Joh. K.K. Oelrichs. Diverse Schriften u. Drucke.
233 Joh. Bugenhagen. Brief an den Rat zu Wesel, 06.05.1544.

424 **Ms Diez C**
Folio (2o) Nr.:
22 Johann Engelbrecht. Genealogia oder Geburts Lini der Hertzogen zu Stettin, Pommern, Cassuben und Wenden, (nebst chronikalischen Anmerkungen), 1591.

25 Pomerania Varia. Darin: Landtagsrezesse 1556-1599; Herzog Kasimir v. Pom. Vertrag mit Kolberg 1587; Brandenburg.-Pom. Regierungsverfassung 1654, Hinterpommersche Eventualsuccession; Constitutiones.
26 Andreas Schuhmacher. Pommersche Chronik (Exzerpte aus and. Chroniken), 17. Jh.
27 Nikolaus v. Klemptzen. Pommersche Chronik, 4 Bücher, nach Kantzow, 17. Jh.
Quart (4o) Nr.:
84 Georg Christoph Gebhard. Disputatio optima De veterum Rugianorum Religionem, quo probatur, Corbeiam ... (Druck), 1693.
FHM: Winter 1986

425 **Ms Genealogica**
Folio (2o) Nr.:
1-112 Collectio genealogica Koenigiana. Genealogische Nachrichten über adlige Familien, A-Z, 112 Bde., v. Anton Balthasar König, darin auch zahlreiche pommersche Familien, [vermutlich Krakau].
122 Verzeichnis aller vom Kgl. Preuß. Hause in den Grafen-, Freiherrn- u. Adelsstand erhobenen Geschlechter (Ms. König).
127 König, A. B.: Pommersche Adelssachen.
128 König, A. B.: Genealog. Nachrichten von ausgestorbenen Geschlechtern in Pommern.
193 Plotho, v.: Genealog. Sammlungen, Bd. 2(i): Literatur über den pommerschen Adel, [vermutlich Krakau].
203 Plotho, v.: Genealog. Sammlungen, Bd. 12: Fabarius. Gründliche Geschlechtsregister der Herren zu Putbus, [vermutlich Krakau].
239-263 Kretzschmer: Genealog. Nachrichten von adeligen Familien, A-Z, 25 Bde., darin auch zahlreiche pommersche Familien, [vermutlich Krakau].
264 Sammlungen zur v. Schöningschen Stammtafel.
265 Genealog. und andere Nachrichten zur Geschichte der Familie von Schwerin;
266-267 Otto Ernst Schulz. Genealog. Nachrichten von adelichen Familien in Pommern, 2 Bde. 1781, [vermutlich Krakau];
268 Genealogia oder Stammbaum de familae Hoppen Gryphisbergensis 1261-19. Jh.;
269 Kunstmann. Stammtafeln, Nachrichten und Urkunden von dem Geschlechte derer von Kleist;
295 Steinbrück. Stammtafel des Geschlechts derer von Below mit den drei Heidenköpfen, Stettin 1834;
298 Amthor. Genealogia Flemmingiana, 1838;
300 Stürmer. Stammbaum derer von Grumbckow;
345 Genealogie der Familie Hoppe und verschwägerter Geschlechter;
351 Martin Rettel. Pommersches Wappenbuch, Bd. 2, F-N, 17. Jh.;
Quart (4o) Nr.:

14-17 Emil E. v. Maltitz. Geschichte der Familie v. Wrangel, Berlin/Dresden 1887;
18-23 ders. Urkundenbuch der Familie v. Wrangel, Berlin 1890;
24 ders. Nachtrag zur Geschichte der Familie v. Wrangel, Berlin 1909
25 ders. Geschichte der Güter u. Besitzungen der Familie v. Wrangel, Görlitz 1909
37 J. Bagmiehl. Register d. pom. Adelsfamilien;
50 Lassahn-Stammtafeln zur Greifswalder Ratslinie, 1935;
Oktav (8o) Nr.:
1 A.B. König. Alphabetisches Verzeichniß der adelichen Familien in den Preußischen Staaten, 19. Jh.;
24 Auszug der Namen aus den Kirchenkassen, Registern der Stadt Schlawe 1534-1750;
FHM: handschrftl. Repertorium m. Index, 1 Bd.

426 Ms Germanica
Folio (2o) Nr.:
375 Des Obersächsischen Kreises Verhandlungen;
618 Extract einiger Pommerscher von Adel de Anno 1170-1658;
619 Chronik von Pommern;
832 Joh. Bugenhagen. Brief an den Rat der Stadt Soest;
1296 Joh. Bugenhagen. Hamburgische Kirchenordnung,
1314 ders. Sendbrief
Quart (4o) Nr.:
137 Thomas Kantzow. Pomerania;
1149 E. M. Arndt. Briefe an Fr. Motherby, nachmalige Dieffenbach 1813-36;
1379 ders. Nothgedrungener Bericht;
1380 ders. Wanderungen;
1381 Schwedische Geschichten;
1483 Joh. Bugenhagen. Hamburgische Kirchenordnung;
Oktav (8o) Nr.:
218 (a) Adelung. Blätter zu seinem Wörterbuch,
Format Quart Nr.:
137 Th. Kantzow. Pomerania.
FHM: Degering 1970; handschriftl. Repertorium mit Index, 4 Bde.

XXVII Staatsbibliothek Berlin – Kartenabteilung

Staatsbibliothek Berlin – Kartenabteilung (Haus 1)

Staatsbibliothek zu Berlin Preußischer Kulturbesitz
Kartenabteilung IIIc (Haus 1)
Unter den Linden 8　　　　　　　　　PF 1312
10117 Berlin (Mitte)

Tel.:　　(0-30) 266 13 09　　　　　oder (0-30) 266-1235
Fax:　　(0-30) 266 13 92
Internet: http://www.sbb.spk-berlin.de
E-mail:　kartenabt@sbb-pk-berlin.de
Mo, Mi, Fr: 09.00-17.00 Uhr; Di, Do: 09.00-19.00 Uhr

Die Kartenabteilung der Staatsbibliothek verwaltet die umfangreichste und bedeutendste kartographische Sammlung in Deutschland. Diese umfasst ca. 920.000 Karten, 28.000 Atlanten, 130 Globen und 153.000 topographische Ansichten. Die Fachbibliothek umfasst 33.000 Bände Literatur sowie die historische Bibliothek der Gesellschaft für Erdkunde mit 40.000 Bänden. Im Haus 1 befindet sich der Systematische Katalog in Microficheform für Cartographica bis 1945, ein Zettelkatalog nach Regionen und Verfassern für Bestände ab 1940 (die sich in Haus 1 befinden) und der Spezialkatalog für die historische Bibliothek der Gesellschaft für Erdkunde. Komplexes Findhilfsmittel ist der Systematische Katalog mit dem Verzeichnis der Karten bis 1945 (Microfiche-Ausgabe). Der Katalog ist in Hauptgruppen gegliedert, in der zweiten Hauptgruppe (Allgemeine, Topographische, Verkehrs-, Wirtschafts- u. Verwaltungskarten) finden sich unter „N" = Pommern etwa 800 pommersche Betreffe, die sich in Übersichtskarten (ca. 135), Verkehrs- u. Statistikkarten sowie Spezialkarten gliedern. Hauptgruppe 6 enthält die Stadtpläne, auch darin konnte eine große Anzahl pommerscher Betreffe ermittelt werden. Vollständigkeit beim Auffinden der regional- oder sachthematischen Betreffe kann nur durch Abgleich der Kataloge in beiden Häusern und zwar an Hand der einzelnen Kartensignaturen erzielt werden!

Staatsbibliothek Berlin – Kartenabteilung (Haus 2)

Staatsbibliothek zu Berlin Preußischer Kulturbesitz
Kartenabteilung IIIc (Haus 2)
Potsdamer Straße 33
10785 Berlin (Tiergarten)

Tel.:   (030) 266 28 39   Tel. A (030) 266 24 22
Fax: (030) 266 30 10
e-mail: kartenabt@sbb.spk-berlin.de
Internet: http://www.sbb.spk-berlin.de
Mo-Fr: 09.00-17.00 Uhr, Sa: 09.00-13.00 Uhr

Bereits in der Bibliothek des Großen Kurfürsten, die seit 1661 der Öffentlichkeit zugänglich war, befand sich eine umfangreiche Sammlung von Karten, Atlanten und Globen. Doch erst mit den Übernahmen der Kartenbestände des Kartographischen Instituts, deren Hauptbestandteil der Nachlass Scharnhorsts war, 1859 und des Preußischen Großen Generalstabs 1919 mit über 200.000 Karten, bildete sich eine der größten Kartensammlungen Europas. Auch die Karten wurden im Zweiten Weltkrieg ausgelagert. Der Großteil der Bestände wurde im Zittauer Gebirge gesichert und kam bereits 1946 in das Stammhaus im damaligen Ostteil Berlins zurück. Der in ein hessisches Bergwerk ausgelagerte Teil wurde zunächst in Marburg verwahrt und 1976 an die Staatsbibliothek Berlin (West) übergeben. Dorthin wurde 1997 auch die historische Bibliothek der Gesellschaft für Erdkunde zu Berlin mit 40.000 Bänden und 15.000 Karten als Depositum gegeben. Die durch Krieg und Nachkriegsentwicklung getrennten Bestände sind seit 1992 wieder organisatorisch vereint, die räumliche Vereinigung soll in den nächsten Jahren geschaffen werden.

Im Haus 2 befinden sich die IKAR-Datenbank (Internet) für gedruckte Karten und Atlanten bis 1850, ein Zettelkatalog nach Regionen, Sachgebieten und Verfassern für die Bestände ab 1850 (die sich im Haus 2 befinden), ein Biographischer Katalog und ein Generalkatalog des kartographischen Schrifttums (ab 1850). Während die Anzahl der pommerschen Betreffe bei den Spezialkarten mit Haus 1 nahezu übereinstimmt, konnten hier ca. 290 Übersichtskarten ermittelt werden. Die in Haus 1 vorhandenen Übersichtskarten sind hierin überwiegend vorhanden, eine genaue Aussage kann aber wiederum nur der Vergleich der Kartensignaturen ermöglichen.

427 Kartensammlungen

I. Kartenwerke

1. Landesaufnahmen, Kartenwerke: Kempfes Karte von Schwedisch-Pommern, 1758-1763, 30 Bll. u. 2 Übersichtskarten –
o. Verf.- Situationspläne von Städten und Dörfern in Schwedisch-Pommern, 1764, 537 Bll., (in der Literatur auch als Schwedische Matrikelkarten von Vorpommern 1764 bezeichnet, nicht zu verwechseln mit LAGw Rep. 6a) –
Schmettausche Karte von Preußisch Vor- u. Hinterpommern, 1767-1787, 56 Bll. –
Schulenburgsche Karte von Hinterpommern, 1783-1785, 61 (58) Teile –
Zierholdts Spezialsituationskarte von Vor- u. Hinterpommern, 1786-1787, 35 Bll, Übersichtskarte 1792 –
Gillys Karte von Vor- u. Hinterpommern, 1788, 6 Bll. –
Urmeßtischblätter von Preußen, 1823-1870 –
Meßtischblätter von Preußen, 1870-1935.

2. Einzelkarten Pommern, Pommern u. angrenzende Gebiete, Teile Pommerns 1544-1939 (ca. 330 Titel, zumeist in mehreren Exemplaren oder Auflagen), darunter Wirtschafts-, Verkehrs-, Post- u. Statistikkarten 1785-1939 (ca. 25), Gewässer-, Berg- u. Höhenkarten 1725-1934 (ca. 8); Autoren: Muenster, Ortelius, Judaeis, Lubin, Geilenkercken, Mercator, Visscher, Sanson d' Abbeville, De Wit, Seutter, Crausse, Engelhardt, Weiland, Hagenow, Berghaus, von der Goltz, Schleuen.

II. Spezialkarten (einzelne Orte mit Umgebung, Städten u. Festungsanlagen, Kreiskarten, Entfernungs- u. Reisekarten der Kreise) 1770-1942 (ca. 630), darunter: Oberförstereikarten 1898-1927 (97); Rentenguts- u. Siedlungskarten 1920-1942 (23).

III. Stadtpläne, Festungs- u. Belagerungspläne 1590-1940, darin:
Pommern, heute deutscher Teil 1596-1940 (ca. 225) –
Pommern, heute polnischer Teil 1590-1850 (ca. 144).

Hinkel 1967; Klaus 1976 A/B, Klaus 1983, Klemp 1992, Handbuch Karten 1998

XXVIII Universitätsbibliothek Thorn

Biblioteka Główna Uniwersytetu Mikołaja Kopernika w Toruniu
ul. Gagarina 13
PL 87-100 Toruń

Tel.: (0-56) 611-4408
Fax: (0-56) 611-2243
http://www.bu.uni.torun.pl
e-mail: sekretariat@bu.uni.torun.pl und
Internet: Kazimiersz.Przybyszewski@bu.uni.torun.pl
Handschriftenlesesaal: (0-56) 611-4484
Mo-Fr: 08.30-14.30 Uhr, Sa: 10.00-16.00 Uhr

Die Universität Toruń wurde am 24. Aug. 1945 durch den Landesnationalrat gegründet. Sie wurde mit umgesiedelten Wissenschaftlern der ehemals polnischen Universitäten in Wilna/Vilnius und Lemberg/Lwów besetzt. Die ebenso neugebildete Universitätsbibliothek übernahm Handschriften aus den sogenannten „sichergestellten Sammlungen" verschiedenster Herkunft aus Ost- und Westpreußen sowie Pommern. Die Handschriften bilden mit den alten Drucken und den kartographischen Werken eine eigene Abteilung.

428   **Sammlung v. Putkamer-Pansin**   Handschriftensammlung
      [Zbiór rodziny von Putkamer-Pęzino]
25 AE
Teil des Familienarchivs v. Puttkamer, erworben nach 1945 aus den sogenannten sichergestellten Sammlungen.
Siehe auch: APSz Nr. 24.

Handschriftensammlungen Polens 1988

XXIX Evangelisches Zentralarchiv Berlin

Evangelisches Zentralarchiv in Berlin
Bethaniendamm 29
10997 Berlin

Tel.:	Allgemein	0-30 / 22 50 45 20	archiv@ezab.de
Tel.:	Familienforschung	0-30 / 22 50 45 36	kirchenbuchstelle@ezab.de
Fax:	Platzreservierung	0-30 / 22 50 45 40	reservierung@ezab.de

Internet: http://www.ezab.de
Öffnungszeiten: Mo-Do: 09.00-16.00 Uhr, Fr: 09.00-14.00 Uhr

Das Evangelische Zentralarchiv in Berlin (EZAB) ist 1979 gebildet worden. Es ist zuständig für das archivreife Schriftgut der Organe, Amtsstellen, Einrichtungen und Institute der EKD und der Union der Evangelischen Kirchen (UEK) und ihrer Rechts- und Funktionsvorgänger. Dem EZAB wurde die bereits 1947 entstandene „Ostdeutsche Kirchenbuchstelle" angegliedert. Die Kirchenbuchstelle stellte für Personen aus den früheren Ostgebieten, die ihre Personenstandsunterlagen verloren haben, rechtskräftige Ersatzurkunden aus. In der Kirchenbuchstelle werden jetzt ca. 7000 Kirchenbücher aus den ehemaligen Ostprovinzen, ca. 763 Militärkirchenbücher der preußischen Armee und der Wehrmacht, ca. 70 Kirchenbücher deutschsprachiger evangelischer Gemeinden des Auslands sowie Personenstandsunterlagen aus dänischen Flüchtlingslagern verwahrt.
Genealogische Forschungen werden unterstützt, müssen aber in der Regel selbständig durchgeführt werden. Schriftliche Auskünfte sind gebührenpflichtig.
Der Bestand an pommerschen Kirchenbüchern ist eher gering. Für Familien- und Heimatforscher ist der Bestand des Evangelischen Oberkirchenrates (Rep. 7) interessant. Er beinhaltet an den Oberkirchenrat gerichtete Bittschriften, Beschwerden, Berichte und Stellungnahmen aus den Synoden zu Kirchen- und Schulangelegenheiten, häufig mit Abschriften von Schreiben an König und Regierung. Von vielen Orten gibt es Akten betreffend der Neubesetzung von Pfarrstellen.

429   **Pommersche Kirchenbücher**
a) = Taufe, b) = Trauung, c) = Sterbeeintrag
Kr. Kolberg-Körlin: Klaptow 1922-1957 – Kolberg 1676-1699.
Kr. Neustettin: Bärwalde (Filia Valm) a, b) 1822-1854, c) 1822-1860 – Gramenz c) 1911-1945 – Ratzebuhr a) 1809-1844, c) 1844-1859.
Kr. Randow: Falkenwalde 1651-1887 c) -1944 – Frauendorf 1678-1931 – Hagen a) 1651-1883, b) 1651-1905, c) 1716-1929 – Kreckow 1801-1945 – Stolzenhagen a) 1672-1884, b) 1801-1884, c) 1786-1884 – Züllchow a) 1889-1911, c) 1912-1926.

Kr. Regenwalde: Labuhn a, c) 1908-1944 – Obernhagen 1863-1945.
Kr. Rummelsburg: Pritzig, Plötzig 1702-1766.
Kr. Schivelbein: Rützow 1811-1857.
Kr. Schlawe: See-Buckow 1657-1958 – Wendisch-Tychow a) 1617-1778, b) 1617-1809, c) 1617-1783.
Stkr. Stettin: Schloß-Kirche a, b) 1670-1944, c) 1802-1945 – St. Marien a) 1614-1930, b) 1614-1934, c) 1617-1920 – St. Jakobi a) 1618-1876, b) 1695-1884, c) 1749-1883 – St. Nikolai/Johannisgemeinde a, b) 1618-1944, c) 1844-1944 – St. Gertrud a, c) 1603-1945, b) 1675-1945 – St. Peter und Paul a) 1619-1945, b) 1647-1945, c) 1836-1944 – Friedenskirche Grabow a, c) 1866-1945, b) 1881-1945 – Bugenhagen-Kirche a, b) 1899-1945, c) 1927-1945 – Heilandskirche 1939-1945 – Vorbruch 1935-1945 – Kreuzkirche 1939-1945 – Lutherkirche a, c) 1893-1945, b) 1893-1921 – St. Lukas Grünhof a) 1861-1901, b) 1886-1910, c) 1866-1907 – Matthäuskirche Bredow a) 1827-1903, b) 1827-1908, c) 1827-1883 – Kückenmühle 1886-1944 – Stift Salem a) 1888-1919, b) 1884-1919, c) 1888-1912 – Johannis-Kloster c) 1817-1843 – Deutsch-Reformierte 1721-1944 – Baptisten a) 1846-1886, b) 1848-1879 – Kathol.-Apostol. a) 1851-1880, b) 1868-1880, c) 1855-1944 – Altlutheraner a) 1875-1943, b) 1875-1938 –
Kr. Stolp: Dammen 1890-1915 – Glowitz 1951-1957 – Gr. Dübsow a, b) 1831-1945 – Mützenow 1780-1827.
Kr. Ueckermünde: Albrechtsdorf 1736-1945 – Altwarp a) 1655-1738, b) 1649-1674, c) 1649-1739 – Gr. Ziegenort a) 1633/b, c) 1650-1769 – Neuwarp a, b) 1679-1945, c) 1700-1945 – Warlang a, c) 1736-1841, b) 1746-1841.

XXX Standesamt I in Berlin

Standesamt I in Berlin
Rückertstraße 9
10119 Berlin

Tel.: (0-30) 90207-0
Fax: (0-30) 90207-245
Internet: http://www.berlin.de/standesamt1
e-mail: info@stand1.verwalt.berlin.de
Mo, Di: 09.00-12.00 Uhr, Do: 14.00-17.00 Uhr

Nach der Wiedervereinigung wurden die zuvor getrennten Standesämter I in Ost- und West-Berlin wieder zusammengeführt. Das Standesamt I ist eine zentrale deutsche Behörde zur Registrierung von Personenstandsfällen von deutschen Staatsbürgern außerhalb Deutschlands und ehemaliger deutscher Gebiete, von gerichtlich ausgesprochenen Todeserklärungen deutscher Bürger und von Todesfällen Deutscher, die nicht im heutigen Deutschland geboren sind. Bei Anfragen erteilt das Amt gebührenpflichtige schriftliche Auskünfte, bzw. stellt Urkunden aus.

430 Pommersche Personenstandsunterlagen
Die Registrierung von Personenstandsfällen begann in Preußen am 01.10.1874, die Jahreszahl 1874 bezieht sich im Folgenden auf dieses Datum.
Kr. Belgard: Belgard a) 1896, 1899-1904, 1907, 1910, 1912, 1918-19, 1922-23, 1925-29, 1931, 1936, 1944; b) 1891-95, 05/1898-99, 1901-07, 1909-10, 1918, 1920, 1923-24, 1926-28, 1931-33, 1935-36, 1944; c) 1891-93, 1895-97, 1901-02, 1906, 1909-14, 1917-18, 1921-29, 1931, 1934-6/1938 – Bramstädt a) 1906, 1909, 1925; b) 1906, 1925; c) 1927-26 – Bulgrin b) 1926 – Kollatz a) 1929 – Polzin a) 1874-6/1938, NV 7-12/1938 – Rarfin c) 1904 – Reinfeld b) 1893-1901 – Roggow b) NV 1931 –
Kr. Bütow: Borntuchen a) 1875-80, 1891, 1893-6/1938; b) 1875-1921, 1925-6/1938; 1875-80, 1890-1917, 1919-6/1938 – Gersdorf c) 1874-79 – Großtuchen a) 1874-1908, 1910-6/1938; b) 1874-1900, 1911-09.07.1923, 1924-6/1938; c) 1874-1931, 1933-6/1938 – Jassen a) 1874-80, 1883-1906, 1908-6/1938; b) 1874-81, 1895-1906, 1908-6/1938; c) 1882-85, 1887-1908, 1910-34 – Kathkow a) 1880-84, 1890, 1893-98, 1900-22, 1933-36; b) 1875-91, 1924-35 – Massowitz a) 1874-1913, 1932-6/1938; b)1875-79; c) 1874-89, 1893-6/1938 – Sommin a) 1874-1909, 1911-6/1938; b) 1874-82, 1885-1937; c) 1874-1882, 1884-1901, 1903, 25.10.1904-1919, 1922-36, 1-6/1938 – Stüdnitz a) 1875-80, 1882-1902, 1904-09, 1911-20, 1922-6/1938; b) 1874-77, 1880, 1882-86, 1888-6/1938; c) 1974-1936, 1-6/1938 –

Kr. Deutsch Krone: Jastrow a) 1942-27.01.1945; b) 1944-10.01.1945; c) 1944-28.01.1945 - Kramske a) 1874-08.04.1909, 1910-44; b) 1874-1944; c) 1875-85, 1887-1944 - Schloppe a, b, c) 1874-1943, NV 1944 - Zippnow a) 1874-17.01.1945; b) 1874-14.01.1945; c) 1874-26.01.1945 -
Kr. Dramburg: Falkenburg b) 1939 - Kallies a) 1874-80, NV 1874-1945, 1884-86, 1890-1927, 1929-17.01.1945; b) 1874-1900, NV 1874-1944, 1903-25, 1927-35, 1938-42, 1944-05.02.1945; c) 1874-1890, NV 1874-1944, 1893-07.02.1945 -
Kr. Flatow: Adlig-Landeck a) 09/1934-1944; b) 07/1934-1944; c) 06/1938-28.01.1945 - Buntowo a) 1874-79, 1881-89, 1891-1935; b, c) 1874-1935 - Flatow a) 1876-1919, 1921, 1923, 1925-35, 1937-40; b) 1876-83, 1885-86, 1890, 1893-97, 1899-1919, 1926-38, 1942; c) 1876-86, 1888-1919, 1921, 1923, 1925-39, 1941 - Radawnitz a) 1875-80, 1882-95, 1897-99, 1903-08, 1913-19, 1924-28, NV 1933; b) 1876, 1878-79, 1882, 1884, 1886, 1889, 1891-93, 1895-1902, 1906-08, NV 1933, 1940; c) 1874, 1876, 1878-80, 1882-84, 1887, 1890-98, 1900-02, 1913-17, 1929-6/1938 - Schwente a) 1927-34 - Stewnitz a) 1876-1919, 1922, 1924-38, 1940; b) 1876-87, 1889-1919, 1922, 1924-6/1938; c) 1876-88, 1891, 1893-1919, 1922, 1924-38, 1940 - Tarnowke a) 1874-88, 1890-6/1938, 1940; b) 1874-81, 1883-98, 1900-6/1938; c) 1874-77, 1883-87, 1889-95, 1897-98, 1900-6/1938, 1940 -
Kr. Greifenberg: Koldemanz nur einzelne Einträge a) 1919, 1929; b) 1935; c) 1938 - Treptow/Rega a, b, c) 1944 -
Kr. Greifenhagen: Heinrichsdorf a) 1875-76, 1880-81, 1883-84, 1886-87, 1890, 1892, 29.03.1896-10/1918, 11.-19.03.1919; b) 10-12/1874, 1876, 1880, 1882, 1886, 1888-90, 1894-96, 1899-1901, 1908-1917; c) 1876, 1878-80, 1882-83, 1887, 1889-90, 1893-98, 1900, 1920-26 - Klebow a) 1943-03.02.1945; b) 1943-10.02.1945; c) 1943-23.03.1945 -
Kr. Kammin: Basenthin a) 1874-77, NV 1878, 1879-1909, NV 1910-22, 1923-44; b) 1876-78, 1881-84, 1887, 1889-93, 1895-96, 1899, 25.04.1905-1909, 1922-37; c) 1874-90, NV 1891, 1892-97, NV 1898, 1899-6/1938 -
Kr. Köslin: Bublitz a) 1874; b) 1875 - Köslin a) 1874-1914, 08.09.1915-1916, 1918-22, 1924-19.11.1935, 1936-30.06.1938, 01.01.-01.03.1945; b) 1874, 1882-83, 1887-1908, 1910-08.11.1927, 1928-26.10.1934, 1935-6/1938, 01.01.-02.03.1945; c) 1874-76, 1878-81, 1883-86, 1888-90, 1893-95, 1897-98, 1900-11, 1914-17, 01.01.-29.11.1920, 1923-25, 1927-6/1938, 01.01.-01.03.1945 - Schwessin a) 1935-6/1938; c) 1896-1915, 1921-33, 1935-6/1938 -
Kr. Kolberg-Körlin: Kerstin c) 1889 - Körlin a) 1874-6/1938; b) 1874-1914, 08.09.1915-1916, 1881-84, 1886-89, 1891-1902, 1904-6/1938; c) 1875-93, 1895-6/1938, 1945 - Kolberg a) 1874-1918, 29.09.1919-1929, NV 1930, 1931-35, 03.07.1936-6/1938, NV 01.07.-31.12.1938, 01.01.-31.05.1944, 05.06.-07.08.1944; b) 1874-1904, 1907-26, 1928-29, 1932-6/1938; c) 1874-1926, 1928-6/1938 -
Kr. Lauenburg: Belgard a, b, c) 1881-1937 - Bresin a, c) 1881-1937, b) 1888-1937 - Buckowin a) 1881-1935; b) 1900-22; c) 1898-1935 - Garzigar a) 1881-1928, 1934,

1936-37; b) 1881-1933, 1935-37; c) 1881-1937 - Gr. Jannewitz a) 1893-99, 1916-20, 1927-37; b) 1876-97, 1920-28, 1930-37; c) 1881-99, 1901-18, 1926-37 - Krampkewitz a, b, c) 1881-1937 - Labehn a) 1908-37; b) 1906-30, 1932-37; c) 1906-37 - Labuhn a, b, c) 1881-1937 - Leba a, b, c) 1881-1937 - Neuendorf a) 1887-96, 1900-35; b) 1881-87, 1889, 1899-1937; c) 1881-86, 1900-37 - Ossecken b) 1881-1906, 1919-1937 - Sassin a, b, c) 1881-1937 - Schluschow a, b, c) 1902-37 - Wierschutzin a) 1894-1915, 1923-1936; b) 1881-1937; c) 1881-1918 - Zelasen a) 1881-90, 1893-1907, 1916-24, 1929, 1932-37; b) 1900-20, 1930-37; c) 1881-90, 1900-23 - Zinzelitz a, b, c) 1881-1937 -

Kr. Naugard: Bernhagen a) 1874-6/1938; b) 1874-6/1943; c) 1874-1944 - Braunsberg a, b, c) 1874-1/1945 - Daber a, b, c) 1874-1943 - Damerow a) 1874-13.12.1906, NV 1907-05.03.1912, 06.03.1912-11.06.1938; b) NV 1874, 1875-05.08.1881, NV 06.08.-31.12.1881, 1882-03.06.1911, NV 04.06.-31.12.1911, 1912-11/1942; c) 1874-90, NV 1891, 1892-06.09.1918, NV 07.09.-31.12.1918, 1919-6/1938 - Döringshagen a) 1874-6/1938; b) 1874-22.04.1938; c) 1874-02.05.1938 - Friedrichsberg a) 1874-1943; b) 1874-1940; c) 1875-1942 - Friedrichswalde a) 1912-16 - Gollnow 1/1945-10.03.1945; b) 1/1945-03.02.1945; c) 1/1945-03.03.1945 - Gr. Sabow a) 1874-03.03.1945; b) 1874-22.02.1945; c) 1874-26.02.1945 - Hackenwalde a) 7/1938-06.02.1945; b) 09.09.1938-1944; c) 12.08.1938-13.02.1945 - Hindenburg a) 1874-1941, 1944; b) 1874-1941, 1944; c) 1874-1944 - Kriewitz a) 1874-1910, NV 1911-12, 1921-35; b) 1874-1941; c) 1874-1906, NV 1907-11, 1912-44 - Külz a) 1874-22.01.1945; b, c) 1874-1944 - Massow a) 1944-26.02.1945; b) 1944-03.03.1945 - Naugard a, c) 1874-02.03.1945; b) 1874-02.03.1945 - Strelowhagen a, b) 10/1874-1941, NV 1942-44; c) 1874-1943, NV 1944 - Voigtshagen a) 1874-1944; b) 1874-85, 1888-1944; c) 1874-1929, NV 1930, 1938-44 - Walsleben a, b, c) 1874-1942 - Wangeritz a) 1874-1944; b) 1874-1939; c) 1874-6/1938 -

Kr. Netzekreis: Behle a) 1881-1932, 1937-44; b) 1881-1938, 1940; c) 1881-1944 - Filehne a, c) 1881-82, b) 1881 - Glashütte a) 1881-83, 1885-87, 1889-90, 1892-96, 1899-1900, 1902-03, 1905-42, 1944; b) 1881-86, 1888-90, 1892-96, 1898-1903, 1905-24, 1938-42, 1944; c) 1881-82, 1884-85, 1888-96, 1898-1902, 1906, 1912-24, 1938-42, 1944 - Gr. Drensen b) 1894; c) 1884, 1886, 1888, 1910 - Grünfier a) 1881-99, 1901-25, 1928-44; b) 1881-1925, 1927-39, 1941-44; c) 1881-1925, 1927-35, 1938-40, 1942-44 - Kreuz a, c) 1907-43; b) 1907-41, 1943 - Putzig c) 1919-22, 1925-28, 1935-6/1938 - Runau a) 1880-94, 1896-97, 1899-1915, 1817, 1919, 1923; b) 1881-93, 1896-1917, 1919-23; c) 1880-88, 1890-1923 - Schönlanke-Land a) 1918, 1938-43, 01.-15.01.1945; b) 1918, 1-6/1938, 1939-44; c) 1918, 1938-44 - Schönlanke-Stadt a) 1-6/1938, 1941-43, 01.01.-23.05.1945; b) 1-6/1938, 1941-13.06.1945; c) 04.07.-31.12.1938; 1943-13.06.1945 - Stieglitz a) 1883-84, 1892-1929, 1931-40, 1943; b) 1882-85, 1887-89, 1893-1928, 1930-33, 1935-43; c) 1883-1940, 1943-44 -

Kr. Neustettin: Alt Liepenfier a) 1874-1912, 1914-16, 1931-6/1938; b) 1874-9/1897, 1900-04, 1906-6/1938; c) 1874-97, 1900-6/1938 - Bärwalde a) 1880-98, 1900-09,

1911-12, 1914-31, 1933-6/1938; b) 1874-93, 1805, 1897-98, 1900-01, 1903-23, 1925-31, 1933-6/1938; c) 1880-1931, 1933-6/1938 – Dummerfitz a) 1875 – Eschenriege a) 1888-97, 1912-25; b) 1928-44; c) 1888-05.05.1945 – Gellin a) 1876-83, 1885-92, 1894-1913, 1915-25; b) 1875 – Gramenz a) 1874-1932, 1934-6/1938; b) 1874-84, 1886-98, 1900-37, 23.02.-30.06.1938; c) 1874, 1876-6/1938 – Gr. Krössin a, c) 1874-6/1938; b) 1874-90, 1892-6/1938 – Gr. Küdde c) 1874-75 – Grünewald a) 1875-92, 1894-6/1938; b) 1874-1890, 1892-1927, 1929-6/1938; c) 1876-6/1938 – Hasenfier b) 09.12.1887-02.01.1890; c) 7/1875-17.12.1875, 1876-1880 – Klaushagen a) 1874-1909, 1911-6/1938; b, c) 1874-6/1938 – Kussow b, c) 1876-84 – Lubow a) 1913-21, 1930-6/1938; b) 1874-1884, 1892-96, 1922-30; c) 1874-84, 1890 – Naseband a) 1874-6/1938, NV 7/1938-1945; b) 1874-1935, NV 1936-37, 1-6/1938, NV 7/1938-1945; c) 1874-6/1938, NV 7/1938-1945 – Neustettin a) 1874-1924, 1926-6/1938; b) 1874-6/1938, 22.10.-31.12.1943; c) 1874-6/1938 – Neu Wuhrow a) 1933-37; b) 1874-78, 1880-84, 1886-87, 1889-1920, 1-6/1938 – Persanzig a) 1874-1930, 1932-6/1938; b) 1875-1921; c) 1874-1900, 1909-32 – Pöhlen b, c) 1874-84 – Ratzebuhr a) 1875-78, 1880-1930, NV 1931-41, 1932-6/1938; b) 1874-84, 1887-90, 1892-03, 1896-1900, 1902, 1906-25, 1927-6/1938, 1942; c) 1876-82, 1884-87, 1890-93, 1899, 1901-02, 1907-12, 1919-35, Soltnitz a) 1874-90, 1892-1934, 1936-6/1938; b, c) 1874-6/1938 – Sparsee a) 1875 – Thurow a, b) 1874-75 – Valm b) 1923-24 – Wulfflatzke a) 1874 – Wurchow a) 1874, 1876-87, 1891-97, 1900-23, 1927-6/1938; b) 1874-84, 1892-1920, 1927-6/1938; c) 1874-6/1938 –

Kr. Randow: Bredow a, b, c) 1874-1901 – Grabow a, b) 1874-1901; c) 1874-88, 12.12.1889-1901 – Messenthin a) 10.07.1945-23.07.1946; b) 18.07.1945-28.10.1945; c) 13.07.1945-08.06.1946 – Nemitz a) NV 1874-1900, 1882-85, 1896; b) NV 1874-1900, 1885-87, 1889 – Neuenkirchen a) 1875, 1913-20, 1926-43; b) 1874, 1876-78, 1880-81, 1883-86, 1891, 1895-97, 1900-07, NV 1901-43, 1913-6/1938 – c) 1874-75, 1878-80, 1882-85, 1887-91, 1896-99, 1908-6/1938 – Pölitz a) 07.06.1945-24.07.1946; b) 20.10.1945-02.08.1946; c) 28.04.1945-28.01.1946 –

Kr. Regenwalde: a, b, c) Bonin 1938-44 – Elvershagen a, b) 1938-44; c) 1938-42, 1944 – Gr. Borckenhagen a, c) 1938-44, b) 15.09.1938-1944 – Gr. Raddow a) 1-6/1938, 1942; b) 1938-39, 1942-43; c) 1942-43 – Henkenhagen a, b, c) 1938-44 – Labes a) 1938-40, 1942-44; b) 1938-44; c) 1-6/1938, 1939-44 – Labuhn a) 1938-40, 1943-44; b) 1938-40, 1944; c) 1938-41, 1943-44 – Lasbeck a, c) 1938-44; b) 7/1938-1940, 1943-44 – Maldewin a, b, c) 1938-44 – Neukirchen a, c) 1938-44, b) 16.07.1938-1944 – Plathe a, b, c) 1938-44 – Regenwalde-Land a, b, c) 1938-43 – Regenwalde-Stadt a, b, c) 1938-43 – Roggow A a) 1938-40, 1942-44; b, c) 1938-44 – Roggow B a, b, c) 1938-43 – Ruhnow a, b, c) 1938-43 – Schönwalde a, b, c) 1938-43 – Silligsdorf a) 1938-41, 1943-44; b) 1939-40, 1943-44; c) 1938-39, NV 1940, 1942-44 – Stargordt a) 1-6/1938, 1940-41, 1943-44; b) 1938, 1940-44; c) 19.07.-31.12.1938, 1941-44 – Stramehl a, b, c) 1938-44 – Wangerin a) 1874-92, 1897-1944, NV 1945; b) 1876-77, 1880-81, 1884-

87, 1890-92, 1894-96, 1898-1906, 1912-22, 1936-24.02.1945; c) 1874, 1880-82, 1886-93, 1896-99, 1902, 1904, 1912-16, 1936-44, NV 1945 – Witzmitz a, b, c) 1938-44 – Woldenburg a, b, c) 1938-1944 – Wurow a, b, c) 1938-44 – Zachow b, c) 1944 – Zimmerhausen a, b, c) 1938-44 –

Kr. Saatzig: Nörenberg a) 1874-16.02.1945; b) 1874-13.01.1945; c) 1874-21.02.1945 – Zeinicke a) 1901-01.03.1945; b) 27.08.1938-1944; c) 02.07.1938-26.02.1945 –

Kr. Schlawe: Rügenwalde a, c) 01.01-05.03.1945; b) 01.01.-02.03.1945 – Segenthin a) 1928-37; b) 1914-22, 1935-6/1938 – Sydow a) 1876-80, 1882, 1884-89, 1896-99, 1905-06, 1908, 1916, 1931-32, 1934; b) 1900-01, 1903-07, 1909, 1911, 1920-05.08.1921, 16.11.1923-16.09.1926, 1929, 01.01.-26.11.1932, 1933; c) 1875-78, 1880-82, 1884-86, 1888-90, 1896-98, 1900-06 – Zanow a) 1874-79, 1881-13.03.1901, 1902-04, 1906, 1910, 1912-14, 1919-01.12.1921, 1922-27, 1929, 1931, 1933-36; b) 1874-80, 1882-89, 1891, 1893-97, 20.05.1898-1902, 1904-30, 1933-35; c) 1874-91, 1893-94, 1896, 1898, 1900-01, 1903-13, 1915-17, 1920-34, 1936 –

Kr. Schlochau: Baldenburg a) 1892, 1927-1932, 7/1938-43, NV 1874-1945; b) 1940-43; c) NV 1900-38, 1900-36, 7/1938-43, 01.-15.01.1945 – Barkenfelde a, b, c) 1940-43 – Eickfier a, c) 1-6/1938, 1940-44; b) 1940-44 – Eisenbrück a, b, c) 1940-43 – Firchau a) 1904-09, 1916-17, 1919, 1922, 1924, 1040-43; b) 1904-09, 1927-30, 1940-43; c) 1900-06, 1916-17, 1919, 1922, 1924, 1927-6/1938, 1940-43 – Flötenstein a, b, c) 1-6/1938, 1940-44 – Förstenau a, c) 1940-44, b) 1940, 1942-44 – Grabau a) 1-6/1938, 1940-44; b) 18.03.-14.06.1938 1940-44; c) 03.01.-08.05.1938, 1940-44 – Gr. Jenznick a, b, c) 1940-43 – Hammerstein a, b) 1940-1943; c) 12.07.1940-1941, 1940-1943 – Krummensee a, b, c) 1940-43 – Landeck a, b, c) 1940-43 – Lichtenhagen a, b, c) 1940-43 – Lissau a, b, c) 1940-43 – Loosen a, b, c) 1940-43 – Mossin a, b, c) 1940-43 – Neuguth a) 1900.03, 1940-43; b) 1940-43; c) 1905-14, 1940-43 – Peterswalde a, b, c) 1939-43 – Pollnitz a, b, c) 1940-43 – Prechlau a) 1940-43; b) 1911-18, 1940-43; c) 1900-09, 1911-19, 1927-37, 1940-43 – Preußisch-Friedland a, b, c) 1940-43 – Richenwalde a, b, c) 1940-43 – Sampohl a, b, c) 1940-43 – Schlochau a, b, c) 1940-43 – Schönau a, b) 1-6/1938, 1940-43; c) 1-6/1938, 24.04.1940-1943; Starsen a, b, c) 1-6/1938, 1940-43 – Stegers a, b, c) 1940-43 – Stolzenfelde a, c) 7/1938-1943, b) 7/1938-1939, 1943 – Stretzin a, b, c) 1940-43 – Wehnershof a) 05.03.-02.06.1936, 1940-43; b) 01.01.-25.03.1940, 1941-43; c) 1940-43 – Woltersdorf a, b, c) 1940-43 –

Kr. Stettin: Stettin I a) 1874-02.12.1880, 1881-11.11.1890, 15.12.1890-1891, 06.02.1892-18.04.1896, 27.05.1896-06.03.1897, 08.04.1897-30.07.1902, 25.09.1902-07.05.1906, 16.07.1906-14.02.1920, 23.04.1920-20.12.1930, 1931-14.03.1945; b) 1874-10.07.1875, 19.10.1875-1885, 09.07.1886-08.11.1892, 1893-07.05.1900, 26.06.1900-16.03.1901, 04.05.1901-20.03.1945; c) 1874-04.10.1889, 28.11.1889-15.04.1893, 09.06.1893-1927, 10.04.1928-20.03.1945 – Stettin II a) 1902-16, NV 1916-1934, 02.10.1917-13.12.1928, 1929-33, 08.08.1934-24.02.1945; b) 1902-18.07.1903, 01.01.-27.12.1904, 1905-28.12.1907, 1908-16.03.1945; c) 1902-03, 12.06.1904-30.10.1908, 1909-14.08.1911,

1912-13, 27.08.1914-24.12.1917, 1918-19.03.1945 - Stettin III a) 1902-29.07.1909, 11.11.1909-1910, 09.05.1911-15.12.1925, 1926-31, 14.03.1932-1937, 21.02.1938-29.04.1940, 12.06.1940-13.09.1941, 18.10.1941-09.11.1942, 1943-29.12.1944, 01.01.-19.03.1945; b) 1902-26.11.1904, 1905-24.12.1934, 1935-19.03.1945; c) 20.05.-03.09.1902, 01.01.-08.05.1903, 22.08.1903-20.08.1904, 21.12.1904-24.09.1907, 1908-11/1916, 01.01.-25.07.1917, 02.11.1917-1918, 10.04.1919-25.12.1924, 1925-20.03.1945 - Stettin IV a) 1874-1937, NV 1916-34, 1941-43, Züllchow und Frauendorf 1874-1937; b) 1874-14.10.1939, 1940-43, Züllchow 1874-14.10.1939, Frauendorf 1874-1937, 1/1939-13.10.1939; c) 1874-1937, 1940-03.06.1942, 1943, Züllchow und Frauendorf 1874-1937, 7/1938-13.10.1939 - Stettin V a, b, c) 1874-1944 - Stettin VI a) 4/1940-05.03.1945; b) 4/1940-10.03.1945; c) 4/1940-16.03.1945 - Stettin VII a) 1915-21, 15.10.1939-31.03.1940; b) 15.10.1039-31.03.1940; c) 01.01.-31.03.1940 - Stettin VIII a, b, c) 1908-44 - Stettin IX a) 1874-16.03.1945; b) 1874-16.02.1945; c) 1874-14.03.1945 - Stettin X a) 1894-07.03.1945; b) 1894-17.03.1945; c) 1894-22.03.1945 - Stettin XI a, b, c) 1874-1944 - Stettin XII a, b, c) 10/1909-1944 - Stettin XIII a) 1879-05.03.1945; b) 1879-14.02.1945; c) 1879-06.03.1935 - Stettin XIV a) 1875-10.01.1945; b) 1874-79, 1881-21.02.1945; c) 1874-02.03.1945 - Stettin XV a) 1874-19.02.1945; b) 1874-90, 1892-12.02.1945; c) 1874-23.02.1945 - Stettin XVI a, b, c) 1940-44 - Stettin XVII a, b, c) 1934-44 - Stettin XVIII a) 1874-17.03.1945, b) 1874-28.02.1945; c) 1874-24.03.1945 - Stettin XIX a) 1940-01.03.1945; b) 1940-41, 1943-06.03.1945; c) 1940-02.03.1945 - Stettin XX a) 1874-19.02.1945; b) 1874-26.02.1945; c) 1874-09.02.1945 - Stettin XXI a) 1940-43, b) 1941-44, c) 01.01.-20.03.1945 -
Kr. Stolp: Mickrow a, b, c) 1876-1934 - Mützenow a) NV 1900-39, NV 1941-21.01.1942 -
Kr. Ueckermünde: Falkenwalde a) 11.07.-31.12.1938; b) 1940 - Jasenitz a) 1945-24.05.1946; b) 08.09.1945-03.04.1946; c) 1945-29.06.1946 - Neuwarp a) NV 1874-1944, 1877, 1880, 1900, 1903, 1907, 1909, 1916, 1918, 1922, 1924, 1927, 1931, 1933, 1935, 01.01.-26.09.1945; b) NV 1874-1944, 1880-81, 1886, 1902, 1912-13, 1918, 1920/21, 1923, 1929, 1936, 1944-22.07.1945; c) NV 1874-1944, 1878, 1880, 1885-86, 1892, 1896, 1908-10, 1915, 1918-19, 1927, 1932, 1935, 1937, 01.01.-01.10.1945 - Wahrlang a) 1874-1944; b) 1875-87, 1889-12.11.1908, 1909-45; c) 1874-03.10.1883, 1884-1945 - Ziegenort a) NV 1874-1945, 1874, 1877,1879, 1884, 1886, 1891, 1894-95, 1900, 1909, 1913, 1919, 1930, 1936-37; b) NV 1874-1946, 1875-76, 1879-80, 1890, 1892, 1895, 1898, 1904-05, 1911, 1915, 1926, 1928, 1933, 15.03.-12.08.1946; c) NV 1874-1946, 1878, 1884, 1887, 1892, 1894, 1896, 1898-1901, 1904, 1907, 1910, 1914, 1921, 1926-27, 1930, 27.06.-07.08.1946 -
Kr. Usedom-Wollin: Dargebanz a, b, c) 11.07.1938-1944 - Kaseburg a) 19.07.1938-1944; b) 23.07.1938-1944; c) 13.07.1938-1944 - Kodram a) 7/1938-1944; b, c) 15.07.1938-1944 - Kolzow a, c) 04.07.1938-1944; b) 07.07.1938-1944 - Lebbin a) 15.07.1938-1943; b) 06.08.1938-1944; c) 02.07.1938-1943 - Misdroy a) 04.07.1938-

1944; b) 08.07.1944; c) 09.07.1944 – Ostswine a, c) 1874-3/1939; b) 1874-17.12.1875, 1876-88, 1890-3/1939 – Pritter a) 11.07.1938-1942; b) 06.08.1938-1942; c) 16.07.1938-1942 – Swinemünde a) 1874-82, 1884-1921, 1923-44, 28.05.1945-1946; b) 1874-28.04.1945, 09.06.1946-1946; c) 1874-27.04.1945, 21.05.1945-17.10.1949 – Westhafengrund a, c) 1899-5/1929, NV 6-12/1929; b) 1899, 1902-5/1929, NV 6-12/1929 – Westswine a) 1874-1901; b, c) 1874-1901, NV 1902-03 – Wollin a) 04.07.1938-1944; b) 02.07.1938-1944; c) 14.07.1938-1944 –

XXXI Deutsche Zentralstelle für Genealogie

Sächsisches Staatsarchiv Leipzig
Schongauer Strasse 1
04328 Leipzig

Tel.:   (0-341) 25 555 00
Fax: (0-341) 25 555 55
e-mail: poststelle-l@sta.smi.sachsen.de
Öffnungszeiten des Benutzersaals:
Mo, Di: 08.00-16.00 Uhr, Mi, Do: 08.00-18.00 Uhr, Fr: 08.00-13.00 Uhr
Archivalien-, Bücher- und Filmausgabe: Mo-Fr: 08.00-13.00 Uhr.

Noch 1946 wurde mit dem „Deutschen Archiv für Genealogie" eine Sammelstelle für genealogisch relevante Unterlagen gebildet. Schon 1950 mußten die Bestände an das Zentrale Staatsarchiv abgegeben werden und von 1952-65 als eigene Abteilung geführt. Nach der Abgabe an das Staatsarchiv Leipzig entstand dort die „Zentralstelle für Genalogie". Ihre Aufgabe war die Sicherung, Erschließung und Auswertung genealogischen Schriftguts um genealogische und historisch-biografische Forschungen zu unterstützen. Seit 1995 ist die „Deutsche Zentrastelle für Genealogie" eine eigene Abteilung des Sächsischen Staatsarchivs Leipzig. Im Archiv befinden sich ca. 20.000 deutsche Kirchenbücher im Orignal, als Kopie oder als Kleinbildfilm. Ein weiterer wichtiger Bestand ist die „Ahnenstammkartei des deutschen Volkes" mit ca. 6000 Ahnenlisten. Die Verkartung der Listeninhalte erbrachte ca. 1,3 Millionen Personenkarteikarten. Jeweils ca. 15 % betreffen Menschen aus Ost- und Norddeutschland. Des Weiteren befinden sich im Bestand ca. 90 Nachlässe und eine 20.000 Bände umfassende Spezialbibliothek. Eigene Forschung sowie gebührenpflichtige Anfragen sind möglich.

431   Pommersche Kirchenbücher
Kr. Anklam: Iven a) 1659-71; b) 1621-37 – Krien a) 1663-1766; b) 1682-86 –
Kr. Belgard: Arnhausen a) 1696-1759 – Damen a, c) 1836-74; b) 1836-75 – Grössin a) 1647-1795; b) 1640-1795; c) 1640-1796 – Muttrin a) 1785-1853; b, c) 1785-1875 – Venzlaffshagen a, b, c) 1711-66 – Woldisch Tychow a) 1658-1748; b, c) 1659-1748 –
Kr. Bütow: Bütow a) 1823-42 –
Kr. Demmin: Verchen a, b, c) 1656-1711, 1714-36 – Wolkwitz a, b, c) 1648-1782 –
Kr. Dramburg: Kallies a, b, c) 1790-80 –
Kr. Franzburg-Barth: Niepars a, b) 1673-1739 – Richtenberg a, b, c) 1631-1759 –
Kr. Greifswald: Gr. Kiesow a) 1672-1749; b) 1672-1745, 1792-1874; c) 1672-1867 – Neuenkirchen a, c) 1597-1706 –

Kr. Grimmen: Vorland Geldregister 1749-1844 –
Kr. Köslin: Kordeshagen a, c) 1648-1716 – Wusseken a, b, c) 1668-1753 –
Kr. Lauenburg: Gnewin a, b, c) 1644-45, 1647-98 – Zinzelitz c) 1858-74
Kr. Naugard: Lübzin a, c) 1806-16, 1813-93, 1817-23; b) 1808-23 – Naugard a) 1840-74 – Priemhausen a) 1833-37 –
Kr. Neustettin: Altenwalde a) 1658-1804; b) 1666-1803; c) 1667-1803 – Alt Liepenfier a, b, c) 1835-75 – Bärwalde a) 1834-43; b) 1834-53; c) 1834-50 – Klaushagen a, b, c) 1835-75 – Lümzow a, b, c) 1748-1875 – Neu Wuhrow a, b, c) 1835-75 – Pielburg a, b, c) 1716-1836 – Ratzebuhr b) 1853-1938; c) 1860-1912 – Valm a) 1855-90; d) 1861-1928 – Wulfflatzke a) 1740-76, 1831-75; b, c) 1740-76 –
Kr. Pyritz: Beelitz a) 1667-1765, 1770-1829; b) 1647-1828; c) 1644-1805 – Blumberg a) 1743-93, b) 1740-85; c) 1740-90 – Brietzig a, c) 1632-1745; b) 1631-1745 – Klützow a) 1707-1810; b, c) 1690-1810 – Lettnin a) 1640-1773; b) 1640-1774; c) 1640-1772 – Wartenberg a) 1659-1828; b) 1654-1744, 1770-1829, c) 1667-1829 – Wittichau a) 1743-93; b) 1740-85; c) 1740-90 –
Kr. Randow: Gorkow a, b, c) 1605-1715 – Langenberg a, b, c) 1770-81 –
Kr. Regenwalde: Bandekow a, b, c) 1667-1771 –
Kr. Rügen: Bergen a) 1625-1738; b) 1625-1700, 1703-43; c) 1625-99, 1701-41 – Garz a) 1677-1790 – Gr. Zicker a) 1762-91; b) 1763-67; c) 1762-83 – Rügen Einwohnerverzeichnis 1636 – Samtens a) 1792-1839, 1737-80; b, c) 1737-80 – Vilmnitz a) 1680-1825; b) 1745-74; c) 1745-64 –
Kr. Schlawe: Rützenhagen a) 1638-47, 1703-51; b) 1660-1750; c) 1638-1724, 1742-50 – Schlawe St. Marien a, b, c) 1618-1710 – Suckow a, b, c) 1692-1761 –
Kr. Stolp: Gr. Brüskow a, b, c) 1622-1781, 1780-1869 – Lupow mit Alt Darsim a, b, c) 1847-75 –
Kr. Usedom-Wollin: Benz a) 1643-1796; b) 1643-1798, 1823-74; c) 1643-1853 – Krummin a, b, c) 1687-1766, 1674-1721 –

Anhang

Quellen und Literatur

AF LANDSBERG 2006: Staatsarchiv Landsberg an der Warthe - Wegweiser durch die Bestände bis zum Jahr 1945. Bearb. unter der Redaktion von Dariusz Aleksander Rymar, übers. v. Oliver Loew. München 2006 (Schriften des Bundesinstituts für Kultur und Geschichte der Deutschen im östlichen Europa, Band 25)

AF OSTBRANDENBURG 2007: Archivführer zur Geschichte Ostbrandenburgs bis 1945. Bearb. v. Christian Gahlbeck. München 2007 (Schriften des Bundesinstituts für Kultur und Geschichte der Deutschen im östlichen Europa, Band 31).

AF STETTIN 2004: Staatsarchiv Stettin - Wegweiser durch die Bestände bis zum Jahr 1945. Hrsg. Generaldirektion der Staatlichen Archive Polens. [Archiwum Państwowe w Szczecinie - Przewodnik po zasobie do 1945 roku] Bearb. v. Radosław Gazinski, Paweł Gut u. Maciej Szukała. München 2004 (Schriften des Bundesinstituts für Kultur und Geschichte der Deutschen im östlichen Europa, Band 24).

AP KÖSLIN 1981 A: Wojewódzkie Archiwum Państwowe w Koszalinie 1961-1981. Red. Jan Gorski. Koszalin 1981, 143 S. [Staatl. Wojewodschaftsarchiv Köslin 1961-1981].

AP KÖSLIN 1981 B: Adam Muszyński. Poniemiecki zasób archiwalny w Wojewódzkim Archiwum Państwowym w Koszalinie. In: Koszalińskie Studia i Materiały 1981 Nr. 3, S. 135-149. [Der deutsche Bestand des Wojewodschaftsstaatsarchivs Köslin, (im wesentlichen Wiederholung des entsprechendes Teils des Buches Wojewódzkie Archiwum Państwowe w Koszalinie 1961-1981)].

AP KÖSLIN 1989: Archiwum Państwowe w Koszalinie. Informator o zasobie archiwalnym. Opracował W. Chlistowski. Koszalin 1989. [Staatsarchiv Köslin. Übersicht über den Bestand. Bearb. v. W. Chlistowski]

AP POSEN. Archiwum Państwowe w Poznaniu. Spis zespołów. Opracowała Jadwiga Miedzianowska. Poznan 1995. [Staatsarchiv Posen. Beständeverzeichnis. Bearb. v. J. Miedzianowska]

AP STETTIN 1964: Wojewódzkie Archiwum Państwowe w Szczecinie. Przewodnik. Pod red. H. Lesińskiego. Warszawa 1964. [Das Wojewodschaftsstaatsarchiv in Stettin. Beständeübersicht ...]

AP STOLP: Waldemar Królikowski. Zasób Archiwum Państwowego w Słupsku. Informator. Słupsk 1990. [Der Bestand des Staatsarchivs Stolp. Übersicht]

ARCHIWUM Państwowe Miasta Poznania i Województwa Poznańskiego. Przewodnik po zasobie archiwalnym. Pod red. Cz. Skopowskiego. Warszawa 1969. [Das Staatsarchiv der Stadt und der Wojewodschaft Posen und seine Außenstellen. Beständeübersicht. Hrsg. von ... Cz. Skopowski]

ASMUS, Ivo: Die geometrische Landesvermessung von Schwedisch-Pommern 1692-1709. In: Baltische Studien, NF 82/1996.

BACKHAUS, Helmut: Zur Militärgeschichte Schwedisch-Pommerns 1812-1815. Eine Übersicht über die Quellen des Kriegsarchivs. In: Meddelanden från Krigsarkivet, IX. Uddevalla 1982.

BACKHAUS, Helmut: Zum Verlust der schwedisch-pommerschen Archive vor Bornholm 1678. In: Jahrbuch für Regionalgeschichte, Bd. 15, Teil II, 1988, S. 116 ff.

BACKHAUS, Helmut: Quellen zur Personengeschichte Schwedisch-Pommerns in Stockholmer Archiven. In: Vorträge zur Familienforschung in Mecklenburg-Vorpommern. Heft 5, S. 61-67. Neubrandenburg/Göttingen 1995.

BAIER, Rudolf: Geschichte der Communalstände von Neuvorpommern und Rügen. Putbus 1881.

BEHM, Otto: Beiträge zum Urkundenwesen der einheimischen Fürsten von Rügen. In: Pom. Jahrbücher 14/1913, S. 1-103.

BERGER, Reinhart: Rechtsgeschichte der schwedischen Herrschaft in Vorpommern. Würzburg 1936.

BESTÄNDE DZG: Bestandsverzeichnis der Abt. Deutsche Zentralstelle für Genealogie im sächsischen Staatsarchiv Leipzig. Teil I. Die Kirchenbuchunterlagen der östlichen Provinzen Posen, Ost- und Westpreußen, Pommern und Schlesien. Hrsg. v. d. Abt. Deutsche Zentralstelle f. Genealogie Leipzig. Bearb. v. M. Wermes, R. Jude, M. Bähr u. H.-J. Voigt. Neustadt/Aisch (3. Aufl.) 1997.

BIEREYE, Wilhelm: Die Akten des Rügenschen Landvogteigerichts als familiengeschichtliche Quelle. In: Monatsblätter 52/1938/7, S. 177-180.

BIEWER, Ludwig: Quellen zur Geschichte Pommerns im Geheimen Staatsarchiv Preußischer Kulturbesitz. In: Baltische Studien NF 72/1986, S. 110-119.

BISKUP, Marian (Hrsg.): Stan badań i potrzeby edycji źródłowych dla historii Pomorza i innych krajów południowej strefy bałtickiej. Toruń 1995. [Forschungsstand und Bedarf an Quelleneditionen zur Geschichte Pommerns und anderer Länder des südlichen Ostseeraums.]

BITTER, R. v.: Handwörterbuch der Preußischen Verwaltung. Berlin, Leipzig 1928.

BLISS, Winfried: Die Plankammer der Regierung Frankfurt/Oder. Spezialinventar 1670-1870. (Veröffentlichungen aus den Archiven Preußischer Kulturbesitz, 15), Köln-Wien 1978.

BLISS, Winfried: Die Überlieferung amtlicher Karten in Brandenburg und Preußen. In: Kloosterhuiss 1996. S. 239-262.

BORNHAK, Conrad: Preußische Staats- und Rechtsgeschichte. Berlin 1903.

BRANIG, Hans: Das Staatsarchiv Stettin und die Pflege des nichtstaatlichen Archivguts in Pommern. In: Monatsblätter 52/1938, S. 82-90.

BLHA: Übersicht über die Bestände des Brandenburgischen Landeshauptarchivs Potsdam. 2 Teile. Hrsg. v. Friedrich Beck. Weimar 1965-1967.

BRÜCK, Thomas: Untersuchungen zur Entwicklung der Bruderschaften im norddeutschen Raum unter besonderer Berücksichtigung der Stralsunder Schifferkompanie im Zeitraum 1488 bis 1648. Greifswald 1985.
BRÜGGEMANN, Ludwig Wilhelm: Ausführliche Beschreibung des gegenwärtigen Zustandes des Königl. Preußischen Herzogthums Vor- und Hinterpommern. 4 Teile, Stettin 1779-1800.
BRULIN, Hermann: Die Gadebuschsammlung im Stockholmer Reichsarchiv. In: Nordisk Tidskrift för bok- och biblioteksväsen, III/1916, S. 40-52. Übersetzung v. Johannes Paul, Sdr. Greifswald 1929.
BUSKE, Norbert: Das alte Greifswalder Konsistorium. 300 Jahre kirchliche Rechtsprechung. In: Baltische Studien, NF 76/1990, S. 48-80.
CHLISTOWSKI, Waldemar: Materiały do ochrony środowiska w aktach Rejencji Koszalińskiej w Archiwum Państwowym w Koszalinie [Unterlagen zum Umweltschutz in den Akten der Regierung Köslin im Bestand des Staatsarchivs Köslin], in: Czas i dokument. Studia nad procesem aktotwórczym. Pod red. A. Wirskiego, Koszalin 1997, S. 87-101.
CHMILIEWSKI, Zdisław: Źródła do dziejów Pomorza Zachodniego. Cz. 1. Archiwum Główne Akt Dawnych, Archiwum Akt Nowych oraz Wojewódzkie Archiwa Państwowe w Poznaniu i Gdańsku. Pod redakcją Zdisława Chmielewskiego. In: Informator Archiwalny Szczecin 1980. [Quellen zur Geschichte Hinterpommerns. Teil 1. Das Hauptarchiv Alter Akten, das Archiv Neuer Akten sowie die staatlichen Wojewodschaftsarchive in Posen und Danzig.]
CURSCHMANN, Fritz: Matrikelkarten von Vorpommern. 1. Teil. Dorfbeschreibungen zu Blatt 3,4.7 u. 8. Amt Barth, Barther und Stralsunder Distrikt, Amt Franzburg. Rostock 1948 (Karten 1952). Darin: Codex Hist. 198 – Sammelhandschrift zur pom. Kirchengeschichte.
DÄHNERT, Johann Carl: Sammlung gemeiner und besonderer Pommerscher und Rügischer Landes-Urkunden Gesetze, Privilegien, Verträge Constitutionen und Nachrichten : Zur Kenntniß der alten und neueren Landes-Verfassung insonderheit des Königlich-Schwedischen Landes-Theils. 3 Bde., 4 Supplementbde, 1765-1802 (Supplem.-Bde. 3 u. 4 von Gustav von Klinckowström). Stralsund 1788.
DEGERING, Hermann: Kurzes Verzeichnis der germanischen Handschriften der Preußischen Staatsbibliothek. Bde. 1-3. Graz 1970 (Unveränderte Nachdrucke der Ausgabe in der Reihe der Mitteilungen aus der Preußischen Staatsbibliothek Berlin, Bde VII-IX, 1926-30).
DIESTELKAMP, Adolf: Das Staatsarchiv Stettin seit dem Weltkrieg. In: Monatsblätter 52/1938, S. 70-82.
DIETSCH, Ute: Die Nachlässe im Geheimen Staatsarchiv Preußischer Kulturbesitz. Probleme und Aufgaben. In: Kloosterhuis 1996, S. 201-238.
DOERING, Wilhelm: Sammlung Doering. Stiftung Pommern Kiel. Bestandsverzeichnis. Hrsg. v. d. Stiftung Pommern. Bearb. v. W. Doering u.a. Kiel 1987.

DÖHN, Helga: Der Nachlaß Johannes Luther. Berlin 1984. (Deutsche Staatsbibliothek. Handschrifteninventare, 6)

DÖHN, Helga: Der Nachlaß Johann Karl Konrad Oelrichs. Berlin 1990. (Deutsche Staatsbibliothek. Handschrifteninventare, 15).

DÖLEMEYER, Barbara: Repertorium ungedruckter Quellen zur Rechtsprechung Deutschland 1800-1945. Hrsg. u. eingel. v. Barbara Dölemeyer. Band 9, 1-2. Frankfurt/M. 1995. (Rechtsprechung. Materialien und Studien. Veröff. d. Max-Planck-Instituts f. Europ. Rechtsgeschichte).

DREGER, Friedrich von: Codex Pomeraniae Vicinarumque Terrarum Diplomaticus: Oder Urkunden, so die Pommersch- Rügianisch- u. Caminschen, auch die benachbarten Länder, Brandenburg, Mecklenburg, Preussen und Pohlen angehen: aus lauter Originalien, oder doch archiuischen Abschriften, in chronologischer Ordnung zusammen getragen, und mit Anmerckungen erläutert. Berlin 1768.

DROLSHAGEN, Carl: Die schwedische Landesaufnahme und Hufenmatrikel von Vorpommern als ältestes deutsches Kataster, 2 Bde. Greifswald 1920/1923.

ELSTNER, Waltraud: Die Bestände der I. und II. Hauptabteilung des Geheimen Staatsarchivs Preußischer Kulturbesitz Berlin-Dahlem nach ihrer Rückführung aus Merseburg. In: Kloosterhuis 1996. S. 155-200.

ENGEL, Franz: Ostdeutsche Karten und Pläne in Stockholmer Archiven. Marburg 1953. (Mschr., J.G. Herder- Institut, Sign. 5 II, L. 203).

FABRICIUS, Carl Ferdinand: Der Stadt Stralsund Verfassung und Verwaltung. Stralsund 1831.

FABRICIUS, Ferdinand: Urkunden und Copiar des Klosters Neuenkamp im Kgl. Staatsarchiv zu Wetzlar. Stettin 1891. (Quellen zur Pommerschen Geschichte, 2).

FENSKE, Hans: Die Verwaltung Pommerns 1815-1945. Aufbau und Ertrag. Köln, Weimar, Wien 1993. (Veröffentlichungen der Historischen Kommission für Pommern: Reihe 5, Forschungen Bd. 26).

FESTSCHRIFT: Festschrift zur 500-Jahrfeier der Universität Greifswald. 2 Bde. Greifswald 1956.

FRIEDLÄNDER, Ernst: Ältere Universitätsmatrikeln der Universität Greifswald 1456-1700. 2 Bde. Leipzig 1893/1894.

FRUENDT, Edith: Zisterzienserkloster Doberan. Berlin 1982. (Das christliche Denkmal, 12).

GADEBUSCH, Thomas Heinrich: Schwedischpommersche Staatskunde. 2 Bde., Greifswald 1786/1788.

GAŁCZYŃSKA, Zofia: Die Stettiner Stadtbibliothek. Geschichte. Bestände. In: Pommern 4/1991, S. 13-21.

GAŁCZYŃSKA, Zofia: Die Handschriften der Stadtbibliothek Stettin. In: Pommern 6/1993/4. S. 98-105.

GLEPKE, F.: Die geschichtliche Entwicklung des Landratsamtes der Preußischen Monarchie. Berlin 1902.

GESTERDING, Carl: Beitrag zur Geschichte der Stadt Greifswald oder vervollständigte Darstellung, Berichtigung und Erläuterung aller die Stadt Greifswald, ihre Kirchen und Stiftungen angehenden Urkunden bis zum Ende des 18. Jahrhunderts. Greifswald 1827.
GESTERDING, Carl: Erste Fortsetzung des Beitrages zur Geschichte der Stadt Greifswald. Greifswald 1829.
GROTEFEND, Otto: Ergebnisse einer Archivreise im Kreise Greifswald. In: Pommersche Jahrbücher, 11/1910, S. 109-194.
GStA PK: Übersicht über die Bestände des Geheimen Staatsarchivs zu Berlin-Dahlem. Teil 1-3. Leipzig 1934-1939. (Mitteilungen der Preußischen Archivverwaltung, Hefte 24-26).
GÜLZOW, Erich: Die St. Marienkirche in Barth. Barth 1940.
HANDSCHRIFTENSAMMLUNGEN POLENS: Zbiory rękopisów w bibliotekach i museach w Polsce. Przewodnik. Opracowana Danuta Kamolowa i Krystyny Muszynskiej. Warszawa 1988. [Die Handschriftensammlungen in den Bibliotheken und Museen Polens. Führer. Bearb. v. ...]
HÄNSEL, Magdalena: Das Stadtarchiv in Bergen. In: Monatsblätter 54/1940, S. 34-39.
HEYDEN, Hellmuth: Die Kirchen Stettins und ihre Geschichte. Stettin 1936.
HEYDEN, Hellmuth: Die Kirchengeschichte Pommerns. 2 Bde. Köln, 2. Aufl. 1957.
HEYDEN, Hellmuth: Die Kirchen Stralsunds und ihre Geschichte. Berlin 1961.
HEYDEN, Hellmuth: Die Kirchen Greifswalds und ihre Geschichte. Berlin 1965.
HINKEL, Heinz: Pommersche Karten in der Staatsbibliothek der Stiftung Preußischer Kulturbesitz (Marburg/L.). In: Zeitschr. f. Ostforschung 16/1967/2., S. 342-353.
HOOGEWEG, Hermann: Stifter und Klöster der Provinz Pommern. 2 Bde. Stettin 1924/1925.
HOPPE, Hans: Die Rechtsfolgen der Einziehung der drei mecklenburgischen Landesklöster. Schwerin 1921.
HORVATH, Eva : Historische Handschriften der Hamburger Staats- und Universitätsbibliothek. (Katalog der Handschriften der Staats- und Universitätsbibliothek Hamburg VI.) Hamburg 1973.
HUBATSCH, Walter (Hg.): Grundriß zur deutschen Verwaltungsgeschichte 1815-1945. Reihe A: Preußen. Bd. 3: Pommern, bearb. v. Dieter Stüttgen. Marburg/L. 1975.
HUE DE GRAIS, Robert A. F. H.: Handbuch der Verfassung und Verwaltung in Preußen und dem deutschen Reiche. Berlin, 18. Aufl. 1907.
INFORMATOR STETTIN: Szczeciński Informator Archiwalny 1978-2006 [Stettiner Archiv-Informator; in den Jahren 1978-1984 als „Informator Archiwalny" bezeichnet; Jahresheft des Staatsarchivs Stettin].

KATALOG 1971: Katalog Inwentarzy Archiwalnyci. Hrsg. v. d. Naczelna Dyrekcja Archiwów Państwowych. Bearb.v. Maria Pestkowska u. Halina Siebelska. Warschau 1971. [Archivalisches Bestandsverzeichnis. Hrsg. v. d. Generaldirektion der Staatsarchive ...]

KAUSCHE, Dietrich: Putbusser Regesten. Regesten und Urkunden der Herren von Putbus und ihres Besitzes im Mittelalter. Stettin 1940.

KIEL, Uwe: „Gedächtnis der Verwaltung" und Quelle der Historiographie. Ein Beitrag zur Geschichte des Stadtarchivs Greifswald. In: Greifswald. Geschichte der Stadt, hrsg. v. Horst Wernicke im Auftrag der Hansestadt Greifswald, Schwerin 2000, S. 431-441.

KIEL, Uwe: Stadtarchiv Greifswald. Kurzinformation. Hrsg.: Hansestadt Greifswald, Der Oberbürgermeister, Kulturamt, Stadtarchiv, Greifswald 2004.

KLAUS, Wolfram: Die Städte der DDR im Kartenbild. Pläne und Grundrisse 1851-1945. Berlin 1976 A. (Kartographische Bestandverzeichnisse der Deutschen Staatsbibliothek, 1).

KLAUS, Wolfram: Pläne und Grundrisse von Städten sozialistischer Länder Europas (1574-1850). Berlin 1976 B. (Kartographische Bestandverzeichnisse der Deutschen Staatsbibliothek, 2).

KLAUS, Wolfram: Die Städte der DDR im Kartenbild. Pläne und Grundrisse von 1550-1850. Berlin 1983. (Kartographische Bestandsverzeichnisse der Deutschen Staatsbibliothek, 5).

KLEMP, Egon: Systematischer Katalog der Kartenabteilung bis 1945. Microfiche-Ausgabe. (Nebst) Sachgruppen- u. Signaturenübersicht. Hildesheim 1992.

KLEMP, Egon / ZÖGNER, Lothar: Handbuch der Historischen Kartenbestände Deutschlands. Berlin 1998.

KLOOSTERHUIS, Jürgen (Hrsg.): Aus der Arbeit des Geheimen Staatsarchivs Preußischer Kulturbesitz. Berlin 1996. (Veröff. Aus den Archiven Preußischer Kulturbesitz. Arbeitsberichte, Bd. 1).

KLOOSTERHUIS 2000: Kloosterhuis, Jürgen: Von der Repositurenvielfalt zur Archiveinheit. Die Etappen der Tektonierung des Geheimen Staatsarchivs. In: Archivarbeit für Preußen, Symposium der Preußischen Historischen Kommission und des Geheimen Staatsarchivs Preußischer Kulturbesitz aus Anlass der 400. Wiederkehr der Begründung seiner archivischen Tradition. S. 47-70, mit Anhang: Die Tektonik des Geheimen Staatsarchivs, ebd. S. 71-257. Berlin 2000 (Veröff. aus den Archiven Preußischer Kulturbesitz, Arbeitsberichte, 2)

KOŃCZAK, Tadeusz: Materiały archiwalne w WAP w Koszalinie dotyczące skał użytkowych [Archivunterlagen über nutzbare Materialien im Bestand des Wojewodschaftsstaatsarchiv Köslin]. In: Archeion 71/1981, S. 103-108.

KOŃCZAK, Tadeusz: Zbiór kartograficzny Wojewódzkiego Archiwum Państwowego w Koszalinie. In: Archeion 73/1982, S. 111-122. [Die Kartensammlung des Wojewodschaftsstaatsarchivs in Köslin].

KOŃCZAK, Tadeusz: Archiwalia dotyczące gospodarki wodnej na środkowym Pomorzu (1830-1930) [Archivalien über Wasserwirtschaft in Mittelpommern]. In: Archeion 73/1982, S. 123-136.
KOSEGARTEN, Johann Gottlieb Ludwig: Geschichte der Universität Greifswald mit urkundlichen Beilagen. 2 Bde. Greifswald 1856.
KOZŁOWSKI, Kazimierz/SCHOEBEL, Martin: Ducatus Pomeraniae. Pommern und die Greifen. Urkunden und Akten aus den Jahren 1140-1648. Ducatus Pomeraniae. Pomorze i Gryfici. Dokumenty z lat 1140-1648. Stettin 1998.
KRATZ, Gustav: Die Städte der Provinz Pommern. Abriß ihrer Geschichte, zumeist nach Urkunden. Einl. u. Vorw. v. R. Klempin. Berlin 1865.
KRAUSE, Friedhilde: Handbuch der historischen Buchbestände in Deutschland. Bd. 16. Hrsg. v. Friedhilde Krause. Mecklenburg-Vorpommern, bearb. v. Gerhard Heitz. Brandenburg, bearb. v. Ina-Maria Treuter. Hildesheim, Zürich, New York 1996.
KrA: Beståndsöversikt Krigsarkivet. 9 Teile. Stockholm 1987-1998. (Meddelanden från Krigsarkivet).
KROSKO, Barbara: Świeckie i wyznaniowe księgi stanu cywilnego w Archiwum Państwowym w Koszalinie [Kirchenbücher und Standesamtregister im Bestand des Staatsarchivs Köslin]. In: Archeion 86/1989, S. 63-79.
LABUDA, Gerard: Przegląd źródeł i literatury do dziejów Szczecina do 1805 r. [Übersicht über die Quellen und die Literatur zur Geschichte Stettins bis zum Jahre 1805.]
LANDESKIRCHE: Landeskirchliches Archiv der Pommerschen Evangelischen Kirche. Schnellüberblick Kirchenbuchbestand. Greifswald 1995.
LANDESMATRIKEL: Die schwedische Landesaufnahme von Vorpommern 1692-1709. Karten und Texte. Hrsg. v. d. Histor. Kommission f. Pommern in Verbindung mit dem Landesarchiv Greifswald. Reihe Städte: Bd. 1 Wolgast, 1992; Bd. 2 Greifswald 2002; Bd. 3/1-2 Stettin, 2004, 2005; Bd. 4 Barth 2007; Reihe Ortsbeschreibungen Bd. 1 Insel Usedom, 1996; Bd. 2 Rügen T. 1 Halbinsel Jasmund. 1998; Bd. 2 Rügen T. 2 Halbinsel Mönchgut 2002; Bd. 3 Distrikt Wolgast T. 1 Land Wusterhusen, 1999; Bd. 4 Dörfer der Stadt Greifswald, 2000; Bd. 5 Dörfer der Universität Greifswald, 2001.
LANGE, Edmund: Die Greifswalder Sammlung Vitae Pomeranorum. Greifswald 1898.
LANGE, Edmund: Ergänzungen zu seinem Werke „Die Greifswalder Sammlung Vitae Pomeranorum". In: Baltische Studien NF 9/1905, S. 1-78.
LANGHOF, Peter: Die Entwicklung der gotischen kursiven Urkundenschriften in den Kanzleien der Herzöge von Pommern. Berlin 1970.
LASZUK, Anna: Księgi metrykalne i stanu cywilnego w archiwach państwowych w Polsce. Informator. Opracowała Anna Laszuk. Warszawa 1999. 469 S. [Kirchenbü-

cher und Personenstandsregister in den Staatsarchiven Polens. Übersicht. Bearb. v. Anna Laszuk.]

LIPS, K.: Die Hufenklassifikation in Hinterpommern und der Neumark von 1717-1719. In: Allgemeine Vermessungsnachrichten 1933, Nr. 41, S. 638-646.

LORENZ, Carl: Geschichte der Schiffer-Compagnie in Stralsund. Stralsund 1882.

LÜPKE, Helmut/IRGANG, Winfried: Urkunden und Regesten zur Geschichte des Templerordens im Bereich des Bistums Cammin und der Kirchenprovinz Gnesen. Nach Vorlage von Helmut Lüpke neu bearb. von Winfried Irgang. Köln-Wien 1987. (Veröffentlichungen der Hist. Kommission f. Pommern. Reihe 4: Quellen zur pom. Gesch. 10).

LUTTER, Harald: Zur verfassungsgeschichtlichen Stellung des Provinzialverbandes Pommern und seiner ständischen Vorformen. In: Baltische Studien, NF 80/1994, S. 52-80.

MEDEM, Friedrich Ludwig Baron von: Das königliche Provinzial-Archiv zu Stettin. In: Zeitschrift für Archivkunde, Diplomatik und Geschichte. Zweiter Band, Erstes Heft. S. 19-113. Hamburg 1838.

MODEÉR, Kjell Åke: Svensk rätts tillämpning i Pommern. Några anteckningar i anledning av ett arkivfund. In: Rättshistoriska studier III, Lund 1969. [Schwedische Rechtsanwendung in Pommern. Einige Anmerkungen aus Anlaß eines Archivfundes. In: Rechtshistorische Studien III.]

MUSZYŃSKI, Adam: Materiały archiwalne do gospodarki leśnej w aktach domen i lasów rejencji koszalińskiej. In: Rocznik Koszaliński 20/1984-85, S. 115-127. [Archivunterlagen zur Waldbewirtschaftung in den Domänen- und Forstakten der Regierung Köslin].

NICHTSTAATLICHE ARCHIVE: Veröffentlichungen der Historischen Kommission für Pommern. Bd. II Hefte 1-6, Bd. IV Hefte 1-2. Stettin 1913-1942. [Die Verzeichnung der kleineren nichtstaatlichen Archive. Kreise: Anklam, Demmin, Greifenberg, Kammin, Köslin, Naugard, Pyritz, Saatzig, Stolp].

PETERSOHN, Jürgen: Der südliche Ostseeraum im kirchlich-politischen Kräftespiel des Reiches, Polens und Dänemarks vom 10. bis 13. Jahrhundert. Wien 1979.

PETSCH, Reinhold: Verfassung und Verwaltung Hinterpommerns im Siebzehnten Jahrhundert. Leipzig 1907.

PODRALSKI, Jerzy: Archiwum Książąt Szczecińskich. 2 Bde., Szczecin 1991. [Das Herzoglich Stettiner Archiv].

POPIELAS-SZULTKA, Barbara: Regesty dokumentów klasztoru cystersów w Kołbaczu. In: Informator archiwalny Nr. 12/1983, S. 5-37. [Die Urkundenregesten des Zisterzienserklosters Kolbatz].

PORADA, Haik Thomas: Pommern, Skandinavien und das Baltikum. Sachthematisches Archivinventar zu den frühneuzeitlichen Beständen an Nordica, Baltica und Sueco-Pomeranica im Staatsarchiv Stettin. Schwerin 2005 (Publikationen des Lehrstuhls für Nordische Geschichte, 6).

PROVINZIALVERBAND: 50 Jahre Provinzialverband von Pommern. Hrsg. v. Landeshauptmann der Provinz Pommern. Stettin 1926.
PUB: Pommersches Urkundenbuch. Bd. I-XI. Stettin, Köln/Wien 1868-1990.
RA: Riksarkivets beståndsöversikt. 7 Teile. Stockholm 1993-1999. (Skrifter utgivna av Svenska Riksarkivet, 8.)
RADDATZ, Carlies Maria: Flucht und Vertreibung in der Wahrnehmung der deutschen Gemeinden in Ostpommern. In: Baltische Studien NF 82/1986, S. 132-147.
RAHN, Kerstin: Beziehungen Mecklenburgs zu Staaten und Städten des Ostseeraums. Hrsg. v. Andreas Röpcke. Bearb. v. Kerstin Rahn. Schwerin 1998 (Findbücher, Inventare und kleine Schriften des Landeshauptarchivs Schwerin, 3]
RIGSARKIVET og hjælpemidlerne til dets benyttelse. Bd. 1 u. 2. Redigiert von Wilhelm von Rosen. Hrsg. v. Rigsarkivet 1983, Kopenhagen. [Das Reichsarchiv und die Hilfsmittel zu dessen Benutzung ...]
RODIG, Uwe: Verzeichnis der pommerschen Kirchenbücher im Vorpommerschen Landesarchiv Greifswald. Bearb. v. Uwe Rodig. Rostock, Bremen 1996.
StAG 1966: Rudolf Biederstedt: Übersicht über die Bestände des Stadtarchivs Greifswald und Archivalischer Quellennachweis zur Geschichte der örtlichen Arbeiterbewegung. Greifswald 1966.
RÜPPELL, Hans-Björn: Quellen zur historischen Landeskunde Pommerns. Kommentierte Bibliograhien zur älteren Landeskunde, zu Reiseberichten, Ortsverzeichnissen und Ortsnamen sowie eine ortskundliche Kartographie. Hrsg.: Pommerscher Greif e. V. (Materialien zur pommerschen Familien- und Ortsgeschichte. Sonderheft des SEDINA-Archivs, Heft 4)
SAJKO, W./Chmieliewski, Zdisław: Katalog materiałów archiwalnych odnoszących się do gospodarki wodnej. Szczecin 1979. [Katalog der Archivalien betreffend die Wasserwirtschaft].
SATTLER, Hannelore: Die historischen Kartenbestände der Sektion Geographie der Ernst-Moritz-Arndt-Universität Greifswald. (Diplomarbeit) Greifswald 1981.
SCHERER, Franz: Zur Funktion und Organisation der Polizeidirektion Stettin 1848-1890. Mschr. Greifswald 1981.
SCHLEGEL, Gerhard: Das Zisterzienserkloster Dargun 1172-1552. Leipzig 1980. (Studien zur katholischen Bistums- und Klostergeschichte, 22)
SCHOEBEL, Martin: Das Vorpommersche Landesarchiv in Greifswald und seine pommerschen Bestände. In: Kazimierz Kozłowski (Hg.), Pół wieku polskiej państwowej służby archiwalnej na ziemiach zachodnich i północnych, Warszawa-Szczecin 1997, S. 49-58.
SCHOEBEL, Martin: Überlieferung spätmittelalterlicher Urkunden aus Pommern im Landesarchiv Greifswald. Probleme und Perspektiven einer Edition. In: Stand, Aufgaben und Perspektiven territorialer Urkundenbücher im östlichen Mitteleuropa. Hrsg. v. Winfried Irgang und Norbert Kersken. (Tagungen zur Ostmitteleuropaforschung 6). Marburg 1998, S. 61-79.

SCHOEBEL, Martin: Pommern und seine historische Überlieferung zwischen Zäsur und Kontinuität. Strukturen und Wandel im pommerschen Archivwesen des 20. Jahrhunderts. In: Pommern zwischen Zäsur und Kontinuität, hg. v. Bert Becker und Kyra Inachin, Schwerin 1999, S. 349-360.
SCHROEDER, Horst-Diether: Der Stralsunder Liber memorialis. Teil 1-6. Rostock 1964-1988 (Veröffentlichungen des Stadtarchivs Stralsund, V/1-6).
SIMON, G.: Zur Archivgeschichte. In: Wiss. Zeitschr. d. Univ. Greifswald, Jahrgang IV 1956/1957. Gesellsch.-u. Sprachwiss. Reihe 1/2, S. 105-120 [Verz. d. Urkunden].
ŚNIADECKI, Janusz: Źródła do dziejów Pomorza Zachodniego (1918-1950). Stan i potrzeby badań oraz postulaty edytorski. In: Dwa powroty Polski na Bałtyk 1920-1945. Pod. redakcją Bogusława Polaka. Koszalin 1985, S. 361-376. [Quellen zur Geschichte Hinterpommerns 1918-1950. Stand und Forschungsaufgaben sowie Forderungen hinsichtlich der Veröffentlichung. In: Zweimal Rückkehr Polens an die Ostsee 1920 und 1945.]
SPAHN, Reinhart: Verfassungs- und Wirtschaftsgeschichte des Herzogtums Pommern 1478-1625. Leipzig 1896.
STA I: Standesregister und Personenstandbücher der Ostgebiete im Standesamt I in Berlin. Gesamtverzeichnis für die ehemaligen deutschen Ostgebiete, die besetzten Gebiete und das Generalgouvernement. Frankfurt/M. 1992.
STAATSARCHIVE POLEN: Archiwa państwowe w Polsce. Przewodnik po zasobach. Opracowanie zbiorowe pod redakcją A. Biernata i A. Laszuk. Warszawa 1998. [Staatsarchive in Polen. Ein Führer durch die Bestände. Hrsg. von ...]
STASCHE, Christa: Das Evangelische Zentralarchiv in Berlin und seine Bestände. Berlin 1992 (Veröff. des EZA Berlin, 5)
STELMACH, Mieczysław: Katalog planów miast i wsi Pomorza Zachodniego XVII-XIX w. w zbiorach WAP Szczecin. Oprac. M. Stelmach. Szczecin 1980. [Pläne und Karten der pommerschen Städte und Dörfer des 17.-19. Jahrhunderts im Bestand des Wojewodschaftsstaatsarchivs Stettin. Ein Katalog. Bearb. von ...].
STELMACH, Mieczysław: Kancelaria pruskich urzędów administracij państwowej na przykładzie rejencji w latach 1808-1945. Szczeczin 1981. [Die Kanzlei der preußischen Verwaltungsbehörden am Beispiel der Regierungen in den Jahren 1808-1945.].
STETTINER REGESTEN: Regestenbuch der Urkundensammlung der Stadt Stettin 1243-1856. Bearb. v. Karl Otto Grotefend u. z. Druck vorbereitet v. Bogdan Frankiewicz u. Jerzy Grzelak. Teil 1 u. 2, Stettin 1996.
STIFTUNG POMMERN: Rudolf Virchow, Theodor Billroth. Leben und Werk. Ausstellungskatalog. Hrsg. v. d. Stiftung Pommern Kiel. Bearb.v. Helga Wetzel und Christian Andree. Kiel 1979.
STIFTUNG POMMERN: Sammlung Rabl-Virchow. Stiftung Pommern Kiel. Bestandsverzeichnis. Hrsg. v. d. Stiftung Pommern Kiel. Bearb. v. Helga Wetzel. Kiel 1984.

STIFTUNG POMMERN: 30 Jahre Stiftung Pommern 1967-1996. Hrsg. v. d. Stiftung Pommern Kiel. Bearb. v. Helga Wetzel, Marina Sauer, Michael Rudolph, Paul Mohns, Horst Schlisske. Kiel 1997.
SZULIST, Wladysław : Archiwa parafialne powiatu bytowskiego. In: Rocznik koszaliński 1970/6, S. 214-218. [Die kirchlichen Archive des Kreises Bütow. In: Kösliner Jahrbuch ...]
SZULIST, Wladysław: Archiwa parafialne powiatu chłuchowskiego. In: Rocznik koszaliński 1973/9, S. 194-200. [Die kirchlichen Archive des Kreises Schlochau. In: Kösliner Jahrbuch ...]
SZULIST, Wladysław: Archiwa parafialne powiatu słupskiego. In: Rocznik koszaliński 1974/10, S. 198-205. [Die kirchlichen Archive des Kreises Stolp. In: Kösliner Jahrbuch ...]
TOMMOS, Sören: The Diplomatica Collection in the Swedish National Archivs. Stockholm 1980, 176 S. (Skrifter utgivna av Svenska Riksarkivet. 5).
UNRUH, G. Chr. v.: Der Landrat. Mitten zwischen Staatsverwaltung und kommunaler Selbstverwaltung, Köln 1966.
VERZEICHNIS EZAB: Verzeichnis der Kirchenbücher im Evangelischen Zentralarchiv in Berlin. Teil I. Die östlichen Kirchenprovinzen der Evangelischen Kirche der altpreußischen Union (3. Aufl.). Bearb. v. Christa Stache. Berlin 1992 (Veröff. d. Evangelischen Zentralarchivs in Berlin, 3).
VIERGUTZ, Friedrich H.: Pommersche Stadt- und Festungspläne im Kriegsarchiv zu Stockholm. In: Baltische Studien NF 41/1939, S. 141-160.
WÄCHTER, Joachim: Quellengut zur pommerschen Geschichte in ausländischen Archiven. In: Greifswald-Stralsunder Jahrbuch 4/1964, S. 195-204.
WARTENBERG, Heiko: Quellen zur Geschichte der schwedischen Militärgerichtsbarkeit im Staatsarchiv Greifswald. In: Archivmitteilungen 42/1993/2, S. 54-56.
WARTENBERG, Heiko/PORADA, Haik Thomas: Schwedische Vermessungen in Pommern und Mecklenburg. In: Schwedenzeit. Hrsg. v. Stadtgeschichtlichen Museum Wismar, Wismar 1998, S. 55-76.
WINTER, Ursula: Die europäischen Handschriften der Bibliothek Diez in der Deutschen Staatsbibliothek Berlin. Teil 1 u. 2, Leipzig 1986. (Handschriftenverzeichnisse der Deutschen Staatsbibliothek zu Berlin, Neue Folge 1).
WŁODARCZYK, Edmund: Materiały źródłowe do dziejów gospodarczych miast portowych Pomorza Zachodniego w latach 1815-1918 w archiwach NRD. In: Szczeciński Informator archiwalny 1/1985, S. 51-83. [Quellenmaterial zur Wirtschaftsgeschichte hinterpommerscher Hafenstädte in den Archiven der DDR].
WYMANS, Gabriel: Inventaire des archivs des ducs de Croy. Bruxelles 1977.
ZDRENKA, Joachim: Regesty dokumentów zachodnipomorskich w Archiwum Gdańskim. In: Szczeciński Informator archiwalny. Teil 1: bis 1400. Nr. 7/1981, S. 1-40; Teil 2: 1401-1430. Nr. 9/1982, S. 1-34.

Personenregister

Die Zahlen verweisen auf die fortlaufenden Bestandsnummern. Kursiv gesetztes *E* mit römischen Ziffern verweist auf die Einleitung zu den einzelnen Archiven (s. Inhaltsverzeichnis). Kursiv gesetzte Zahlen verweisen auf die Einleitung zum gesamten Archivführer.

A

Ackerknecht, Erwin *E XVIII*, 347, 351
Adelung, Christian Wilhelm 099, 182, 422, 426
Albedyll, Familie von 092
Amthor 425
Arndt, Ernst Moritz 373, 423, 426
Arnim, Familie von 092

B

Baader, Franz 351
Baersch, Georg 423
Bagmiehl 425
Baier, Rudolf 337
Bagensky, von 423
Balthasar, Augustin von *33*
Bankowski 423
Barnim IX. *30*
Barnim XI. 110
Barkow 161
Basedow, Heinrich 344
Bauer, Karoline 053
Baumgärtel, Friedrich 335
Becker, Arthur 093
Beggerow, Hans 351
Behr, Familie von 092
Behrens, Familie 092
Beier, Rudolf 422
Below, Annemarie, geb. Gesterding 277
Below, Familie von 092, 425
Berg, Familie 092,
Berg, Martin 423
Berghaus, Heinrich 393, 422, 427
Berlin, Carl Johann Julius 093
Bernheim, Ernst 335
Beseler, Georg 354, 422
Biederstedt, Rudolf *E X*
Bielcke 423

Bielcke, Nils 375
Billerbeck, Paul 335
Bismarck-Bohlen, Familie von 092
Blankensee, Peter von 014, 355
Blumenthal, Familie von 199
Bogislaw, Hans 351
Bogislaw X. 059
Bogislaw XIII. *31*, 423
Bogislaw XIV. *32*, 010, 423
Bohlen, Familie von *E I*, 182
Bohlen, Johann Ludwig Julius von *35*, 182
Bohm, Familie von 092
Boltenstern, Familie von 092
Bonin, Familie von 135, 430
Borcke, Familie von 092, 180, 395
Bosse, Heinrich 093, 337
Brandenburg, Ernst 277
Brausewetter, Arthur 351
Brenckenhoff, Franz Balthasar Schönberg von 354, 355
Bruchwitz, Otto 093
Brüggemann 339, 423
Brüggemann, Nicolaus 422
Brüning, Walter von 093
Buchholz (Werft) 279
Bugenhagen, Johannes 422, 423, 362, 426
Bülow, von *34*
Burkhardt, Familie 092

C

Calo, Friedrich Ferdinand 348, 351
Christian III. 391
Christian IV. 390
Christina I. 373, 374
Coste 161
Cothenius, Christian Andreas 423
Crause, Hans Heinrich (Crausse) 376, 472
Cremer, Hermann 335

Personenregister

Croy, Herzöge von 353, 358
Croy, Ernst Bogislaw Herzog von 354, 423
Croy, Anna von 423
Curschmann, Fritz 093, 335

D

Dähnert, Johann Carl 32, *E XIV, E XV*, 423
Danckert 339
Deecke, Wilhelm 335
Degering 426
Deißner, Kurt 335
Delbrück, Hans 422
De Wit 427
Dewitz, von 389
Dewitz-Meesow, Familie von 180
Dewitz-Gantzer, Familie von 180
Dewitz-Krebs, Familie von 180
Dewitz-Maldewin, Familie von 180
Dewitz-Wussow, Familie von 180
Dieffenbach, Fr. 426
Diez, H. F. *E XXIV*, 424
Doering, Wilhelm 341
Dohna-Schlodien, Familie von 180
Dohrn, Heinrich 351
Dohrn, Karl August 351
Doncker 339
Douglas, Familie von 092
Dreger, Friedrich von *32*
Droysen, Johann Gustav 354
Duncker, Wilhelm 347
Dumrath, Willy 093

E

Eberstein, Ludwig Christian Graf v. 423
Eickstedt, Familie von 092, 423
Eickstedt 423
Elsholtz, Johannes 423
Enckevort-Vogelsang, Familie von 092, 180
Engel, Carl 335
Engelbrecht, Familie von 180
Engelbrecht, Johann 423, 424
Engelke 161
Erich von Pommern 383, 384
Erskine, Familie 423
Ewe, Herbert *E XI*

F

Fabricius, J. F. 345
Falbe, Gotthilf Samuel 351
Fehlhaber, Gustav 277
Flemming, Familie von 092, 180, 425
Frederik I., König von Dänemark 385
Friedrich II. 021
Friedrich Wilhelm I. 014, 150, 423
Friedrich Wilhelm II. 070

G

Gadebusch, Thomas Heinrich 375
Gädke, Familie 092
Gardie, Graf de la 375
Gebhard, Georg Christoph 424
Geilenkercken 427
Georg I. 423
Georgius *339*
Gerschow 423/3
Gesterding, Carl/Karl *E XI*, 337
Gilly, Friedrich 427
Glasenapp, Familie von 092
Görlitz, Karl 347
Görres, Sammlung *E XXVI*
Gollub, Hermann *37, 38*
Goltz, Alexander von der 335
Goltz, Hermann von der 335
Goltz, von der 338, 427
Gottorp, Herzog Friedrich von 385
Granzow, Klaus 344
Grasmann, Hermann Günter 347
Gries, Käthe 093
Grimm, Hans 351
Groeben, Familie von der 092
Gröning'sche (Stiftung) 181
Grumbckow, Familie von 425
Grumbckow, Friedrich Wilhelm v. 354
Grumbckow, Philipp Otto von 354
Grundling 423
Gülzow, Erich 093, 337
Güntersberg, Familie von 395
Güssefeld 339
Gustav II. Adolf 057, *E XXII*
Gustav IV. Adolf 015
Gutjahr 161
Gutknecht, Georg Christian 423

H

Haas, Alfred 337
Hagen, von der (Sammlung) *E XXVI*
Hagenow, Friedrich von 383, 427
Hamilton, Herzog von (Sammlung) *E XXVI*
Haeckermann 161
Hänsel, Magdalene 093, *E XII*
Hartig, Hans 347
Hartmann-Drewitz, Lilly 344
Hasselbach, Karl Friedrich 347
Haussleiter, Johannes 335
Heller, Günther 423
Hellmundt, Albert, Lehrer 093
Helwig, J. A. 423
Hempler, Franz 093
Hering 423
Hermes, Johann Thimotheus 351
Hertzberg, Ewald Friedrich 347, 354
Hewel 093
Heyden 423
Heyden, Familie von 092
Heyden, Hellmuth 319
Heyden-Linden, Familie von 092
Heyden, Oberst von 423
Hildebrandt, Theodor 351
Hintze, Otto 354
Hirsch 161
Hochendorff, Familie von 229
Hoffmann, Hans 351
Hoffmeister, Kurt 093
Hofmeister, Adolf 093, 335
Hohenstein, Grafen von (Lehn) 394
Hollmann, Samuel Christian 347
Holtze, Otto 422
Homann 338, 339
Homeyer, Gustav 422
Hoogeweg, Hermann 001, 003
Hoogklimmer 104
Hoppen, Familie 425
Horn, Familie von 180

J

Jageteuffel'sche 181
Jakoby 161
Jepsen, Alfred 335
Jansson 339
Johann Friedrich *31*, 423
Johann Georg 423
Johann Sigismund 423
Jonas, Anton 347
Jörgensen, Jürgen 351
Judaeis 427

K

Kantzow, Thomas 423, 424, 426
Kähler, Wilhelm 335
Kästner, Kurt Wilhelm 335
Kaiser, Karl 335
Kameke, Familie von 092
Kanitz, Familie von 092
Kasimir, Herzog 424
Katsch, Gerhard 335
Kempe, Fritz 277
Kern, Franz 347
Kessler, Lina 351
Keulen, von 339
Kirchhoff, Gustav 337
Kleist, Familie von 092, 425
Klempin, Karl Robert *34*, 347
Klemptzen, Nikolaus von 423, 424
Klemzow, Familie von 395
Klomp, Benno 091
Knipstro, Johann 076
Köller, Familie von 182
König, Anton Balthasar 425
Königsmarck, Otto Wilhelm von 375, 423
Koepke (Sammlung) 344
Kosegarten, Gottfried Ludwig 337
Koss, Walter 337
Krankenhagen, Käthe 277
Krassow, Familie von 180
Kratz, Gustav *34*, 182
Krause, Hans 351
Kress, Bruno 335
Krethlow, Rudolf 277
Kretzschmer 425
Krey 161
Kruse, Familie von 092
Kugler, Franz 351
Kuhlmann, Fritz 335
Kunstmann 425
Kunze, Johannes 335
Kurfürst, Großer 421, 423, *E XXVII*

L

Lachmund, Hans u. Margarethe 277
Lagerström (Magnus) 012
Lancken, von der 423
Lancken-Wakenitz, Familie von 092
Lange, Johann Georg Karl 351
Langenhain, Erasmus *E XIX*
Lassahn 425
Last, Egon 093
Laurens, Joachim von 014
Leick, Erich 335
Lemmius 423
Lenz, Max 422
Lenz, RA 161
Lepel, Familie von 092, 180
Levetzow, Familie von 395
Liebich 423
Liewehr, Ferdinand 335
Lilie, Graf 375
Lindenblatt, Helmut 093
Linke, Günter 277
Loeper, Samuel Gottlieb von 182
Loewe, Carl/Karl 182, 351
Loitze 110
Lorenz, Karl Adolf 347
Lubin, Eilhard (a. Lübben, Lubinus) 338, 427, *E XXIV*
Ludwig, Ernst 423
Luther, Johannes 422
Lutsch, Hans 182

M

Magon, Leopold 335
Maltitz, Emil von 425
Maltzahn, Familie von 092
Maltzahn-Utzedell, Familie von 180
Manteuffel, Familie von 364, 395
Margarethe, Königin von Dänemark 383
Markmann, Wilhelm 277
Maß, Konrad, Ratsherr 093
Massow, Familie von 180, 354
Massow, Julius Eberhard von 354
Massow, Oberst von 423
Massow, RA 161
Mauritius, Joachim 423
Medem, Baron Friedrich von *33, 34,* 013

Meermann, Gerard *E XXVI*
Melanchthon, Philipp 423
Mercator 338, 427
Meusebach, von *E XXVI*
Meyer 338
Michaelis, Nicolaus 423
Mildenitz, Hofrat *31*
Mitzlaff, Familie von 092
Moehsen, J. C. W. 423
Most, Ludwig August 347
Motherby, Fr. 426
Müller, Ferdinand Heinrich *E IX*, 347, 351
Müller-Steglitz, Erich 337
Münster, (Sebastian) 427

N

Nagler, von (Sammlung) *E XXVI*
Natzmer, Familie von 395
Natzmer, Oldwig von 354
Natzmer, Dubislaff Gneomar von 423
Niessen, Paul van 182
Normann, von 423
Northmann, Gerdt Nilsson 375

O

Obuch 161
Odebrecht 280, 281
Oelrichs, Johann Karl Konrad 422, 423
Ortelius, Abraham 338, 427
Osten, Familie von der 395
Osten-Plathe, Familie von der 102
Oxenstierna, Axel *E XXI*

P

Palleske, Emil 351
Paulli 339
Peiper, Erich 335
Peiper, Rudolf 335
Pels-Leusdenn, Friedrich 335
Pernice, Erich 335
Perponcher, Familie von 092
Petershagen, Rudolf 277
Pflanz 166
Pfuhl, Wilhelm 335
Philipp, Herzog 423
Philipp I. *30*

Philipp II.   070, 423
Philipp Julius   423
Philipps, Sir Thomas (Sammlung)   E XXVI
Pittelkow, Kurt   344
Pietsch, Paul   335
Plate, Hermann Karl Friedrich   351
Plotho, von   425
Podewils, Familie von   092, 199
Podewils, Heinrich Graf von   354
Podewils-Vorwerck, Familie von   180
Pristaff   423
Putbus, Fürsten von   004, 092, 425
Putkammer, Familie von   092
Puttkamer-Pansin, Familie von   428
Pyl, Carl Theodor   277, 337
Pyl, Gottfried Theodor   277

R
Rabl, Carl   340
Rabl, Rudolf   340
Rabl-Virchow, Marie   340
Raczyński, Familie   348
Ramin, Familie von   092, 180
Reimer, Georg Andreas   354
Reinhard, Heinrich   335
Rettel, Martin   425
Rieck, Charlotte   277
Rinow, Willi   335
Rodbertus, Johann Karl   354
Rohde, Ottomar   277
Roon, Albrecht von   347
Rubow, Ernst   093
Rüchel, Ernst von   354
Rühs, Friedrich   422
Runde   161
Runge, Jacob   *31*
Runze, Maximilian   351

S
Sack, Johann August von   354
Salchow, Werner   093
Sanson d'Abbeville   427
Savigny, Karl Friedrich von (Slg.)   E XXVI
Scharlau, Gustav Wilhelm   347
Scheel, Hermann   *38*
Schill, Ferdinand von   356, 423

Schleich, Karl Ludwig   351
Schleuen   427
Schley   *339*
Schlieffen   093
Schmettau   339, 362, 427
Schmidt, Arno   093, 277
Schmidkunz, Hans   335
Schole, Hans   335
Schönbeck, Christoph   E XIX
Schöning-Muscherin, Familie von   092
Schöning, von   395, 425
Schöning-Suckow, Familie von   092
Schröder, Familie   092
Schröer, Gottfried von   375
Schütz'sch   355
Schuhmacher   423
Schuhmacher, Andreas   423, 424
Schulenburg, von   427
Schulz   344, 423
Schulz, Otto Ernst   425
Schulz-Vanselow   344
Schultz, Familie von   092
Schultze-Plotzius   093
Schwarz, Albert Georg   337
Schwebel, Marianne, geb. Kalähne   093
Schweder-Loewe'sche (Stiftung)   181
Schwegler, Albert   351
Schwerin, Familie von   092, 425
Schwerin, Generalwachtmeister Freiherr
   von   423
Schwerin, Curt Christoph von   354, 423
Schwerin, Hans Bogislaw   351
Schwerin, Otto   423
Seeckt, Familie von   092
Seeliger, Rudolf   335
Seidenhefter, Edith   227
Sell   *33*
Semrau, Max   335
Senfft von Pilsach, Ernst   354
Seutter   338, 339, 427
Sielaff, Frithjoff   335
Simmer, Cosmus von   423
Skave, Nils   391
Skopnik   161
Sondermann, Hermann   351
Sotzmann   339

Spanheim, Ezechiel von E XXVI
Starhemberg, Fürst E XXVI
Stedingk, Familie von 375
Steenbock, Familie von 375
Stein, Heinrich 090
Steinbrück 425
Steinwehr, Familie von 180, 395
Stephan, Heinrich von 343
Stephani, Petrus 423
Störring, Ernst 335
Stürmer 425
Stumpfeldt, Familie von 092
Sturm, Karl 093
Swantibor 423
Sydow, Familie von 395

T
Tamms 161
Tieffensee, Samuel 351
Thorstensohn, Lennard 423
Thurneisser 423
Treuenfeld 161

U
Ulrik, Bischof, Bruder Christian IV. 390
Ulrik, Bischof, Sohn Christian IV. 390

V
Vahl, Peter 277
Virchow, Marie 340
Virchow, Rudolf 340, 422
Visscher 427

W
Waldow, Familie von 092, 395
Wangemann, Familie von 092
Wartensleben, Familie von 199
Wedel, Familie von 395
Wegner, Eginhard 093
Wegner, Otto 335
Wegner, Richard 335
Wehrmann, Martin 182
Weiland 427
Weinlöb, Johannes 423
Wend, Georg 423
Wendt, Paul Jaromer 347
Wilhelm, Otto (Betrieb) 300
Wobbe, Otto 277
Woedtke, Familie von 092
Wrangel 375, 423, 425
Wrangel, Carl Gustav von 375
Wrangel, Friedrich Heinrich Ernst v. 354
Wussow, Familie von 180

Z
Zastrow, Familie von 180
Zierholdt 427
Zitelmann, Katherina 347
Zitelmann, Konrad 347
Zitzewitz-Muttrin, Familie von 180
Zitzewitz-Zezenow, Familie von 180
Zitzewitz, Familie von 092, 199

Ortsregister mit Ortsnamenkonkordanz

Nach dem Ortsnamen folgt in Klammern gesetzt das Kürzel des Namens des Kreises, zu dem der Ort gehörte, danach der polnische Ortsname. Bei Orten, die es nicht mehr gibt oder deren polnischer Name nicht zu ermitteln war, steht: NN. Erfassungsstand ist der 01.04.1939. Fehlerhafte Schreibweisen und Kreiszuweisungen aus den Vorlagen konnten nicht alle korrigiert werden.
Die Zahlen verweisen auf die fortlaufenden Bestandsnummern. Kursiv gesetztes *E* mit römischen Ziffern verweist auf die Einleitung zu den einzelnen Archiven (s. Inhaltsverzeichnis). Kursiv gesetzte Zahlen verweisen auf die Einleitung zum gesamten Archivführer.

Die Kürzel der Kreisnamen lauten:
Altentreptow   Alt (= Treptow/Tollense)
Anklam   Ank
Arnswalde   Arn
Belgard   Blg
Bütow   Büt
Demmin   Dem
Deutsch Krone   DKr
Dramburg   Drb
Flatow   Flt
Franzburg-Barth   FbB
Friedeberg   Frdb
Greifenberg   Gfbg
Greifenhagen   Gfhg
Greifswald   Grw
Grimmen   Grm
Kammin   Kam
Köslin   Ksl
Königsberg/Nm.   Knb
Kolberg-Körlin   KbK
Lauenburg   Lbg
Naugard   Ngd
Netzekreis   Ntzk
Neustettin   Nst
Pyritz   Pyr
Randow   Rnd
Regenwalde   Rgw
Rügen   Rüg
Rummelsburg   Rmbg
Saatzig   Saa
Schlawe   Slw
Schlochau   Schlo
Schneidemühl   Schndm
Soldin   Sold
Stettin   Stet.-
Stolp   Sto
Szcz.   Szczecin
Ueckermünde   Uekm
Usedom-Wollin   UsW

A

Abtshagen (FbB)   042
Abtshagen (Sla)   Dobiesław   209
Ackerhof (Ksl)   Chlebowo   070
Adlig Landeck (Flt)   Downica   430
Albinshof (Ank)   070
Albrechtshof (Uekm)   070, 429
Alt Bärbaum (Nst) → Bärbaum
Alt Beelitz (Frdb)   Stare Bielice   248
Alt Damm → Damm
Alt Damerow (Saa)   Stara Dąbrowa   070
Alt Darsin (Sto)   Darżyno   431
Alt Falkenberg (Ngd)   NN   070
Alt Falkenberg (Pyr)   Chabowo   070
Alt Grape (Pyr)   Stare Chrapowo   070
Alt Krakow (Sla)   Stary Kraków   222
Alt Liepenfier (Nst)   Czarnkowie   070, 201, 430, 431
Alt Marrin (KbK)   Mierzyn   201
Alt Plestlin (Dem)   070
Alt Schlage (Blg)   Sława   201
Alt Schlawe (Sla)   Sławsko   222
Alt Storkow (Saa)   Storkowo   070
Alt Torgelow (Uekm)   070
Alt Wiendorf (Grw)   070
Altdamm (Stet.-Altd.)   Dąbie (Szcz.-Dąbie)   003, 083, 123, 168, 170, 360, 364
Alte Ziegelei (Gfbg)   NN   070
Altenhagen (Rgw)   Dobieslaw   070
Altenhagen (Uekm)   070, 316
Altenkirchen (Rüg)   123
Altentreptow (Dem) → auch: Treptow/Tollense   001, 003, 040, 068, 069, 072, 077, 079, 082, 083, 111, 168, 170, 175, *E XIII*, 364

Altenwalde (Nst)   Liszkowo   070, 201, 431
Altenwedel (Saa)   Sicko   070
Altheide (Saa)   Sierakowo   070
Althütten (Nst)   Stare Łosice   070
Altmühl (Nst)   Gąski   070
Altstadt (Pyr)   NN   070
Altwarp (Uekm)   079, 429
Altwigshagen (Ank)   070
Amalienhof (Kam)   Wierzchosław   070, 167
Amalienhof (Ngd)   NN   070, 167
Angermünde   040, 068, 170
Anglia → England
Anhalt   110
Anklam (Ank)   *36*, 001, 003, 010, 011, 015, 038, 040, 050, 068-072, 079, 082-085, 110-112, 123, 143: 163, 170, 175, 353, 360, 362, 364, 431
Annashof (Gfbg)   NN   070
Annenhof (Ank)   070
Anspach   110
Arkona (Rüg)   391
Arnhausen (Blg)   Lipie   201, 431
Arnsberg (Gfbg)   Gorzysław   070
Arnswalde (Arn)   Choszczno   079, 083, 118, 122, 130, 132, 143, 154, 167, 168, 170, 232, 235, 246, 248, 352, 353, 355, 361, 391, 393, 395, 396, 398-404, 406, 423
Auenfelde (Nst)   Przyjezierze   070
Auerose (Ank)   070
Auerosedamm (Ank)   070
Augenweide (Nst)   NN   070
Augustenhain (Uekm)   070
Augusthof (Pyr)   Cieczysław   070
Augusthof (Rgw)   Lutowo   070
Augustthal (Pyr)   Podlesie   070
Augustwalde (Ngd)   Szczecin-Wielgowo   070

B

Babbin (Pyr)   Babin   070
Babin → Babbin
Babinek → Heinrichsdorf (Gfhg)
Baden   Badenia   110
Badenia → Baden
Bagerkathen/Juchow (Nst)   Juchowo   070
Bagna → Pagenkopf
Bahn   Banie   003, 007, 009, 079, 110, 111, 123, 163, 168, 183, 364, 393

Bahrenberg (Nst)   Grzywnik   070
Bahrenbruch (Ngd)   Niedźwiedź   070
Bahrenbusch (Nst)   Brokęcino   092
Baldebus (Kam)   NN   070
Baldenburg (Schlo)   Biały Bór   079, 134, 154, 168, 217, 364, 430
Balfanz (Nst)   Białowąs   070
Ball (Saa)   Biała   070
Balster (Drb)   Biały Zdrój   134
Bandekow (Rgw)   Bądkowo   070, 431
Banie → Bahn
Bannemin (UsW)   070
Bansekow (Sto)   Będzichowo   222
Bantow (Rüg)   070
Bärbaum (Nst)   Międzylesie   070
Barcino → Bartin
Bärfelde (Knb)   Smolnica   135
Bärwalde (Nst)   Barwice   168, 201, 217, 364, 429, 430, 431
Barfußdorf (Ngd)   Żółwia Błoć   135
Bargischow (Ank)   070
Barkenfelde (Schlo)   Barkowo   430
Barkow (Gfbg)   Barkowo   070, 161
Barkowo → Barkenfelde   070
Barkowo → Barkow
Barlinek → Berlinchen
Barnim → Barnimskunow
Barnimie → Fürstenau
Barnimskunow (Pyr)   Barnim   070, 135
Barnkowo → Bernickow
Barnow (Rmbg)   Barnowo   222
Barnowo → Barnow
Barskewitz (Saa)   Barzkowice   070, 135
Barth (FbB)   *28, 31, 34*, 001, 003, 010, 011, 015, 068, 072, 079, 093, 110, 111, 118, 123, *EIX*, 255, 337, 364, 423
Bartin (Rmbg)   Barcino   222
Barwice → Bärwalde
Barzkowice → Barskewitz
Basenthin (Kam)   Bodzęcin   135, 430
Bast (Ksl)   Łękno   209
Baszewice → Batzwitz
Batorowo → Battrow
Battrow (Flt)   Batorowo   164, 167
Batzwitz (Gfbg)   Baszewice   070
Bauer (Grw)   070
Bayreuth   369

Bądkowo → Bandekow
Beelitz (Pyr) 070, 431
Behle (Ntz) Biała 430
Behlkow (Gfbg) Bielikowo 070
Behnke (Grw) 070
Behrenhoff (Grw) 316
Belbuck Białoboki 001, 364
Bełczna → Neukirchen
Belgard (Blg) Białogard 003, 009, 019, 041,
  068, 079, 083, 110, 118, 128, 134, 143, 160,
  163, 168, 184, 187, 196, 201, 206, 210, 353,
  360, 364, 430, 431
Belgard (Lbg) Białogarda 222, 430
Belgia → Belgien
Belgien Belgia 110
Below (Ank) 070
Benz 092
Benz (UsW) 431
Bergen (Rüg) 001, 011, 015, 043, 052, 056,
  063, 068-070, 072, 079, 082, 083, 118, 123,
  175, *E XII*, 315, 364, 391, 431
Bergland (Rnd) Bystra 135, 167
Bergsruhe (Ngd) Zagórce 070
Berlin 017, 070, 135, 174, 246, *E XIX*, 353, 361,
  E XX, 366, 370, *E XXIV*, *E XXVI*, *E XXIX*,
  E XXX, 425, 426
Berlinchen (Sold) Barlinek 154, 160, 168
Berndtshof (Rgw) NN 070
Bernhagen (Ngd) Ostrzyca 135, 316, 430
Bernickow (Knb) Barnkowo 167
Bernsdorf (Nst) Krągle 070
Bernstein (Sold) Pełczyce 017, 112, 168
Besow (Sla) Bzowo 222
Besswitz (Rmbg) Biesowiec 222
Beverdick (Nst) Komorze 070
Beweringen (Saa) Bobrowniki 070
Bewersdorf (Sto) Bobrowniki 222
Beyersdorf (Pyr) Tetyń 070
Bezrzecze → Brunn
Będargowo (Szcz.-B.) → Mandelkow (Stet.-M.)
Będargowo → Mandelkow
Będgoszcz → Schützenaue
Będzichowo → Bansechow
Biała → Ball (Saa)
Biała → Behle (Ntz)
Białe → Biall

Biall (Nst) Białe 070
Białoboki → Belbuck
Białobudz → Baldebus (Kam)
Białogard → Belgard
Białogarda → Belgard (Lbg)
Białogórzyno → Bulgrin (Blg)
Białowąs → Balfanz
Białuń → Gollnowshagen
Białuń → Müggenhall
Biały Bor → Baldenburg
Biały Zdroj → Balster
Bieczyno → Hagenow
Bielce → Wittenfelde
Bielice → Beelitz
Bielice → Neuhagen
Bielikowo → Behlkow
Bienenfurth (Ngd) NN 070
Bienice → Groß Benz
Bieniczki → Klein Benz
Bierzwnica → Reinfeld
Bierzwnik → Marienwalde
Biesikierz → Biziker
Biesowiec → Besswitz
Binningsmühle (Nst) NN 070
Birkenfelde (Sla) NN 070
Birkenhain (Nst) NN 070
Birkenhaus (UsW) 070
Birkenwerder (Ngd) Pogrzymie 070
Birkhof (Saa) NN 070
Biziker (Ksl) Biesikierz 070, 201
Blankenfelde (Ngd) Kłosowice 070, 167
Blankenhagen (Rgw) Dłusko 364
Blankensee (Pyr) Płotno 070
Blesewitz (Ank) 070
Blumberg (Pyr) Morzyca 431
Blumenwerder (Nst) Piaseczno 070
Błądkowo → Plantikow
Błotno → Friedrichsberg
Bobolice → Bublitz
Bobrowniki → Beweringen
Bobrowniki → Bewersdorf
Bochowke (Sto) Bochówko 222
Bochówko → Bochowke
Bodzęcin → Basenthin
Boeck (Rand) 316
Bömitz (Grw) 070

Bogusławiec → Charlottenhof (KbK)
Boguszyny → Gottberg
Boldekow (Ank) 070
Boldevitz (Rüg) 092
Bolechowo → Diedrichsdorf
Bolegorzyn → Bulgrin
Bolesławice → Fürstenflagge
Boltenhagen (Grw) 070, 316
Bonin (Rgw) Bonin 36, 37, 070, 135, 430
Borckenfriede (Ank) 070
Borckenthal (Ank) 070
Borkowo Wielkie → Groß Borckenhagen
Bornholm (Dänemark) 386, 390
Bornmühl (Ank) 070
Bornthin (Ank) 070
Borntin (Gfbg) Borzęcin 070
Borntuchen (Büt) Borzytuchom 183, 222, 430
Borowy Młyn → Heidemühl
Borzęcin → Borntin
Borzysławiec → Louisenthal (Ngd)
Borzyszkowo → Renkenhagen
Borzytuchom → Borntuchen
Bramstädt (Blg) Toporzyk 430
Bramstädt (Nst) Obrąb 070
Brandenburg Brandenburgia 32, 011, 110, 111, 231, *E XIX*, 352, 353, 361, 370, 386, *E XXIV*, 393, 394, 402-404, 406, 409, *E XXVI*, 421, 423, 424
Brandenburgia → Brandenburg
Brandschäferei (Nst) Skotniki 070
Brandt (Kam) → Eichhof (Kam)
Braschendorf (Ngd) Brudzeń 070, 167
Braunsberg (Ngd) Tucze 070, 135, 316, 430
Braunschweig Brunszwik 011, 015, 110
Brederlow (Pyr) Przydarłów 070
Bredow (Stet.-Br.) Drzetowo (Szcz.-Drz.) 135, 429, 430
Breesen (Rüg) 070
Breitenfelde (Ngd) Dobropole 070, 316
Brema → Bremen
Bremen Brema 423
Brenkenhof (Ank) 070
Bresin (Lbg) Brzeźno Lęborskie 430
Brieg (Schlesien) Brzeg 110
Briesen (Blg) Brzeźno 201, 222

Briesen (Nst) Brzeźno 070
Briesenitz (DKr) Brzeźnica 070, 316
Brietzig (Pyr) Brzesko 070, 431
Broczyno → Brotzen
Brody → Paß
Brodźce → Steinforth
Broitz (Gfbg) Brojce 36, 070
Brojce → Broitz
Brokęcino → Bahrenbusch
Brotzen (DKr) Broczyno 209, 212
Bruchhausen (Saa) Smogolice 070
Brudzeń → Braschendorf
Brudzewice → Brüsewitz
Brunn (Stet.-Br.) Bezrzecze (Szcz.- Br.) 092, 352
Brunszwik → Braunschweig
Brünzow (Grw) 070
Brüsewitz (Saa) Brudzewice 070, 134
Brüssow (Grw) 070
Brüssow (Prenzlau) 317, 405
Brusenfelde (Gfhg) Dębogóra 135
Bruskowo Wielkie → Groß Brüskow
Brzesko → Brietzig
Brzezie → Eickfier
Brzezin → Briesen (Pyr)
Brzezina → Falkenberg (Pyr)
Brzezinka → Lehmaningen
Brzeźnica → Briesenitz
Brzeźno → Briesen (Nst)
Brzeźno Lęborskie → Bresin
Bublitz (Ksl) Bobolice 36, 009, 018, 019, 070, 079, 110, 134, 154, 160, 166, 167, 168, 193, 201, 202, 206-208, 364, 430
Buchholtz (Saa) Grabowo 070
Buchwald (Saa) NN 070
Buchwald (Nst) Trzebiechowo 070
Buchwald (Saa) NN
Buckow (Blg) Bukowo 001, 201
Buckowin (Lbg) Bukowina 222, 430
Buddendorf (Ngd) Budno 070, 167
Buddenhagen (Grw) 070
Budno → Buddendorf
Budow (Sto) Budowo 222
Budowo → Budow
Budy → Jagdhaus
Budzieszowce → Korkenhagen

Büche (Saa)   Wiechowo   070
Bünnewitz (Kam)   Buniewice   070
Bütow (Büt)   Bytów   009, 013, 019, 068, 070, 110,118, 131, 134, 154,160, 168, 183,191, 211, 221, 353, 364, 376, 431
Bütow (Saa)   Bytowo
Bützow (Mecklb.)   390
Bugewitz (Ank)   070
Buggenhagen (Grw)   070, 092
Buggow (Grw)   070
Bukowina → Buckowin
Bukowo → Buckow
Bukowo → Wendisch Buckow
Bukowo Morskie → See Buckow
Bulgrin (Blg)   Białogórzyno   430
Bulgrin (Nst)   Bolegorzyn   070
Buniewice → Bünnewitz
Buntowo (Flt)   Buntowo   430
Burow (Ngd)   Burowo   070
Burowo → Burow
Burzykowo → Buslar (Pyr)
Buschmühl (Dem)   070
Buslar (Blg)   Buślary   201
Buslar (Pyr)   Burzykowo   070
Busow (Ank)   070
Buślary → Buslar (Blg)
Butzow (Ank)   070
Bylice → Klein Lindenbusch
Bystra → Bergland
Bytów → Bütow
Bzowo → Besow

C

Cammin → Kammin
Cecenowo → Zezenow
Cedynia → Zehden
Cerkwica → Zirkwitz
Cetuń → Zettun
Cetyń → Zettin
Chabowo → Alt Falkenberg
Chabówko → Neu Falkenberg
Charbrow (Lbg)   Charbrowo   167, 222
Charbrowo → Charbrow
Charlottenhof (Ank)   070
Charlottenhof (KbK)   Bogusławiec   070
Charlottenhof (Nst)   Jadwiżyn   070

Charlottenhorst (Ank)   070
Chełm Gryficki → Holm
Chełst (Strz. Kraj.) → Neuteich
Chełst → Neu Schneidemühl
Chlebowo → Ackerhof
Chlebowo → Klebow (Gfhg)
Chlebowo → Sassenburg (Saa)
Chlebówko → Sassenhagen
Chłopowo → Klöpperfier
Chociebądz → Karant
Chociwel → Freienwalde
Chociwle → Friedrichsfelde
Chojna → Königsberg/Nm.
Chojnice → Konitz
Chomętowo → Gumtow
Choszczno → Arnswalde
Chotkowo → Kathkow
Christinenberg   Kliniska
Christophshagen (Nst)   NN   070
Chrząszczewo → Gristow
Chwalim → Valm
Chwarstno → Horst (Rgw)
Chyże → Kietz
Cichorzecze → Klöbenstein
Ciecholub → Techlipp
Cieczysław → Augusthof (Pyr)
Ciećmierz → Zitzmar
Ciemino → Zemmin
Ciemnik → Temnick
Cierznie → Peterswalde (Schlo)
Ciesław → Tetzlaffshagen
Cieszyn → Tessin
Ciosaniec → Hasenfier
Cisewo → Zimmermannshorst
Cisowo → Zizow
Collin → Kollin
Cölln (Berlin)   E XIX
Cramonsdorf → Kramonsdorf
Cybulin → Neuhof
Cychry → Zicher Forst
Cychry-Bogusławie → Zicher-Batzlow
Czachowo → Zachow
Czajcze → Deep
Czaplice → Neu Zapplin
Czaplin Mały → Klein Zapplin
Czaplin Wielki → Groß Zapplin

Czaplinek → Tempelburg
Czarna Łąnka → Wilhelmsfelde
Czarne → Hammerstein
Czarne → Neuenhagen
Czarne Małe → Klein Schwarzsee
Czarne Wielkie → Groß Schwarzsee
Czarnkowie → Alt Liepenfier
Czarnkowo → Zarnikow
Czarnowo → Groß Zarnow
Czartowo → Grützort
Czechy → Zechendorf
Czermnica → Rothenfier
Czertyń → Zehrten
Człopa → Schloppe
Człuchów → Schlochau

D

Daarz (Ngd) Darż 070, 135, 167
Daber (Ngd) Dobra 070, 083, 110, 123,135, 163, 168, 170, 316, 430
Daberkow (Rgw) Dobrkowo 316
Dadow (Gfbg) Dziadowo 070
Dadzewo → Datzow
Dänemark Dania 010, 011, 015, 110, 389, 390
Dahlem (Berlin) 246
Dahlow (Saa) Dalewo 070
Dalewo → Dahlow
Dalęcinko → Klein Dallenthin
Dalęcino → Groß Dallenthin
Damen (Blg) Stare Dębno 431
Damerfitz (Ngd) Dąbrowice 070, 167
Damerkow (Sto) Dąbrówka 222
Damerow (Ngd) Dąbrowa Nowogardzka 135, 316, 430
Damerow (UsW) 070
Damgarten (FbB) 34, 007, 011, 015, 079, 082, 083, 111, 168, 175
Damm (= Altdamm) (Stet.-A.) Dąbie 079, 083, 123, 168, 170, 360, 364
Damm (Uekm) 009, 011, 017, 110, 135
Dammen (Sto) Damno 209, 429
Dammhof (Kam) Gacko 070
Dammhorst (Ngd) NN 070
Dammkaten (Rgw) NN 070
Damnica → Hebrondamnitz
Damnitz (Pyr) Dębica 070

Damno → Damno
Damsdorf (Büt) Niezabyszewo 222
Dania → Dänemark
Dannenberg (UsW) Domysłów 070
Danzig Gdańsk 087, 093, 187, 351, 353
Danzig-Oliva Gdańsk Oliwa 042
Dargebanz (UsW) Dargobądz 070, 430
Dargibell (Ank) 070
Dargislaff (Gfbg) Dargosław 070
Dargitz (Uekm) 070
Dargobądz → Dargebanz
Dargosław → Dargislaff
Dargun 001
Darłowo → Rügenwalde
Darsewitz (UsW) Darzowice 070
Darskowo → Friedrichsdorf
Darß 042
Darż → Daarz
Darzowice → Darsewitz
Dassow (KbK) Daszewo 364
Daszewo → Dassow
Datzow (Sla) Dadzewo 070
Daugzin (Grw) 070
Dąbie (Szcz.-Dąb.) → Alt Damm
Dąbie → Eichenberge
Dąbie → Woldenburg
Dąbrowa Nowogardzka → Damerow
Dąbrowica → Dummerfitz
Dąbrowice → Damerfitz
Dąbrówka → Damerkow
Debrzno → Preußisch Friedland
Deep (KbK) Dźwirzyno 070
Demmin (Dem) 36, 003, 007, 010, 011, 015, 026, 028, 036, 040, 050, 052, 068-070, 078, 079, 082, 083, 110, 111, 118, 123, 154, 163, 168, 170, 175, 360, 362, 364, 376, 381, 431
Demnitz (Ank) 070
Dennin (Ank) 070
Dersekow (Grw) 316
Dersewitz (Ank) 070
Deutsch-Krone (DKr) Wałcz 039, 050
Deutschland 057, 094, 231, 242, 339, 364, 370, 372, 374, 378, 379, 386, 420
Deutsch-Pribbernow (Gfbg) Przybiernówko 070
Deven (Dem) 070

Dębiany → Eichholz
Dębica → Damnitz
Dębice → Eichenwalde
Dębno → Grünhof (Nst)
Dębogóra → Brusenfelde
Dębolesie → Rüchelshof
Dębowo → Eichen
Dieck (Nst)   Dziki   070
Diedrichsdorf (Ngd)   Bolechowo   070
Dingelsberg (Ngd)   Orzechy   070
Dirschau   Tczew   068
Divitz (FbB)   092
Długie → Langenhagen (Saa)
Długołęka → Langkavel
Dłusko → Blankenhagen
Dobberphul (Pyr)   Dobropole Pyrzyckie   070
Doberan (Mecklb.)   001
Döberitz (Nst)   Dobrzyca Mała   070
Dobiesław → Abtshagen
Dobieslaw → Altenhagen (Sla)
Dobieszewo → Groß Dübzow
Dobra → Daber
Dobrkowo → Daberkow
Dobropole → Breitenfelde
Dobropole Pyrzyckie → Dobberphul
Dobrzany → Jacobsdorf
Dobrzyca → Kordeshagen
Dobrzyca Mała → Döberitz
Dobrzykowo → Leoshof
Dönkvitz (Rüg)   070
Döringshagen (Ngd)   Wołowiec   135, 316, 430
Dölitz (Pyr)   Dolice   070, 112, 123, 135
Dolgenkrug (Ngd)   Dołgie   070
Dolice → Dölitz
Dołgie → Dolgenkrug
Dołuje → Neuenkirchen
Domysłów → Dannenberg
Dorphagen (Kam)   Mechowo   070
Downica → Adlig Landeck
Drägershof (Nst)   NN   070
Draheim [Adl. Draheim] (Nst)   Drahimek   013
Draheim [Alt Draheim] (Nst)   Stare Drawsko 070, 110, 134, 201, 353
Drahimek → Draheim
Dramburg (Drb)   Drawsko   003, 019, 038, 052, 068, 070, 083, 118, 128, 131, 143, 164, 168, 170, 206, 207, 209, 215, 232, 235, 352,
355, 364, 391, 396, 398, 401, 404, 406, 430, 431
Dramino → Drammin
Drammin (Kam)   Dramino   070
Drawno → Neuwedell
Drawsko → Dramburg
Dreilinden (Sla)   NN   070
Drenow (KbK)   Drzonowo   070
Dresden   422, 425
Drewelow (Ank)   070
Drezdenko → Driesen
Driesen (Frdbg)   Drezdenko   079, 248-253, 353, 361, 395, 398, 403, 404, 406
Drönnewitz (Dem)   070
Drosedow (Grm)   070, 364
Drzetowo → Bredow
Drzonowo → Schönau
Drzonowo → Drenow (KbK)
Ducherow (Ank)   070, 092
Dünow (Kam)   Duniewo   070
Düsterbeck (Ngd)   Orzechowo   316
Dummadel (Gfbg)   Tąpadły   070, 364
Dummerfitz (Nst)   Dąbrowica   070, 201, 430
Duniewo → Dünow
Duszyce → Heidehof (Gfbg)
Dziadowo → Dadow
Dzierżążno Wielkie → Groß Drensen
Dzięcielec → Zinzelitz
Dziki → Dieck
Dzwonowo → Schönebeck
Dźwirzyno → Deep (KbK)

E
Eberstein (Ngd)   Wojcieszyn   070
Eckernfelde (Gfbg)   Zapole   070
Eggesin (Uekm)   042
Eichelshagen (Pyr)   Tzrebórz   070
Eichen (Nst)   Dębowo   070
Eichenberge (Nst)   Dąbie   070
Eichenwalde (Ngd)   Dębice   070, 167
Eichhof (Kam)   NN   070
Eichholz (Kam)   Dębiany   070
Eickfier (Schlo)   Brzezie   430
Eisenbrück (Schlo)   Żołna   430
Eldena (Grw)   001, 110, 015, 111, 118, 270, 326, 333
Eleonorendorf (Gfbg)   NN   070

Elis (Kam) Machowica 070
Elisenau (Ngd) NN 070
Ellerkamp (Nst) NN 070
Elvershagen (Rgw) Łagiewniki 135, 430
Endingen (FbB) *36*
England Anglia 110, 353, E XXVI, 423
Ernestinenhof (Pyr) Topolinek 070
Ernsthof (Ksl) Radwanki 070
Ernsthöhe (Nst) Przystawy 070
Eschenriege (Nst) Przeradz 070, 201, 430
Espenwerder (Nst) NN 070
Eugenienberg (Dem) 070
Eulenburg (Nst) Silnowo 070
Eventin (Sla) Iwięcino 201

F
Falkenberg (Ngd) Sokolniki 070
Falkenberg (Pyr) Brzezina 070
Falkenburg (Drb) Złocieniec 019, 068, 079, 154, 168, 209, 217, 353, 364, 395, 406, 423, 430
Falkenhagen (Nst) Bagno 070
Falkenhagen (Saa) NN 070
Falkenwalde (Uekm) Tanowo 135, 429, 430
Falkenwalde (Saa) Sokoliniec 070
Fanger (Ngd) Węgorza 316
Farbezin (Ngd) Wierzbięcin 316
Faulenbenz (Ngd) → Eichenwalde
Ferdinandshof (Uekm) 070
Fernosfelde (UsW) Rabiąż 070
Festlandsrügen (FbB) 411
Fickshof (Ngd) NN 070
Ficksradung (Ngd) NN 070
Fiddichow (Gfhg) Widuchowa 007, 068, 083, 110, 168, 170, 364
Filehne (Ntzk) Wieleń 233, 239-241, 245, 246, 430
Finkenbrück (Ank) 070
Finkenwalde (Saa) NN 070
Firchau (Schlo) Wierzchowo 222, 430
Flackenheide (Nst) Wielawino 070
Flacksee (Nst) Jeziorna 070
Flatow Złotów 079, 118, 154, 166, 168, 170, 191-194, 196, 198, 202, 203, 206, 207, 211, 231, 232, 235, 344, 352, 353, 363, 430
Flemendorf (Dem) 070
Florentinenhof (Ngd) NN 070

Flötenstein (Schlo) Koczała 222, 430
Förde (Ank) 070
Förstenau (Schlo) Gwieździn 430
Franken Frankonia 110
Frankfurt/Main 147, 162, 353
Frankfurt/Oder 023, 026, 120, 124, 132, 232, 361, 391, 393, 399, 400
Frankreich Francja 423
Franzfelde (Ngd) Przypólsko 070
Franzhausen (Ngd) Sławociesze (Szcz.-S.) 070
Frauendorf (Stet.-Fr.) Golęcino (Szcz.-G.) 135, 429, 430
Freesendorf (Grw) 070
Freest (Grw) 070
Freiburg i. Breisgau 367, 368
Freienwalde (Saa) Chociwel 007, 070, 079, 110, 123, 135, 154, 163, 168, 316, 353
Freiheide (Ngd) Godowo 070, 135, 167
Friedeberg/Nm. (Frdb) Strzelce Krajeńskie 118, 161, 232, 246-248, 251-254, 352, 355, 361, 391, 395, 396, 398, 399-404, 406
Friederikenhof (Ngd) NN 070
Friedrichsberg (Ngd) Błotno 135, 430
Friedrichsdorf (Drb) Darskowo 201
Friedrichsfelde (Ksl) Chociwle 070
Friedrichsgnade (Rgw) Troszczyno 070
Friedrichshof (Nst) NN 070
Friedrichshof (Pyr) Skrzany 070
Friedrichshof (Uekm) 070
Friedrichsthal (Pyr) Okunica 070
Friedrichsthal (UsW) Paprotno 042, 081, 127
Friedrichswalde (Ngd) Podlesie 009, 018, 070, 112, 123, 127, 134, 430
(ab 1937 s. Hinzendorf → Sowno)
Friedrich-Wilhelmsthal (Ngd) NN 070
Fürstenau (Arn) Barnimie 130
Fürstenflagge (Ngd) Bolesławice 070, 135, 167
Fürstensee (Pyr) Przywodzie 070, 135

G
Gabbert (Saa) Jaworze 070
Gacko → Dammhof
Gać → Speck
Gademow (Rüg) 070
Gahlkow (Grw) 070
Gallien Galia 110

Galow (Nst) Gałowo 070
Galowdamm (Nst) Gałówko 070
Gałowo → Galow
Gałówko → Galowdamm
Gandelin (KbK) Kędrzyno 070
Garbno → Gerbin
Garczegórze → Garzigar
Gardna Wielka → Groß Garde
Gardziec → Gartz
Garnowo → Reichenfelde
Gartz (Pyr) Gardziec 070, 118, 364
Gartz/Od. 003, 007, 011, 017, 052, 068, 069, 078, 079, 082, 083, 088, 110, 123, 154, 163, 170, 316, 360, 364, 376
Garz (Rüg) 007, 015, 079, 123, 431
Garzigar (Lbg) Garczegorze 222, 430
Gatz (Sto) Gać 222
Gąbin → Gummin
Gąski → Altmühl
Gdańsk → Danzig
Gdańsk Oliwa → Danzig-Oliva
Gedde (Gfbg) Gościmierz 070
Geesow (Rnd) 070
Gellen (Nst) Jeleń 070
Gellendin (Ank) 070
Gellin (Nst) Jelenino 070, 201, 430
Gerbin (Sla) Garbno 070
Geritz (Ksl) Jarzyce 201, 209
Gersdorf (Büt) Ząbinowice 222, 430
Ghagen (Gfbg) NN 070
Gienow (Rgw) Ginawa 070
Giesekenhagen (Grw) 070
Giesendorf (Rüg) 070
Giesenthal (Pyr) Giżyn 070
Gilewo → Wilhelmshof (Sla)
Ginawa → Gienow
Gingst (Rüg) 008, 015, 078
Gipsmühl (Ank) 070
Gissolk (Nst) Jeziorki 070
Giżyn → Giesenthal
Glansee (Gfbg) Gołańcz Pomorska 070
Glashütte (Uekm) 070
Glashütte (Ntzk) Huta Szklana 430
Glashütte (Rnd) 070
Glewice → Glewitz
Glewitz (Ngd) Glewice 070, 316

Gleźno → Hohenwalde
Głędowo → Lichtenhagen
Glien (Ank) 070
Glinka → Glinkermühle
Glinkermühle (Kam) Glinka 070
Glinki (Szcz.-Glinki) → Stolzenhagen (Stet.-Stolzenh.)
Glowitz (Sto) Główczyce 222, 429
Głodusze → Schlodien
Głowaczewo → Papenhagen
Główczyce → Glowitz
Głubczyn → Glubschin
Głubczyn → Steinau
Glubschin (Flt) (→ Steinau) Głubczyn
Gnevezin (Ank) 070
Gnewin (Lbg) Gniewino 431
Gnies (Rüg) 070
Gniewino → Gnewin
Gocławice → Gützelfitz
Godowo → Freiheide
Gönne (Nst) Nowe Gonne 070
Gönnort (Nst) NN 070
Görke (Ank) 070
Görke (Gfbg) Górzyca 070
Görmin (Grm) 316
Görmitz (UsW) 070
Götemitz (Rüg) 070
Gogolewo → Pegelow
Gogolice → Schmarfendorf
Golce → Neugolz
Golchen (Dem) 042
Golczewo → Gülzow
Goldbeck (Saa) Sulino 070
Goleniów → Gollnow
Golina → Gollin
Gollin (Saa) Golina 070
Gollnow (Ngd) Goleniów 003, 007, 009, 011, 017, 070, 079, 083, 110, 118,123, 135, 154, 160, 163, 164, 167, 168, 170, 316,360, 364, 430
Gollnowshagen (Ngd) Białuń 070, 135
Gołańcz Pomorska → Glansee
Gonniki → Günnicht
Gorgast NN 134
Gorkow (Rnd) 431
Gorzów Wielkopolski → Landsberg a. d. Warthe

Gorzysław → Arnsberg
Gosław → Gützlaffshagen
Gostkowo → Gustkow
Gostyń Łobeski → Justin
Gościmierz → Gedde
Gottberg (Pyr) Boguszyny 070, 135
Gottesfriede (Schvb) NN 001
Gottesgnade (SteS) NN 001
Gottorp (Schleswig-Holstein) 385
Gozd → Gust
Gozdowice → Güstebiese
Górzyca → Görke
Grabau (Schlo) Grabowo 430
Graben (Nst) Grabno 070
Grabiąż → Grabunz
Grabin → Gräwenhagen
Grabitz (Rüg) 070
Grabnica → Gräbnitzfelde
Grabno → Graben
Grabno → Wintershagen
Grabow (Kam) Grabowo 070
Grabow (Knb) Grabowo 167
Grabow (Stet.-Grabow) Grabowo (Szcz.-Grabowo) 135, 429, 430
Grabowo → Grabau (Schlo)
Grabowo → Grabow (Kam)
Grabowo → Grabow (Knb)
Grabowo → Grabow (Stet)
Grabunz (Nst) Grabiąż 201
Gräbnitzfelde (Saa) Grabnica 070
Graewenhagen (Ngd) Grabin 316
Grambow (Rnd) 135
Gramenz (Nst) Grzmiąca 070, 201, 429, 430
Gramenz-Busch (Nst) NN 070
Grammenthin (Dem) 042, 070
Gramzow (Ank) 042, 070
Grandshagen (Gfbg) Grądy 070
Granica → Karlsthal (Saa)
Granskevitz (Rüg) 092
Grasleben (Niedersachsen) 36, E II
Grassee (Saa) Studnica 070
Graßhorst (Ngd) (Grashorst) Zdrojewo 070
Grąbczyn → Grumsdorf
Grądy → Grandshagen
Greifenberg (Gfbg) Gryfice 36, 003, 008, 017, 036, 068, 070, 079, E II, 110,118, 123,
128, 135, 154, 163, 165, 168, 170, 360, 364, 430
Greifenhagen (Gfhg) Gryfino 003, 010, 017, 036, 039, 040, 050, 052, 068, 069, 072, 110, 123, 128, 132, 135, 143, 154, 163, 168, 170, 183, 362, 364, 430
Greifswald (Grw) 28, 30, 31, 33, 34, 37, E I, 001, 003, 010, 011, 012, 015, 016, 026, 028, 036, 038, 040, 041, 050, 052, 053, 058, 063, 065, 067, 068, 070, 072, 073, 076, 082, 086, 088, 093, 096, 110, 111, 115, 118, 123, 128, 136, 151, 153, 161, 163, 168, 170, 175, 185, E X, 261, 272, 273, 277, 279, 280, 284, 291, E XII, EXIII, 316, E XIV, 326, 334, E XV, 337, E XXVI, E XVII, 354, 360, 362, 364, 375, 381, 385, 390, 394, 422, 423, 423, 423, 425, 431
Grenzmark Posen-Westpreußen
Pograniczna Poznań-Prusy Zachodnie 051, 138, 144, 231, 232, 237, 406
Grędzice → Seefeld
Grędziec → Schöningen (Pyr)
Grimmen (Grm) 001, 003, 007, 010, 011, 015, 036, 040, 050, 068, 070, 079, 111, 123, 362, 364, 431
Gristow (Grm) 316
Gristow (Kam) Chrząszczewo 070
Grössin (Blg) Krosino 431
Gronowo → Groß Grünow
Gronówko → Klein Grünow
Groß Benz (Ngd) Bienice 070, 316
Groß Borckenhagen (Rgw) Borkowo Wielkie 135, 430
Groß Brüskow (Sto) Bruskowo Wielkie 209, 222, 431
Groß Bünzow (Grw) 070
Groß Christinenberg (Ngd) Kliniska Wielkie 070, 135, 167
Groß Dallenthin (Nst) Dalęcino 070
Groß Drensen (Ntzk) Dzierżążno Wielkie 430
Groß Dübszow (Sto) Dobieszewo 429
Groß Ernsthof (Grw) 070
Groß Garde (Sto) Gardna Wielka 222
Groß Grünow (Drb) Gronowo 209
Groß Hagenow (Gfbg) → Hagenow

Groß Horst (Gfbg) Niechorze 070
Groß Jannewitz (Lbg) Janowice 081, 222, 430
Groß Jenznick (Schlo) Jęczniki Wielkie 430
Groß Kiesow (Grw) 316, 431
Groß Krössin (Nst) Krosino 430
Groß Küdde (Nst) Gwda Wielka 070, 430
Groß Küssow (Pyr) Koszewo 070
Groß Latzkow (Pyr) Laskowo 070
Groß Leistikow (Ngd) Lestkowo 316
Groß Massowitz (Büt) Masłowice Tuchomskie 222, 430
Groß Möllen, (Pyr) Mielno Pyrzyckie 070, 201
Groß Nossin (Sto) Nożyno 222
Groß Ort (Nst) NN 070
Groß Peterkau (Schlo) Pietrzykowo 167
Groß Poberow (Kam) → Poberow
Groß Poplow (Blg) Popielewo 201
Groß Raddow (Rgw) Radowo Wielkie 430
Groß Rischow (Pyr) Ryszewo 070
Groß Sabin (Drb) Żabin 134
Groß Sabow (Ngd) Żabowo 135, 316, 430
Groß Schlatikow (Saa) Słodkowo 070
Groß Schönfeld (Pyr) Obryta 070
Groß Schwarzsee (Nst) Czarne Wielkie 070
Groß Silber (Saa) Sulibórz 070
Groß Sophienthal (Ngd) Warcisławiec 070
Groß Tuchen (Büt) Tuchomie 222, 430
Groß Tychow (Blg) Tychowo 167
Groß Volz (Rmbg) Wołcza Wielka 222
Groß Wachlin (Ngd) Warchlino 070, 135
Groß Weckow (Kam) Wiejkowo 070
Groß Zapplin (Gfbg) Czaplin Wielki 070
Groß Zarnow (Pyr) Czarnowo 070
Groß Zicker (Rüg) 431
Groß Ziegenort → Ziegenort
Großenhagen (Ngd) Tarnowo 070, 135, 167
Großmellen (Saa) Mielno Stargardzkie 070
Grünchotzen (Sto) Zielona Chocina 222
Gründemannsdorf (Ngd) NN 070
Grüneberg (Arn) Miradz 130
Grüneberg (Sold) Skrzynka 167
Grünewald (Nst) Mieszałki 070, 201, 430
Grünfier (Ntzk) Zielonowo 430
Grünhaus (Gfbg) Osieki 127
Grünhof (Kam) Osowa 070
Grünhof (Nst) Dębno 070, 429

Grünhof (Stet.-Gr.) Bolinko 429
Grünhorst (Ngd) Modrzewie 070
Grünow (Saa) → Klein Grünow
Grünrade (Knb) Grzymiradz 135
Grünschwade (Grw) 070
Grünwald (Nst) NN 070
Grüttow (Ank) 070
Grützort (Saa) Czartowo 070
Grum(m)sdorf (Nst) Grąbczyn 070
Gryfice → Greifenberg
Gryfino → Greifenhagen
Grzęzno → Weitenhagen (Ngd)
Grzmiąca → Gramenz
Grzymiradz → Grünrade
Grzywnik → Bahrenberg
Gülzow (Grm) 316
Gülzow (Kam) Golczewo 009, 082, 110, 112, 123, 138, 163, 168, 170, 183
Günnicht (Kam) Gonniki 070
Güntersberg (Saa) Nosowo 070, 364
Güstebiese (Knb) Gozdowice 167
Güstow (Stet.-G.) Ustowo (Szcz.-Ustowo) 316
Güstrow (Mecklb.) *E XXV*
Gützelfitz (Gfbg) Gocławice 070
Gützkow (Grw) 007, 011, 015, 079, 083, 092, 111, 272, 316, 423
Gützlaffshagen (Gfbg) Gosław 070, 135
Gulevitz (Rüg) 070
Gumenz (Rmbg) Gumieniec 222
Gumieniec → Gumenz
Gumieńce (Szcz.-Gumn.) → Scheune
Gummin (Gfbg) Gąbin 070
Gumminshof (Gfbg) Mirosławice 070
Gumtow (Gfbg) Chomętowo 070
Gurvitz (Rüg) 070
Gust (Ksl) Gozd 201
Gustebin (Grw) 070
Gustkow (Büt) Gostkowo 222
Gwda Mała → Klein Küdde
Gwda Wielka → Groß Küdde
Gwieździn → Förstenau

H

Habichtshorst (Rnd) NN 070
Hackenwalde (Ngd) Krępsko 070, 135, 167, 430
Hagen (Rnd) 429

Hagenow (Gfbg) Bieczyno 070, 135
Hamburg 110, 277, 426
Hammelschäferei (Kam) Skotniki 070
Hammelstall (UsW) 070
Hammer (Ksl) Pniewki 070
Hammer (Nst) Kuźnica Drawska 070
Hammer (Uekm) 081
Hammerstein (Schlo) Czarne 079, 170, 215, 217, 430
Hankendorf (Ngd) NN 070
Hanseberg (Knb) Krzymów 167
Hansfelde (Saa) Tychowo 070, 135
Hanshagen (Grw) 316
Hanshausen (KbK) NN 070
Harmsdorf (Kam) Niewiadowo 070
Hasenfier (Nst) Ciosaniec 135, 430
Hauswerder (Sold) Prądnik 167
Havelberg (Brandenburg) E XXVI
Hebrondamnitz (Sto) Damnica 222
Heidebrink (UsW) 070
Heidehof (Gfbg) Duszyce 070
Heidemühl Kr. Borowy Młyn 222
Heideschäferei (Gfbg) NN 070
Heideschäferei (Kam) Przeciszewo 070
Heinrichsdorf (Drb) Siemczyno 070, 201
Heinrichsdorf (Gfhg) Babinek 430
Heinrichshof (Ank) 070
Heinrichshof (Gfbg) NN 070
Heinrichshof (Ngd) Starbiszewko 070
Heinrichsruh (Ank) 070
Helle (Gfbg) NN 070
Helmstedt 36
Henkenhagen (Rgw) Wiewiecko 135, 430
Henkenheide (Rgw) Krężel 070
Henriettenhof (Ngd) NN 070
Henriettenthal (Nst) NN 070
Hermannsthal (Kam) Racimierz 070
Hermannsthal (Rgw) NN 070
Hermelsdorf (Ngd) Nastazin 070, 135, 167
Heidebreck (Rgw) Potuliniec 070
Hiddensee (Rüg) 001, 391
Hindenburg (Ngd) Kościuszki 135, 316, 430
Hinterpommern Pomorze Tylne 009, 013, 022, 043, 044, 149, 163, E XIII, 353, 362, 427
Hinzendorf (Ngd) Sowno 070
Hirschradung (Ngd) NN 070

Hochfelde (Nst) Śmiadowo 070
Hoff (Gfbg) Tręsacz 070, 135
Hohen Kränig (Knb) Krainik Górny 167
Hohen Selchow (Rnd) 110
Hohendorf (Grw) 070
Hohenfelde (Grw) 070
Hohenhaus (Nst) NN 070
Hohenholz (Gfbg) Jawory 070
Hohenkrug (Stet.-H.) Struga (Szcz.-Struga) 168
Hohenreinkendorf (hier:Rgw, richtig: Rnd) 070
Hohenschönau (Ngd) Jenikowo 316
Hohensee (Grw) 070, 092
Hohenwalde (Pyr) Gleźno 070
Hohenzaden (Rnd) Siadło Górne 316
Hollendorf (Grw) 070
Holm (Gfbg) Chełm Gryficki 070
Holstein (Herzogtum) Holsztyn 011, 110, 385
Hosztyn → Holstein
Horst (Pyr) Turze 070
Horst (Rgw) Chwarstno 070
Hühnerkamp (Uekm) 070
Hütten (Nst) Sitno 070
Hufenitz (Pyr) NN 070
Huta Szklana → Glashütte (Ntzk)

I
Ibenhorst (Ngd) Iwno 070
Ihnazoll (Ngd) Inica Nowogardzka 070
Immenthal (Ngd) Imno 070
Imno → Immenthal
Inflanty → Livland
Inica Nowogardzka → Ihnazoll
Insko → Nörenberg
Isinger (Pyr) Nieborowo 070
Iven (Ank) 070, 431
Ivenack (Mecklb.) 001
Iwięcino → Eventin
Iwno → Ibenhorst

J
Jacobsdorf (Saa) Dobrzany 070
Jadwiżyn → Charlottenhof (Nst) 070
Jädkemühl (Uekm) 042
Jägerbrück (Rnd) 070
Jägerhof (Grw) 042, 070
Jägerswalde (Nst) NN 070

Järshagen (Alt+Neu) (Sla) Jarosław (Stary+Nowy) 201
Jagdhaus (DKr) Budy 070
Jagdkrug (Grw) 070
Jagenkamp (Ngd) Kępy Lubczyńskie 070
Jagetzow (Dem) 070
Jagow (Pyr) Jagów 070
Jagów → Jagow
Jamitzow (Grw) 070
Jamno → Jamund
Jamund (Ksl) Jamno 201, 209
Janiewice → Jannewitz
Janikow (Nst) Jankowo 070
Jankowo → Janikow
Jannewitz (Lbg) → Groß Jannewitz
Jannewitz (Sla) Janiewice 042, 199
Janow (Ank) 070
Janowice → Groß Jannewitz
Japenzin (Ank) 070
Jarchlin (Ngd) Jarchlino 316
Jarchlino → Jarchlin
Jargelin (Grw) 070
Jarmbow (UsW) Jarzębowo 070
Jarosław → Järshagen
Jarosławki → Neuendorf (Ngd)
Jarostowo → Liebenfelde (Arn)
Jarszewko → Jassow
Jarszewko → Sarnow
Jarzębowo → Jarmbow
Jarzyce → Geritz
Jasenitz (Uekm) Jasienica 001, 010, 011, 111, 112, 123, 134, 167, 430
Jasienica → Jasenitz
Jasień → Jassen
Jassen (Büt) Jasień 222, 430
Jassow (Kam) Jarszewko 070
Jastrow (DKr) Jastrowie 079, 118 ,154, 168, 170, 206, 207, 209, 430
Jastrowie → Jastrow
Jatznow (Gfbg) NN 070
Jawory → Hohenholz
Jaworze → Gabbert
Jedde → Gedde
Jelenino → Gellin
Jeleń → Gellen
Jelonek → Wilhelmshorst

Jenikowo → Hohenschönau
Jenznick (Schlo) Jęczniki 155
Jesionowo → Schönow
Jeziorki → Gissolk
Jeziorna → Flacksee
Jęczniki → Jenznick
Jęczniki Wielkie → Groß Jenznick
Jędrzejewo od. Gajewo → Putzig
Johannisberg (Pyr) NN 070
Johannisberg (Rgw) NN 070
Johannishof (Gfbg) NN 070
Johannishof (Grw) 070
Jordanhütte (UsW) NN 070
Juchow (Nst) Juchowo 070, 201
Juchowo → Bagerkathen/Juchow
Juchowo → Juchow
Jülich 110
Jutlandia → Jütland
Juliusburg (Sla) NN 070
Justin (Rgw) Gostyń Łobeski 070

K
Kadow (Dem) 070
Kagendorf (Ank) 070
Kagenow (Ank) 070
Kahlen (Kam) Kaleń 070
Kalenberg (Nst) Uraz 070
Kaleń → Kahlen
Kaliska → Schönberg
Kalisz Pomorski → Kallies
Kalkofen (UsW) Mielin 070
Kalkwerder (Nst) NN 070
Kalkwerder (Rnd) NN 070
Kallies (Drb) Kalisz Pomorski 007, 070, 079, 082, 083, 118, 166, 168, 170, 201, 353, 364, 395, 430, 431
Kamelsberg (Ngd) NN 070
Kamieniec → Schöningen (Rnd)
Kamienny Jaz → Steinwehr
Kamienny Most → Steinhöfel
Kamionka → Steinburg
Kammin (Bistum) *37*, 001, 011, 070, 110, 111, 162
Kammin i. Pom. (Kam) Kamień Pomorski *36*, 003, 007, 009, 014, 041, 050, 070, 076, 079, 083,

→ auch: Cammin 110, 112, 118, 123, 128, 132, 134, 143, 154, 162, 163, 168, 170, 348, 353, 362, 364, 430
Kamp (Gfbg) Kępa 070
Kania → Kannenberg (Saa)
Kannenberg (Saa) Kania 070, 135, 167
Kantreck (Kam) Łoźnica 135
Karandt (Rgw) Chociebądz 070
Karcino → Langenhagen (Gfbg)
Karczewie → Marienau
Karkow (Saa) Karkowo 070
Karkowo → Karkow
Karlino → Körlin
Karlotto (Sla) NN 070
Karlsbach (Ngd) Strumiany 070
Karlsberg (Nst) Malechowo 070
Karlsburg (Grw) 070, 092
Karlshagen (Ank) 070
Karlshagen (UsW) 070
Karlshof (Gfbg) Krakowice 070
Karlshof (Ngd) Komarowo 070, 135
Karlshof (Sla) NN 070
Karlshorst (Nst) NN 070
Karlsruhe (Saa) NN 070
Karlstein (Knb) Radostowo 135
Karlsthal (Saa) Granica 070
Karmersfelde (Saa) Małkocin 070
Karnice → Karnitz
Karnitz (Gfbg) Karnice 070, 135
Karolinenhorst (Gfhg) Reptowo 123
Karow (Stet.-K.) Karwowo (Szcz.-Kar.) 118, 316
Karrin (Grw) 070
Karścino → Kerstin
Karsibór → Kaseburg
Karsino → Karzin
Karsk → Kartzig
Karstno → Kerstenwalde
Kartlow (Dem) 092
Kartzig (Ngd) Karsk 316
Karwice → Karwitz
Karwitz (Sla) Karwice 209
Karwowo (Szcz.-Kar.) → Karow (Stet.-K.)
Karzin (Ksl) Karsino 201
Kaseburg (UsW) Karsibór 430
Kasimirsburg (Ksl) Kazimierz Pomorski 134

Kathkow (Büt) Chotkowo 222, 430
Kattenberg → Torgelow
Kattenhof (Ngd) Kąty 070, 167
Katzow (Grw) 070
Kavelpaß (Ank) 070
Kazimierz Pomorski → Kasimirsburg (Bast)
Kądzielna → Schneidemühl/Juchow
Kąty → Kattenhof
Kehrberg (Gfhg) Krzywin 135
Kemnitz (Grw) 316
Kerstenradung (Ngd) NN 070
Kerstenwalde (Ngd) Karstno 070
Kerstin (KbK) Karścino 201, 430
Kędrzyno → Gandelin
Kępa → Kamp (Gfbg)
Kępinka → Neuenkamp
Kępy Lubczyńskie → Jagenkamp
Kicker (Ngd) Kikorze 316
Kicko → Kietzig
Kiczarowo → Kitzerow
Kiel Kilonia E XXVII
Kiełpin → Woltersdorf
Kiełpin → Kölpin (Arn)
Kiełpino → Kölpin (Nst)
Kienitzruh (Saa) NN 070
Kietz (Drb) Chyże 070
Kietzig (Saa) Kicko 070
Kije → Rummelsbrück
Kikorze → Kicker
Kilonia → Kiel
Kirchhagen (Gfbg) Konarzewo 070, 135
Kisewo → Küssow
Kisielice → Vorwerck (Blg)
Kitzerow (Saa) Kiczarowo 070
Klätkow (Gfbg) Kłodkowo 070
Klanzig (Blg) Kłącko 201
Klaptow (KbK) Kłopotowo 429
Klausburg (hier: Gfbg, richtig: Saa) Ostrowie 070
Klaushagen (Nst) Kluczewo 070, 201, 430, 431
Kłącko → Klanzig
Klebow (Gfhg) Chlebowo 430
Klein Beelow → Beelow
Klein Benz (Ngd) Bieniczki 070
Klein Bünzow (Grw) 070

Klein Christinenberg (Ngd)   Kliniska Małe
   070, 167
Klein Dallenthin (Nst)   Dalęcinko   070
Klein Ernsthof (Grw)   070
Klein Grünow (Saa)   Gronówko   070
Klein Hagenow → Hagenow
Klein Horst (Gfbg)   Tymianka   070
Klein Jasedow (Grw)   070
Klein Karlsbach → Karlsbach
Klein Küdde (Nst)   Gwda Mała   070
Klein Kühlenmorgen → Torgelow
Klein Küssow (Pyr)   Koszewko   070
Klein Leistikow (Ngd) → Boguszyce
Klein Lindenbusch (Sold)   Bylice   070
Klein Raddow (Rgw)   Radowo Małe   135
Klein Reinkendorf (Stet.-Kl. R.)   Warzymice
   (Szcz.-Warz.)   316
Klein Rischow (Pyr)   Ryszewko   070
Klein Schlatikow (Saa)   Słodkówko   070
Klein Schwarzsee (Nst)   Czarne Małe   070
Klein Sophienthal (Ngd)   Warcisławek   070
Klein Spiegel (Saa)   Poźrzadło   070
Klein Stallberg → Torgelow
Klein Wachlin (Ngd)   Warchlinko   070
Klein Weckow (Kam)   Wiejkówko   070
Klein Zapplin (Gfbg)   Czaplin Mały   070
Klein Zemmin (Nst)   NN   070
Klempin (Blg od. Saa)   Klępino   070, 364
Klenz (Dem)   070
Kletzin (Dem)   070
Klępino → Klempin
Klingbeck (Nst)   Radomyśl   070
Kliniska → Christinenberg
Kliniska Małe → Klein Christinenberg
Kliniska Wielkie → Groß Christinenberg
Klitschendorf (Grw)   070
Klöwenstein (Nst)   Cichorzecze
Klöpperfier (Nst)   Chłopowo   070
Klötikow → Klätkow
Klotzen (Nst)   Kłodzino   201
Klotzow (Grw)   070
Kloxin (Pyr)   Kłodzino   070
Kluczewo → Klaushagen
Kluczewo → Klützow
Klücken (Pyr)   Kluki   070
Klützow (Pyr)   Kluczewo   070, 135, 431

Kluki → Klücken
Kłodkowo → Klätkow
Kłodzino → Klotzen
Kłodzino → Kloxin
Kłopotowo → Klaptow
Kłosowice → Blankenfelde
Knacksee (Nst)   Przełęg   201
Knappberg → Torgelow
Koblenz (Rheinland-Pfalz)   E XX, 365
Kocierz → Kutzer
Koczała → Flötenstein
Kodrąb → Kodram
Kodram (UsW)   Kodrąb   070, 430
Köckeritz (Kam)   Krokorzyce   070
Kölpin (Nst)   Kiełpino   167, 201
Kölpin (Arn)   Kiełpin   167
Kolbatz (Gfhg)   Kołbacz   001, 009, 018, 068,
   110, 112, 123, 134, 163
Kolberg (KbK)   Kołobrzeg   *31*, *34*, *37*, 001,
   003, 007, 009, 013, 019, 022, 031, 068, 070,
   073, 079, 082, 083, 110, 111, 118, 120, 122,
   128, 133, 134, 143, 144, 154, 166, 167, 168,
   170, 201, 206, 209, 220, 353, 355, 357, 360,
   364, 381, 424, 429, 430
Koldemanz (Gfbg)   Kołomąć   070, 430
Kolin → Kollin
Kollatz (Blg)   Kołacz   201, 430
Kollin (Pyr) (auch: Collin)   Kolin   070, 134
Kolzow (UsW)   Kołczewo   070, 135, 430
Kołczewo → Kolzow
Kołobrzeg → Kolberg
Kołomąć → Koldemanz
Kołacz → Kollatz
Kołbacz → Kolbatz
Komarowo → Karlshof (Ngd)
Komorowo → Kummerow
Komorze → Beverdick
Königsberg (Ostpreußen)   E XIX
Königsberg/Nm. (Knb)   Chojna   167
Königsfelde (Uekm)   Niekłończyca   316
Königsholland   018
Körlin (KbK)   Karlino   007, 009, 019, 068,
   079, 110, 134, 170, 201, 206, 364, 429, 430
Köselitz (Pyr)   Kozielice   070, 135
Köslin (Ksl)   Koszalin   *32*, *36*, *37*, 001, 003,
   006, 007, 019, 020, 031, 034, 040, 062, 064,

065, 067, 068, 070, 075, 079, E II, 113,118,
120, 122, 123, 133, 134, 150, 152, 153, 154,
163, 166, 167, 170, 181, 183, E III, 188, 189,
190, 191, 196, 199, 201, 204, 205, 206, 208,
209, 210, 211, 213, E IV, E V, 228, 232, 316,
353, 360, 364, 430
Kösternitz (Sla)   Kościernica   201
Köstin (Uekm)   Kościno   134
Konarschin   Konarzyny   222
Konarzewo → Kirchhagen
Konarzyny → Konarschin
Konerow (Grw)   070
Koniewo → Kunow (Kam)
Konitz   Chojnice   363
Konsages (Grw)   070
Kopenhagen   32, 012, 339, E XXIII, 391
Koppelkamp (UsW)   NN   070
Kordeshagen (Ksl)   Dobrzyca   201, 431
Korkenhagen (Ngd)   Budzieszowce   070, 167
Korne → Kornlage
Kornlage (Schlo)   Korne   122
Korytowo (Piła) → Kürtow
Korytowo → Walsleben
Kose (Sto)   Kozy   222
Kosegger (KbK)   Kozia Góra   092, 201
Kosenow (Ank)   070
Koserow (UsW)   070
Kosierzewo → Kusserow
Kostrzyn → Küstrin
Koszalin → Köslin
Koszewko → Klein Küssow
Koszewo → Groß Küssow
Kościernica → Kösternitz
Kościno → Köstin
Kościuszki → Hindenburg
Kothlow (Ksl)   Kotłowo   070
Kotłowo → Kothlow
Kozia Góra → Kosegger
Kozielice → Köselitz
Kozy → Kose
Kräpelin (Grw)   070
Krajenka → Krojanke
Krajnik Dolny → Nieder Kränig
Krajnik Górny → Hohen Kränig
Krakau   Kraków   E XXIII, 348, 422, 425
Krakow (Grw)   070

Krakowice → Karlshof (Gfbg)
Kraków → Krakau
Krampe (Sto)   Krępa   222, 364
Krampkewitz (Lbg)   Krępkowice   222, 430
Kramske (DKr)   Krępsko   430
Krangen (Nst)   Krągi   070
Kranichshorst (Uekm)   070
Kraśnik Łobeski → Kratzig
Kratzig (Ksl)   Kraśnik Łobeski   070, 083, 092, 167, 200
Krągi → Krangen (Nst)
Krągle → Bernsdorf
Krąpiel → Schöneberg
Kreckow (Stet.-Kr.)   (Szcz.-Krzekowo)   429
Kremzow (Pyr)   Krępcewo   070, 135
Krenzow (Grw)   070
Kreuz (Ntzk)   Krzyż   430
Kreutzmannshagen (Grm)   316
Krępa → Krampe
Krępcewo → Kremzow
Krępkowice → Krampkewitz
Krępsko → Hackenwalde
Krępsko → Kramske (DKr)
Krężel → Henkenheide
Krien (Ank)   070, 431
Kriewitz (Ngd)   Krzywice   135, 316, 430
Kröslin (Grw)   070
Krössin (Rgw)   Krosino   201
Krojanke (Flt)   Krajenka   155, 170, 209, 211
Krokorzyce → Köckeritz
Kronwald (Grm)   070
Krosino → Groß Krössin (Nst)
Krosino → Grössin (Blg)
Krosino → Krössin (Rgw)
Krüssow (Pyr)   Kurcewo   070
Krugsdorf (Uekm)   070
Krummensee (Schlo)   Krzemieniewo   430
Krummin (UsW)   001, 070, 431
Krusenfelde (Ank)   070
Krzekowo (Szcz.-Krz.) → Kreckow (Stet.-Kr.)
Krzemieniewo → Krummensee
Krzepocin → Lüttkenhagen (Kam)
Krzymów → Hanseberg
Krzywice → Kriewitz
Krzywin → Kehrberg
Krzywnica → Uchtenhagen

Krzyż → Kreuz
Kucharowo → Kucherow
Kucherow (Nst) Kucharowo 070
Kucklow (Kam) Kukułowo 070
Kuckmühle (Pyr) NN 070
Kückenmühle (Stet) 429
Kühlenhagen (Grw) 070
Külz (Ngd) Kulice 135, 316, 430
Kürtow (Schndm) Korytowo 130
Küssin (Gfbg) Kusin 070
Küssow (Gfbg) Kisewo 070
Küstrin (Knb) Kostrzyn *E VIII*, 392, 399
Kukahn (Gfbg) Kukań 070
Kukań → Kukahn
Kukułowo → Kucklow
Kuleszewo → Kulsow
Kulice → Külz
Kulsow (Sto) Kuleszewo 364
Kummerow (Dem) 092, 201, 413
Kummerow (Rgw) Komorowo 118, 201
Kunica → Friedrichsthal (Pyr)
Kunow a. d. Straße (Saa) Kunowo 070, 135
Kunow (Gfhg) Kunowo 179
Kunow (Kam) Koniewo 070
Kunowo → Kunow a.d. Straße
Kunowo → Kunow (Gfhg)
Kurcewo → Krüssow
Kurland 110
Kurmark 339, 353, 355, 397, 401
Kurow (Ksl) Kurowo 201
Kurow (Stet.-K.) Kurów (Szcz.-Kurów) 316
Kurowo → Kurow
Kurów (Szcz.-Kurów) → Kurow (Stet.-K.)
Kurtshagen (Ank) 070
Kusin → Küssin
Kusowo → Kussow
Kusserow (Sla) Kosierzewo *36*
Kussow (Nst) Kusowo 070, 201, 430
Kuszewo → Weinberge
Kutzer (Rgw) Kocierz 070
Kuźnica Drawska → Hammer (Nst)
Kwakowo → Quackow

L

Laatziger Teerofen (hier: Kam, richtig: UsW) Laska 070

Labehn (Lbg) Łebień 430
Labenz (Nst) Łabędź 070
Labes (Rgw) Łobez 003, 068, 070, 110, 112, 118, 123, 128, 132, 135, 154, 160, 163, 164, 170, 364, 430
Labuhn (Lbg) Łebunia 222, 430
Labuhn (Rgw) Łabuń Wielki 135, 429, 430
Landeck (Schlo) Lędyczek 168, 170, 430
Landsberg a. d. Warthe Gorzów Wielkopolski *29, E VIII*
Landskron (Ank) 070
Langeböse (Stlp) Pogorzelice 222
Langenberg (Ngd) Święta 167, 431
Langendamm (Ank) 070
Langenhagen (Gfbg) Karcino 070
Langenhagen (Saa) Długie 070
Langenhorst (Ngd) Zaborze 070
Langesende (Gfbg) Świerszczewo 070
Langkavel (hier Gfbg, richtig: Ngd) Długołęka 070
Lanke (Kam) Łąka 070
Lanzen (Nst) Łączno 070
Lasbeck (Rgw) Łosośnica 135, 430
Laska → Laatzig-Teerofen
Laskowo → Groß Latzkow
Lassan (Grw) 007, 011, 015, 070, 079, 083, 111, 168, 272
Latzkow → Groß Latzkow
Latzow (Grw) 070
Lauen (UsW) Lewno 070
Lauenburg (Lbg) Lębork *36*, 007, 009, 013, 019, 041, 048, 067, 068, 079, 081, 083, 110, 118, 128, 131, 134, 143, 154, 168, 170, 183, 222, 353, 364, 395, 431
Leba (Lbg) Łeba 003, 007, 019, 168, 222, 430
Lebbin (hier: Grw, richtig: Gfbg) Lubin 070
Lebbin (UsW) Lubin Woliński 070, 430
Lebehnke (DKr) Stara Łubianka 127
Legnica → Liegnitz
Lehmaningen (Nst) Brzezinka 070
Leine (Pyr) Linie 070
Lemberg Lwów *E XXVIII*
Lemelsdorf (Rgw) NN 070
Lentschow (Grw) 070
Lenz (Saa) Łęczyca 070, 167
Lenzen (Blg) Łęczno 201

Lenzen (Rnd)   070
Leonorenhof → Eleonorenhof
Leopoldshagen (Ank)   070
Leopoldshagen (Gfbg)   Nęczyn   070
Leoshof (Rgw)   Dobrzykowo   070
Lerche (Gfbg)   Skowrony   070
Lesięcin → Lessenthin
Lessenthin (Rgw)   Lesięcin   167
Lestin (KbK)   Leszczyn   364
Lestkowo → Leistikow
Leszczyn → Lestin
Letnin → Lettnin
Lettnin (Pyr)   Letnin   070, 431
Leuenkathen (Nst)   NN   070
Leussin (UsW)   Łojszyno   070
Levenhagen (Grw)   316
Lewetzow (Gfbg)   Lewice   070
Lewice → Lewetzow
Lewno → Lewno
Lębork → Lauenburg
Lędyczek → Landeck
Libbehne (Pyr)   Lubiana   070
Libnow (Grw)   070
Lichtenhagen (Schlo)   Głędowo   430
Liebenfelde (Arn)   Jarostowo   167
Liebenow (Arn)   Lubieniów   167
Liebenow (Gfhg)   Lubanowo   135
Liebeseele (UsW)   Lubiewo   070
Liegnitz   Legnica   110
Liepe → Torgelow
Liepen (Ank)   070
Liepgarten (Uekm)   070
Liepnitz   Lipnica   222
Lietzow (Rgw)   Lisowo   070
Linde (Nst)   Sulinowo   070
Linde (Pyr)   Lipka   070
Lindenberg (Ank)   070
Lindenberg (Dem)   010, 011, 111, 112, 127
Linenfelde (Dem)   070
Linie → Leine
Linow (Nst)   Linowo   070
Linowo → Linow
Lipiany → Lippehne
Lipie → Arnhausen
Lipka → Linde (Pyr)
Lipki → Lollhöfel

Lipnica → Liepnitz
Lippehne (Sold)   Lipiany   135, 167, 168, 360
Lisewo → Lissau
Lisowo → Lietzow (Rgw)
Lisowo → Vossberg
Lissau (Schlo)   Lisewo   430
Liszkowo → Altenwalde
Loddin (UsW)   070, 081
Lodmannshagen (Grw)   070
Löcknitz (Rnd)   135, 141, 397, 405
Löwitz (Ank)   070
Loissin (Grw)   070
Loist (Pyr)   Łozice   070
Loitz (Grm)   007, 010, 011, 015, 018, 068, 070, 079, 082, 110, 111, 112, 123, 168, 317, 364
Loitz (Sto)   Łysomice   127, 168
Lollhöfel (Pyr)   Lipki   070
Loosen (Schlo)   Łoża   430
Loppnow (Gfbg)   Łopianów   070
Lorkenheide (Nst)   Sławacin   070
Louisenhof (Ank)   070
Louisenthal (Gfbg)   NN   070
Louisenthal (Ngd)   Borzysławiec   070
Louisenthal (Rgw)   070
Lubanowo → Liebenow (Gfhg)
Lubben (Rmbg)   Łubno   222
Lubczyna → Lübzin
Lubiana → Libbehne
Lubiatowo → Lübtow
Lubiechowo → Lübchow
Lubień Górny → Obernhagen
Lubieniów → Liebenow (Arn)
Lubieszewo → Lübsow
Lubiewo → Liebeseele
Lubin → Lebbin (Gfbg)
Lubin Woliński → Lebbin (UsW)
Lubków → Sprengelberg
Lublino → Nöblin
Lubmin (Grw)   070, 277
Lubogoszcz → Lübgust
Lubomyśl → Tivoli
Lubow (Nst)   Łubowo   070, 201, 430
Lubowo → Lübow
Lubuczewo → Lübzow
Lucin → Louisenhof
Ludolfshof (Pyr)   Płoszkowo   070

Ludwigsburg (Baden-Württemb.) 365
Ludwigsburg (Grw) 070
Ludwigsfelde (Ngd) NN 070
Ludwigshütten (Nst) NN 070
Ludwigsthal (Ngd) NN 070
Ludwigsthal (Pyr) Stoisław 070
Lübchow (KbK) Lubiechowo 201
Lübeck Lubeka 110, 388
Lübgust (Nst) Lubogoszcz 070
Lübow (Saa) Lubowo 070
Lübs (Ank) 070
Lübsow (Gfbg) Lubieszewo 070
Lübtow (Pyr) Lubiatowo 070
Lübzin (Ngd) Lubczyna 070, 135, 167, 431
Lübzow (Stlp) Lubuczewo 222
Lüchenthin (Kam) Łukęcin 070
Lühmannsdorf (Grw) 070
Lümzow (Nst) Łomczewo 070, 200, 431
Lüneburg 011, 015, 110
Lüskow (Ank) 070
Lüskow (UsW) Łuskowo 070
Lüßmitz (Rüg) 070
Lütow (UsW) 070
Lüttkenhagen (Kam) Krzepocin 070
Luisenhof (Pyr) Lucin 070
Lupoldsruh (Pyr) Trzebień 070
Lupow (Sto) Łupawa 209, 222, 316, 354, 431
Lutkowo → Rehwinkel
Lutowo → Augusthof (Rgw)
Łabędź → Labenz
Łabuń Wielki → Labuhn (Rgw)
Łączno → Lanzen
Ładzin → Rehberg
Łagiewniki → Elvershagen
Łąka → Lanke
Łeba → Leba
Łebień → Labehn (Lbg)
Łebunia → Labuhn (Lbg)
Łęczno → Lenzen
Łęczyca → Lenz
Łękno → Bast
Łobez → Labes
Łobżany → Vorwerk Labes
Łojszyno → Leussin
Łomczewo → Lümzow
Łopianów → Loppnow

Łososnica → Lasbeck
Łozice → Loist
Łozice → Neudorf (Ksl)
Łoża → Loosen
Łoźnica → Kantreck
Łubno → Lubben
Łubowo → Lubow
Łukęcin → Lüchenthin
Łupawa → Lupow
Łuskowo → Lüskow
Łysomice → Loitz

M
Machowica → Elis
Maciejewo → Matzdorf
Mackfitz (Rgw) Makowice 070
Magdeburg 138, *E XXVI*
Mahlkenkathen (Nst) NN 070
Mahlzow (UsW) 070
Makowice → Mackfitz
Malchow (Sla) Malechowo 209
Maldewin (Rgw) Mołdawin 135, 430
Malechowo → Malchow
Malechowo → Karlsberg (Nst)
Mallnow (KbK) Malonowo 092
Malonowo → Mallnow
Malwinen-Vorwerk (Pyr) Ślazowo 070
Małkocin → Mulkenthin
Mandelkow (Sold) Będargowo 135
Mandelkow (Stet.-M.) Będargowo (Szcz.-B.) 316
Manow (Ksl) Manowo 201
Manowo → Manow
Mansfeld 110
Margarethenhof (Pyr) Młodolice 070
Marianowo → Marienfließ
Marienau (Rgw) Karczewie 070
Marienbrück (DKr) Prądy 070
Marienehe (Mecklb) 283
Marienfelde 179, 364
Marienfließ (Saa) Marianowo 018, 070, 110, 112, 123, 134, 135
Marienhagen (Saa) Oświno 070, 316
Marienhöhe (Nst) Świętno 070
Marienkron (Nst) NN 001
Marienkrone 283, 412

Marienthal (Ank)   070
Marienthal (Uekm)   070
Marienthron (Nst)   Świątki   070
Marienwalde (Arn)   Bierzwnik   134, 406, 421
Marienwerder (Pyr)   Załęże   070, 124, 127, 231, 363
Märkisch Friedland (DKr)   Mirosławiec   155, 170, 206, 211
Martenthin (Kam)   Mierzęcin   070, 135
Maskow (Ngd)   Maszkowo   316
Masłowice Tuchomskie → Groß Massowitz
Massow (Ngd)   Maszewo   007, 009, 013, 017, 018, 070, 079, 110, 112, 123, 134, 135, 154, 163, 167, 168, 170, 353, 364, 430
Maszewko → Neu Massow
Maszewo → Massow
Maszkowo → Maskow
Matzdorf (Ngd)   Maciejewo   070
Mechowo → Dorphagen (Kam)
Mechowo → Megow
Mechowo → Zimmerhausen (Rgw)
Mecklenburg   Meklemburgia   37, E I, 010, 011, 015, 086, 110, 111, E IX, E X, E XI, E XII, E XIII, E XIV, E XVII, 388, 390, 393, E XXV, 409, 410, 411, 412
Mecklenburg-Schwerin   E XXV, 420
Mecklenburg-Strelitz   E XXV, 418, 419
Meddersin (Büt)   Niedarzyno   222
Medewitz (Kam)   Miodowice   070
Medow (Ank)   070
Megow (Pyr)   Mechowo   070
Mehrentin (Frdb)   Mierzęcin   36
Meiersberg → Ferdinandshof
Meklemburgia → Mecklenburg
Mellen (Rgw)   Mielno   201
Menzlin (Grw)   070
Merseburg (Sachsen-Anhalt)   E XIX, 359
Mescherin (Rnd)   070
Messenthin (Stet.-M)   Mścięcino (Szcz.-M.)   167, 430
Miałka → Werderfelde
Miastko → Rummelsburg
Mickrow (Stlp)   Mikorowo   222, 430
Mielin → Kalkofen (UsW)
Mielno → Mellen
Mielno Pyrzyckie → Groß Möllen

Mielno Stargardzkie → Groß Mellen
Mierzęcin → Martenthin
Mierzęcin → Mehrenthin
Mierzyn → Alt Marrin
Międzybórz → Wehnersdorf
Międzylesia → Bärbaum
Międzyzdroje → Misdroy
Miękowo → Münchendorf
Mieszałki → Grünewald
Miętno → Minten
Migilica → Neuhof (Pyr)
Mikorowo → Mickrow
Milchhorst (Grw)   070
Millnitz (Ank)   070
Minten (Ngd)   Miętno   070, 316
Miodowice → Medewitz
Miradz → Grüneberg
Mirosławice → Gumminshof
Mirosławiec → Märkisch Friedland
Misdroy (UsW)   Międzyzdroje   070, 118, 127, 135, 168, 430
Mittelbusch (Nst)   Sulibórz   070
Mittelhagen (Gfbg)   Rogozina   070
Mittelhof (Grw)   070
Mittel-Karlsbach → Karlsbach
Młodolice → Margarethenhof
Młyny → Möllendorf
Moderow (Saa)   Modrzewo   070
Modlimowo → Muddelmow (Gfbg)
Modlimowo → Muddelmow (Rgw)
Modrzewie → Grünhorst
Modrzewo → Moderow
Möckow (Grw)   070
Möllendorf (Pyr)   Młyny   070
Mölschow (UsW)   070
Mohrin (Knb)   Moryń   135, 168
Moissin (Nst)   Mosina   070
Moitzow (Gfbg)   Mojsewo   070
Mojsewo → Moitzow
Mokre → Schönwalde (Ngd)
Mollwitz (Ank)   070
Molstow (Gfbg)   Mołstowo   070
Mołdawin → Maldewin
Mołstowo → Molstow
Monekehusen   001
Moryń → Mohrin

Morzyca → Blumberg
Mosina → Mossin (Nst)
Mosiny → Mossin (Sto)
Moskau Moskwa 110
Moskorzyn → Muscherin
Moskwa → Moskau
Mossin (Nst) Mosina 070
Mossin (Schlo) Mosiny 430
Mosty → Speck (Ngd)
Motarzyn → Muttrin (Blg)
Motarzyno → Muttrin (Sto)
Możdżanowo → Mützenow
Mrzeżyno → Ost Deep (Gfbg)
Mrzeżyno → West Deep
Mścięcino → Messenthin
Muddelmow (Gfbg) Modlimowo 070
Muddelmow (Rgw) Modlimowo 070
Müggenburg (Ank) 070
Müggenhall (Saa) Białuń 070
Müggenkaten (Rgw) NN 070
Mühlenkamp (Grm) 070
Münchendorf (Ngd) Miękowo 070, 167
Münster (Westfalen) 353
Münsterberg (Ngd) Wielichówko 070
Mützelburg (Pyr) Myśliborki 070
Mützelburg Oberförsterei (Uekm) Myślibórz 042
Mützenow (Sto) Możdżanowo 167, 209, 222, 429, 430
Mulkenthin (Saa) Małkocin 070, 135
Murchin (Grw) 070, 093, 316
Muscherin (Pyr) Moskorzyn 070, 092
Muttrin (Blg) Motarzyn 431
Muttrin (Sto) Motarzyno 092, 201, 222
Myśliborki → Mützelburg (Pyr)
Myślibórz → Mützelburg (Uekm)
Myślibórz → Soldin

N

Nacław → Natzlaff
Nahausen (Knb) Nawodna 167
Naseband (Nst) Nosibądy 201, 430
Nassau-Dillenburg 353
Nassenheide (Uekm) Rzędziny 092, 135
Nassow (Ksl) Nosówko 070
Nastazin → Hermelsdorf

Natelfitz (Rgw) Natolewice 070
Natolewice → Natelfitz
Natzevitz (Rüg) 070
Natzlaff (Sla) Nacław 070, 201
Naugard (KbK) Nowogardek 070
Naugard (Ngd) Nowogard 36, 003, 009, 013, 017, 018, 068, 036, 070, 071, 079, 110, 112, 123, 132, 135, 143, 154, 163, 168, 170, 175, 316, 364, 430, 431
Naulin (Pyr) Nowielin 078
Navarra 110
Nawodna → Nahausen
Neblin (Nst) Nobliny 070
Neeberg (UsW) 070
Neetzow (Ank) 070, 092
Negenmark (Grw) 070
Nehringen (Grm) 413
Neides (Gfbg) Niedysz 070
Neklatz (Gfbg) Niekładz 070
Nemitz (Kam) 167, 364
Nemitz (Sla) Niemica 209
Nemitz (St.-Nemitz) Niemierzyn (Szcz.-Niemierzyn) 135, 430
Nemmin (Nst) Uniemino 070
Nerdin (Ank) 070
Netzeband (Grw) 070
Netzebruch 248, 398
Netzedistrikt 355
Netzekreis 095, 143, 231, 232, 235, *E XIX*, 430
Netzelkow (UsW) 070
Neu Damerow (Saa) Nowa Dąbrowa 070
Neu Draheim (Nst) Nowe Drawsko 070
Neu Falkenberg (Pyr) Chabówko 070
Neu Grape (Pyr) Nowe Chrapowo 070
Neu Katzow (Grw) 070
Neu Kosenow (Ank) 070
Neu Krien (Ank) 070
Neu Massow (Ngd) Maszewko 070, 167
Neu Plestlin (Dem) 070
Neu Pudagla (UsW) 070
Neu Sandow (Pyr) Sądówko 070
Neu Sarnow (Kam) Żarnówko 070
Neu Schneidemühl (Kam) Chełst 070
Neu Wuhrow (Nst) Nowe Worowo 070, 201, 431
Neu Zapplin (Gfbg) Czaplice 070

Neubrandenburg (Mecklb.)   E XXV
Neudorf (Ksl)   Łozice   070
Neudorf (Nst)   Prosinko   070
Neuendorf (Ank)   070
Neuendorf (Gfhg)   Piaseczno   135
Neuendorf (Lbg)   Nowa Wieś Lęborska   222, 430
Neuendorf (Ngd)   Jarosławki   070, 167
Neuendorf (Rüg)   070
Neuendorf (Stet.-N.)   Przęsocin (Szcz.-Prz.)   316
Neuendorf (UsW)   070
Neuenhagen (Rgw)   Czarne   070
Neuenkamp (FbB)   001, 255, 412
Neuenkamp (Ngd)   Kępinka   070
Neuenkirchen (Ank)   070
Neuenkirchen (Grw)   316, 431
Neuenkirchen (Uekm)   Dołuje   135, 167, 430
Neuenkrug (Uekm)   042
Neuenzimmer (Grw)   070
Neugolz (DKr)   Golce   167, 209
Neuguth (Schlo)   Nowa Wieś   222, 430
Neuhagen (Nst)   Bielice   070
Neuhaus (Rnd)   040
Neuhof (Ank)   070
Neuhof (Gfbg)   Nowielice   070
Neuhof (Ksl)   Cybulin   070
Neuhof (Lbg)   Nowęcin   222
Neuhof (Nst)   Osiczyn   070
Neuhof (Pyr)   Migilica   070
Neuhütten (Nst)   Nowe Łozice   070
Neukirchen (Rgw)   Bełczna   135, 430
Neumark   Nową Marchią   018, 161, 183, E VIII, 353, 355, 396, 398, 401, 402, 406
Neuschäferei (Nst)   Owczary   070
Neustettin (Nst)   Szczecinek   001, 003, 009, 019, 040, 068, 070, 079, 110, 118, 120, 134, 138, 139, 154, 161, 168, 170, E III, 191, 196, 201, 209, E IV, 217, 218, 232, 235, 364, 430, 431
Neuteich (Frdb)   Chełst (Strz. Kraj.)   122
Neuvorpommern   044, 076, 136, 338
Neuwarp (Uekm)   Nowe Warpno   007, 011, 070, 079, 083, 111, 135, 168, 364, 429, 430
Neuwedell (Arn)   Drawno   079, 130, 154, 168, 170, 248, 361, 403

Nęczyn → Leopoldshagen (Gfbg)
Niczonów → Nitznow
Nieborowo → Isinger
Niechorze → Groß Horst
Niedarzyno → Meddersin
Nieder Kränig (Knb)   Krajnik Dolny   167
Nieder Saathen (Knb)   Zatoń Dolna   167
Niedersächsischer Kreis   372, 386, 390
Niedysz → Neides
Niedźwiedź → Bahrenbruch
Niekładz → Neklatz
Niekłończyca → Königsfelde
Niemica → Nemitz (Sla)
Niemierzyn → Nemitz (Stet)
Niepars (FbB)   431
Niepoględzie → Nippoglense
Niewiadowo → Harmsdorf
Niezabyszewo → Damsdorf
Ninikow (Gfbg)   Ninikowo   070
Ninikowo → Ninikow
Nipperwiese (Gfhg)   Ognica   135, 183
Nippoglense (Sto)   Niepoględzie   36
Nitznow (Kam)   Niczonów   070
Nöblin (Saa)   Lublino   070
Nörenberg (Saa)   Insko   007, 070, 135, 154, 168, 170, 353, 364, 430
Nobliny → Neblin
Nonnendorf (Grw)   070
Nosibądy → Naseband
Noskowo → Notzkow
Nosowo → Güntersberg
Nosówko → Nassow
Notzkow (Sla)   Noskowo   222
Nowa Dąbrowa → Neu Damerow
Nowa Marchia → Neumark
Nowa Wieś → Neuguth
Nowa Wieś Lęborska → Neuendorf (Lbg)
Nowe Chrapowo → Neu Grape
Nowe Drawsko → Neu Draheim
Nowe Gonne → Gönne
Nowe Łozice → Neuhütten
Nowe Warpno → Neuwarp
Nowe Worowo → Neu Wuhrow
Nowęcin → Neuhof (Lbg)
Nowielice → Neuhof (Gfbg)
Nowielin → Naulin

Nowogard → Naugard
Nowogardek → Naugard (KbK)
Nożyno → Groß Nossin

O

Obernhagen (Rgw)   Lubień Górny   429
Oberschäferei (Ksl) → Friedrichsfelde
Objazda → Wobesde
Obrąb → Bramstädt (Nst)
Obromino → Wobbermin
Obryta → Groß Schönfeld
Oćwieka → Woitfick
Odargowo → Wudarge
Oder (Fluß)   Odra   *32*, 014, 023, 110, 353, 376, *E XXIV*, 393
Odra → Oder
Odra-Warszów → Ostswine
Ognica → Nipperwiese
Oie (Grw)   070
Okonek → Ratzebuhr
Olchowo → Wolchow
Oldenburg   341
Ornshagen (Rgw)   Żerzyno   092
Orzechowo → Düsterbeck
Orzechy → Dingelsberg
Osiczyn → Neuhof (Nst)
Osiek Drawski → Wutzig
Osieki (Sław.) → Wusseken
Osieki → Grünhaus
Osieki Koszalińskie → Wusseken (Ksl)
Osieki Lęborskie → Ossecken
Osina → Schönhagen
Osnabrück   011, 353
Oson → Wussow (Sla)
Osowa → Grünhof (Kam)
Osowo (Lęb.) → Wussow (Lbg)
Osowo (Nowog.) → Wussow (Ngd)
Ossecken (Lbg)   Osieki Lęborskie   430
Ost Deep (Gfbg)   Mrzeżyno   070
Ostenheide (Rgw)   Ostrobodno   070
Osten'sche Mühle (Rgw)   NN   070
Osten'sche Schäferei (Rgw)   NN   070
Ostre Bardo → Wusterbarth
Ostrobodno → Ostenheide
Ostromice → Wustermitz
Ostroróg → Scharpenorth

Ostrowica → Raumersaue
Ostrowice → Spinnkathen
Ostrowie → Klausburg
Ostrowo → Wustrow
Ostrzyca → Bernhagen
Ostswine (UsW)   Odra-Warszów   430
Oświno → Marienhagen
Otok → Woedtke
Otręby → Schwingmühle
Owczary → Neuschäferei

P

Paatzig (Kam)   Piaski Wielkie   070
Paetzig a. d. O. (Knb)   Piaseczno   167
Pagenkopf (Ngd)   Bagna   070, 167
Palczewice → Palzwitz
Palzwitz (Sla)   Palczewice   201
Pamitz (Grw)   070
Pammin (Schndm)   Pomień   130
Pampow (Rnd)   070
Panknin (Slw)   Pękanino   201
Panschow (Ank)   070
Pansin (Saa)   Pęzino   *36*, 070, 135, 428
Papendorf (Grw)   070
Papenhagen (KbK)   Głowaczewo   070
Paprotno → Friedrichsthal (UsW)
Paprotno → Parpat
Parchlitz (Rüg)   070
Pargow (Gfhg)   Pargowo   130, 316
Pargowo → Pargow
Parlin (Ngd)   Parlin   070, 167
Parlow (Kam)   Parłowo   070
Parłowo → Parlow
Parma   110
Parpart (Gfbg)   Paprotno   070
Parsęcko → Persanzig
Parsow (Ksl)   Parsowo   201
Parsów → Wartenberg
Parsowo → Parsow
Pasewalk (Rnd)   001, 010, 011, 017, 040 ,052, 068, 069, 079, 082, 088, 111, 118, 123, 135, 141, 163, 170, 316, 353, 360, 364, 395
Paß (Pyr)   Brody   070
Patzig (Rüg)   070
Paulsdorf (Kam)   Skoszewo   070
Peenemünde (UsW)   070, 381

Peest (Sla) Pieszcz 222
Pegelow (Saa) Gogolewo 070, 135
Pelsin (Ank) 070
Pełczyce → Bernstein
Pełkinic → Rahnwerder
Penkun (Rnd) 011, 068, 123, 154, 163, 170, 364
Pensin (Dem) 070
Persanzig (Nst) Parsęcko 070, 201, 209, 430
Peterkau (Nst) Pietrzykowo 070
Petershagen (KbK) Powalice 201
Petersmark (Nst) Piotrowo 070
Peterswalde (Schlo) Cierznie 430
Peterswalde (Uekm) 070
Petrihof (Ngd) Pstrowo 070
Petzin (Flt) Zalesie 200
Petznick (DKr) Piecnik 155
Petznick (Pyr) 070, 135
Pękanino → Panknin
Pęzino → Pansin
Pfalz 110, 111
Pflugrade (Ngd) Redło 316
Piasecznik → Petznik (Pyr)
Piaseczno → Neuendorf (Ghgn)
Piaseczno → Paetzig a. d. O.
Piaseczno → Blumenwerder (Nst)
Piaski Wielkie → Paatzig
Piaszczyna → Reinwasser
Piecnik → Petznick (DKr)
Pielburg (Nst) Pile 070, 201, 209, 431
Piepenburg (Rgw) Wyszogóra 070
Piepenhagen (Rgw) Przyborze 070
Piepersfelde (Ngd) Przepiórki 070
Pieszcz → Peest
Pietrzykowo → Peterkau (Nst)
Pietrzykowo → Groß Peterkau (Schlo)
Pile → Pielburg
Piła → Schneidemühl
Pinnow (Grw) 070, 316
Pinnow (Rgw) Pniewo 112
Piotrowo → Petersmark
Plantikow (Ngd) Błądkowo 316
Plathe (Rgw) Płoty 070, 079, 083, E II, 170, 337, 353, 430
Plennin (FbB) 36
Plestlin (Dem) → Alt Plestlin

Plietznitz Płytnica 127
Płocko → Plötzig
Plönzig (Pyr) Płońsko 070
Płońsko → Plönzig
Płoszkowo → Ludolfshof
Płotno → Blankensee
Płoty → Plathe
Plötzig (Rmbg) Płocko 429
Płytnica → Plietznitz
Pniewki → Hammer (Ksl)
Pniewo → Pinnow (Rgw)
Poberow (Gfbg) Pobierowo 070
Pobierowo → Poberow
Poczernin → Pützerlin
Podańsko → Puddenzig
Podlesie → Augustthal
Podlesie → Friedrichswalde
Pöhlen (Nst) Polne 070, 201, 430
Pölitz (Stet.-Pöl.) Police (Szcz.-Pol.) 070, 118, 125, 135, 154, 167, 170, 353, 364, 430
Poggendorf (Grm) 042
Pogorzelice → Langeböse
Pograniczna Poznań-Prusy Zachodnie → Grenzmark Posen-Westpreußen
Pogrzymie → Birkenwerder
Pohlenheiden (Drb) NN 070
Polanów → Pollnow
Polchow (Kam) Połchowo 070, 352
Połchowo → Polchow
Połczyn-Sdrój → Polzin, Bad
Polen Polska 010, E II, 110, 232, E VIII, E XVIII, 353, 358, 374, 386
Police → Pölitz
Pollnitz (Schlo) Polnica 430
Pollnow (Sla) Polanów 068, 092, 154, 168, 364
Polne → Pöhlen
Polnica → Pollnitz
Polschen (Büt) Półczno 183, 222
Polska → Polen
Polzin, Bad (Blg) Połczyn-Sdrój 019, 079, 154, 168, 170, 201, 206, 364, 430
Pomeiske (Büt) Pomysk 222
Pomianowo → Pumlow
Pomień → Pammin
Pomietów → Pumptow

Pommerensdorf (Stet.-P.)   Pomorzany (Szcz.-Pom.)   168
Pommern (Westpommern)   Pomorze Zachodnie   E I, 009, 014, 017, 023, 026, 029, 034, 046, 049, 051, 053, 064, 067, 070, 077, 086, 087, 092, 094, 096, 111, 116, 117, 118, 120, 123, 129, 135, 138, 139, 141, 144, 146, 150, 162, 163, 166, 178, 182, 183, 231, 232, E VIII, 311, 316, E XV, 338, 339, E XVII, 340, 341, 345, 347, 350, E XIX, 353, 354, 355, 356, 357, 359, 362, 364, E XXI, 371, 372, 373, 374, 375, 376, 378, 380, 381, 384, 385, 386, 387, 388, 389, 390, 391, 392, 393, 394, 397, 399, 405, 406, 407, 408, 409, 410, 420, E XXVI, 421, 422, 423, 424, 425, 426, E XXVII, 427, E XXVIII
Pommershof (Nst)   Pomorze   070
Pomorzany (Szcz.-Pom.) → Pommerensdorf
Pomorze → Pommershof
Pomorze Przednie → Vorpommern
Pomorze Szwedzkie → Schwedisch-Pommern
Pomorze Tylne → Hinterpommern
Pomorze Zachodnie → Pommern (Westpommern)
Pomysk → Pomeiske
Ponickel (Rmbg)   Ponikła   222
Ponikła → Ponickel
Popielewo → Groß Poplow
Porost → Porst
Porst (Ksl)   Porost   070
Portugal   110
Posen   Poznań   29, 026, 144, E III, E VI, 231, 232, 237, E VII, E XVIII, 348, E XIX, 353, 362, 406
Posthaus (Rnd)   070
Postlow (Ank)   070
Potuliniec → Heydebreck
Powalice → Petershagen
Poznań → Posen
Poźrzadło → Klein Spiegel
Półczno → Polschen
Prälang (Nst)   NN   070
Prälank (Kam)   Przełęg   070
Prądnik → Hauswerder
Prądy → Marienbrück
Prechlau (Schlo)   Przechlewo   194, 222, 430

Preetzen (Ank)   070
Preußen   Prusy   32, 011, 015, 023, 026, 035, 040, 058, 063, 079, 087, 110, 135, 341, E XIX, 355, 362, 384, 386, 406, 409, 418, 419, 420, E XXVI, 423, 423, 423, 427, 430
Preußisch Friedland (Schlo)   Debrzno   079, 154, 155, 166, 168, 194, 209, 217, 430
Pribbernow (Gfhg) → Deutsch Pribbernow
Pribbernow (Kam)   Przybiernów   167
Priebkow (Nst)   Przybkowo   201
Prielipp (Alt+Neu) (Pyr)   Przylep (Stary+Nowy)   135
Priemen (Ank)   070
Priemhausen (Ngd)   Przemocze   070, 135, 167, 431
Prillwitz (Pyr)   Przelewice   070
Pritter (UsW)   Przytór   135, 430
Pritzier (Grw)   070
Pritzig (Rmbg)   Przytocko   209, 429
Pritzlow (Stett.-Pr.)   Przecław (Szcz.-Prz.)   130, 316
Pritzwald (Grw)   070
Prössin (Nst)   Prosino   070
Prosinko → Neudorf (Nst)
Prosino → Prössin
Prusinowo → Rütznow
Prusy → Preußen
Przechlewo → Prechlau
Przeciszewo → Heideschäferei (Kam)
Przecław → Pritzlow
Przelewice → Prillwitz
Przełęg → Knacksee
Przełęg → Prälank
Przemocze → Priemhausen
Przepiórki → Piepersfelde
Przeradz → Eschenriege
Przęsocin (Szcz.-Prz.) → Neuendorf (Stet.-N.)
Przybiernów → Pribbernow (Kam)
Przybiernówko → Deutsch-Pribbernow
Przybkowo → Priebkow
Przyborze → Piepenhagen
Przydarłów → Brederlow
Przyjezierz → Auenfelde
Przylep (Stary+Nowy) → Prielipp (Alt+Neu)
Przypólsko → Franzfelde
Przystawy → Ernsthöhe

Przytocko → Pritzig
Przytór → Pritter
Przywodzie → Fürstensee
Pstrowo → Petrihof
Pucie → Püttkrug
Puck NN 134
Pucko → Pütt
Pudagla (UsW) 001, 010, 011, 018, 041, 042, 111, 123, 134, 357
Puddenzig (Ngd) Podańsko 070, 167
Pütt (Ngd) Pucko 070, 167
Püttkrug (Ngd) Pucie 070
Pützerlin (Saa) Poczernin 070, 316
Pulow (Grw) 070
Pumlow (Blg) Pomianowo 201
Pumptow (Pyr) Pomietów 070
Pustkowo → Putchow
Putbus (Rüg) 004, 079, 301, 425
Putchow (Gfbg) Pustkowo 070
Putzar (Ank) 041, 070
Putzig (Ntzk) Jędrzejewo od. Gajewo 430
Pyritz (Pyr) Pyrzyce 36, 001, 009, 019, 041, 070, 079, 110, 112, 118, 122, 123, 134, 135, 143, 154, 163, 164, 168, 170, 175, 353, 360, 362, 364, 431
Pyrzyce → Pyritz

Q
Quakow (Nst) Kwakowo 070
Quilow (Grw) 316
Quitzerow (Dem) 070

R
Rabiąż → Fernosfelde
Racimierz → Hermannsthal
Rackitt (Pyr) Rokity 070
Rackow (Nst) Rakowo 070
Radacz → Raddatz
Radaczewo → Reichenbach
Radawnica → Radawnitz
Radawnitz (Flt) Radawnica 430
Raddatz (Nst) Radacz 070
Radduhn (Gfbg) Raduń 070
Radem (Rgw) Radzim 070
Radomyśl → Klingbeck
Radostowo → Karlstein

Radowo → Wedellsdorf
Radowo Małe → Klein Raddow
Radowo Wielkie → Groß Raddow
Radun (Arn) Raduń 130
Raduń → Radduhn
Raduń → Radun
Raduń → Schwabach
Radwanki → Ernsthof
Radzanek → Resehl
Radzim → Radem
Raffenberg (Nst) Równe 070
Rahnwerder (Saa) Pełkinica 070
Rakowo (Nst) → Rackow
Rakow (Nst) NN 070
Ralswiek (Rüg) 36
Rambin (Blg) Rąbino 201
Rambin (Rüg) 070, 083, 283, 289
Raminshagen (Rnd) 070
Ramitz (Rüg) 070
Ramitzow (Grw) 070
Randow 036, 070, 128, 130, 132, 143, 183, 353, 362, 429, 430, 431
Ranzin (Grw) 316
Rarfin (Blg) Rarwino 201, 430
Rarwino → Rarfin
Rastatt (Baden-Württemb.) 365
Ratajki → Ratteick
Rathebur (Ank) 070
Ratteick (Sla) Ratajki 201
Ratzebuhr (Nst) Okonek 019, 070, 079, 154, 168, 170, 217, 219, 316, 364, 429, 430, 431
Raumersaue (Pyr) Ostrowica 070
Ravensberg (Nst) Żelisławie 070
Ravensbucht NN 070
Ravenstein (Saa) Wapnica 009, 070, 135
Rąbino → Rambin
Rebelow (Ank) 070
Recknitz (Fluß) 411
Reckow (Rgw) Rekowo 118
Reckow (UsW) Rekowo 070
Recz → Reetz (Arn)
Redkowice → Rettkewitz
Redło → Pflugrade
Redostowo → Retztow
Redzikowo → Reitz
Reetz (Arn) Recz 070, 079, 134, 154, 168,

170, 353, 361, 395, 398, 406, 421, 423
Reetz (Kam)   NN   070
Regensburg (Bayern)   386, 390
Regenwalde (Rgw)   Resko   069, 070, 110, 123, 128, 135, 143, 154, 163, 168, 170, 316, 353, 364, 430, 431
Rehberg (Ank)   070
Rehberg (Kam)   070
Rehberg (UsW)   Ładzin   070
Rehdorf (Knb)   Stoki   167
Rehwinkel (Saa)   Lutkowo   070
Reichenbach (Pyr)   Radaczewo   070, 167
Reichenfelde (Knb)   Garnowo   167
Reinberg (Grm)   316
Reinfeld (Blg)   Bierzwnica   201, 430
Reinfelde (Dem)   001
Reinwasser (Rmbg)   Piaszczyna   222
Reischvitz (Rüg)   070
Reitz (Sto)   Redzikowo   222
Rekowo → Reckow
Rekowo → Reckow (UsW)
Relzow (Grw)   070
Renkenhagen (Sla)   Borzyszkowo   222
Rensekow (Gfbg)   Rzęskowo   070, 167
Rensin (Gfbg)   Rzęsin   070
Reńsko → Schönbrunn
Repenow (Pyr)   Rzepnowo   070
Repplin (Pyr)   Rzeplino   070
Reppow (hier: Drb, richtig: Nst)   Rzepowo   070
Reptowo → Karolinenhorst
Resehl (Ngd)   Radzanek   070, 167
Resko → Regenwalde
Rettkewitz (Lbg)   Redkowice   222
Retzin (Blg)   Rzecino   130
Retztow (Ngd)   Redostowo   316
Reudin (Dem)   070
Rewahl (Gfbg)   Rewal   070
Rewal → Rewahl
Ribbekardt (Gfbg)   Rybokarty   070, 135
Ribbertow (Kam)   Rozwarowo   070
Ribnitz (Mecklb.)   001, 015
Richelshof (Ngd)   NN   070
Richenwalde (Schlo)   Zalesie   430
Richtenberg (FbB)   011, 015, 079, 111, 123, 431
Rienow (Rgw)   Rynowo   118

Riesenbrück → Torgelow
Rieth (Uekm)   041, 127
Rissnow (Kam)   Rzystnowo   070
Robe (Gfbg)   Roby   070, 135
Roby → Robe
Roderbeck (Gfhg)   Ryncia   135, 183
Rörchen (Ngd)   Rurka   070, 167
Rörchen-Mühle → Rörchen
Roggow (Blg)   Rogowo   201, 430
Roggow (Saa)   Rogowo   070
Roggow A (Rgw)   Rogowo   135, 316, 430
Roggow B (Rgw)   Rogówko   135, 430
Rogowo → Roggow (Blg)
Rogowo → Roggow (Saa)
Rogowo → Roggow A (Rgw)
Rogozina → Mittelhagen
Rogówko → Roggow B (Rgw)
Rogzow (KbK)   Rokosowo   201
Rogzow (Ksl)   Rokosowo   201
Rohloffshof (Rgw)   NN   070
Rokity → Rackitt
Rokosowo → Rogzow (KbK)
Rokosowo → Rogzow (Ksl)
Roschütz (Lbg)   Roszczyce   222
Rosenfelde (Pyr)   Rosiny   070
Rosenhagen (Ank)   070
Rosenow (Ngd)   Rożnowo Nowogardzkie   070, 167
Rosiny → Rosenfelde
Rosja → Rußland
Roskilde   384, 391
Rosocha → Rotzog
Rosowo → Rossow
Rossin (Ank)   070
Rossow (Saa)   Rosowo   070
Roszczyce → Roschütz
Rothemühl (Uekm)   042
Rothenfier (Ngd)   Czermnica   316
Rothenkirchen (Rüg)   070
Rotnowo → Rottnow
Rottnow (Gfbg)   Rotnowo   070
Rotzog (Sla)   Rosocha   070
Rozwarowo → Ribbertow
Rożnowo Nowogardzkie → Rosenow (Ngd)
Równe → Raffenberg
Rubenow (Ank)   070

Rubenow (Grw)   070
Rubkow (Grw)   070
Ruden (Grw)   070
Rückwerder (Saa)   NN   070
Rügen (Rüg)   Rugia   005, 006, 010, 011, 012,
    015, 019, 036, 044, 056, 063, 070, 093, 111,
    311, *E XII*, 337, 338, 384, 385, 386, 387, 388,
    391, 410, 416, 423, 431
Rügenwalde (Rgw)   Darłowo   001, 003, 007,
    009, 019, 068, 079, 083, 110, 119, 122, 134,
    138, 154, 167, 168, 170, 183, 208, 209, 353,
    364, 430
Rugia → Rügen
Rühn (Mecklb.)   390
Rützenhagen (Sla)   Rusinowo   431
Rütznow (Gfbg)   Prusinowo   070
Rützow   Rydzewo   429
Ruhleben (Gfbg)   Zacisze   070
Ruhnow (Rgw)   Runowo   135, 430
Ruhthal (Nst)   NN   070
Rumbske (Sto)   Rumsko   222
Rummelbrück (Nst)   Kije   070
Rummelsburg (Rmbg)   Miastko   019, 068,
    079, 128, 131, 160, 168, 170, 183, 221, 222,
    223, 353, 364, 429
Rumsko → Rumbske
Runau (Ntzk)   Runowo   430
Runowo → Ruhnow
Runowo → Runau (Ntzk)
Rurka → Rörchen
Rusinowo → Rützenhagen
Russland   Rosja   356
Rustow (Grm)   070
Rybaki → Ziegenhagen
Rybokarty → Ribbekardt
Ryck (Fluß)   411
Rydzewo → Rützow
Ryncia → Roderbeck
Rynowo → Rienow
Ryszewko → Klein Rischow
Ryszewo → Groß Rischow
Rzecino → Retzin
Rzeczenica → Stegers
Rzeplino → Repplin
Rzepnowo → Repenow
Rzepowo → Reppow

Rzędziny → Nassenheide
Rzęsin → Rensin
Rzęskowo → Rensekow
Rzystnowo → Rissnow

S

Saarow (Saa)   Żarowo   070
Saatzig (Saa)   Szadzko   36, 041, 070, 110, 112,
    123, 128, 134, 184, 364, 430
Sabes (Pyr)   Zaborsko   070
Sabow (Pyr)   Żabów   070
Sachsen   Saksonia   011, 110, 111, 393
Sadelberg (Saa)   Sątyrz   070
Sadlnow → Zedlin
Sadłowo → Zadelow
Sager (Kam)   Zagórze   070
Saksonia → Sachsen
Salchow (Grw)   070
Salem (Stift)   429
Saleske (Sto)   Zaleskie   092
Sallentin (Pyr)   Żalęcino   041, 070
Samborsko → Zamborst
Samowo → Zamow
Sampohl (Schlo)   Sąpolno   430
Samtens (Rüg)   431
Sandow (Pyr)   Sądów   070
Sanitz (Ank)   070
Sannort (Nst)   NN   070
Sanzkow (Dem)   070
Sarbia → Zarben
Sarbinowo → Sorenbohm
Sardinien   110
Sarnow (Ank)   070
Sarnow (Kam)   Jarszewko   070
Sasino → Sassin
Sassenburg (Nst)   Stare Wierzchowo   070
Sassenburg (Saa)   Chlebowo   070
Sassenhagen (Saa)   Chlebówko   070
Sassin (Lbg)   Sasino   430
Sassnitz (Rüg)   031, 079, 089, 364
Sauzin (UsW)   070
Sądów → Sandow
Sądówko → Neu Sandow
Sąpolno → Sampohl
Sąpolnica → Zampelhagen
Sątyrz → Sadelberg

Sątyrz → Zanthier
Schalense (Grw)   070
Scharpenorth (Nst)   Ostroróg   070
Schellin (Gfbg)   Skalin   070
Schellin (Pyr)   Skalin   070
Scheune (Stet.-Scheune)   Gumieńce (Szcz.-Gumn.)   135, 168
Schinchow (Kam)   Siniechowo   070
Schivelbein (Blg)   Świdwin   001, 007, 019, 068, 083, 118, 122, 128, 134, 143, 154, 160, 168, 170, 201, 206, 208, 209, 352, 355, 364, 391, 393, 396, 401, 403, 406, 423, 429
Schlagenthin (Arn)   Sławęcin   167, 179
Schlatkow (Grw)   316
Schlawe (Sla)   Sławno   079, 083, 110, 118, 119, 120, 128, 143, 154, 160, 164, 168, 170, 194, 209, 221, 223, 353, 364, 393, 425, 429
Schleffin (Gfbg)   Śliwin   070
Schlemmin (FbB)   *36*
Schlesien   Śląsk   110
Schleswig (Herzogtum)   385
Schleusenkathen (Nst)   NN   070
Schlochau (Schlo)   Człuchów   007, 078, 079, 118, 122, 132, 154, 166, 170, 191, 194, 195, 198, 202, 211, 215, 217, 231, 232, 235, 252, 353, 363, 376, 430
Schlodien (Pr.-Holland)   Głodusze   180
Schloissin (Ngd)   Słajsino   070, 316
Schloppe (DKr)   Człopa   154, 168, 170, 194, 197, 209, 430
Schlossfreiheit (Rgw)   NN   070
Schlötenitz (Pyr)   Słotnica   070, 135
Schluschow (Lbg)   Słuszewo   430
Schmalenthin (Gfbg)   Smolęcin   070
Schmarsendorf (richtig: Schmarfendorf) (Knb)   Gogolice   135
Schmellentin (Rnd)   Smolęcin   316
Schmenzin (Blg)   Smęcino   201
Schmidtenthin (Nst)   Śmidzięcino   070
Schmolsin (Sto)   Smołdzino   134, 167, 209, 222
Schmuggerow (Ank)   070
Schneidemühle (hier: Nst, richtig: Ksl)   NN   070
Schneidemühl (Schnm)   Piła   *36*, *37*, 067, 068, 087, 118, 124, 144, 155, *E VI*, 231, 232, 234, 235, 236, 237, 238, 240, 241, *E VII*, 243, 246, *E XIX*, 353, 360

Schneidemühl/Juchow (Nst)   Kądzielna   070
Schneid(e)mühl/Zicker (Nst)   Żerdno   070
Schnittriege (Ngd)   Szczytniki   070
Schönau (Schlo)   Drzonowo   430
Schönberg (Schlo)   Kaliska   135
Schönbrunn (Pyr)   Reńsko   070
Schönebeck (bei Magdeburg)   *E XIX*
Schönebeck (Saa)   Dzwonowo   070
Schöneberg (Saa)   Krąpiel   070
Schöneu (Rgw)   Sienno Dolne   070
Schönfließ, Bad (Knb)   Trzcińsko Zdrój   168
Schönhagen (Ngd)   Osina   316
Schöningen (Pyr)   Grędziec   070
Schöningen (Rnd)   Kamieniec   135
Schönlanke (Ntzk)   Trzcianka   079, 118, 154, 170, 240, 243, 244, 245, 246, 430
Schönow (Pyr)   Jesionowo   070
Schönrade (Frdb)   Tuczno   *36*
Schönwalde (Ngd)   Mokre   070, 316
Schönwalde (Rgw)   Zajezierze   135, 430
Schönwerder A (Pyr)   Ziemomyśl   070
Schönwerder B (Pyr)   070
Schofhütten (Nst)   Sławno   070
Scholwin (Stet.-Sch.)   Skolwin (Szcz.-Sk.)   316
Schopenmühl (Grm)   070
Schottland   Szkocja   110
Schrotz (DKr)   Skrzatusz   083
Schruptow (Gfbg)   Skrobotowo   070
Schuenhagen (FbB)   042
Schützenaue (Pyr)   Będgoszcz   070
Schützenhof (Nst)   Trzcinno   070
Schullehren (Ngd)   NN   070
Schulzenhagen (Ksl)   Śmiechów   201
Schulzenhof (Grw)   092
Schurow (Sto)   Skórowo   209, 222
Schwabach (Ngd)   Raduń   135
Schwanenbeck (Saa)   Suchanówko   070
Schwartow (Nst)   Zwartowo   070
Schwarzow (Ngd)   Świerczewo   316
Schweden   Szwecja   *32*, 011, 015, 058, 063, 110, *E XV*, 353, 356, 358, *E XXI*, 372, 374, 375, 387, 390, 409, 423
Schwedisch-Pommern   Pomorze Szwedzkie   012, 035, 353, 389, 417, 427
Schwedt (Angermünde)   123, 134, 394
Schwendt (Saa)   Święte   070, 134

Schwente (Flt)   Święta   200, 430
Schwerin (Mecklb.)   *37, 38*, 231, 351, 390, *E XXV*, 411, 420
Schwerinsburg (Ank)   070, 092
Schwessin (Ksl)   Świeczyno   201, 430
Schwinge (Grm)   070
Schwingmühle (Ngd)   Otręby   070
Schwochow (Pyr)   Swochowo (pyrz.)   070
Schwuchow (Sto)   Swochowo (słupsk.)   092
Seckeritz (Grw)   070
See Buckow (Sla)   Bukowo Morskie   209, 429
Seeberg (Rnd)   070
Seebudenlake (Ngd)   NN   070
Seefeld (Saa)   Grędzice   070
Seeger (Ksl)   Zegrze Pomorskie   201, 316
Seehagen (FbB)   092
Seehof (Saa)   NN   070
Segenthin (Sla)   Żegocino   201, 430
Selchow (Gfhg)   Żelechowo   135, 183
Sellin (Gfbg)   Zielin   070
Sellnow (KbK)   Zieleniowo   167
Selmsdorf (Pyr)   NN   070
Semlow (FbB)   *38*
Siadło Dolne → Zahden (Nieder Z.)
Siadło Górne → Hohenzahden
Sianów → Zanow
Sibin → Zebbin
Sichts   Żychce   222
Sicko → Altenwedel
Siebenschlößchen (Pyr)   Siemczyn   070
Siedenbrünzow (Dem)   070
Siedkow (Blg)   Żytelkowo   201
Siedlisko → Stieglitz
Sielsko → Silligsdorf
Siemczyn → Siebenschlößchen
Siemczyno → Heinrichsdorf
Siemidarżno → Zimdarse
Sienno Dolne → Schöneu
Sierakowo → Altheide
Sierosław → Zirzlaff
Sikorki → Zickerke
Sikory → Zicker (Gfbg)
Sikory → Zicker (Nst)
Silberkuhl (Grw)   070
Silbersdorf (Saa)   Starzyce   070
Silligsdorf (Rgw)   Sielsko   135, 167, 430

Silnowo → Eulenburg
Siniechowo → Schinchow
Sitno → Hütten
Skalin → Schellin
Skalin → Schellin
Skoszewo → Pausldorf
Skotniki → Brandschäferei
Skotniki → Hammelschäferei
Skowrony → Lerche
Skórowo → Schurow
Skrobotowo → Schruptow
Skrzany → Friedrichshof (Pyr)
Skrzatusz → Schrotz
Skrzynka → Grüneberg
Słajsino → Schloissin
Sława → Alt Schlage
Sławacin → Lorkenheide
Sławęcice → Wilhelmshöh
Sławęcin → Schlagenthin
Sławno → Schlawe
Sławno → Schlagenthin
Sławno → Schofhütten
Sławociesze (Szcz.-Sł.) → Franzhausen
Sławsko → Alt Schlawe
Słodkowo → Groß Schlatikow
Słodkówko → Klein Schlatikow
Słotnica → Schlötenitz
Słupsk → Stolp
Słuszewo → Schluschow
Słutowo → Steinberg
Smęcino → Schmenzin
Smogolice → Bruchhausen
Smolęcin → Schmalentin
Smolęcin → Schmellentin (Rnd)
Smolnica → Bärfelde
Smołdzino → Schmolsin
Soest (Nordrhein-Westfalen)   426
Sobieradz → Woltersdorf (Gfhg)
Sokoliniec → Falkenwalde (Saa)
Sokolniki → Falkenberg (Ngd)
Soldemin (UsW)   Sułomino   070
Soldin (Sold)   Myślibórz   070, 123, 154, 160, 168, 353, 360, 392, 398
Soltikow (Sla)   Sulechowo   *36*, 201
Soltin (Kam)   Żółcino   070
Soltnitz (Nst)   Żółtnica   201, 430

Sominy → Sommin
Sommin (Büt)　Sominy　222, 430
Sonnenberg　NN　130
Sophienhof (Ank)　070
Sophienhof (Dem)　070
Sophienthal (Ngd)　NN　167
Sorenbohm (Ksl)　Sarbinowo　201
Sowno → Friedrichswalde
Sowno → Hinzendorf
Sowno → Zowen
Spackhorst (Ngd)　NN　070
Spandowerhagen (Grw)　070
Spanien　110, 356
Spantekow (Ank)　36, 018, 070, 112, 123
Sparsee (Nst)　Spore　070, 201, 430
Speck (Ngd)　Mosty　070, 135, 167
Speyer　147
Spiegelsdorf (Grw)　070
Spinnkaten (Gfbg)　Ostrowice　070
Spore → Sparsee
Sprengelberg (Gfbg)　Lubków　070
Stabenow (Saa)　Stobnów　070
Staffelde (Sold)　Staw　167
Stagnieß (UsW)　070
Stallberg → Torgelow
Standemin (Blg)　Stanomino　201
Stanomino → Standemin
Stara Dąbrowo → Alt Dammerow
Stara Łubianka → Lebehnke
Starbiszewko → Heinrichshof (Ngd)
Stare Bielice → Alt Beelitz
Stare Chrapowo → Alt Grape
Stare Dębno → Damen
Stare Drawsko → Draheim
Stare Łosice → Althütten
Stare Wierzchowo → Sassenburg (Nst)
Stargard i. Pom. (Saa)　Stargard
　Szczeciński　31, 33, 34, 001, 003, 007, 009,
　013, 017, 026, 052, 061, 067, 068, 070, 079,
　083, 084, 108, 110, 112, 118, 120, 122, 123,
　131, 132, 135, 140, 143, 144, 149, 153, 154,
　159, 163, 164, 166, 167, 168, 170, 181, 183,
　184, 316, 349, 351, 353, 360, 364, 376, 393
Stargard Szczeciński → Stargard i. Pom.
Stargordt (Rgw)　Starogard　135, 430
Starnin → Sternin

Starogard → Stargordt
Starowice → Zacherin
Starsen (Schlo)　Starzno　222, 430
Stary Kraków → Alt Krakow
Starzno → Starsen
Starzyce → Silbersdorf
Starzyce → Woltersdorf
Staßfurt (bei Magdeburg)　*E XIX*
Staw → Staffelde (Sold)
Stawnica → Stewnitz
Stawno → Stevenhagen
Stegers (Schlo)　Rzeczenica　222, 430
Steinau (Flt)　Głubczyn　209
Steinberg (Saa)　Słutowo　070
Steinbrink (Nst)　NN　070
Steinbrinkshof (Uekm)　070
Steinburg (Nst)　Kamionka　070
Steinfurth (Nst)　Brodźce　070
Steinfurth (Grw)　070
Steinhöfel (Saa)　Kamienny Most　070, 135
Steinmocker (Ank)　070
Steinwehr (Gfhg)　Kamienny Jaz　135
Stengow (UsW)　Trzciągowo　070
Stepenitz (Kam)　Stepnica　017, 018, 112, 123,
　134, 135, 364
Stepnica → Stepenitz
Sternin (KbK)　Starnin　364
Stettin (Stet.) [Stadt]　Szczecin [Miasto]　*29,
　30, 31, 32, 34, 36, 37, E I,* 001-003, 008-011,
　013, 017-021, 025, 026, 029, 031, 033, 035,
　037, 049, 051-055, 057, 059, 060, 064-070,
　073, 074, 076, 079, 082, 083, 086, 087, 089,
　094, 097, *E II*, 108, 110, 112, 116, 117-123,
　125, 126, 131, 132, 134, 135, 139-142, 144-
　147, 149, 152-157, 159, 161-163, 165-170, 172,
　176, 182-184, 186, 187, *E III, E IV*, 219, 316,
　341, *E XVIII*, 347, 348, 351, 352-355, 357,
　360, 362, 364, 367, 375, 376, 381, 394, 422-
　425, 429, 430
Stettin [Herzogtum]　Szczecin [Księstwo]　002
Stevelin (Grw)　070
Stevenhagen (Ngd)　Stawno　070
Stewnitz (Flt)　Stawnica　201, 430
Stieglitz (Ntzk)　Siedlisko　430
Stilow (Grw)　070
Stobnów → Stabenow

Stockholm 32, 012, 015, *E XXI, E XXII*
Stoisław → Ludwigsthal (Pyr)
Stojentin (Sto) Stowięcino 222
Stoki → Rehdorf
Stolec → Stolzenburg
Stölitz (Gfbg) Stołąż 070
Stolp (Sto) Słupsk *34, 36*, 001, 003, 007, 009, 019, 031, 040, 052, 067, 068, 070, 079, 082-084, 087, 093, 110, 118, 120, 122, 127, 128, 134, 143, 153, 154, 160, 161, 168, 170, 173, 187, 193, 202, 209, *E V*, 221-228, 316, 353-355, 360, 364, 423, 429-431
Stolpe (Ank) 001, 011, 018, 019, 070, 111, 112
Stolpmünde (Sto) Ustka 122, 167, 220, 222, 224, 226, 423
Stolzenburg (Rnd) → Dargitz 070
Stolzenburg (Uekm) Stolec 135
Stolzenfelde (Schlo) Stołczno 430
Stolzenhagen (Stet.-St.) Glinki (Szcz.-Glinki) 135, 429
Stolzenhagen (Saa) 070
Stołąż → Stölitz
Stołczno → Stolzenfelde
Storkow (Nst) Storkowo 070
Storkow (Saa) Storkówko 070
Storkówko → Storkow (Saa)
Storkowo → Alt Storkow
Storkowo → Storkow (Nst)
Stowięcino → Stojentin
Strachocin → Zartzig
Stralsund (Stra) *28, 30, 36, E I*, 001, 003, 010, 011, 015, 026, 028, 030, 031, 035, 038-040, 049, 052, 057-059, 068, 072, 073, 076, 086-088, 091, 093, 110, 111, 114, 115, 118, 122-124, 132, 137, 142, 146, 148, 161, 170, *E XI*, 282, 283, 285-291, 293, 294, 296, 298, 299, 301, 302, 304, 305, 308, 309, 310, 311, 312, 314, 353, 357, 362, 364, 376, 377, 381, 383, 385, 389, 412, 422, 423
Stramehl (Rgw) Strzmiele 110, 135, 430
Strasburg (Elsaß) 110
Strebelow (Saa) Strzebielewo 070
Streckenthin Strzekęcino 118, 364
Streesen (Pyr) Strzyżno
Stregow (Kam) Strzegowo
Streitz (Ksl) Strzeżenice, a. Groß Streitz 201

Streitzig (Nst) Trzesieka 070
Strellin (Sto) Strzelinko 222
Strelowhagen (Ngd) Strzelewo 135, 316, 430
Stretense (Ank) 070, 092
Stretzin (Schlo) Strzeczona 222, 430
Strippow (Ank) 070
Strippow (Ksl) Strzepowo 201
Strohsdorf (Pyr) Stróżewo 070
Stróżewo → Strohsdorf
Struga (Szcz.-Struga) → Hohenkrug (St.-H.)
Strumiany → Karlsbach (Ngd)
Strzebielewo → Strebelow
Strzeczona → Stretzin
Strzegowo → Stregow
Strzekęcino → Streckenthin
Strzelce Krajeńskie → Friedeberg/Nm.
Strzelewo → Strelowhagen
Strzelinko → Strellin
Strzepowo → Strippow
Strzeżenice → Streitz
Strzmiele → Stramehl
Strzyżno → Streesen
Stubbenfelde (UsW) 070
Stuchow (Kam) Stuchowo 070
Stuchowo → Stuchow
Studnica → Grassee
Stüdnitz (Büt) Studzience 222, 430
Studzience → Stüdnitz
Stuterhof (Dem) 070
Stuthof (Gfbg) Zaleszczyce 070
Sucha → Zuch
Suchanówko → Schwanenbeck
Suchań → Zachan
Suckow (Sla) Żukowo (Sław.) 199, 431
Suckow a.d. Ihna (Saa) Żukowo 135
Suckow a.d. Plöhne (Pyr) Żuków 070, 092
Suckowshof (Gfbg) Żukowo (Gryf.) 070
Sulechowo → Soltikow
Sulibórz → Groß Silber (Saa)
Sulibórz → Mittelbusch (Nst)
Sulikowo → Zülkenhagen
Sulino → Goldbeck
Sulinowo → Linde (Nst)
Suliszewo → Zühlsdorf
Sułomino → Soldemin
Swantuß (UsW) Świętouść 070

Swinemünde (UsW) Świnoujście 031, 032, 038,
    042, 049, 052, 068, 103, 118, 121, 122, 128,
    132, 154, 160, 168, 170, 175, 316, 353, 364, 430
Swine → Świna Świna
Swobnica → Wildenbruch
Swochowo (pyrz.) → Schwochow
Swochowo (słupsk.) → Schwuchow
Sydow (Sla) Żydowo 201, 430
Sypniewo → Zippnow
Szadzko → Saatzig
Szczecin → Stettin
Szczecin-Golęcino → Frauendorf
Szczecinek → Neustettin
Szczecin-Grabowo → Grabow (Stet.-Grabow)
Szczecin-Wielgowo → Augustwalde
Szczytniki → Schnittriege
Szkocja → Schottland
Szwecja → Schweden
Ścienne → Zeinicke
Ślazowo → Malwinenvorwerk
Śląsk → Schlesien
Śliwin → Schleffin
Śmiadowo → Hochfelde
Śmiechów → Schulzenhagen
Śmidzięcino → Schmidtenthin
Świdwin → Schivelbein
Świątki → Marienthron
Świeczyno → Schwessin
Świerszczewo → Langesende
Święta → Langenberg
Święta → Schwente
Święte → Schwendt
Świętno → Marienhöh
Świętouść → Swantuß
Świna → Swine
Świnoujście → Swinemünde
Świnoujście Płachcin → Westswine

T
Täby (Schweden) *E XXI*
Tanowo → Falkenwalde (Rnd)
Tarnówka → Tarnowke
Tarnowke (Flt) Tarnówka 209, 430
Tarnowo → Grossenhagen
Tatynia → Hagen
Tąpadły → Dummadel

Tczew → Dirschau
Techlipp (Rmbg) Ciecholub *36*
Temnick (Saa) Ciemnik 070
Tempelburg (Nst) Czaplinek 013, 019, 070,
    079, 110, 134, 168, 170, 201, 211, 217, 353,
    364, 392, 395
Tessin (Kam) Troszyn 070
Tessin (Ksl) Cieszyn 201
Teterin (Ank) 070
Tetyń → Beyersdorf
Tetzlaffshagen (Kam) Ciesław 070
Teusin (Dem) 070
Theerofen (DKr) NN 070
Theerofen/Ihna (Ngd) NN 070
Theerofen/Landstraße (Ngd) NN 070
Theerofen/Lübzin (Ngd) NN 070
Thesenvitz (Rüg) 070
Thorn Toruń 337, 344, *E XXVIII*
Thurbruch (UsW) 354
Thurow (Ank) 070
Thurow (Nst) Turowo 070, 201, 430
Tivoli (Saa) Lubomyśl 070
Tolcz → Tolz
Tolz (Saa) Tolcz 070
Tonnin (UsW) Unin 070
Topolinek → Ernestinenhof
Toporzyk → Bramstädt
Torgelow (Uekm) 010, 011, 018, 042, 070, 079,
    111, 112, 175, 177, 353, 375
Toruń → Thorn
Trampke (Saa) Trąbki 070
Tramstow (Ank) 070
Trantow (Grm) 070
Trąbki → Trampke
Trebenow (Kam) Trzebianowo 070
Treblin (Rmbg) Trzebielino 359
Trechel (Ngd) Trzechel 316
Treptow (Saa) Trzebiatów 070
Treptow/Rega (Gfbg) Trzebiatów 003, 007,
    009, 019, 048, 070, 079, 084, 110, 112, 118,
    123, 134, 135, 154, 155, 163, 167, 168, 175,
    360, 364, 430
Treptow/Tollense → s. a. Altentreptow 112, 123
Tressin (Gfbg) Trzeszyn 070
Tręsacz → Hoff
Tribsees (FbB) *34*, 001, 003, 010, 011, 015, 079,

083, 111, 353, 411
Triebs (Gfbg) Trzebusz 070, 135
Trieglaff (Gfbg) Trzygłów 135, 167
Troszyn → Tessin (Kam)
Troszczyno → Friedrichsgnade
Trunemannshof (Ngd) NN 070
Trzcianka → Schönlanke
Trzciągowo → Stengow
Trzcinno → Schützenhof
Trzcińsko Zdroj → Schönfließ
Trzebianowo → Trebenow
Trzebiatów → Treptow (Saa)
Trzebiatów → Treptow/Rega
Trzebiechowo → Buchwald
Trzebielino → Treblin
Trzebień → Lupoldsruh
Trzebież → Ziegenort
Tzrebórz → Eichelshagen
Trzebusz → Triebs
Trzechel → Trechel
Trzesieka → Streitzig
Trzeszyn → Tressin
Trzygłów → Trieglaff
Tuchomie → Gr. Tuchen
Tucze → Braunsberg
Tuczno → Tütz
Turowo → Thurow
Turze → Horst (Pyr)
Tütz (DKr) Tuczno 36, 37, 079, 170
Tützpatz (Dem) 092
Tychówko → Woldisch Tychow
Tychowo → Groß Tychow
Tychowo → Hansfelde
Tychowo → Wendisch Tychow
Tychówko → Woldisch Tychow
Tymianka → Klein Horst

U
Ubedell (Ksl) Ubiedrze 070
Ubiedrze → Ubedell
Uchtenhagen (Saa) Krzywnica 070
Uecker (Fluß) 353
Ueckerhof (Pyr) Ukiernica 070
Ueckeritz (Dem) 070
Ückeritz (UsW) 070
Uhlenkrug (Uekm) 070

Ukiernica → Ückerhof
Ulikowo → Wulkow
Unheim (Rgw) Unimie 070
Uniemino → Nemmin
Unimie → Unheim
Unin → Tonnin
Uraz → Kalenberg
Usedom (UsW) 007, 010, 011, 017, 036, 078, 079, 083, 111, 123, 163, 168, 170, 175, 353, 362, 376, 430
Ustka → Stolpmünde
Ustowo (Szcz.-Ustowo) → Güstow (Stet.-G.)
Utzedel (Dem) 070, 180
Uznam → Usedom

V
Vahnerow (Gfbg) Waniorowo 070
Valm (Nst) Chwalim 201, 429, 430, 431
Vangerow (Ksl) Węgorzewo Kosz. 201
Varchmin (Ksl) Wierzchomino 201
Vehlingsdorf (Saa) Wieleń Pomorski 070, 135
Veikvitz (Rüg) 070
Vellin (Sla) Wielin 201
Venzlaffshagen (Blg) Więcław 209, 431
Verchen (Dem) 001, 010, 011, 018, 041, 111, 112, 123, 134, 431
Verchland (Pyr) Wierzchląd 070
Viereck (Uekm) 070
Viermorgen (Nst) NN 070
Vierow (Grw) 070
Vierow (Grm) 070
Vierowdamm (Grm) 070
Vierraden (Brandenbg.) 394
Vietzig (UsW) Wicko 070
Vilmnitz (Rüg) 431
Vilnius → Wilna
Virchow (Drb) Wierzchowo 134, 201, 209
Voddow (Grw) 070
Völschendorf (Stet.-Völsch.) Wołczkowo (Szcz.-Wołczk.) 135, 352
Völschenhagen (Gfbg) Wilczkowo 070, 079
Völzin (Gfbg) Wołczyno 070
Vogelsang (Uekm) 092, 180
Voigtshagen (Gfbg) Włodarka 070
Voigtshagen (Ngd) Wojtaszyce 135, 316, 430
Vorbein (Grm) 070

Vorbruch (Stet.-V.)   N.N.   429
Vorland (Grm)   431
Vorpommern   Pomorze Przednie   *E I*, 011, 012, 015, 044, 063, 076, 115, 254, 259, 281, 314, 315, 320, 339, 353, 385, 387, 388, 406, 421, 427
Vorwerck (Blg)   Kisielice   018
Vorwerk (Dem)   070
Vorwerk (Grw)   070
Vorwerk Labes (Rgw)   Łobżany   070
Vorwerk Plathe (Rgw)   NN   070
Vossberg (Saa)   Lisowo   135

W

Wahlendow (Grw)   070
Wahrlang (Uekm)   Warnołęka   070, 429, 430
Wałcz → Deutsch Krone
Walsleben (Ngd)   Korytowo   135, 316, 430
Wangelkow (Grw)   070
Wangerin (Rgw)   Węgorzin   007, 070, 078-080, 135, 168, 170, 430
Wangeritz (Ngd)   Węgorzyce   135, 316, 430
Waniorowo → Vahnerow
Wapnica → Ravenstein
Warchlinko → Klein Wachlin
Warchlino → Groß Wachlin
Warcisławek → Klein Sophienthal
Warcisławiec → Groß Sophienthal
Warlang (Nst)   Warniłęg   070, 429
Warnemünde (Mecklb.)   374
Warnice → Warnitz
Warniłęg → Warlang
Warnin (Blg)   Warnino   201
Warnino → Warnin
Warnitz (Pyr)   Warnice   070, 092
Warnołęka → Wahrlang
Warnow (UsW)   Warnowo   070
Warnowo → Warnow
Warschau   Warszawa   344, 348
Warsin (Grw)   070
Warsin (Pyr)   Warszyn   070
Warszawa → Warschau
Warszyn → Warsin
Wartenberg (Pyr)   Parsów   070, 431
Wartendorf (Pyr)   NN   070
Wartow (UsW)   Wartowo   070

Wartowo → Wartow
Warzymice (Szcz.-Warz.) → Klein Reinkendorf (Stet.-Kl. R.)
Waschow (Grw)   070
Wedelsdorf (Saa)   Radowo   070
Wefelow (Gfbg)   Wlewo   070
Wegezin (Ank)   070
Wehnershof (Schlo)   Międzybórz   430
Wehrland (Grw)   070
Weiblitz (Grw)   070
Weichsel (Fluß)   Wisła   353
Weinberge (Nst)   Kuszewo   070
Weißmühl (Grw)   070
Weitenhagen (Grw)   316
Weitenhagen (Ngd)   Grzęzno   316
Weitenhagen (Sto)   Wytowno   222
Wendefeld (Ank)   070
Wendisch Buckow (Sla)   Bukowo   201
Wendisch Tychow (Sla)   Tychowo   209
Werben (Pyr)   Wierzbno   070, 083, 123, 135, 163
Werder (Rüg)   042
Werderfelde (Saa)   Miałka   070
West Deep (Gfbg)   Mrzeżyno   070
Westhafengrund (UsW)   NN   430
Westpreußen   Prusy Zachodnie   231, 339, 353, 355, 363, 427
Westswine (UsW)   Świnoujście Płachcin   430
Wetzlar   147
Węgorza → (Alt) Fanger
Węgorzewo Koszalińskie → Vangerow
Węgorzin → Wangerin
Węgorzyc → Wangeritz
Wicimice → Witzmitz
Wicko → Vietzig
Widuchowa → Fiddichow
Wiechowo → Büche
Wieck (Grw)   269, 316
Wiejkowo → Groß Weckow
Wiejkówko → Klein Weckow
Wielawino → Flackenheide
Wieleń → Filehne
Wieleń Pomorski → Vehlingsdorf
Wielichówko → Münsterberg
Wielin → Vellin
Wierschutzin (Lbg)   Wierzchucino   430

Wierzbięcin → Farbenzin
Wierzbno → Werben
Wierzchląd → Verchland
Wierzchomino → Varchmin
Wierzchosław → Amalienhof
Wierzchowo → Firchau
Wierzchowo → Virchow
Wierzchowo → Wurchow
Wierzchucino → Wierschutzin
Wiesengrund (UsW)   NN   070
Wiesenhof (Rnd)   070
Wietstock (Ank)   070
Wiewiecko → Henkenhagen
Więcław → Venzlaffshagen
Wilcze → Willsdorf
Wilcze Laski → Wulfflatzke
Wilczkowo → Völschenhagen
Wilczyniec → Wilksfreude
Wildenbruch (Gfhg)   Swobnica   010, 110, 111, 135, 167, 393, 394
Wilhelminenhof (Gfbg)   NN   070
Wilhelmsfelde (Ngd)   Czarna Łąnka   070, 183
Wilhelmshof (Ank)   070
Wilhelmshof (Nst)   NN   070
Wilhelmshof (Sla)   Gilewo   070
Wilhelmshöh (Nst)   Sławęcice   070
Wilhelmshorst (Nst)   Jelonek   070
Wilhelmsthal (Ngd)   NN   070
Wilkenkamp (Uekm)   070
Wilksfreude (Rgw)   Wilczyniec   070
Wilna   Vilnius   427
Willsdorf (Kam)   Wilcze
Wintershagen (Sto)   Grabno   167, 209
Wisbu (Rgw)   Wyszobór   070
Wisbuhr (Ksl)   Wyszebórz   201
Wischow (Gfbg)   NN   070
Wisła → Weichsel
Wismar (Mecklb.)   011, 015, 058, 364, 372, 374, 385
Wismar (Ngd)   Wyszomierz   316
Witkowo → Wittichow
Wittenfelde (Ngd)   Bielce   070, 167
Wittichau → Wittichow
Wittichow (Pyr)   Witkowo   070
Wittstock-Nabern (Knb)   Wysoka   135
Witzmitz (Rgw)   Wicimice   135, 430

Wlewo → Wefelow
Włodarka → Voigtshagen (Gfbg)
Wobbermin (Pyr)   Obromino   070
Wobesde (Sto)   Objazda   222
Woedtke (Gfbg)   Otok   070, 092
Woitfick (Pyr)   Oćwieka   070
Wojcieszyn → Eberstein
Wojtaszyce → Voigtshagen (Ngd)
Wolchow (Ngd)   Olchowo   316
Wolde (Dem)   413
Woldenberg (Frdb)   254, 353, 361, 403
Woldenburg (Rgw)   Dąbie   039, 070, 430
Woldisch Tychow (Blg)   Tychówko   431
Wolgast [Hztm.]   Wołogoszcz [Księstwo]   E I, 010, 063, 076, 110, 111, 421
Wolgast [Stadt]   Wołogoszcz [Miasto]   30, 31, 002, 003, 010, 011, 015, 030, 040, 041, 059, 068, 070, 076, 079, 083, 111, 118, 123, 273, 316, 360, 364, 375, 381, 423
Wolin → Wollin
Wolkwitz (Dem)   431
Wollin (UsW)   Wolin   001, 003, 007, 009, 011, 017, 036, 041, 068, 070, 079, 083, 110, 112, 118, 123, 134, 364, 376, 381, 430
Wollmirstädt (UsW)   Żółwino   070
Woltersdorf (Saa)   Starzyce   070
Woltersdorf (Schlo)   Kiełpin   430, 183?
Woltersdorf (Gfhg)   Sobieradz   183
Wołcza Wielka → Groß Volz
Wołczkowo (Szcz.-Wołczk.) → Völschendorf (Stet.-Völsch.)
Wołczyno → Völzin
Wołogoszcz [Księstwo] → Wolgast [Hztm.]
Wołogoszcz [Miasto] → Wolgast [Stadt]
Wołowiec → Döringshagen
Woorke (Rüg)   070
Worowo → Wurow
Woserow (Ank)   070
Wotenick (Grm)   070
Wrangelsburg (Grw)   011, 070
Wruckhütten (Nst)   NN   070
Wudarge (Saa)   Odargowo   070
Wüstenfelde (Dem)   070
Wulfflatzke (Nst)   Wilcze Laski   070, 201, 430, 431
Wulkow (Saa)   Ulikowo   070, 135, 316

Wurchow (Nst) Wierzchowo 070, 201, 430
Wurow (Rgw) Worowo 135, 430
Wussecken (Ank) 070
Wusseken (Ksl) Osieki Koszalińskie 431
Wusseken (Sla) Osieki (Sław.) 201
Wussenthin (Ank) 070
Wussow (Lbg) Osowo (Lęb.) 222
Wussow (Ngd) Osowo (Nowog.) 070
Wussow (Sla) Oson 222
Wusterbarth (Blg) Ostre Bardo 201
Wusterhusen (Grw) 070
Wustermitz (Kam) Ostromice 070
Wustrow (Gfbg) Ostrowo 070
Wutzig (Drb) Osiek Drawski 209
Wysoka → Wittstock-Nabern
Wyszebórz → Wisbuhr
Wyszobór → Wisbu
Wyszogóra → Piepenburg
Wyszomierz → Wismar
Wytowno → Weitenhagen (Sto)

Z

Zaborsko → Sabes
Zaborze → Langenhorst
Zachan (Saa) Suchań 070, 082, 083, 135, 170, 393
Zacharie (Dem) 070
Zacherin (Nst) Starowice 070
Zachow (Rgw) Czachowo 070, 430
Zacisze → Ruhleben
Zadelow (Saa) Sadłowo 070
Zagórce → Bergsruhe
Zagórze → Sager
Zahden (Stet.-Nieder Z.) Siadło Dolne (Szcz.-Siadło D.) 135
Zajezierze → Schönwalde (Rgw)
Zalesie → Petzin
Zalesie → Richenwalde
Zaleskie → Saleske
Zaleszczyce → Stuthof
Załęże → Marienwerder
Zamborst (Nst) Samborsko 070, 316
Zamęcie → Zamenz
Zamenz (Nst) Zamęcie 070
Zamow (Gfbg) Samowo 070
Zampelhagen (Ngd) Sąpolnica 316

Zamzow (Saa) Ziemsko 070
Zanow (Sla) Sianów 007, 019, 068, 135, 159, 168, 175, 201, 206, 209, 430
Zanthier (Saa) Sątyrz 070
Zapole → Eckernfelde
Zarben (Gfbg) Sarbia 070
Zarnekow (Grw) 070
Zarnikow (Saa) Czarnkowo 070
Zarnitz (Grw) 070
Zarrenthin (Dem) 070
Zarrentin (Grw) 070
Zartzig (Saa) Strachocin 070
Zastań → Zünz
Zatom → Zatten
Zatoń Dolna → Nieder Saathen
Zatten (Schndm) Zatom 130
Ząbinowice → Gersdorf
Zdrojewo → Graßhorst
Zebbin (Kam) Sibin 070
Zechendorf (Nst) Czechy 070
Zecherin (UsW) 070
Zedlin (Gfbg) Sadlnow 070, 135
Zegrze Pomorskie → Seeger
Zehden (Knb) Cedynia 135
Zehrten (Saa) Czertyń 070, 135
Zeinicke (Saa) Ścienne 070, 430
Zeitlow (Dem) 070
Zeitowberg (Dem) 070
Zelasen (Lbg) Żelasno 430
Zemitz (Grw) 070
Zemmin (Nst) Ciemino 070
Zempin (UsW) 070
Zettun (Ksl) Cetuń 070
Zettin (Rmbg) Cetyń 222
Zezenow (Sto) Cecenowo 222
Zicher Forst (Knb) Cychry 135
Zicher-Batzlow Cychry-Bogusławie 135
Zicker (Gfbg) Sikory 070
Zicker (Nst) Sikory 070
Zickerke (Ngd) Sikorki 316
Ziegelberg (Nst) NN 070
Ziegenhagen (Saa) Rybaki 070
Ziegenort (Uekm) Trzebież 042, 429, 430
Zieleniowo → Sellnow (KbK)
Zielin → Sellin
Zielona Chocina → Grünchotzen

Zielonowo → Grünfier (Ntzk)
Ziemitz (UsW)   070
Ziemomyśl → Schönwerder
Ziemsko → Zamzow
Ziethen (Grw)   070
Zimdarse (Gfbg)   Siemidarżno   070
Zimmer (Gfbg)   NN   070
Zimmerhausen (Rgw)   Mechowo   430
Zimmermannshorst (Ngd)   Cisewo   070
Zinnowitz (UsW)   070
Zinzelitz (Lbg)   Dzięcielec   430, 431
Zippnow (DKr)   Sypniewo   127, 209, 430
Zirkwitz (Gfbg)   Cerkwica   070, 135
Zirzlaff (UsW)   Sierosław   070
Zitzmar (Gfbg)   Ciećmierz   070
Zizow (Sla)   Cisowo   167, 209
Złocieniec → Falkenburg
Złotów → Flatow
Zopfenbeck (Uekm)   070
Zowen (Rgw)   Sowno   201
Żółwia Błoć → Barfussdorf
Zuch (Nst)   Sucha   070
Zühlsdorf (Arn)   Suliszewo   118
Zülkenhagen (Nst)   Sulikowo   201
Züllchow (Stet.-Z.)   Żelechowa (Szcz.- Żel.)
   081, 130, 169, 429, 430
Zünz (UsW)   Zastań   070

Züssow (Grw)   077, 316
Zwartowo → Schwartow
Żabin → Groß Sabin
Żabowo → Groß Sabow
Żabów → Sabow
Żalęcino → Sallentin
Żarnówko → Neu Sarnow
Żarowo → Saarow
Żegocino → Segenthin
Żelasno → Zelasen
Żelechowa (Szcz.- Żel.) → Züllchow (Stet.-Z.)
Żelechowo → Selchow
Żelisławie → Ravensberg (Nst)
Żerdno → Schneid(e)mühl/Zicker
Żerzyno → Ornshagen
Żołn → Eisenbrück
Żółcino → Soltin
Żółtnica → Soltnitz
Żółwino → Wollmirstädt
Żukowo (Gryf.) → Suckowshof
Żukowo (Sław.) → Suckow (Sla)
Żukowo → Suckow a.d. Ihna
Żuków → Suckow a.d. Plöhne
Żychce → Sichts
Żydowo → Sydow
Żytelkowo → Siedkow

www.ingramcontent.com/pod-product-compliance
Lightning Source LLC
Chambersburg PA
CBHW030435300426
44112CB00009B/1005